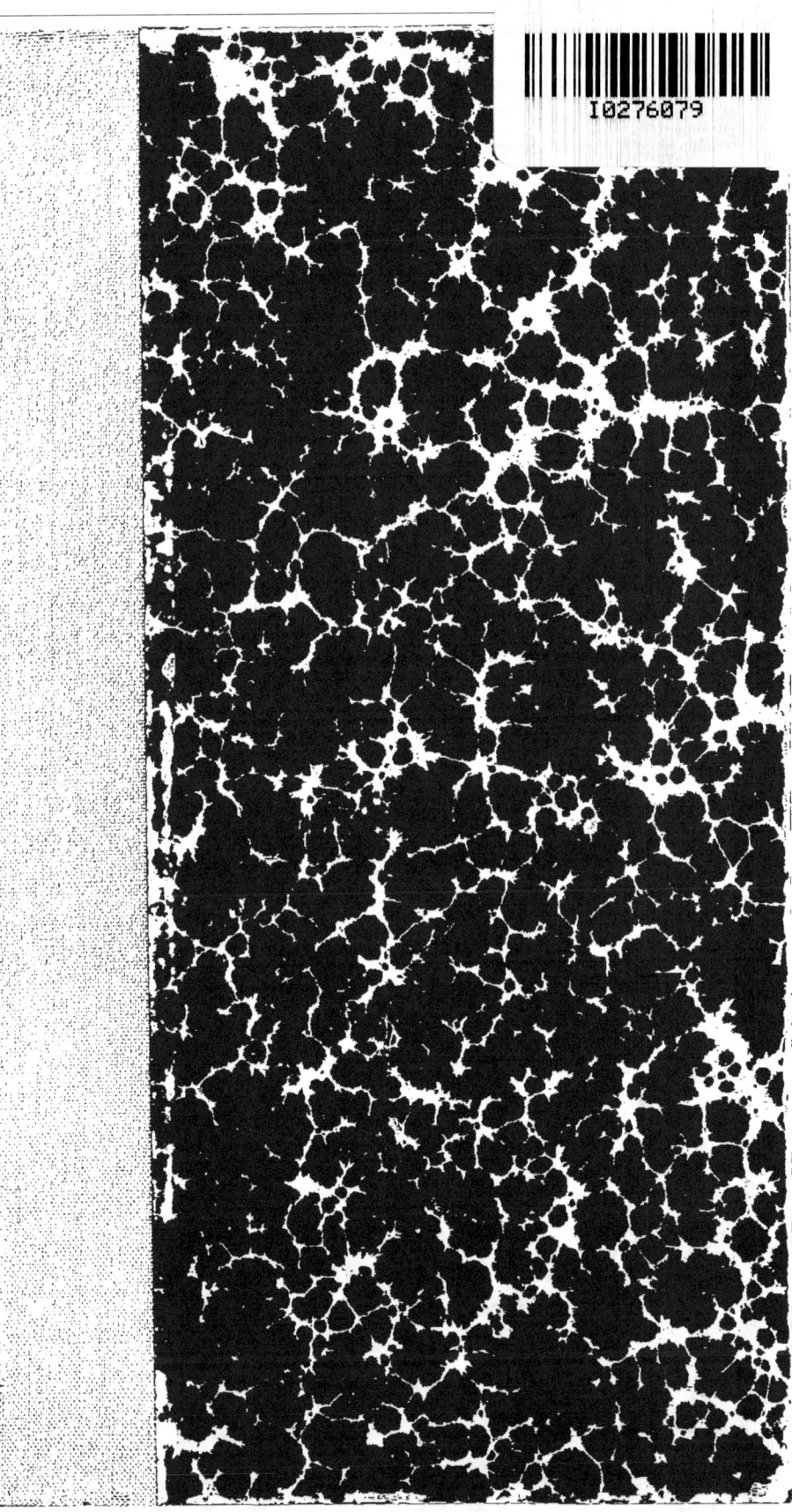

HISTOIRE

DE

LA RÉVÉRENDE MÈRE

DU

SACRÉ-CŒUR DE JÉSUS

(NÉE TÉZENAS DU MONTCEL)

SUPÉRIEURE GÉNÉRALE

DE LA

CONGRÉGATION DES SŒURS DE SAINT-JOSEPH DE LYON

PRÉCÉDÉE

D'UNE NOTICE

Sur les Origines de cette Congrégation et sur la Révérende Mère Saint-Jean,
née Fontbonne, première Supérieure générale,

PAR M. L'ABBÉ RIVAUX

CHANOINE HONORAIRE, ANCIEN DIRECTEUR DU GRAND SÉMINAIRE DE GRENOBLE
AUTEUR DE L'HISTOIRE ECCLÉSIASTIQUE

Ista est speciosa inter filias Jerusalem.
« Celle-ci fut remarquable entre les filles
de Jérusalem. »
(Office de la très-sainte Vierge.)

LYON	GRENOBLE
LIBRAIRIE BRIDAY	BARATIER ET DARDELET
ÉDITEUR	IMPRIMEURS-LIBRAIRES
Avenue de l'Archevêché, 3	Grand'rue, 4

1878

HISTOIRE

DE

LA RÉVÉRENDE MÈRE

DU

SACRÉ-CŒUR DE JÉSUS

SUPÉRIEURE GÉNÉRALE

DES

SŒURS DE SAINT-JOSEPH DE LYON

HISTOIRE

DE

LA RÉVÉRENDE MÈRE

DU

SACRÉ-CŒUR DE JÉSUS

(NÉE TÉZENAS DU MONTCEL)

SUPÉRIEURE GÉNÉRALE

DE LA

CONGRÉGATION DES SŒURS DE SAINT-JOSEPH DE LYON

PRÉCÉDÉE

D'UNE NOTICE

Sur les Origines de cette Congrégation et sur la Révérende Mère Saint-Jean, née Fontbonne, première Supérieure générale,

PAR M. L'ABBÉ RIVAUX

CHANOINE HONORAIRE, ANCIEN DIRECTEUR DU GRAND SÉMINAIRE DE GRENOBLE
AUTEUR DE L'HISTOIRE ECCLÉSIASTIQUE

Ista est speciosa inter filias Jerusalem.
« Celle-ci fut remarquable entre les filles de Jérusalem. »
(*Office de la très-sainte Vierge.*)

LYON	GRENOBLE
LIBRAIRIE BRIDAY	BARATIER et DARDELET
ÉDITEUR	IMPRIMEURS-LIBRAIRES
Avenue de l'Archevêché, 3	Grand'rue, 4

1878

Grenoble, imprimerie DARDELET.

DÉCLARATION DE L'AUTEUR

Je déclare qu'en rapportant dans ce livre quelques faits extraordinaires, d'après des témoignages graves et sûrs, et qu'en donnant le nom de *saint* et de *bienheureux* à des personnages que l'Eglise n'a ni canonisés, ni béatifiés ; je n'entends le faire qu'au sens et dans la mesure autorisés par les décrets du pape Urbain VIII. Je déclare en outre que je soumets ce volume au Magistère infaillible du Souverain Pontife, désavouant sincèrement tout ce qui, contre ma volonté, ne serait point conforme à l'enseignement de la sainte Eglise, ma Mère, que je veux servir et aimer jusqu'à mon dernier soupir, et dans l'obéissance de laquelle je veux vivre et mourir.

A Son Eminence

MONSEIGNEUR LE CARDINAL CAVEROT

ARCHEVÊQUE DE LYON ET DE VIENNE
PRIMAT DES GAULES

Eminence,

Veuillez permettre à vos Filles de Saint-Joseph, en vous priant d'agréer la dédicace de ce livre, qui appartient aux annales de leur Famille religieuse, de déposer à vos pieds l'hommage de leur respect le plus profond, de leur inviolable attachement et de leur vénération pour votre auguste personne.

Depuis longtemps nous désirions que l'on écrivît la vie de la Révérende Mère Saint-Jean et celle de la Révérende Mère du Sacré-Cœur qui, l'une après l'autre et pendant près d'un siècle, nous ont formées à la vie religieuse et guidées dans les voies de Dieu. Il fallait se hâter pendant que vivaient encore dans nos diverses Communautés les témoins de leurs vertus. Un auteur aussi pieux qu'instruit a bien voulu, à l'aide des notes que nous lui avons confiées, élever ce religieux monument et composer l'ouvrage que nous osons vous prier de bénir et qui aura sa place marquée dans toutes les Maisons de notre Congrégation.

En parcourant ces pages, en méditant sur les conseils de perfection qui y abondent, en nous pénétrant bien des leçons et des exemples de nos vénérées Mères, nous nous sentirons portées à les imiter et désireuses de les faire revivre dans nos propres actions.

Nous comptons, pour y réussir, sur l'aide de Dieu, mais aussi beaucoup, Monseigneur, sur vos prières que nos cœurs de filles sollicitent avec instance et sur le dévouement et la bonté dont Votre Eminence nous a déjà donné tant et de si touchants témoignages. Nous en sommes reconnaissantes, Monseigneur, plus que nous ne saurions le dire, et nous ne cesserons de rendre à Dieu des actions de grâces pour le Guide sûr qu'il lui a plu de nous donner en la personne de Votre Eminence. Puissions-nous nous montrer dignes d'avoir pour premier Supérieur un Prince de l'Eglise aussi illustre, qui veut bien s'occuper de nous et nous traiter en Père.

Daignez, Monseigneur, répandre vos précieuses bénédictions sur vos Filles de Saint-Joseph, qui sont heureuses de se dire aussi les bien humbles, bien petites Filles de Votre Eminence.

SŒUR LOUIS-STANISLAS,

Supérieure générale.

APPROBATION

DE

SON ÉMINENCE LE CARDINAL CAVEROT

ARCHEVÊQUE DE LYON ET DE VIENNE

PRIMAT DES GAULES

Mes chères Filles,

J'agrée volontiers l'hommage du livre que vous m'offrez. Plusieurs Congrégations religieuses ont, dans ces derniers temps, élevé à la mémoire des Supérieures qui les ont fondées de pieux monuments de reconnaissance filiale. Vous avez eu la pensée de vous acquitter de ce devoir envers deux de vos Supérieures générales dont l'une, après avoir confessé la foi aux mauvais jours de notre histoire, a été la Restauratrice de votre Institut et sa vraie Fondatrice dans le diocèse de Lyon, et dont l'autre l'a gouverné avec une prudence consommée et une rare sagesse.

Ces pages, dont nous félicitons l'auteur, parce qu'elles

révèlent sa science des choses de Dieu autant que son mérite d'écrivain, vous fourniront une lecture pleine d'édification et d'intérêt. Après avoir étudié ces beaux exemples d'humilité et de dévouement, vous vous efforcerez de vous renouveler dans le premier esprit de votre sainte vocation et d'y rester fidèles.

Votre Famille de Saint-Joseph est née, il y a plus de deux siècles, du zèle apostolique d'un Evêque selon le cœur de Dieu uni à celui d'un saint Religieux de la Compagnie de Jésus, qui se sont l'un et l'autre inspirés de ce qui avait été la première pensée de saint François de Sales et efforcés de la réaliser. Gardez avec soin le souvenir de votre origine et l'héritage de votre premier esprit : en vous consacrant aux œuvres de charité que vous accomplissez avec tant de dévouement, soyez toujours préoccupées de votre sanctification personnelle et de votre perfection religieuse.

Plusieurs rameaux issus de votre tronc séculaire sont devenus à leur tour des arbres féconds en fruit de salut pour les âmes. Heureuses de cette sainte fécondité, conservez toujours, mes chères Filles, la sève antique dans toute sa pureté, l'amour de la prière, l'habitude du renoncement et l'humilité vivifiante de ces Mères, de ces Sœurs, que les plus anciennes d'entre vous ont connues et dont le souvenir est désormais plus assuré dans votre Institut par le présent ouvrage. Leur mémoire vous prémunira contre les entraînements et les dangers du temps présent, si opposé à l'esprit de Jésus-Christ. Leurs exemples vous aideront à devenir de jour en jour plus dignes de ce double titre d'Epouses de Notre-Seigneur et de Filles de saint Joseph.

Nous demandons à Dieu qu'il vous soutienne, vous fortifie et vous console dans l'accomplissement de tous les devoirs de votre sainte vocation; qu'il fasse fructifier les œuvres si nombreuses de charité et d'éducation que vous accomplissez dans tant de diocèses et qu'il répande sur vous-mêmes l'abondance de ses grâces et ses meilleures bénédictions.

† Louis-Marie Cardinal CAVEROT,

Archevêque de Lyon et de Vienne.

Lyon, le jeudi saint 18 avril 1878.

APPROBATION

DE

MONSEIGNEUR PAULINIER

Archevêque de Besançon.

—≺⊰⊱≻—

Très-cher et vénéré Chanoine,

Je viens de lire avec le plus vif intérêt les pages admirables que vous avez consacrées à la mémoire de la *Révérende Mère du Sacré-Cœur de Jésus, deuxième Supérieure générale de la Congrégation des Sœurs de Saint-Joseph de Lyon*, lesquelles m'ont été communiquées à votre insu, et je m'empresse de vous adresser mes félicitations bien sincères.

Je ne suis pas surpris du charme sous lequel m'a laissé cette lecture. Je m'y attendais. J'ai retrouvé en effet dans votre livre, comme dans votre *Cours d'Histoire ecclésiastique*, des recherches consciencieuses, les faits groupés avec art et habilement disposés, la marche du récit facile, un ordre lumineux, un style toujours simple et élégant, en un mot, les qualités éminentes qui, vous assignant un rang d'honneur parmi nos historiens modernes, vous ont mérité de flatteuses approbations de l'épiscopat et les sympathies du clergé de la plupart de nos diocèses.

Mais votre étude biographique offre un attrait de plus que ne comportait pas la nature de votre premier travail.

On y respire un parfum d'ascétisme et de suave piété, qui se communique à l'âme après l'avoir embaumée de son odeur.

Vous parlez de la Révérende Mère du Sacré-Cœur comme saint Jérôme de sainte Paule et saint François de Sales de sainte Chantal. En racontant l'histoire de ses œuvres, vous écrivez celle de son âme. Vous en peignez avec amour la beauté idéale, et l'on sent à la richesse et surtout à la chaleur de votre coloris que votre principale préoccupation est de faire aimer et imiter la sainte Femme, dont les vertus à la fois simples et sublimes, vous causent une sorte de ravissement.

Vous avez acquis ainsi des droits à la reconnaissance, non-seulement de la Congrégation de Saint-Joseph, mais de toutes les âmes vraiment chrétiennes. Si cette Congrégation, qui réalise parmi nous une des premières pensées du saint Evêque de Genève, trouve dans votre œuvre le tableau intéressant et complet de sa fondation et de ses premiers développements et la science parfaite de l'esprit qui doit l'animer, les âmes chrétiennes vous devront un livre capable de communiquer un puissant aliment à la vie surnaturelle et de multiplier le nombre des Saints.

Vous avez indiqué vous-même dans votre introduction le double motif de l'opportunité de la publication de cette histoire : d'un côté, le besoin de développer la dévotion de saint Joseph, un des grands remèdes signalés par la Providence pour guérir les plaies des temps présents ; de l'autre, la nécessité de faire surgir des âmes fortes au milieu de l'abaissement général des caractères, qui se révèle, hélas ! trop souvent autour de nous.

Ce double but sera atteint, le glorieux Patron donné à l'Eglise universelle par notre bien-aimé Pie IX eut-il une servante plus dévouée et une imitatrice plus parfaite que la Révérende Mère du Sacré-Cœur, et cette noble Femme n'a-t-elle pas montré au milieu des difficultés et des épreuves l'énergie de l'illustre réformatrice du Carmel ?

Le nouveau travail que vous avez si vaillamment accompli recevra donc sa récompense, la seule du reste que votre modestie ait jamais ambitionnée : celle qui vient à un saint prêtre de la pensée de faire un peu de bien.

Je m'associe sans réserve à la haute et précieuse approbation de son Eminence le Cardinal de Lyon. Je recommanderai votre livre au clergé, aux communautés religieuses et aux fidèles de mon diocèse, désireux de leur sanctification.

Recevez, très-cher et vénéré Chanoine, avec mes bénédictions, l'assurance de mes sentiments dévoués et affectueux en Notre-Seigneur Jésus-Christ.

† JUSTIN,

Archevêque de Besançon.

Besançon, le 25 avril 1878.

INTRODUCTION

Lorsque nous proposons à la fragilité humaine, dit saint Augustin, l'imitation directe de la divinité, selon la parole évangélique : « Soyez parfaits comme votre Père céleste est parfait, » elle se récrie, et nous oppose un prétexte qu'elle trouve dans sa faiblesse même. Comment, dit-elle, imiter Celui à qui je ne puis être comparée sous aucun rapport? — Il est infini, et je suis un atome. — Il est créateur et je suis une des dernières créatures. — Il est esprit, et je suis chair...

Si nous insistons, poursuit le saint docteur, en disant que le Tout-Puissant a raccourci son bras; — que l'Immense, l'Infini s'est réduit; — que l'Esprit a pris un corps, et que le Créateur s'est fait créature, au point, comme dit le Prophète, qu'un petit enfant nous est né et nous a été donné. — Celui dont la voix domine celle des grandes eaux ne fait plus entendre qu'un vagissement d'enfant. Celui qui marche sur l'aile des vents a des pieds qui ne peuvent le porter. — Il est né au hameau, aussi petit et plus pauvre que le dernier d'entre nous. En sorte que sa richesse et sa nature infinies ne lui permettant pas d'être familier avec les misérables, il est venu, dit Bossuet, à l'emprunt de notre misère, pour entrer en société avec nous. Il est descendu pour nous élever. Il a voulu être égal à nous, afin que nous fussions égaux à Lui. Aussi saint Augustin appelle-t-il ce mystère un mystère de bonté populaire : *populari quâdam clementiâ*. — « Le Christ est venu et a souffert, dit saint Pierre, afin de nous donner des exemples à notre portée, et pour que nous puissions marcher sur ses traces. » C'est pourquoi, à la fin de sa vie, il a pu nous dire : « Je vous ai donné l'exemple, afin que vous fassiez comme j'ai fait moi-même. (1) »

Je sais, reprend la fragilité humaine, que le Verbe s'est fait chair afin d'habiter parmi nous, et que le

---

(1) Saint Aug., serm. 139 sur les martyrs. — Lettre à Hon. — Contrà Acad. — Bossuet, serm. — Isaïe, 9. — Saint Pierre, 1ʳᵉ ép., 2, 21. — Saint Jean, 13, 15.

Fils de Dieu s'est fait homme. — Mais, en se faisant chair et en devenant homme, il n'a rien perdu de ce qu'il possédait de toute éternité. Il a gardé tout ce qu'il avait, et il est resté vrai Dieu, égal en tout à son Père... Que suis-je moi, en comparaison du Christ? Et comment pourrais-je Lui devenir semblable?

Si, au lieu d'un Dieu homme, nous rappelons la vie et les exemples de la Bienheureuse Vierge Marie, qui est une pure créature. — C'est vrai, répond encore la fragilité humaine; mais ayant été conçue sans souillure, et de plus, étant véritablement Mère de Dieu, c'est une créature incomparable, qui, selon la pensée de saint Bernard, n'a ni modèle ni copie. Au reste, le Saint-Esprit lui-même a dit : « Ma colombe est unique : *Una est columba mea* (1). »

Si on parle des Apôtres qui, étant de simples marchands de poissons, sont devenus les colonnes de l'Eglise ; — des martyrs de tout âge, de tout sexe, de toute condition, qui, pour arriver à la terre promise, c'est-à-dire, au ciel, traversèrent la mer rouge de leur propre sang ; — des solitaires de tous les pays, de tous les climats, qui firent fleurir la solitude comme un lis, il semble à la fragilité hu-

---

(1) *Cantiq.*, 6, 8.

maine que ces géants de la sainteté furent non-seulement d'une autre époque, mais d'une nature différente de la nôtre, et par conséquent hors de sa portée (1).

Il n'est donc pas inutile de présenter à la pauvre humanité des modèles moins éloignés, moins grands et qui, étant de nos temps et de nos mœurs, rendent inacceptables toutes ses vaines excuses. « C'est un salutaire enseignement, dit un éminent prélat, Mgr Paulinier, Archevêque de Besançon, de montrer qu'au milieu du naturalisme et du sensualisme qui nous dévorent, la sève du vrai Christianisme n'est pas tarie, et que notre siècle si égaré n'est pas déshérité de la première de toutes les gloires : celle de produire des Saints. »

C'est pour cela que nous présentons, avec quelque espoir d'utilité, la vie d'une contemporaine, à qui nous pouvons appliquer ce qu'une sœur de saint François-de-Borgia, Religieuse à Madrid, disait de sainte Thérèse. « Dieu soit loué de nous avoir fait

---

(1) Depuis la faute commise au paradis terrestre, l'excuse a été le masque transparent de toutes les faiblesses. — Est-ce que l'artiste doit se plaindre de la beauté de son modèle? — D'ailleurs, dans l'ordre du salut, l'imitation a nécessairement des degrés, et n'est demandée qu'en proportion de la grâce et de la force de chacun. Il y a différentes demeures dans la Maison de mon Père, a dit le Sauveur, pour récompenser les différents mérites.

connaitre une Sainte, que nous pouvons tous imiter. Sa conduite n'a rien d'extraordinaire ; elle mange, elle dort, elle parle et rit comme toutes les autres, sans affectation, sans façon, sans cérémonie, et l'on voit pourtant bien qu'elle est pleine de l'esprit de Dieu. » — Elle a donc tracé une voie que nous pouvons suivre. — Si vous prétendez ne pouvoir imiter Dieu, le Sauveur, sa Mère et ses disciples, Pierre et Paul, comme dit saint Augustin, n'auriez-vous pas la force de faire ce qu'a fait de nos jours une simple femme ?

Cette femme, il est vrai, comme sainte Thérèse, appartient à la vie religieuse ou *congréganiste*. Mais la vie religieuse ou congréganiste n'est point étrangère au monde. On ne naît pas Religieuse, on le devient ; et en le devenant, on ne cesse pas d'aimer les siens et sa patrie. Quoi qu'on en pense dans le monde, a dit un docte Maître de la vie spirituelle, le cœur s'échauffe en s'épurant ; les idées plus élevées rendent les sentiments plus vifs, et c'est le propre de la vie religieuse bien comprise et saintement menée, de développer considérablement la puissance affective. — Par contre, ajoute-t-il, un des principaux traits du signalement des hommes qui suivront la BÊTE et feront son œuvre, c'est qu'ils seront sans affection, *sine affectione*.

La Religieuse vient du monde, et en le quittant, elle ne l'abandonne point. Elle sort, il est vrai, des rangs de la société ordinaire; mais elle va travailler et s'immoler pour sa conservation. Aussi, le grand Origène parlant des premiers solitaires ou Religieux, dit « qu'ils étaient chargés de combattre pour les faibles, par la prière, le jeûne, la piété, la chasteté et par toutes les vertus, en sorte que le monde profite de leurs sacrifices. » — Ce sont comme des victimes pures, servant de contre-poids aux iniquités du monde. — « Il faut bien, a dit Victor Hugo lui-même, ceux qui prient toujours, pour ceux qui ne prient jamais. » — Les expiateurs sont des sauveurs. « Qu'en serait-il du monde, si je n'avais égard aux Religieux, » disait Notre-Seigneur à sainte Thérèse. Les Saints portent le monde, écrivait saint Jérôme, et par la force de leurs prières, ils arrêtent sa ruine imminente. » — Qu'on se souvienne de Sodome et des autres villes coupables; pour les sauver, le Seigneur ne demandait ni bataillons, ni soldats, mais des justes, des Saints. De même, pour l'empire romain attaqué de toutes parts par les barbares, le Pape saint Grégoire-le-Grand, calculant ses chances de salut, comptait les âmes consacrées à Dieu que la ville de Rome possédait pour sa défense. — Les prières des justes sont donc plus utiles que les armées. « Les guerres, les révolutions arrivent, dit encore Origène, lorsque ce qui sème la guerre n'est point empêché par la sainteté. » — « Que faut-il de plus, conclut saint Jérôme, pour montrer quel cas on doit faire des amis de Dieu, et combien ils servent à la société, quand même ils ne se mêlent d'autre chose que de vivre en saints ? — De quel droit, au reste, le monde qui est encombré de parasites inutiles, vicieux, scandaleux, condamnerait-il les âmes vouées à la prière !

S'il y a parfois quelques défaillances dans la vie religieuse; outre qu'elles sont rares, elles sont ordinairement amenées par des rapports avec le monde et une simple imitation de sa conduite. L'ex-Religieux devient un mondain ordinaire. Pourquoi donc le monde fait-il tant de bruit de ce qui est son fait, et une copie dont il est le modèle? D'ailleurs, il ne le remarquerait pas tant si l'immense majorité des Religieux ne restait pas fidèle à sa vocation. La moindre tache paraît vivement sur un vêtement blanc. — « Le monde, s'écriait saint Jérôme, ne peut être admis à nous faire préférer sa *peau d'Ethiopien ou de Léopard*, parce qu'il y aurait une petite tache sur la nôtre. »

Au reste, la Religieuse de Saint-Joseph ne se contente pas de prier et d'édifier; elle se voue au soulagement de toutes les misères humaines. On la trouve à l'école du village, au milieu des enfants pauvres qu'elle soigne et instruit; — dans les hospices des villes, dans les prisons, les asiles, les orphelinats, les crèches, les refuges, les providences, auprès des malades, des incurables, des idiots, des fous... Elle semble avoir épousé le malheur sous toutes ses formes. Les souffrances, les pleurs ont pour elle des séductions aimantées, et on peut lui appliquer ces deux vers d'un poëte :

> Sans relâche, elle va de douleurs en douleurs,
> Comme l'abeille aux champs, vole de fleurs en fleurs.

Saint Vincent de Paul et saint François de Sales, profondément touchés des misères qui accablent l'humanité, et que le progrès et la civilisation modernes sont loin de diminuer, parurent suscités de Dieu, pour lui préparer des Mères dont le cœur pur et les mains virginales retourneraient son lit de douleur, avec un amour que rien au monde ne pourrait partager ni lasser. Ils ouvrirent le cloître pour donner aux malades des infirmières, aux pauvres des servantes, aux orphelins des mères. — Le premier créa les *Filles de la Charité;* le second celles *de la Visitation*, lesquelles, ayant ensuite embrassé la clôture, furent remplacées par les *Sœurs de Saint-Joseph*.

Ces deux grands Saints semblaient prévoir nos temps, où la vérité ne pourrait se faire accepter que par la charité, selon une pensée de saint Bernard. L'homme sans foi, comme l'animal, n'est sensible qu'à ce qui flatte son corps. La charité est devenue un apostolat, et la virginité qui l'exerce un sacerdoce. — Unie à la charité, et pratiquée sous les yeux et au milieu du monde, la virginité y exerce une salutaire influence. Le monde étant redevenu matérialiste, il faut le spiritualiser ; il faut détruire l'empire du corps par la mort des sens, et relever le prix des âmes par le mépris de la matière. — Au spectacle de ces anges qui le visitent et le soignent, en menant une vie si détachée et si pure, le monde apprend qu'il ne lui est pas impossible de triompher du mal et des instincts grossiers, dans la lutte qu'il sent au dedans de lui-même. Lorsque la continence la plus absolue est pratiquée à côté de lui, d'une manière si admirable, ne serait-ce pas une lâcheté de sa part d'outrager la chasteté ordinaire ? Et ses plaintes contre l'unité et l'indissolubilité du mariage chrétien ne lui paraissent-elles pas plus bestiales, quand ses oreilles entendent chaque jour le ravissant cantique de celles qui accompagnent si fidèlement l'Agneau sans tache. De ces cœurs angéliques, un parfum de grâce, de sainteté et d'édification, s'exhale sans cesse sur le monde.

Tel est l'heureux reflet projeté sur la société moderne par l'Institut de Saint-Joseph, vivant au milieu d'elle et voué à la fois à la prière, à l'enseignement populaire et à toutes les œuvres extérieures de la charité. — Saint Joseph est le patron de l'Eglise qu'on persécute; le patron des ouvriers que l'on égare; le patron du foyer domestique, dont la pureté et la sainteté diminuent chaque jour; le patron et le modèle de la vie et de la mort chrétiennes, qu'on tend à rabaisser au niveau de celles de la brute, au moyen de doctrines qui font du berceau un *chenil* et de la tombe une *voirie*. — « Levez les yeux de l'esprit, écrivait saint Bernard, et regardez les nations; ne vous semblent-elles pas plutôt des broussailles bonnes à jeter au feu, que des moissons blanchissantes? Combien y en a-t-il qui se vantent de leurs fruits, et qui, regardées de près, ne sont que des buissons sauvages ou de vieux arbres décrépits, portant tout au plus des glands pour la pâture des pourceaux (1)? » — Si saint Bernard parlait ainsi de son siècle, que dirait-il du nôtre?

---

(1) Saint Bernard, *de Consider.*, 2, 6.

Au milieu de cette détresse morale, Dieu et l'Eglise semblent nous dire, comme autrefois Pharaon à son peuple affamé : « Allez à Joseph. » Il vous donnera le froment des élus, le pain de vie qui vous manque. Il l'a recueilli dans ses greniers et fidèlement gardé pour vous. — Le recours et la dévotion à saint Joseph sont donc un des grands remèdes indiqués par la divine Providence pour la guérison de nos temps si malades. — Cette intention médicinale et miséricordieuse de la Providence se trouve clairement exprimée dans le décret *Urbi et Orbi* de la sainte Congrégation des Rites, en date du 8 décembre 1870, où nous lisons ce qui suit : « L'Eglise eut toujours le Bienheureux Joseph en très-grand honneur, après la Très-Sainte Vierge, son épouse, le combla de louanges et recourut à lui dans ses plus grandes angoisses. Comme, en ces tristes temps, l'Eglise assaillie de tous les côtés par ses ennemis est sous l'oppression de telles calamités, que les impies se persuadent déjà qu'il est enfin venu le temps où les portes de l'enfer prévaudront contre elle, les vénérables Evêques du monde catholique tout entier ont humblement prié le Souverain-Pontife, en leur nom et au nom des fidèles confiés à leurs soins, de daigner déclarer saint Joseph patron de l'Eglise catholique. — Ces prières ayant été renouvelées plus vives et plus instantes lors du saint Concile œcuménique du Vatican, notre Saint-Père le Pape Pie IX, profondément ému par les derniers et déplorables événements, voulant se mettre d'une manière spéciale, lui et tous les fidèles, sous le très-saint patronage du saint patriarche Joseph, a voulu exaucer les vœux des vénérables Evêques. C'est pourquoi, il a solennellement déclaré saint Joseph PATRON DE L'ÉGLISE CATHOLIQUE... »

En conséquence d'une déclaration aussi grave et aussi solennelle, il y a opportunité à publier tout ce qui peut augmenter la dévotion des fidèles à saint Joseph et leur confiance en sa protection. Or, la vie de la Révérende Mère du Sacré-Cœur de Jésus, deuxième Supérieure générale, ou, comme a dit l'Evêque de Nîmes, Mgr Plantier, deuxième fondatrice de la Congrégation des Sœurs de Saint-Joseph, est très-propre à obtenir ce résultat. — La Révérende Mère du Sacré-Cœur fut la servante dévouée, la fille par excellence du glorieux saint Joseph. Aussitôt qu'elle fut nommée Supérieure, elle alla déposer les clés de la Maison aux pieds de sa statue, et elle l'établit à la fois *Supérieur et Procureur* de sa Communauté. Elle plaça même une statuette du grand Saint dans la pauvre caisse du Monastère, pour lui dire que, comme à Nazareth, il serait chargé de pourvoir aux besoins de sa nouvelle famille. — Nous la verrons, dans ses difficultés, dans ses embarras et dans tous ses besoins, recourir à saint Joseph, avec la confiance et la simplicité d'une fille chérie qui va à son bien-aimé Père. Elle atteste, comme sainte Thérèse, que saint Joseph ne lui fit jamais défaut. Sous ce rapport, elle fit revivre l'illustre Sainte du Carmel. Rien n'est capable, comme leurs exemples, d'exciter les fidèles à mettre leur confiance en saint Joseph, ainsi que l'Eglise les y invite.

Si, par sa confiance en saint Joseph, la Révérende Mère du Sacré-Cœur rappela sainte Thérèse, par sa dévotion envers le Sacré Cœur de Jésus, elle fut la digne imitatrice de la Bienheureuse Marguerite-Marie Alacoque. A son baptême, elle reçut le nom de la Bienheureuse; et à son entrée en religion, on y ajouta celui du *Sacré-Cœur de Jésus.* — Fidèle à cette double prédestination, elle fut, à l'exemple de sa patronne, l'amante dévouée du Cœur de Jésus, dont, à ses noces spirituelles, elle prit le nom, comme l'épouse prend celui de son époux. Aussi, sa vie entière fut un modèle de cette dévotion, qui est, dit un illustre prélat, la quintessence même du Christianisme et la sauvegarde de nos temps. — Pendant que, dans sa détresse, la France catholique se voue au Sacré Cœur de Jésus, on ne saurait trop multiplier les exemples propres à inspirer aux âmes cette dévotion salutaire.

Ce qui augmente encore l'opportunité de la publication que nous faisons, c'est que la Révérende Mère du Sacré-Cœur, outre sa remarquable dévotion à saint Joseph et au Cœur de Jésus, posséda, dans un degré éminent, la vertu qui, dit un grave auteur, manque le plus à ce siècle, et dont l'absence est peut-être la plaie la plus profonde des générations contemporaines, je veux dire l'élévation, la force du caractère. Les épreuves, les difficultés, les obstacles quelconques ne purent jamais, dit Mgr Plantier, ni l'abattre, ni la décourager, ni l'irriter ni l'attrister. Sa force resta toujours douce, calme et sereine, joyeuse, sans la moindre plainte, sans aucune récrimination. — Par ce côté de sa vertu, la Supérieure générale de Saint-Joseph s'éleva au-dessus de la plupart de ses contemporaines, et égala sainte Chantal. Ce que les historiens de cette grande Sainte disent de sa force de caractère convient trait pour trait à celui de la Révérende Mère du Sacré-Cœur.

La force étant une disposition de l'âme très-favorable aux autres vertus, elle en fut si richement ornée, qu'une de ses filles, qui vécut longtemps auprès d'elle, et qui est aujourd'hui à la tête d'un fervent Monastère, a écrit : « Quand j'entends la lecture de la vie des plus saintes fondatrices d'ordres religieux, je dis bien haut : tout cela n'a rien qui m'étonne ; j'ai vu de mes yeux de pareilles vertus, de semblables actes d'héroïsme. Ce sera vraiment procurer la gloire de Dieu, que de recueillir les actes d'une si belle vie et de conserver une telle mémoire. »

Dans un moment où la France souffre et peut périr d'une triple maladie : absence de croyance, — absence de discipline, — absence de dévouement, nous offrons avec bonheur le spectacle d'une vie pleine de foi, de sainte régularité et d'héroïque dévouement.

Gloire et reconnaissance à la noble et pieuse famille, dont le foyer patriarcal et chrétien fut la source de cette vie précieuse.

Gloire et reconnaissance à la fervente Congrégation au sein de laquelle cette vie sainte s'est développée et écoulée, comme une eau limpide et bienfaisante au milieu d'une prairie émaillée de fleurs, qu'elle arrose, fait grandir et fleurir. — « Je ne trouve rien de plus propre que l'eau, disait sainte Thérèse, pour expliquer les choses spirituelles. »

Gloire et reconnaissance par-dessus tout, à l'Auteur de tout don parfait, qui, dans la vie d'une admirable Fille de saint Joseph, nous donne une nouvelle preuve que nos temps peuvent encore produire la sainteté capable de les sauver, et un nouveau motif d'implorer avec confiance, selon les désirs du grand et saint Pontife Pie IX, la protection du glorieux saint Joseph, en faveur de nos deux Mères bien-aimées, l'Eglise et la France, aujourd'hui si éprouvées et si menacées.

LIVRE PREMIER

LES ORIGINES

DE LA

CONGRÉGATION DES SŒURS DE SAINT-JOSEPH

LIVRE PREMIER

LES ORIGINES DE LA CONGRÉGATION DES SŒURS DE SAINT-JOSEPH

CHAPITRE PREMIER

Double origine de la Congrégation des Sœurs de Saint-Joseph. — Mgr de Maupas, évêque du Puy. — Sa haute naissance. — Sa liaison avec saint Vincent de Paul et ses rares vertus. — Première origine de l'Institut de Saint-Joseph. — Sa mission. — Il remplace la Visitation. — Opinions diverses sur la clôture religieuse. — Sentiments de saint Vincent de Paul et de saint François de Sales sur la clôture. — Admirable convenance du nom et du patronage de saint Joseph pour la nouvelle Congrégation. — Le R. P. Médaille. — Ses travaux apostoliques. — Ses avis aux premières Sœurs de Saint-Joseph. — Approbation de la Congrégation de Saint-Joseph par MM^{grs} de Maupas et de Béthune. — Accroissements de la Congrégation. — Son établissement à Vienne et à Lyon. — Esprit des premières Constitutions. — Leur approbation par les Archevêques de Vienne et de Lyon. — Premier costume des Sœurs de Saint-Joseph. — Utilité de leur Congrégation.

La pieuse Congrégation des Sœurs de Saint-Joseph, aujourd'hui si florissante et si utile à nos deux Mères bien-aimées, l'Eglise et la France, a eu une double origine : l'une avant, l'autre après la fameuse Révolution de 1789. A cette époque, l'ouragan révolutionnaire l'avait dispersée, en même temps que les pierres du sanctuaire, et détruite avec une foule d'autres précieuses et saintes institutions, enfantées par l'esprit de foi et de charité. Il n'en resta que quelques débris cachés dans les montagnes du Forez et du Velay.

La première origine de l'Institut, prédestiné à porter le nom béni de Saint-Joseph, nom si cher aux Cœurs de Jésus et de Marie, remontait au XVIIe siècle. Son érection régulière datait du 10 mars 1651. — Autour du berceau de la nouvelle Famille religieuse, qui venait réjouir et embellir l'Eglise, l'histoire nous montre, comme auteurs de son existence, un éminent et saint prélat, Mgr Henri de Maupas, évêque du Puy en Velay, et un pieux missionnaire, le R. P. Jean-Pierre Médaille, de l'illustre Compagnie de Jésus.

Henri Cauchon de Maupas du Tour avait eu pour père, Charles Cauchon de Maupas, baron du Tour, conseiller d'Etat sous le règne de Henri IV, et pour mère, Anne de Gondi, de cette illustre et vertueuse famille de Gondi, qui s'était attaché saint Vincent de Paul. Il naquit en 1606, au château de Cosson, qui existe encore, à deux lieues de Reims, entre Sermiers et Chamery. Le noble enfant fut tenu sur les fonts sacrés du baptême par Henri IV lui-même, qui lui donna son nom. Le filleul du grand roi reçut l'éducation la plus brillante, dirigée à la fois par sa mère, femme modèle de toutes les vertus de son sexe et de son rang, et par son père, homme aussi remarquable par ses talents littéraires, que recommandable par ses principes religieux, et par les services signalés qu'il avait rendus à son pays et à son roi.

Doué des dispositions les plus heureuses, le jeune Henri de Maupas répondit d'une manière admirable à la sollicitude éclairée de ses illustres parents, et annonça, dès ses premières années, un goût très-prononcé pour l'état ecclésiastique. — Il fut fidèle aux saintes inspirations de la grâce, et, renonçant généreusement à tous les avantages que sa naissance et le haut patronage du roi pouvaient lui faire espérer dans le monde et à la cour, il se donna, de bonne heure et tout entier, à Dieu et à son Eglise.

Bien jeune encore, il fut nommé à l'abbaye de Saint-Denis de Reims. Au milieu des dignités ecclésiastiques et des faveurs de la fortune, sa conduite fit revivre la sagesse de saint Charles Borromée. Malgré sa jeunesse, il administra son riche bénéfice avec le zèle, la prudence, la charité et l'esprit d'un homme vraiment apostolique.

La reine Anne d'Autriche, épouse du roi Louis XIII et mère de Louis XIV, ayant remarqué le mérite de l'abbé de Maupas, voulut l'avoir auprès d'elle, et en fit son grand aumônier. Le choix d'une si auguste princesse était, pour l'élu, un véritable titre de gloire; car, elle savait apprécier le mérite. Elle eut, pour Bossuet, une estime et une admiration dignes de ce puissant génie. Fille, sœur, épouse et mère de rois, elle sut mieux que personne, dit un de ses biographes, soutenir avec éclat la grandeur de tant de titres.

Comme, par celle qui lui avait donné le jour, l'abbé de Maupas appartenait à cette illustre famille de Gondi, dont saint Vincent de Paul élevait les enfants et dirigeait la mère, il avait eu le bonheur d'y voir souvent ce grand serviteur de Dieu, et s'était lié avec lui de la plus étroite amitié. Avec un pareil maître et ami, le séjour de la cour, ou, comme disait Tertullien, « le poison de la cour, » ne lui fit rien perdre de sa modestie et de sa ferveur. Toutes ses vertus, au contraire, y brillèrent d'un nouvel éclat, et les exemples d'un ecclésiastique d'une naissance et d'un mérite si distingués produisirent autour de lui les plus salutaires effets.

Mais un champ plus vaste était réservé à son zèle, et l'évêché du Puy étant devenu vacant, en 1641, le roi Louis XIII nomma à ce siége le pieux aumônier de son auguste épouse. Le nouveau prélat, dont l'humilité résista longtemps, n'en prit possession que le 20 janvier 1644. Dès lors, il se livra tout entier aux travaux de l'apostolat. — Notre-Seigneur Jésus-Christ avait dit : « Je suis le bon Pasteur, je connais mes brebis et mes brebis me connaissent. » Afin d'imiter ce divin Modèle, Mgr de Maupas visita fréquemment et avec le plus grand soin le troupeau confié à sa houlette pastorale. Pendant dix-sept ans, jusqu'en 1661, il fut, pour emprunter le langage de saint Jean, « l'ange de l'heureuse église du Puy. » Grand admirateur et fidèle imitateur de saint François de Sales, dont il écrivit la vie, il se distingua, entre tous les prélats de son temps, par son éminente piété, une vaste érudition, et par son zèle apostolique. Chaque année de son administration fut marquée par quelques actes ou événements importants, tendant ou à la réforme et à la sanctification de son clergé, ou à l'instruction religieuse de ses peuples et au soulagement de toutes les misères humaines.

De toutes les œuvres qu'enfanta le zèle du saint Prélat, la plus remarquable et la plus féconde fut, sans contredit, la fondation de l'admirable Congrégation des Sœurs de Saint-Joseph, à la fois contemplative, enseignante et hospitalière. L'enseignement, toutefois, est à peine indiqué dans les premières Constitutions. Cette triple mission devait, en quelque sorte, associer le nouvel Institut au divin apostolat, et lui confiait, dans l'Eglise, qui est le corps mystique de Jésus-Christ, l'office réuni de Marthe et de Marie. Il embrassait, ainsi, l'œuvre et la perfection évangéliques dans toute leur plénitude.

L'évêque du Puy savait s'entourer d'hommes capables de le seconder dans l'œuvre toujours si difficile du bien. Il s'était lié d'amitié avec un saint religieux de la Compagnie de Jésus, le R. P. Jean-Pierre Médaille, l'apôtre du Velay, comme saint François Régis l'avait été du Vivarais. Ce fut lui qui suggéra à Mgr de Maupas l'heureuse idée d'établir les Sœurs de Saint-Joseph. — Cet homme apostolique passa sa vie à évangéliser non-seulement le diocèse du Puy, mais ceux de Clermont, de Saint-Flour, de Rhodez et de Vienne. Dans ses courses évangéliques, il avait trouvé plusieurs veuves et filles pieuses, qui désiraient se retirer du monde, afin de s'adonner d'une manière toute spéciale à la prière, à la pratique de la vertu et à leur avancement spirituel, tout en se vouant au service du prochain.

C'était l'idée favorite et première de saint François de Sales, qui, en fondant sa chère Visitation, qu'il appelait « sa joie et sa couronne, » avait eu l'intention de former une Congrégation de femmes, joignant, aux exercices ordinaires de la vie religieuse, la visite des malades, des pauvres, et en général toutes les œuvres qui peuvent servir au soulagement et au salut « du cher prochain, » comme s'exprimait l'aimable et bon saint.

Ce plan, exécuté dès la première année du nouvel Institut, en 1612, avait été modifié cinq ans plus tard, sur les instances de Mgr de Marquemont, archevêque de Lyon, qui regardait la clôture comme essentielle et nécessaire à la stabilité de la vie religieuse pour les femmes. Saint François de Sales, au contraire, voulait allier la vie de Marthe à celle de Marie, les œuvres extérieures de charité au repos de la contemplation. « Mon dessein, disait-il, avait tou-
» jours été d'unir ces deux choses par un tem-
» pérament si juste, qu'au lieu de se détruire,
» elles s'aideraient mutuellement ; que l'une soutînt
» l'autre ; et que les Sœurs, en travaillant à leur
» propre sanctification, procurassent en même temps
» le soulagement et le salut du prochain. Leur pres-
» crire aujourd'hui la clôture serait détruire une
» partie essentielle de l'Institut, priver le prochain
» de secours précieux et de bons exemples, et
» priver les sœurs elles-mêmes du mérite des œu-
» vres de charité, si recommandées dans l'Evangile,
» si autorisées par les exemples de Notre-Seigneur. »
— Malgré la force de ces raisons, saint François de Sales avait abandonné son sentiment, et la clôture avait été prescrite dans les Constitutions de la Visitation, approuvées par le pape Paul V, en 1618.

C'est ce qui faisait dire au saint Evêque de Genève, avec son aimable finesse d'esprit et une admirable humilité : « On m'appelle le fondateur de la Visita-
» tion; est-il rien de moins raisonnable? J'ai fait ce
» que je ne voulais pas faire, et j'ai défait ce que je
» voulais faire. »

Mais la pensée d'un esprit aussi éminent et d'un saint aussi parfait que l'était saint François de Sales ne pouvait venir que du Ciel, et ne devait pas mourir avec lui. Aussi vit-on, peu d'années après sa mort, surgir de toutes parts des communautés de femmes, dévouées au soulagement des misères humaines, unissant la prière et la contemplation à l'accomplissement des œuvres extérieures de la charité, et ajoutant, ainsi, un nouveau joyau à cette belle couronne de la vie religieuse, qui est, à la fois, l'ornement, la gloire et la force de l'Eglise catholique (1). Pour composer la forte et délicate essence de ces vierges sublimes, braves comme des militaires, tendres comme des mères, pures comme des anges, le Catholicisme seul a les secrètes communications du Ciel, puisque seul, jusqu'ici, il a pu les produire.

(1) On trouve à la même époque, les Sœurs séculières de la société de Saint-Joseph établies à Bordeaux, en 1638, et les Hospitalières de Saint-Joseph fondées à la Flèche, en 1642. — Mais il ne faut pas les confondre avec les Sœurs de Saint-Joseph du Puy, qui revivent aujourd'hui dans la Congrégation de Saint-Joseph de Lyon, laquelle est devenue mère, à son tour, des Sœurs de Saint-Joseph de Belley, de Bordeaux, de Chambéry, d'Amérique, etc. — Les Sœurs de Saint-Joseph de Cluny, fondées en 1807, sont aussi distinctes des précédentes. — (*Vie de la Mère Saint-Joseph*, pages 39-332.)

Jusque-là, beaucoup de bons esprits, comme Mgr de Marquemont, ne concevaient pas que la fleur si délicate de la virginité pût se conserver inviolable et sans péril, loin de la solitude et hors de l'enceinte des cloîtres. A leurs yeux, le cloître, avec ses saintes ardeurs, était comme la serre qu'il fallait à cette belle plante, étrangère à notre froide terre et venue des régions embrasées des séraphins.

Les fondateurs de la Congrégation des Sœurs de Saint-Joseph pensaient, au contraire, avec saint Vincent de Paul et saint François de Sales, que la crainte et l'amour de Dieu étaient des antidotes infaillibles contre les tentations et les amorces séduisantes; et que, même sans la crainte et l'amour de Dieu, les grilles les plus austères ne seraient jamais que d'un faible et vain secours. Ils disaient, avec saint Augustin : *Aimez Dieu et faites ce qu'il vous plaira* : *Ama et fac quod vis*. Car, rien n'est fort comme l'amour, a écrit le pieux auteur de l'*Imitation*, et, selon le Saint-Esprit, il est plus puissant que ce qui tue (1).

Ainsi donc, au lieu de vouer le nouvel essaim de vierges à la vie entièrement claustrale, on allait les lancer hardiment dans les hôpitaux civils et militaires, au chevet des malades, dans les mansardes, aux galetas isolés, dans les missions lointaines, chez les sauvages, à la suite même des armées, etc., « avec les rues des villes et les grands chemins pour cloître; pour clôture, l'obéissance; pour grilles, la crainte de Dieu; pour voile, la sainte modestie... »

(1) *Imit.*, liv. III, 4, 3. — Cant., 8, 6.

Telles sont, à la lettre, les simples précautions indiquées, et la nouvelle discipline inaugurée par saint Vincent de Paul, pour ses héroïques filles de la charité.

Il semblait que ce grand saint, et ceux qui pensaient comme lui, entrevoyaient de loin les besoins et les exigences de nos temps « sans foi, sans Dieu, sans affection, » où la charité qui s'occuperait des corps serait seule capable d'atteindre les esprits et de les ramener à la religion.

Le patronage de saint Joseph était, ici, d'un merveilleux à-propos. Car, Notre-Seigneur Jésus-Christ, dans son infinie et ineffable bonté, ayant voulu se faire représenter sur la terre par les affligés, les prisonniers, les malades, les pauvres sans pain, sans vêtements et sans abri, affirmant de sa bouche divine que ce qui serait fait au moindre, au dernier de ces malheureux, serait fait à sa Personne, il s'ensuivait que c'était lui-même qu'on soignait dans les membres souffrants de l'humanité (1). Le pauvre devenait un autre Jésus-Christ. Dès lors saint Joseph, qui avait gardé, protégé, soigné, porté, nourri, habillé l'humanité sainte du Sauveur, devenait le modèle et le patron des âmes qui se vouaient au service des misérables, élevés par l'Evangile à la dignité de Jésus-Christ. On devait les servir avec le même zèle, le même empressement, les mêmes soins, la même charité, le même amour que saint Joseph avait eus pour Jésus et Marie (2). — La vie intérieure et le

---

(1) Saint Matth., xxv, 35.
(2) S'il existe ici-bas une doctrine qui élève l'homme, assurément c'est le Christianisme, qui n'est, en définitive, que le dogme,

travail des mains avaient été également sanctifiés par l'époux de Marie et le père nourricier de Jésus. — Il n'est donc pas étonnant que la nouvelle forme que la grâce imprimait à l'esprit religieux tendit à se modeler sur ce saint Patriarche, à se mettre sous sa protection et à prendre son nom.

A la tête de ce mouvement providentiel, furent les Sœurs de Saint-Joseph du Puy ; car Mgr de Maupas, qui s'efforçait de marcher sur les traces de saint François de Sales, avait adopté avec le plus vif empressement le projet du R. P. Médaille, d'établir une Congrégation, destinée à occuper la place que les Sœurs de la Visitation venaient de laisser vacante, en embrassant la clôture. Le zélé Prélat pria donc et pressa le saint Missionnaire de convoquer et d'appeler à lui les personnes pieuses qui devaient former le nouvel Institut. Le R. P. Médaille réunit d'abord toutes ses filles spirituelles chez une sainte veuve, Mme de Joux, née Lucrèce de La Planche, dont la maison hospitalière devint un véritable cénacle, et fut ainsi le premier berceau de l'Institut des Sœurs de Saint-Joseph. Cette vénérable chrétienne se fit leur mère adoptive, et ne cessa, jusqu'à sa mort, de travailler de toutes ses forces et de contribuer de tout son pouvoir à l'établissement et au développement de la Congrégation naissante.

---

la loi et le fait de la déification des créatures. — Quoi de plus propre à développer la dignité et à soutenir la moralité humaine, que notre communion avec la Divinité par l'Incarnation et l'Eucharistie qui la prolonge et la multiplie ? Quand le monde parle de la foi comme d'un abaissement, le monde est un ignorant, un fou ou un menteur. (De la *Vie chrétienne*.)

Aux premiers jours de cet enfantement spirituel, le R. P. Médaille écrivit à une de ses chères filles une lettre dans laquelle, en lui parlant de l'esprit qui devait animer le nouvel Institut, qu'il appelait humblement son *petit dessein*, il lui donnait pour modèle la pauvreté, la pureté, l'obéissance, l'humilité et la charité de Notre-Seigneur Jésus-Christ dans le sacrement de l'Eucharistie.

« Dieu, dit-il, m'a fait voir, si je ne me trompe, un modèle accompli de notre *petit dessein* en la très-sainte Eucharistie. Jésus y est tout anéanti. Nous devons aussi, ma chère fille, travailler à l'établissement d'un institut *anéanti*. Il ne doit rien être aux yeux du monde; et devant Dieu, il sera ce que Dieu, par une miséricorde infinie, daignera faire de notre Institution. Elle sera petite, cachée, comme Jésus en la très-adorable Eucharistie, où il est si caché qu'il est totalement invisible. O Dieu, que notre Institution sera heureuse, si elle maintient cet esprit de petitesse, d'humilité, d'anéantissement et de vie cachée au monde et à ses propres yeux ! »

« Que de rapports entre notre néant et l'anéantissement du Dieu Sauveur, en son divin sacrement ! Nous y avons un modèle accompli de pauvreté, de chasteté et d'obéissance. — Rien de plus pauvre au monde que ce grand Sauveur, qui se voile, non pas de la réalité d'un peu de pain, mais de son espèce ou apparence. Quel détachement n'a-t-il point des choses dont on lui donne l'usage? Qu'elles soient riches, ou qu'elles soient pauvres ; qu'on lui donne ou qu'on lui ôte ses ornements, il les prend, il les laisse sans résistance. Il reste également content et parfaitement dénué de tout. — De même, en notre pauvreté, nous serons si entièrement dénués et dépouillés de tout ce que nous aurons consacré à Dieu, et à l'association du *petit dessein*, que nous serons toujours dans un parfait contentement, soit que nous ayons beaucoup, soit que nous ayons peu, ou que nous n'ayons rien; car notre *petit dessein* demande un entier dépouillement. »

« Quant à la chasteté et pureté de ce mystère, elle paraît en ce que ce cher Sauveur, vierge et Epoux des vierges, n'y a des yeux et un cœur que pour les âmes. Il n'y a nul usage des sens; tout y est pour la pureté et la purification des cœurs. Et ne serions-nous pas heureux, s'il en était de même de nous? Si nous n'avions des yeux, des oreilles, une langue, un cœur, que pour ce cher Sauveur, et si tout l'usage de nos sens tendait à la pureté et à la purification des cœurs. C'est ce que fera, Dieu aidant, la chasteté de notre petite Institution. »

« Mais la sainte obéissance de ce cher Sauveur n'est-elle pas miraculeuse? A-t-il jamais eu une pensée, ou dit un mot, pour résister à la volonté du prêtre, homme chétif et souvent pécheur, qui le consacre, qui le touche et le porte où il veut? A-t-il jamais refusé de venir, quand le prêtre l'a voulu, en nos cœurs si pauvres et si mal préparés? Cette pensée me ferait fondre en larmes, si je n'étais pas plus dur que le marbre. — Ne perdons jamais de vue, ma chère fille, les merveilleuses perfections de la divine obéissance. Plaise à la divine bonté, que la nôtre soit toute semblable, puisque nous faisons partie d'un *institut anéanti*. N'ayons jamais ni pensée, ni sentiment, ni parole, qui résiste tant soit peu à l'obéissance. Obéissons à l'imitation de ce cher Sauveur, en enfant, sans raisonner, sans nous mettre en peine de rien, que de laisser conduire la divine Providence, comme une nourrice qui sait bien ce qui nous est nécessaire, et qui, après tout, doit absolument gouverner les créatures amoureusement anéanties dans son sein, telles que doivent être surtout les âmes du *petit dessein*. O chère et très-humble obéissance, qui es la marque assurée de la véritable vertu, puisses-tu, à jamais, être véritablement parfaite en tous les membres de notre nouveau corps religieux, si je dois l'appeler ainsi, puisque, véritablement, il me semble qu'il n'y a que l'ombre, et non pas la réalité d'un corps, tant il doit être *anéanti!* »

« Et si nous voulons un modèle de notre amour pour Dieu et de notre charité envers le prochain, où le trouverons-nous mieux qu'en ce saint sacrement? Ce mystère est appelé l'*amour des amours*. Il révèle l'étendue, la perfection, les actes, la durée, l'immutabilité, l'extension ou la grandeur de tous les saints amours. — Notre chère Congrégation, en laquelle chacun des sujets qui la composent doit avoir toujours la plénitude du saint amour dans le cœur, et qui fait profession d'être une Congrégation du plus parfait amour, trouvera bien là de quoi imiter. »

« De plus, ce sacrement est un mystère d'union et parfaitement unissant. Il unit toutes les créatures à Dieu; et, par le titre de communion qu'il porte, il unit tous les fidèles entre eux, par une commune union, de laquelle Notre-Seigneur parle en des termes si ravissants, quand il demande à son Père que tous les fidèles « soient un, qu'ils soient consommés en « un, ainsi que son Père et Lui ne sont qu'un. » — Voilà, ma chère Sœur, la fin de notre Congrégation anéantie. Elle tend à procurer cette double union *totale* de nous-mêmes et de tout le cher prochain avec Dieu, et de nous-mêmes avec toute sorte de prochain, et tout le cher prochain avec nous et avec lui-même ; mais tout en Jésus et en Dieu son Père. — Daigne la bonté divine nous faire connaître la noblesse de cette fin, et nous assister pour devenir des instruments propres à la faire réussir ! — J'ai appelé cette union *totale*, parce que ce mot comprend toute la perfection qui se peut rencontrer en la nature et en l'exercice de l'amour de Dieu et du cher prochain. Plaise à la bonté divine que nous puissions contribuer, en qualité de faible instrument, à rétablir en l'Eglise cette *totale* union des âmes en Dieu et avec Dieu ! »

« Enfin, notre chère Institution doit être toute humilité, et faire profession, en toutes choses, de chérir et de choisir ce qu'il y a de plus humble. Elle doit être la plus petite et la plus anéantie en l'humilité. Elle doit être toute modestie, toute douceur, toute candeur et simplicité, tout intérieure, en un mot, toute vide de soi-même et de toutes choses, et toute remplie de Jésus et de Dieu, par une plénitude que je ne puis assez bien expliquer, mais que la bonté divine vous fera comprendre. — Toutes ces choses ne se trouvent-elles pas merveilleusement en la sainte Eucharistie ? Quoi de plus humble que notre cher Sauveur, en ce mystère ! Quoi de plus modeste, de plus bénin et doux, de plus simple et candide, de plus plein de Dieu et vide de tout le reste ! Voilà, chère sœur, le modèle de notre Institution ; il me semble que nous trouverons sa nature et ses emplois dans cet adorable mystère. »

« Le vivre et le vêtir de notre petit Etablissement sera une extrême frugalité et modestie, avec la différence que demande la diversité des besoins. C'est aussi ce que nous remarquons dans l'espèce du saint Sacrement, qui est très-commune et présente néanmoins des différences en son goût et couleur, selon la diversité ou plus grande délicatesse du vin et du pain. »

« Les maisons de nos filles seront semblables au tabernacle toujours fermé à clef, et nos Sœurs ne sortiront, comme Jésus, que par obéissance et charité, pour revenir bientôt, et pour se consommer en tous les emplois. — Au reste, comme ce cher Sauveur, en la sainte Eucharistie, semble n'être rien à soi, mais tout à Dieu son Père et aux âmes qu'il a rachetées de son précieux sang; ainsi, ma chère fille, notre *petit dessein* et les personnes qui le composeront ne seront rien à elles-mêmes, mais toutes perdues et anéanties en Dieu et pour Dieu ; elles seront toutes, avec cela, au cher prochain et rien à elles-mêmes. Daigne Dieu opérer ces merveilles, selon la mesure de son bon plaisir ! *Amen.* »

Telles furent les premières instructions que reçut, à son berceau, la pieuse et modeste famille des Sœurs de Saint-Joseph. Elles expriment le caractère et respirent délicieusement l'esprit de leur Père. Ce sont bien là les vertus qui brillèrent dans sa première maison de Nazareth : l'humilité, la simplicité, la pauvreté, la pureté, l'obéissance, une suave union et une exquise charité. — A Nazareth, la source et le modèle de ces vertus se trouvaient dans le mystère de l'Incarnation qui s'y était opéré. Celui de l'Eucharistie, qui en est la continuation, doit également les produire au sein de la nouvelle famille de Saint-Joseph. Il faut que les filles, à l'exemple de leur Père, aient constamment Jésus devant leurs yeux. L'anéantissement du Sauveur dans l'Eucharistie doit les instruire et les inspirer, comme celui de l'Incarnation instruisait et inspirait leur Père Saint-Joseph. Des deux côtés, c'est le même modèle, le Fils de Dieu, Notre-Seigneur, caché et anéanti. — Quel honneur, mais aussi quel enseignement renferme cette similitude pour l'Institut de Saint-Joseph !

Le 15 octobre 1650, jour même de la fête de sainte Thérèse, Mgr l'Evêque du Puy assembla les nouvelles religieuses dans l'hôpital des orphelines du Puy, dont il leur confia la direction. Il leur adressa une instruction touchante et pleine de l'esprit de Dieu, détermina la forme de leur habit, le leur imposa solennellement lui-même, et leur donna des règles pour diriger leur vie et leur conduite. Il termina la pieuse cérémonie, en mettant le modeste Institut sous la protection du glorieux saint Joseph ; et, confirmant le nom béni qu'il portait librement, il ordonna qu'il fût appelé la *Congrégation des Sœurs ou Filles de Saint-Joseph.* — Peu de temps après, il les chargea du soin de l'hôpital de Montferrand et de l'éducation des orphelines qui y étaient recueillies. — L'année suivante, édifié et touché du zèle avec lequel les Sœurs accomplissaient les œuvres de charité qu'il leur avait confiées, le saint Prélat autorisa la Congrégation de Saint-Joseph d'une manière authentique et solennelle, par une ordonnance épiscopale, en date du 10 mars 1651. — Telle a été la première origine de l'Institut de Saint-Joseph, dont la ville du Puy fut le berceau.

Non content de cette autorisation pour son diocèse, Mgr de Maupas voulut recommander ses chères filles à la bienveillance de ses collègues dans l'épiscopat. « Nos Seigneurs les Evêques, disait-il, sont très-humblement suppliés d'avoir une charité paternelle et un soin particulier pour le maintien et l'avancement de cette petite Congrégation, en considération de saint François de Sales, puisqu'elle n'a été *établie que pour y faire revivre l'esprit de la première institution que ce bienheureux Prélat fit des Sœurs de la Visitation de Sainte-Marie.* »

Le vénérable Prélat, que la divine Providence avait donné pour Père aux Sœurs de Saint-Joseph, ayant été transféré au siège épiscopal d'Evreux, en 1661, son successeur, Mgr Armand de Béthune, continua son œuvre sainte, et donna les soins les plus paternels au nouvel Institut qu'il confirma par une ordonnance du 23 septembre 1665. — Un an après, la puissance civile voulut s'associer à l'autorité religieuse, afin de favoriser l'accroissement d'une société aussi utile; et des lettres patentes du grand roi, Louis XIV, furent délivrées, l'an 1666, pour autoriser et affermir ses premiers Etablissements, dans les villes du Puy, de Saint-Didier et dans plusieurs autres localités du Velay.

Ainsi aimé et béni de Dieu et des hommes, le modeste Institut de Saint-Joseph grandit rapidement, comme le grain de sénevé. Il avait à peine quinze ans d'existence, que déjà ses rameaux bienfaisants ombrageaient, avec le diocèse du Puy, ceux de Clermont, de Grenoble, d'Embrun, de Gap, de Sisteron, de Viviers, d'Uzès et plusieurs autres. Partout, est-il dit dans le *Dictionnaire universel*, « les Sœurs de Saint-Joseph s'occupaient avec beaucoup de succès à instruire les enfants de leur sexe, à soigner les malades et à procurer au prochain tous les secours temporels et spirituels dont elles sont capables. »

En 1668, l'Archevêque de Vienne, Henri de Villars, les établit dans le grand Hôtel-Dieu de sa ville archiépiscopale, et, par une lettre pastorale du 2 septembre de la même année, il les recommande à tout son archidiocèse.

Lyon, la ville de Marie, ne pouvait manquer d'adopter aussi et d'aimer les Filles de Saint-Joseph. Aussi, leur confia-t-elle la plupart de ses œuvres et le soin des nombreuses misères qui gémissaient dans sa vaste enceinte. L'instruction des petites filles, la direction des sourdes et muettes, l'assistance des pauvres, le soin des incurables, des épileptiques, des infirmes de tout genre, l'assistance des prisons, la garde d'une maison de force ou de recluses, établie rue Saint-Jacques, la charge d'une maison de détention située à Perrache, le service d'un grand hospice sur la paroisse de Saint-Nizier, etc. : telle fut, depuis son origine jusqu'à la Révolution de 1789, la mission à la fois humble et grande, patiente et généreuse, héroïquement accomplie, dans la ville de Lyon, par la Congrégation des Sœurs de Saint-Joseph. — Elle rivalisait, en sublime dévouement, avec celle des Filles de la Charité, fondée par saint Vincent de Paul, l'ami et le directeur de leur fondateur et père.

Nous venons de voir, dans son origine et pendant les premières années de son existence, l'Institut de Saint-Joseph. Il répondait dignement au nom béni qu'il portait. Quand le patriarche Jacob, parvenu à l'extrême limite de l'âge, bénissant successivement ses enfants, avant d'aller rejoindre ses pères, arriva à Joseph, son fils bien-aimé, il lui dit : « Joseph va tou-
» jours croissant et s'augmentant en vertu et en gloire;
» son visage est beau et agréable. Mon fils, le Dieu de
» votre père sera toujours votre protecteur, et le Tout-
» Puissant vous comblera de bénédictions du haut
» du ciel. » — Joseph avait mérité cette bénédiction prophétique de son père, par sa pureté, son innocence, qui l'avaient rendu agréable à Dieu, et par son généreux dévouement, qui en avait fait l'instrument du salut de ses frères. — C'était également par sa sainteté et son dévouement envers ses frères, que l'Institut de Saint-Joseph avait mérité ses rapides accroissements (1).

Ce premier titre de gloire était accompagné de deux autres bien précieux aussi : d'abord l'honneur insigne d'avoir eu pour père et fondateur, dans Mgr de Maupas, un disciple et un ami intime de saint Vincent de Paul; en second lieu, l'inappréciable avantage d'avoir réalisé la pensée favorite et accompli le désir ardent de saint François de Sales. Car l'Institut de Saint-Joseph était, pour ainsi dire, comme la première

---

(1) Joseph veut dire augmentation, accroissement : *Filius accrescens* Joseph. (Genèse, 49. 22.)

fleur de l'esprit de ce grand et aimable saint, le fruit spontané de son cœur. — Aussi, avons-nous vu l'évêque du Puy présenter sa chère Congrégation de Saint-Joseph, aux autres évêques de France, comme ayant été établie pour faire revivre l'esprit *de la première institution* du bienheureux évêque de Genève. » En conséquence, le premier article des Constitutions de la Congrégation des Sœurs de Saint-Joseph portait la recommandation suivante : « En toute leur conduite, les Sœurs de Saint-Joseph tâcheront d'imiter et de suivre les coutumes, l'esprit et la vie des saintes filles de la Visitation ; elles auront un respect particulier pour leur saint fondateur, et feront tout leur possible pour prendre l'esprit primitif que saint François de Sales leur avait inspiré. »

Ces Constitutions, dans leur ensemble, tendaient à conduire le nouvel Institut à un triple but : la sanctification de ses membres par la prière, et l'union avec Dieu, — l'apostolat par l'enseignement, — et la charité envers le prochain par les œuvres extérieures. C'était l'esprit suave et enflammé de sainte Thérèse, fondu avec l'esprit apostolique de saint Ignace, et l'esprit de charité de saint Vincent de Paul, lequel disait à ses filles : « Mon intention est que vous traitiez tout homme infirme, comme une mère tendre soigne son fils unique. » L'Institut embrassait par là, comme nous l'avons dit, l'œuvre et la perfection évangélique dans leur plénitude la plus complète. — D'abord, simplement manuscrites, ces Constitutions furent imprimées, en 1693, par l'ordre de Mgr de Villars, archevêque de Vienne. En 1729, une nouvelle édition en fut faite à

Lyon, et approuvée par Mgr de Neuville de Villeroy, archevêque de cette ville.

A cette époque, le costume des Sœurs de Saint-Joseph consistait en une robe de serge noire, en forme de blouse allongée, plissée devant et serrée autour du corps par une ceinture, dont les bouts, ramenés en arrière, formaient des espèces de basques. — Leur coiffure était celle des veuves de ce temps-là. Dans leur intérieur, elles avaient une coiffe, appelée calèche, qui se repliait sur elle-même et pouvait garantir des ardeurs du soleil. Quand elles sortaient de leur couvent, elles ajoutaient une écharpe, longue à peu près de deux mètres, qu'elles mettaient sur la tête, en la laissant tomber sur les épaules, et en nouant les deux bouts sur leur poitrine. — Elles portaient au cou un mouchoir blanc, remplacé aujourd'hui par la guimpe. — Leur signe distinctif était une petite croix, avec un christ en cuivre doré, suspendue devant leur poitrine.

Tel était alors le modeste et simple uniforme de la nouvelle et angélique milice qui venait de se former, pour combattre, dit un auteur grave, l'ignorance populaire par un enseignement chrétien; faire prévaloir, dans le cœur des enfants, le vrai contre le faux, le bien contre le mal, le beau contre le laid, et lutter, par le plus héroïque dévouement, contre l'innombrable armée des misères qui assaillent la pauvre humanité depuis le berceau jusqu'à la tombe. La beauté de ces « nouvelles filles du Roi, » royales épouses de son Fils, devait être « tout intérieure » : c'était la beauté de l'âme et du cœur, la beauté de la vertu.

« Peut-être n'est-il rien de plus grand sur la terre, dit Voltaire lui-même, que le sacrifice que fait un sexe délicat, de la beauté, de la jeunesse, souvent de la fortune et de la haute naissance, pour soulager, dans les hôpitaux, ce ramas de toutes les misères humaines, dont la vue est si humiliante pour notre orgueil et si révoltante pour notre délicatesse. » — Plus égarés et plus dégradés que leur père, les fils de Voltaire poursuivent aujourd'hui de leur haine aveugle, comme ennemies du peuple, celles en qui le patriarche de l'impiété, l'ennemi forcené du Christianisme, ne pouvait s'empêcher de voir d'admirables servantes et des mères sublimes de l'orphelin, de l'infirme et du pauvre, c'est-à-dire, de ce qu'il y a de plus délaissé dans le peuple.

CHAPITRE II

Les maisons de l'Institut de Saint-Joseph indépendantes les unes des autres. — Commencements de Mère Saint-Jean — Son éducation par sa tante. — Elle lui succède. — Ses rares qualités. — Estime profonde qu'en a Mgr de Gallard, évêque du Puy. — Son courage admirable au commencement de la Révolution. — Dispersion forcée des Sœurs. — Emprisonnement de Mère Saint-Jean. — Sa conduite héroïque dans les fers. — Sa délivrance. — Sainte tristesse qu'elle en éprouve. — Belle lettre de Mgr de Gallard, exilé en Suisse, aux Sœurs de Saint-Joseph. — Le saint Évêque et les Sœurs font revivre les temps apostoliques.

Depuis leur origine jusqu'à la Révolution de 1789, les Communautés de Saint-Joseph, suivant la loi du saint progrès dont leur nom même était le symbole, allèrent en se développant d'une manière admirable, sans être unies et reliées entre elles par une direction et une administration communes. Chaque maison possédait une vie propre, distincte et indépendante, comme les monastères de la Visitation. Les Évêques en étaient les supérieurs, chacun dans son diocèse, et les faisaient gouverner par des pères spirituels, qu'ils désignaient pour une ou plusieurs maisons. Ils fixaient aussi le lieu du noviciat, et pouvaient faire passer les Sœurs d'une maison de la Congrégation dans une autre. — C'étaient, selon la comparaison de saint François de Sales, autant de ruches séparées, chacune avec sa *reine* ou mère, mais ayant toutes le même esprit, la même union, la même activité et la même règle.

L'une des plus florissantes de ces *ruches spirituelles* était alors la Communauté de Monistrol, chef-lieu de canton dans le département de la Haute-Loire. Dans les desseins de la divine Providence, cette maison était destinée à être, pendant la tempête qui allait détruire l'Eglise de France, comme la citerne où fut déposé le feu sacré, lors de la ruine de Jérusalem et de la destruction de son temple. Mais, plus fidèle que la citerne de la cité sainte, elle devait le conserver toujours vivant et pur.

A la tête de cette fervente Communauté était une femme admirable, qui fut le Néhémie de l'Institut de Saint-Joseph, et le releva de ses ruines après la Révolution, comme Néhémie avait reconstruit Jérusalem et le temple après la captivité. C'était la respectable Mère Saint-Jean, femme forte, selon toute l'étendue du sens que l'Esprit-Saint attache à ce titre. Elle était né le 3 mars de l'an 1759, dans la commune de Basse-en-Basset (Haute-Loire). Sa famille, recommandable par une rare probité, respectée et considérée de tout le voisinage, portait le nom de Fontbonne. Celui de Jeanne, que l'enfant reçut à son baptême, ne fit que se perpétuer et grandir dans le titre de Sœur et Mère Saint-Jean, que lui donna successivement la Religion. Sa naissance, comme celle du saint Précurseur, dont elle portait le nom, remplit sa famille d'une inexprimable joie (1). Cette joie était aussi prophétique, et présageait la gloire et les bénédictions que l'enfant, comme saint Jean, devait répandre sur sa patriarcale famille et sur l'Institut de Saint-Joseph. Il est vrai que le Seigneur sembla, un instant, vouloir en exiger le sacrifice par un glorieux martyre, mais elle fut rendue, comme Isaac, à son vieux père dont elle fit la consolation, et à sa Congrégation dont elle fut la restauratrice et le modèle.

Dès son plus bas âge, la jeune Fontbonne se distingua par une vertu angélique. Elle fut élevée par une de ses tantes, Sœur Saint-François, qui avait pris le saint habit dans la maison de Saint-Joseph du Puy, et avait été envoyée comme Supérieure à Monistrol, commune voisine du pays natal de sa jeune nièce.

A dix ans, l'aimable et sainte enfant avait offert à Dieu, par un vœu, la fleur de sa virginité. Dès lors, elle n'aspira plus qu'à se consacrer entièrement au Seigneur dans la vie religieuse. Son premier attrait fut pour les Clarisses ou Religieuses de Sainte-Claire; mais l'avis et les conseils de Mgr de Gallard, évêque du Puy, la fixèrent à Saint-Joseph. Ses parents, dont elle était les délices, ne pouvant se résoudre à ce sacrifice, s'opposèrent d'abord à son entrée en reli-

(1) Quand on lui demandait lequel, de saint Jean-Baptiste ou de saint Jean l'Evangéliste, était son patron, elle se contentait de répondre, avec son fin sourire, qu'ils étaient « tous les deux bien bons. » On devinait que sa modestie retenait son pieux secret, afin d'éviter les louanges et les démonstrations honorifiques des jours de fête.

gion. Mais la Providence leva tous les obstacles, et la jeune vierge entra au noviciat de Monistrol, le 17 décembre de l'année 1777, à l'âge de dix-huit ans.

Elle fut l'ange du noviciat; et sous la direction de sa vénérable tante, elle se prépara par l'exercice de toutes les vertus, à sa prise d'habit, qui eut lieu l'année suivante, 1778. Deux ans après, en 1780, sa profession religieuse, en consommant son sacrifice, mit le comble à ses désirs et à son bonheur. Elle déposa avec allégresse la couronne de roses, qui parait son front rayonnant de joie, et, livrant aux ciseaux sa longue et belle chevelure : « Coupez, ô ma Mère, dit-elle à sa tante, coupez cette vaine parure, et couvrez-moi d'un voile épais, qui me dérobe à jamais au monde et à ses pompes. » — Sa sœur cadette imita son exemple et prit le nom de sainte Thérèse.

Au mérite de la sainte joie, qui accompagnait le sacrifice de la jeune religieuse, et que Dieu aime tant voir briller dans le cœur de ceux qui se donnent à lui, se joignait celui du courage; car ce sacrifice alors était loin d'être sans péril. Un sourd mugissement se faisait déjà entendre dans le lointain, et on sentait qu'un terrible ouragan allait se déchaîner contre la religion et ses œuvres divines.

La jeune professe devait même d'autant plus éprouver la fureur de la tempête, que Dieu voulait en faire comme un pilote, destiné à tenir tête à l'orage et à en supporter les plus formidables éclats. — Aussi, pour mieux aguerrir sa grande âme, il permit que de bonne heure elle fût formée à la générosité et à l'esprit de sacrifice. Durant sa prétendance et son noviciat, sa tante, qu'elle aimait tendrement, l'avait très-sérieusement éprouvée. Sa direction fut constamment sévère. Pour cette âme antique, la manière d'aimer sa nièce était de la perfectionner. Elle tailla donc durement ce marbre blanc et pur, afin d'y graver profondément l'image de Jésus-Christ. D'ailleurs, entourée de deux nièces, la prudente Supérieure craignait de trop écouter la voix de la chair et du sang, et d'exciter dans sa Communauté des susceptibilités toujours nuisibles à la discipline et à l'esprit religieux.

Traitée avec froideur par celle qu'elle chérissait de tout son cœur, la tendre enfant en souffrit beaucoup. Elle tremblait involontairement, dit-elle, en demandant ses permissions ; et lorsque pendant les récréations elle se livrait à une innocente gaieté, si son regard timide venait à rencontrer celui de sa tante, elle n'osait plus ouvrir la bouche. — Elle conserva, néanmoins, la plus sincère affection et une profonde vénération pour cette sainte Supérieure; et quand la tante fut atteinte de sa dernière maladie, sa tendre nièce en conçut la plus vive douleur, et la soigna jusqu'à la fin avec le plus filial dévouement. Malgré ses soins, ses ardentes et continuelles prières, elle ne put obtenir le rétablissement de sa vénérable et chère malade. Dieu lui demanda ce nouveau sacrifice, pour la préparer à de plus grands encore. C'est ainsi qu'il traite et fait ses Saints (1). — Sa tante, l'ange gardien de son enfance, lui fut donc

---

(1) « Il faut aimer les amers, disait un de nos célèbres généraux, ils sont nécessaires à la santé morale comme à la santé physique. »

enlevée, et la plaie, que cette perte fit à son cœur, fut d'autant plus sensible, qu'on lui imposa aussitôt le fardeau de la supériorité.

C'était en 1784. La nouvelle Supérieure avait à peine vingt-cinq ans, et la terrible Révolution s'avançait à grands pas. Dans cette situation, elle déploya une grande prudence, un tact, une aptitude et des talents administratifs, non-seulement au-dessus de son âge, mais peu ordinaires, même dans des personnes d'ailleurs capables et bien plus avancées dans la vie. Elle joignait à une aimable simplicité, un sens droit, un jugement sûr, une rare aménité et égalité de caractère, une bonté sans égale, une grande ampleur de vue et une piété angélique. Elle entendait et pratiquait la vie religieuse dans sa perfection. « Jamais, disait une de ses anciennes filles, nous n'avons entendu parler des vœux de religion, comme le faisait cette vénérable Mère. » Ses vertus attirèrent une foule de jeunes personnes, qui voulurent se consacrer au service de Dieu sous sa direction.

Mère Saint-Jean venait d'être élue Supérieure, lorsque Mgr de Gallard fit construire, à Monistrol, un hospice, dont il donna la direction à la Communauté de Saint-Joseph. Le zèle, le dévouement et la sagesse de la jeune Supérieure lui attirèrent tellement la confiance, qu'elle devint, disent les récits du temps, « comme la mère de toute la ville. » Pour étendre l'œuvre du bien, elle conçut le projet de réunir les personnes pieuses de Monistrol, et de les faire travailler sous ses yeux, afin de les soustraire aux dangers du monde et de les établir dans une solide piété. Mgr de Gallard recommanda l'œuvre à une noble dame, en qui la charité surpassait encore la noblesse de la naissance. Mme de Chantemule, c'était son nom, eut une entrevue avec Mère Saint-Jean, et ces deux grandes âmes surent si bien se comprendre, qu'elles restèrent unies de la plus étroite amitié. La noble et pieuse bienfaitrice consacra une partie de sa fortune à fonder le nouvel établissement, et Mgr l'évêque du Puy, en bénissant la première pierre, voulut que Mère Saint-Jean la bénît après lui. Son humilité souffrit beaucoup de se voir, comme elle le disait, « elle si petite et si indigne, à côté de Sa Grandeur, et associée avec Elle dans un acte aussi saint. »

La Supérieure de Monistrol jouissait ainsi de l'estime et de l'affection de tous ceux qui l'approchaient, et particulièrement de Mgr de Gallard, qui ne parlait d'elle qu'avec une sorte de vénération. Toute la ville bénissait la Providence de lui avoir envoyé cet ange de bonté et de vertu, quand l'orage de la Révolution éclata. — L'évêque du Puy fut insulté dans sa voiture, et peu de temps après, forcé de se réfugier en Suisse. En partant pour l'exil, il donna son portrait à Mère Saint-Jean, qui était venue le visiter et lui demander une dernière bénédiction, avec ses conseils, à la veille des assauts qu'on allait bientôt lui livrer à elle-même. La Congrégation de Saint-Joseph a conservé et garde avec vénération et amour le portrait du saint Prélat.

Après cette dernière et triste entrevue, la position de la jeune Supérieure et de sa Communauté devint d'autant plus difficile que M. le curé de Monistrol, homme d'esprit et de talent d'ailleurs, se laissa séduire par la Révolution, et s'efforça d'entraîner dans sa chute les personnes dont il possédait la confiance. Quelle dangereuse tentation et douloureuse épreuve pour les Sœurs de Saint-Joseph! Cependant elles ne se laissèrent ni séduire ni abattre, et malgré tous les efforts de leur pasteur égaré, qui alla jusqu'à soulever la paroisse contre la Communauté, elles demeurèrent fermes et inébranlables dans la foi, dirigées et soutenues par l'héroïsme de leur sainte Mère.

Bientôt les révolutionnaires, armés de haches, vinrent assaillir leur paisible demeure, et voulurent exiger des religieuses le serment impie imposé par la Convention, et déjà prêté par le pasteur infidèle. Mère Saint-Jean se présente, seule et calme, à la porte de sa maison, et refuse, au nom de toutes ses filles, le serment demandé, en disant avec fermeté et sang-froid : « La tête ici répond pour le corps. » Frappés et désarmés par l'admirable courage de cette sainte religieuse, les révolutionnaires se retirèrent en s'écriant : « Quelle femme ! il n'y a rien à gagner avec elle ! »

Revenant ensuite à la charge d'une autre manière, ils usèrent de différents stratagèmes, afin de séparer, pour l'affaiblir, le corps de la Communauté, de « cette tête, » à laquelle, tout audacieux qu'ils étaient, ils n'avaient pas osé résister. Mais tout fut inutile. La vigilante sentinelle déjoua toutes leurs ruses, soutenant sa Communauté, encourageant les timides, et consacrant le temps que pouvait lui laisser une pareille situation, à recourir au Seigneur par la prière, et à verser dans le Cœur de Jésus l'amertume qui abreuvait le sien.

Les jours, cependant, devenant de plus en plus

mauvais, elle craignit des malheurs pour ses filles chéries, et afin de les en préserver, elle les pressa de rentrer dans le sein de leurs familles respectives. Le baiser d'adieu se donna au milieu des sanglots, et on se quitta en conjurant le Seigneur d'abréger les jours si amers de la séparation. Quant à elle, accompagnée de deux de ses religieuses, Sœur Thérèse et Sœur Marthe, simple converse, elle resta courageusement à son poste périlleux et si menacé, malgré les prières et les larmes de son père, qui voulait sauver ses deux enfants, en les ramenant à la maison paternelle.

Enfin, l'heure fatale arriva. Une troupe de scélérats vint de nouveau attaquer la maison de Saint-Joseph. Ils forcent les serrures, pénètrent dans les appartements, en ferment les portes, et jettent à la rue les trois religieuses fidèles. Recueillies d'abord par des personnes amies, ensuite par leurs parents, elles ne tardèrent pas à être arrachées de leurs bras, enchaînées les menottes aux mains, et jetées en 1793 dans les prisons de Saint-Didier. Leur père, accablé de douleur, faisait quatre lieues à pied et bravait tous les dangers pour leur apporter un morceau de pain.

Au milieu des privations et des souffrances de tout genre, Mère Saint-Jean fit revivre la sainteté, le courage, la céleste joie et l'imposante grandeur des martyrs des premiers siècles. Comme eux, elle ne fut ni attristée, ni effrayée de sa séparation du monde. Considérant que le monde mérite bien davantage d'être appelé une prison, sa grande âme, illuminée par la foi, comprit qu'en réalité elle était sortie d'un cachot plutôt qu'elle n'y était entrée.

« Le monde, disait Tertullien aux anciens martyrs, est mille fois plus obscur que la prison : ses ténèbres aveuglent le cœur. Le monde a des chaînes plus pesantes : ses liens captivent les âmes. Le monde exhale des miasmes plus impurs : ce sont les passions des hommes. Le monde renferme plus de coupables, car c'est lui qui remplit les prisons de son superflu. Les martyrs habitent un séjour ténébreux; mais ils sont eux-mêmes une lumière. Des liens les enchaînent; mais ils sont libres pour Dieu. Ils respirent un air infect; mais ils sont eux-mêmes un parfum d'exquise suavité... Laissons donc, concluait le docteur africain, laissons de côté le mot de prison; appelons cela une retraite. Bien que le corps soit enfermé et la chair captive, tout reste ouvert au cœur et à l'esprit (1). »

Comme si elles eussent reçu elles-mêmes ces fortes exhortations, Mère Saint-Jean et ses deux filles transformèrent leur prison en un lieu de retraite. Elle devint un couvent, une maison de prières. Le cœur de la Mère, surtout, surabondait de joie, et ses chaînes lui semblaient des bijoux. Dans la nudité de la prison, la dureté et l'humidité du plancher qui lui servait de lit, elle ne voyait qu'un heureux moyen de pratiquer la pauvreté et la mortification religieuses. Privée d'entendre la sainte messe et de recevoir les sacrements, elle visitait en esprit les églises fermées, désirant laver de ses larmes et de son sang leurs sanctuaires profanés, et offrant chaque jour sa vie à Dieu, en expiation des sacrilèges qui les avaient

---

(1) Tertull., *Exh. aux martyrs*.

souillés. — A l'exemple de la jeune vierge sainte Blandine, que les *Actes des Martyrs* nous représentent *comme une noble mère, tanquam nobilis mater*, à cause de son courage et de ses sublimes recommandations aux autres martyrs, la jeune Supérieure de Monistrol était aussi la noble Mère de ses compagnes de captivité, et leur communiquait sa force.
— Elle dominait même ses bourreaux. « Les justes, dit le Saint-Esprit, au livre de la *Sagesse*, se tiendront avec une grande fermeté contre ceux qui les tourmentent et qui méprisent leurs œuvres saintes. A cette vue, les impies seront troublés. » Par son calme, sa sérénité céleste et ses réponses pleines de sagesse, Mère Saint-Jean confondait ses geôliers. Lui ordonnaient-ils de travailler les jours de dimanche ou de fêtes, et de célébrer la décade, elle répondait : « Si j'avais voulu faire cela, je ne serais pas en prison. »
— Quand, déconcertés, ils la menaçaient du cachot : « Allons, disait-elle, où faut-il passer pour y aller ? » Aux cris de vive la République, qu'on voulait lui faire proférer, elle répondit toujours par vive Jésus ! vive Marie ! — Lorsqu'après une longue détention, et à la suite de plusieurs exécutions capitales, le bourreau vint enfin lui dire : « Citoyenne, à toi demain, » elle tressaillit d'allégresse, et comme saint Cyprien, elle s'écria : *Deo gratias !* (1) « Demain,

---

(1) Mère Saint-Jean a laissé une liste de vingt et une personnes de sa connaissance, la plupart ecclésiastiques, qui furent alors immolées pour la foi. Leurs noms étaient inscrits dans un carnet qu'elle portait avec elle. — Cinq religieuses de Saint-Joseph se trouvaient dans les prisons de Feurs, pendant qu'elle et ses compagnes étaient dans celles de Saint-Didier.

se dirent entre elles les trois prisonnières, sera le plus beau jour de notre vie, il faut que nous préparions nos vêtements. » — Mère Saint-Jean se souvient qu'elle est encore en possession d'une petite pièce de monnaie. On décide, à l'unanimité, qu'elle sera employée à faire blanchir et repasser les modestes effets qui leur restent, pour la grande fête du lendemain.

Ainsi préparées et leurs lampes allumées par la foi et l'amour, ces vierges prudentes attendaient avec bonheur l'arrivée de l'Epoux et leur entrée avec Lui au festin des noces de l'Agneau. Soudain, la porte s'ouvre. — A l'instant, elles se sont levées pour partir à l'échafaud, qui est pour elles l'échelle du ciel, lorsqu'elles entendent ces paroles : « Vous êtes libres, Robespierre est tombé, vos chaines sont brisées. » A cette nouvelle, qui en réjouit tant d'autres, Mère Saint-Jean s'écria tristement : « Ah ! mes Sœurs, nous n'étions pas dignes de la grâce de mourir pour notre sainte Religion ; ce sont nos péchés qui ont mis obstacle à cette faveur insigne. » — Lorsque, plus tard, on lui parlait de cette époque héroïque de sa vie et de ce qu'elle avait souffert en prison, elle détournait adroitement la conversation et la reportait sur d'autres victimes de la Révolution, dont elle se plaisait à raconter les saints et glorieux martyres.

Arrachées aux griffes du tigre et délivrées à regret de leurs chaines, les trois saintes religieuses rentrèrent dans leurs familles. L'ouragan révolutionnaire avait emporté et détruit tous les couvents. Mère Saint-Jean et sœur Thérèse retournèrent à leur vieux père, qui les reçut avec la joie de Jacob en retrouvant

Joseph et Benjamin. « Que je suis heureux de vous revoir, leur dit-il ! Celui qui m'a donné le moyen de soigner votre enfance, est toujours infiniment bon et puissant. Il ne nous laissera manquer de rien, maintenant que vous avez souffert pour Lui. Vous serez la bénédiction de la maison et de la vieillesse de votre père. »

Pendant que l'Institut de Saint-Joseph était ainsi dispersé, et que ses ruines, avec celles du Sanctuaire et des autres Ordres religieux, jonchaient le sol bouleversé de la France, la Providence lui ménagea une consolation d'un parfum apostolique, aussi douce que rare en ces temps de désolation générale. Le pieux Institut dut cette faveur, sans doute avant tout, à la bonté divine, mais aussi aux sentiments d'estime, de reconnaissance et d'affection que sa ferveur, sa charité et son dévouement avaient inspirés à ceux qui l'avaient vu à l'œuvre, et pouvaient mieux l'apprécier. — Du fond de son exil, Mgr de Gallard, évêque du Puy, écrivit, en 1798, une longue lettre à ses filles chéries, pour les consoler, les féliciter, les encourager et les diriger dans la cruelle épreuve qu'elles traversaient. Il adressa sa lettre à Mère Saint-Jean, comme autrefois saint Jean écrivit son épître à sa fille spirituelle, *Electa*, dont le nom signifie : *choisie*. — Nous donnons ici dans son entier, ce document digne des temps apostoliques et si honorable pour les Sœurs de Saint-Joseph.

« Mes chères Filles, vous avez des droits si sacrés à tous mes sentiments et des titres si glorieux pour les mériter ; vos vertus et mes devoirs ; vos exemples et mon désir du bien ; vos tribulations et ma sensibilité ; vos cœurs et le mien, tout vous répond de ma tendresse, tout vous garantit ma vive et continuelle sollicitude pour vous. »

« Comme les yeux du Seigneur sont toujours fixés sur les justes, et les oreilles de sa miséricorde toujours ouvertes à leurs prières, j'ose dire aussi, mes chères Filles, mes regards se tournent sans cesse vers vous, et mon âme désolée entend toujours le cri des vôtres. Je me rappelle, et pourrais-je l'oublier, que vous êtes cette portion précieuse de mon héritage qui me fut toujours chère et si digne de l'être ; vous êtes toujours à mes yeux cette race choisie, ce peuple saint, l'objet des complaisances du ciel ; et, en vous arrachant à vos célestes asiles, l'impiété n'a pu ravir au Dieu de toute pureté ses vrais sanctuaires, c'est-à-dire vos cœurs consacrés par la virginité. Jusqu'à présent, l'ennemi de tout bien et de toute vertu a fait des efforts inutiles pour ébranler votre courage. Dignes épouses de Jésus-Christ, comme Marie, vous êtes restées debout au pied de la croix, et vous n'avez jamais reculé devant le calice d'opprobres et de douleurs que Jésus-Christ n'a cessé de vous offrir. O mes chères filles, réjouissez-vous et glorifiez-vous dans le Seigneur, de tous les traits de conformité que le ciel veut que vous ayez avec votre divin Epoux, et de tous les triomphes dont il a couronné votre invincible fermeté. »

« Jaloux de votre gloire, effrayé de l'empire de vos vertus, humilié de votre courage, l'esprit de mensonge essaie encore de vous tenter. A force de tourmenter et de désoler votre patience, il croit l'avoir épuisée, et il semble ne vous avoir livrées, pendant ces temps, à toutes les angoisses et à toutes les horreurs du besoin que pour vous obliger à fléchir le genou devant l'idole du crime et de l'impiété, et vous forcer de lui sacrifier les fruits immortels de tout ce qu'il vous a fait souffrir; car on ne peut plus s'abuser sur les vues de la puissance des ténèbres, elle a déchiré elle-même le voile imposteur dont elle couvrait ses artifices. Tous ses moyens tendent au même but, elle n'en a qu'un : celui d'effacer des cœurs toute religion et toute vertu. Comme il n'y a point de paix pour l'impie, il ne saurait y en avoir avec lui : s'il flatte, c'est pour dévorer; s'il promet, c'est pour séduire; s'il donne, c'est pour corrompre. Eh! pourriez-vous croire que la voix de la justice et de l'humanité puisse se faire entendre à des cœurs fermés à tous les sentiments comme à tous les remords. »

« Voyez comme ils ont traité et comme ils traitent encore ceux des forts d'Israël, qui, en dégénérant de leur première vertu, ont eu la faiblesse de plier devant leurs séductions ou leurs menaces! Qu'ont-ils recueilli de leur complaisance ? — Ils ont augmenté l'audace et la force de l'impiété, jeté la division dans le camp d'Israël et scandalisé les enfants de la foi. Voilà quels ont été les funestes effets de tous ces actes dont la terreur ou la cupidité couvrait la perfidie. Les premiers Pasteurs l'ont constamment dévoilée, et que reste-t-il à ceux qui ont préféré leurs propres lumières à celles de nos guides et de nos chefs? — Le regret déchirant d'avoir aigri les maux de la Religion et de la patrie sous le vain prétexte de les adoucir, et la honte d'avoir eu plus de confiance aux fausses promesses de l'esprit de mensonge qu'aux oracles de ceux qui ont reçu du ciel la mission de le démasquer et de le confondre. »

» Instruites comme vous l'êtes, mes chères filles, par ces funestes exemples, qui sont, je n'en doute pas, le sujet de vos gémissements comme des nôtres, loin de moi la pensée que vous vous laissiez surprendre au nouveau piège que vous tend l'ennemi de votre bonheur et de vos vertus! Quel attrait pourrait avoir à vos yeux un don qui vous est offert par des mains aussi perfides que sacriléges, et que vous ne pourriez accepter qu'aux dépens de votre conscience? Qui sait mieux que vous ce que saint Paul disait aux premiers fidèles : Vous ne pouvez vous asseoir, tout à la fois, à la table du Seigneur et à celle des démons; vous ne pouvez boire dans la coupe de Jésus-Christ et dans celle de ses plus cruels ennemis. »

» L'état de détresse où je vous vois, mes chères filles, me perce l'âme, et dans mes besoins personnels, je ne sens que l'impuissance où je suis de soulager les vôtres ; mais accoutumées, comme vous l'êtes, à toutes les privations et à tous les sacrifices, exercées à contempler notre divin Modèle, qui n'avait pas où reposer sa tête, pénétrées de confiance et d'amour pour notre Père céleste, qui nourrit les oiseaux du ciel, vous vous précipiterez dans le vaste sein de sa Providence, et vous n'attendrez que de son infinie bonté le prix des sacrifices que vous avez déjà faits, et que vous êtes prêtes à faire encore pour la cause de sa gloire et la sainteté de votre état. Qu'ils sont saints et profonds, mes chères filles, les desseins de Dieu sur nous, lorsqu'il a permis à l'impie de violer les sanctuaires de la virginité, et d'en disperser les pierres au milieu d'un monde pervers ! Le ciel a voulu vous donner en spectacle aux anges et aux hommes, il vous a semées comme des graines de fleurs dont le vent se joue, et vous a répandues dans les villes, dans les campagnes, au sein même de vos familles, pour porter partout la bonne odeur de Jésus-Christ. »

« Appelées à une mission si sublime, et après vous être montrées si digne de la remplir, pourrais-je craindre de vous aucune faiblesse. Non, mes chères filles, la véritable gloire des vierges est d'accompagner l'Agneau partout où il va ; vous avez eu le bonheur de le suivre dans la carrière de ses humiliations et de ses douleurs, la plupart de vous peuvent se glorifier, comme l'Apôtre, de porter les stigmates de Jésus-Christ sur leur chair innocente ; vous enviez toutes le sort de vos célestes compagnes qui ont suivi le divin Epoux sur le Calvaire, et qui, à son exemple, y ont consommé leur sacrifice, en priant pour leurs persécuteurs et les bourreaux qui les immolaient. Ah ! j'en ai la ferme confiance, je partagerai encore avec l'Epoux de vos âmes l'inestimable consolation d'avoir en vous ma couronne et ma gloire. »

« Persuadé que l'impiété ne cherche qu'un prétexte pour allumer sur vous les feux d'une nouvelle persécution, je ne m'effraie pas des nouveaux dangers qui vous menacent, il n'est plus de dangers pour vous ; mais, en gémissant dans toute l'amertume de mon âme des nouveaux malheurs qui pourraient vous frapper, j'oserai vous féliciter d'être toujours jugées dignes de souffrir pour la justice, et je me féliciterai moi-même d'être le pasteur de tant d'âmes héroïques, appelées à la double couronne du martyre et de la virginité. »

« Je m'unis, mes bien chères filles, à vos combats et à vos victoires, à vos tribulations et à vos faveurs. Humilions-nous tous sous la main toute-puissante du Dieu qui nous visite ; remettons-lui toutes nos sollicitudes et nos soins, et, au sein même des souffrances, nous trouverons notre sûreté, notre perfection et notre force dans le Dieu de toute grâce, qui nous a appelés à sa gloire éternelle en Jésus-Christ Notre-Seigneur. Amen. »

« Du lieu de notre exil, le 19 juillet 1798. »

Comme nous l'avons dit, cette lettre pleine de foi, de sagesse et de sainte dilection, rappelle les admirables épîtres de saint Jean. Rien n'égale la tendresse paternelle des cœurs apostoliques, pour les enfants spirituels « qu'ils ont engendrés dans la foi et l'Evangile. » « O Corinthiens, écrivait saint Paul à ses chers fils spirituels de Corinthe, mon cœur s'étend vers vous par l'affection que je vous porte. Mes entrailles se sont dilatées pour vous : rendez-moi donc amour pour amour; je vous parle comme à mes enfants... (1) » — Nous trouvons dans ces grands cœurs, de Jean, de Paul et des autres Apôtres, les premiers canaux d'or de cette charité chrétienne dont la source est au Calvaire, et qui doit se continuer par l'apostolat, jusqu'à la fin du monde, pour le purifier et le sauver. — Le vénérable évêque du

---

(1) 2ᵉ Epît. aux Cor. vi, 11.

Puy, confesseur de la foi, et les saintes filles de Saint-Joseph faisaient revivre, à une époque d'égoïsme et de haine, ces temps apostoliques, où les chrétiens n'avaient qu'un cœur et qu'une âme, et où les païens, ravis et édifiés d'un si beau spectacle, s'écriaient : « Ces chrétiens, voyez donc comme ils s'aiment ! »

La lettre apostolique de Mgr de Gallard, comme celle du R. P. Médaille, est aussi honorable qu'instructive pour l'Institut de Saint-Joseph. Ces deux documents expriment et rappellent l'esprit primitif de la Congrégation : son humilité, son zèle, son héroïque dévouement. — C'est le cas d'appliquer ces recommandations du Saint-Esprit : « Souvenez-vous de ceux qui furent préposés à votre tête... Mon fils, n'oubliez pas la discipline de vos pères. » — « Suivez les exemples des Saints, et écoutez les paroles des anciens, dit l'auteur de l'*Imitation* (1). » — Trois choses font aller le monde de travers, porte un proverbe oriental : ne pas écouter les vieillards, suivre ses propres désirs, avoir bonne opinion de soi.

(1) Epît. aux Héb., xiii, 7. — Prov., i, 8. — *Imit.*, i, 5.

CHAPITRE III

Mère Saint-Jean retirée dans sa famille. — Ses saintes œuvres. — Elle est appelée à Saint-Etienne pour être Supérieure. — Douleur de ses parents. — Communauté de la rue de la Bourse. — Sa ferveur. — Joie des âmes crucifiées. — Première prise d'habit, et renaissance de la Congrégation de Saint-Joseph. — Communauté de la rue Mi-Carême. — Nouvelle organisation de la Congrégation de Saint-Joseph. — Mère Saint-Jean est appelée à Lyon. — Commencements de la Maison-Mère aux Chartreux. — Vertus des premières Sœurs de la Maison-Mère. — Mère Saint-Jean, supérieure générale. — Sagesse de son administration. — Sa sainteté. — Progrès du nouvel Institut de Saint-Joseph. — Nombreuses et admirables colonies qu'il forme — Colonies, aujourd'hui indépendantes : de Belley, de Bordeaux, de Chambéry, d'Amérique. — Mme la comtesse de La Rochejacquelin, bienfaitrice des Sœurs de Saint-Joseph. — Maison de Saint-Joseph d'Annecy. — Admirable disposition de la Providence, qui donne aux Sœurs de Saint-Joseph le berceau même de la Visitation. — Nombreuses fondations de maisons particulières en France. — Mère Saint-Jean cherche une aide et la trouve dans Sœur du Sacré-Cœur de Jésus. — L'Institut de Saint-Joseph béni, comme Job, après ses malheurs.

Mère Saint-Jean, au sortir de sa prison, était rentrée sous le toit paternel, dans le courant du mois d'août de l'année 1794, et s'y tint cachée au monde. Dans cette retraite, qui dura plus de douze ans, elle se regardait comme une exilée, et elle passait ses jours dans l'austérité religieuse, l'oraison et une continuelle union avec Dieu, priant sans cesse pour l'Eglise et pour la France. Fidèle à l'esprit de son cher Institut, à la prière elle unissait l'action : catéchisant les enfants et les ignorants, visitant les malades et les prisonniers, et procurant aux moribonds les derniers sacrements. Cette dernière œuvre, aussi précieuse que difficile en ces temps de persécution impie, paraît avoir été sa bonne œuvre favorite. Elle y était secondée par son frère, dont la maison servait d'asile aux prêtres catholiques persécutés.

Par là, de même que l'arche de l'ancienne alliance gardait les tables de la Loi, ainsi son cœur fidèle, en vue d'une alliance nouvelle, qu'elle espérait et demandait au ciel, conservait soigneusement les traditions, le zèle et l'esprit de l'Institut, où elle s'était donnée au Dieu de sa jeunesse. Ce cœur, qui avait tant désiré l'immolation du martyre, était comme l'autel des holocaustes, où, selon la Loi, devait brûler, sans jamais s'éteindre, le feu sacré. Aussi, lorsque la paix fut rendue à l'Eglise de France, et que l'heure de relever les temples et de rallumer la lampe du sanctuaire, ainsi que le flambeau de la vie religieuse, eut sonné, plus heureuse que Néhémie, qui ne trouva qu'un feu éteint et souillé dans la citerne où il avait été déposé par Jérémie, Mère Saint-Jean possédait en elle-même la flamme vive et pure, qui devait de nouveau luire et briller dans la maison de Saint-Joseph. — Elle fut, disent les Sœurs de Saint-Joseph d'Amérique, le vase d'élection dont Dieu se servit pour rétablir notre Congrégation après la Révolution.

En 1807, Dieu l'appela dans la ville de Saint-Etienne en Forez, où la main de la divine Providence avait semé, comme autrefois en la cité du Puy, un petit *grain de senevé*, que la respectable Mère devait soigner et faire grandir. Ce *grain* providentiel était le germe de la nouvelle Congrégation de Saint-Joseph. Il consistait en quelques femmes et filles pieuses, unies à d'anciennes religieuses, lesquelles s'étaient associées pour se consacrer au service de Dieu, s'animer et s'exercer ensemble à la pratique des vertus parfaites, et se vouer jour et nuit au soulagement des misères humaines, que les ravages de la Révolution avaient partout centuplées. — Elles s'étaient fixées à Saint-Etienne, dans la rue de la Bourse, au quatrième étage de la maison Pascal. On les appelait communément les *Filles-Noires*, de la couleur de leur habit, qui était encore séculier, ou les *Sœurs de la bonne mort*, parce que le soin des malades et des mourants était une de leurs bonnes œuvres favorites. — Le respectable M. Claude Cholleton, curé de la principale paroisse de la ville de Saint-Etienne, et élevé en 1804 au poste de vicaire général, les encouragea et les seconda de tout son pouvoir dans leur pieux et charitable dessein. Ayant consulté S. Em. le cardinal Fesch, alors archevêque de Lyon, sur cette œuvre naissante, le prélat lui conseilla de transformer la petite et pieuse association en Filles de Saint-Joseph, sans toutefois créer une Congrégation nouvelle, mais en faisant, autant que possible, revivre l'ancienne que la Révolution avait détruite. Le zélé et puissant prince de l'Eglise lui promit tout son concours. Il fut, en effet, le protecteur et un des grands bienfaiteurs du nouvel Institut de Saint-Joseph.

Ce fut alors que, pour entrer dans les vues de Son Eminence, et de concert avec elle, M. Cholleton travailla à faire venir à Saint-Etienne Mère Saint-Jean, dont un religieux franciscain de Monistrol, le P. Imbert, qui prêchait le Carême à Lyon, lui avait signalé le mérite et les rares vertus. Ce religieux la connaissait et l'appréciait d'autant mieux qu'il était son directeur à Monistrol. — Le père et la mère Fontbonne, encore vivants et chargés d'années, ne pouvaient se résoudre à faire de nouveau le sacrifice de celle qui était pour eux, comme autrefois Tobie pour ses vieux parents, « la lumière de leurs yeux, le bâton de leur vieillesse et la consolation de leur vie. » Sa vieille mère même, pour qu'on ne lui ravît pas son trésor, alla jusqu'à le déprécier. Elle objecta que sa fille était incapable de faire ce que l'on désirait, et *manquait de jugement*. Cette petite ruse de l'amour maternel désespéré ne pouvait aboutir. — On savait, au contraire, qu'un grand sens et un jugement aussi sûr et solide que fin étaient la qualité dominante, le trait distinctif de la vénérable Mère Saint-Jean. Cette dernière, de son côté, s'effraya d'abord de l'importance du rôle qu'on voulait lui donner, et sa profonde humilité ne pouvait supporter l'idée de fondatrice, qu'elle entrevoyait dans les instances qui lui étaient adressées. Elle résistait donc, comme ses bons parents. A la fin, cependant, elle se soumit à la volonté de Dieu, manifestée par celle des supérieurs ecclésiastiques, et elle se rendit à Saint-Etienne le 14 août 1807.

Elle fut reçue comme un ange du ciel par ses nouvelles filles, impatientes de lui donner le nom de Mère. Son cœur leur communiqua avec un zèle infatigable l'esprit primitif de Saint-Joseph, dont il avait soigneusement gardé tout le parfum. — Rien n'était édifiant comme le spectacle qu'offrait cette Communauté naissante. Chaque membre, en s'occupant, selon ses habitudes et son aptitude, des travaux usités dans la cité manufacturière, observait un silence absolu et la régularité la plus parfaite. La prière était continuelle, les jeûnes fréquents et sévères; la discipline et le cilice d'un usage quotidien. Comme dans l'ancienne Thébaïde, ou à Cîteaux du temps de saint Bernard, on pratiquait dans toute leur rigueur les conseils évangéliques. On se privait de vin et de tout ce qui pouvait flatter la nature et le goût. On couchait sur la dure, sur la paille, sur des planches nues, quelquefois garnies de pointes de fer. Les veilles laborieuses se prolongeaient fort avant dans la nuit, et le lever devançait toujours celui de l'ouvrier le plus actif. Mère Saint-Jean se vit souvent obligée de modérer la sainte avidité de ses filles, pour la pénitence et la mortification. Quand les supérieurs jugèrent à propos de modifier définitivement et d'adoucir ce régime austère, il leur fut remis une quantité effrayante pour la nature de cilices, de bracelets, de ceintures, de chaînes, de jarretières de fer, et de toutes sortes d'instruments de pénitence. — La Communauté de la rue de la Bourse a laissé un souvenir si précieux dans toute la Congrégation dont elle a été la source après la Révolution, que les Sœurs de Saint-Joseph d'Amérique l'appellent encore *la perle de l'Institut*.

Chose étonnante pour le monde, cette vie d'immolation s'alliait avec une aimable et ravissante gaieté, avec une allégresse continuelle, dont le souvenir parfumait encore les dernières années de celles qui en avaient joui dans leur jeunesse. « Oh! que nous étions heureuses, s'écriait plus tard l'une de ces victimes volontaires, sous notre habit grossier, qui nous a valu plusieurs fois le mépris et les insultes des passants! Notre vie humble, pénitente et mortifiée cachait des trésors de bénédictions et de joies célestes inconnues ailleurs. » — Celle qui parlait ainsi était douée des plus rares dons de l'esprit, de la nature et de la grâce, et avait embrassé, à vingt ans, en 1805, cette vie crucifiée et cachée en Jésus-Christ. A sa prise d'habit, qui eut lieu en 1808, elle se vit avec bonheur appelée comme sa vénérable Supérieure, et sous le nom béni de Sœur Saint-Jean, elle fonda dans la suite la Congrégation de Chambéry, et en fut la première Mère générale.

Deux jeunes prétendantes ayant été envoyées par Mère Saint-Jean à un respectable ecclésiastique, qui s'intéressait à elles, pour le prévenir de leur prochaine admission à la vie religieuse, le prêtre leur demanda paternellement si, avec le régime austère de la Maison, la nourriture était au moins suffisante. « — Soyez sans inquiétude, répondirent-elles gaiement, à dîner, on nous sert jusqu'à *cinq choses*, » qu'elles ne spécifièrent pas. C'étaient le potage, un plat de légumes, un peu de fromage, le pain et l'eau mêlée de quelques gouttes de lait. L'ecclésiastique n'insista pas et demeura satisfait. Etant rentrées après le dîner de la Communauté, les deux novices trouvèrent, devant la grille de la cuisine, leur part d'un plat de macaronis tout couverts de charbons tombés par mégarde. Heureuses d'imiter ces grands saints qui répandaient des cendres sur leur nourriture, pour en diminuer la saveur, elles se contentèrent d'enlever les plus gros charbons, et prirent joyeusement le reste du mélange. « Une autre fois, se dirent-elles en riant, nous pourrons affirmer que notre dîner se compose de *six choses*. »

Rien n'est admirable et logique, à la fois, comme cette joie des âmes crucifiées par l'amour divin. « S'il est quelque joie dans le monde, dit l'auteur de l'*Imitation*, elle appartient aux cœurs purs, aux âmes affranchies. Or, la pureté et la vraie liberté sont des fruits de la mortification et du renoncement chrétiens. L'ennemi le plus terrible de l'âme, continue le même pieux auteur, c'est le corps. Ceux qui le flattent, vivent dans la servitude. Ils sont comme des prisonniers chargés de fers (1). » La mortification chrétienne enlève la souillure, brise les chaînes du péché et donne la liberté, qui ouvre la patrie aux enfants de Dieu comme l'expriment ces deux vers d'un saint religieux :

Le corps est dans les fers, l'âme est en liberté ;
Le fer du temps devient l'or de l'éternité (2).

---

(1) *Imit.*, liv. II, 4. — Liv., III, 13, 21, 32.
(2) Le monde frivole hausse les épaules ou publie des insanités, à propos de la mortification chrétienne et religieuse. Mais l'homme sérieux, le vrai philosophe l'admire. « Il y a, il est vrai, dit le

Il n'est donc pas étonnant que du sein de la *petite et sainte Thébaïde*, qui fut le berceau de la nouvelle Congrégation de Saint-Joseph, on n'entendit que des chants d'allégresse, des hymnes de louanges et d'actions de grâces. — Cette pieuse allégresse fut portée à son comble, le jour où la fervente Communauté de la rue de la Bourse quitta l'habit séculier, pour prendre celui de l'ancien Institut de Saint-Joseph. Ce fut le 14 juillet de l'année 1808. « Vous êtes peu nombreuses, dit aux nouvelles religieuses M. Piron, intrépide confesseur de la foi pendant la Révolution et successeur de M. Cholleton à la cure de la première paroisse de Saint-Etienne, vous êtes peu nombreuses, mais comme un essaim d'abeilles, vous vous disperserez partout. Votre nombre sera comme celui des étoiles du ciel. En vous multipliant, conservez toujours la simplicité et l'humilité qui doivent caractériser les filles de Saint-Joseph. »

A cette cérémonie, Mère Saint-Jean renouvela sa jeunesse comme celle de l'aigle, et son activité donna une vive impulsion à l'œuvre naissante. Dieu était avec elle, il l'éclairait de son esprit, la revêtait

---

savant Hurter, protestant converti, d'autres routes qui conduisent au ciel; mais, pourquoi traiter d'insensé celui qui choisit la plus rude et la plus escarpée, parce qu'elle est, à la fois, la plus sûre, la plus héroïque et la plus riche ! » — « L'utilité publique, a écrit le grand Leibnitz, philosophe protestant, exige qu'il y ait des hommes adonnés à la vie ascétique, lesquels, foulant aux pieds les plaisirs, se livrent tout entiers à la contemplation divine et à la vertu parfaite. Ce n'est pas là une des moindres prérogatives de l'Eglise catholique, dans laquelle seule nous voyons se reproduire tant d'exemples éminents de la vie ascétique. » (Hurter, *Vie d'Innocent*, III. — Leibnitz, *Syst. théol*).

de sa force et lui communiquait sa sagesse. Bonne sans faiblesse, ferme sans rigueur, prudente en même temps que large dans ses appréciations, elle dirigeait tout avec poids et mesure. Sa grande et aimable vertu attirait les âmes, son expérience excitait leur confiance, et son admirable esprit de discernement savait distinguer l'action de la grâce, au milieu des misères, des faiblesses et des travers de la nature. Elle était ce que le Sauveur disait du saint dont elle portait le nom : « Une lampe ardente et luisante dans la maison de Dieu. »

Aussi, la nouvelle Congrégation, comme toutes les œuvres bénies du ciel, ne tarda pas à prendre une grande extension. L'autorisation de l'Etat lui fut accordée, le 10 avril 1812. Nommé vicaire général à Lyon, le vénérable M. Cholleton y avait appelé ses chères filles de Saint-Joseph, pour leur confier le soin d'un établissement fondé en faveur des pauvres de quatre paroisses de la ville. Il était situé dans la rue Saint-Pierre-le-Vieux, près de la cathédrale, et dirigé par la Mère Saint-Paul. — Cette Communauté fut le berceau de la vocation religieuse de la célèbre Mère Saint-Joseph, que la grâce orna de dons surnaturels extraordinaires, et dont le zèle fécond et béni de Dieu fonda successivement les Congrégations de Belley, de Gap et de Bordeaux, dont elle fut la première Supérieure générale.

Dans la ville de Saint-Etienne, outre la fervente Communauté de la rue de la Bourse, il s'était formé, rue Mi-Carême, une société de filles très-pieuses, à la tête desquelles était Mlle Beneyton. Elles désiraient ardemment embrasser la clôture. C'était aussi le sentiment de M. Piron, curé de la paroisse. Mais, sur l'avis de Mgr l'archevêque de Lyon, elles s'adjoignirent momentanément, comme novices, aux Religieuses de la rue de la Bourse, dans le courant de l'année 1808 ; et le 20 avril 1809, elles prirent l'habit de Saint-Joseph à Mi-Carême, où une chapelle avait été construite. On leur donna pour Supérieure la Mère Saint-Paul, rappelée de Lyon

Dans les desseins de la divine Providence, c'était la Maison de Mi-Carême, qui devait continuer, à Saint-Etienne, comme communauté religieuse, l'œuvre de Saint-Joseph. Car, un peu plus tard, les Sœurs de la rue de la Bourse se dispersèrent, pour remplir différentes missions. Plusieurs se fixèrent à Valbenoite, où elles créèrent un établissement aussi utile que florissant. La plupart suivirent Mère Saint-Jean, quand elle fut appelée à Lyon pour y fonder la Maison-Mère. Quelques-unes gardèrent à Saint-Etienne la direction de diverses Providences fondées par des dames de la ville, avec le titre de *Dames de la miséricorde* (1). — C'est à Mi-Carême que fut reçue et formée à la vie religieuse celle qui devait un jour

---

(1) Quelques Sœurs de Saint-Joseph, désignées par la vénérable Mère Saint-Jean elle-même, s'établirent dans un petit local dépendant de la Charité, et sous la direction de Sœur Sainte-Gertrude, prirent soin des enfants de l'Etablissement. — Sœur Saint-Ambroise, ancienne maîtresse des novices à la Communauté de la rue de la Bourse, fonda dans le même local, rue de la Charité, le premier asile ouvert aux pauvres orphelines de la ville. Elle le transporta plus tard à la Providence de Sainte-Marie. — Cette œuvre trouva à la fois, dans M. Bréchignac, un ami dévoué, un puissant appui et un conseiller aussi intelligent que charitable. — Mme Tézenas du Montcel et sa tante, Victoire Tézenas, ancienne religieuse hospita-

remplacer Mère Saint-Jean, et que l'évêque de Nimes, Mgr Plantier, a appelée « la seconde fondatrice de la Congrégation de Saint-Joseph, » l'admirable Mère du Sacré-Cœur de Jésus.

Aujourd'hui la Communauté de Mi-Carême, composée de plus de soixante religieuses, dirigées par la vénérable Mère Emilie, est, après la Maison-Mère de Lyon, la plus importante de la Congrégation. Nulle mieux qu'elle n'a gardé l'esprit primitif de Saint-Joseph, communiqué d'abord par Mère Saint-Jean, au noviciat de la rue de la Bourse, renouvelé ensuite par Mère du Sacré-Cœur de Jésus, et continué successivement par ses deux filles chéries et dignes d'elle, Mère Euphrasie et Mère Emilie. C'est l'esprit d'humilité, de simplicité, de renoncement, de dévouement et de tendre amour pour Notre-Seigneur, dont les religieuses de Mi-Carême appellent la chapelle, *leur salon.* La simplicité religieuse brille partout, excepté dans ce lieu chéri,

---

lière emprisonnée pour la foi, sont les premières inscrites parmi les bienfaitrices de cet asile de la charité. — Mme Jovin des Hayes en fut la première présidente. — Mais l'âme, la vie, la providence de l'œuvre, fut Mlle Balaÿ, l'amie intime de Virginie Tézenas, que nous allons bientôt admirer sous le nom vénéré de Mère du Sacré-Cœur de Jésus. Le cœur de Mlle Balaÿ repose dans la chapelle de la Providence de Sainte-Marie. — Dans toutes les fondations de charité accomplies à Saint-Etienne avec l'aide des Sœurs de Saint-Joseph, et notamment dans l'œuvre du Pieux-Secours et celle du Refuge, à laquelle la Révérende Mère du Sacré-Cœur a généreusement contribué de sa fortune personnelle, il est des noms bénis que l'on ne doit pas oublier. Ainsi on ne saurait trop louer le zèle et l'infatigable dévouement de deux saints prêtres, successivement curés de la paroisse de Saint-Etienne, M. l'abbé Desheures et M. l'abbé

où repose leur Bien-Aimé. C'est ainsi, sans nul doute, qu'on faisait à Nazareth. Joseph et Marie consacraient et destinaient à Jésus tout ce que leur dénuement leur permettait d'avoir de moins pauvre. Ce fut pour Lui que Marie dont les mains, selon saint Epiphane, étaient aussi habiles qu'actives au travail, avait tissé cette belle robe sans couture, que les soldats se disputèrent et tirèrent au sort sur le Calvaire. Le soin du sanctuaire où réside Jésus va bien à une fille de Saint-Joseph ! C'est l'esprit de Nazareth. — A la tête des écoles de la ville de Saint-Etienne, la nombreuse et sainte Communauté de Mi-Carême y défend vaillamment la cause de Dieu, et protége la dignité et l'innocence de la femme contre l'invasion de doctrines aussi dégradantes qu'impies. Quand tout se fait petit, femmes, restez grandes, a dit un homme profondément égaré aujourd'hui, Victor Hugo. Or, le seul moyen de maintenir la femme grande, c'est de la conserver

---

Froget. Ce dernier est, avec Mlle Balay, le véritable fondateur du Refuge. Curé de la paroisse depuis quarante-deux ans, il y a été, selon l'expression de l'Apôtre, cet « ouvrier du bien, éprouvé, parfait, à qui l'on ne peut rien reprocher. » — Les familles Jovin, Praire, Thiollière, Balay, Neyron, Tézenas, Palluat, Jacquemont, David, Gerin, Peyret, de Prandière, Payet. Sauzéat, de Montviol, Descours, etc., etc., furent aussi les zélées bienfaitrices et les fidèles coopératrices de la Congrégation de Saint-Joseph, dans toutes les œuvres de charité. — C'était de semblables chrétiens, que l'Apôtre disait autrefois : « ils m'ont généreusement assisté ainsi que nos frères les pauvres, ils ont beaucoup travaillé pour le service de Jésus-Christ, pour l'œuvre de Dieu, pour l'avancement de son royaume dans les âmes, et leurs noms bénis de Dieu et des hommes sont inscrits dans le livre de vie... »

chrétienne ; car c'est Jésus qui l'a relevée et ennoblie.
— A qui convient-il mieux qu'aux filles de Joseph de coopérer à l'œuvre de Celui qui, comme elles, appelait saint Joseph son père ? Heureuses les maisons religieuses qui comprennent ainsi et remplissent fidèlement leur double mission, d'aimer Jésus et de le faire connaître et aimer !

Cependant, à mesure qu'elle grandissait et s'étendait, la Congrégation de Saint-Joseph éprouvait des besoins nouveaux. Dès 1812, les difficultés et les exigences du temps, le grand nombre de maisons, qui, étant composées de deux ou trois religieuses seulement, ne pouvaient se suffire, firent sentir la nécessité d'établir une forte hiérarchie, et d'avoir un noviciat général où l'on réunirait tout ce qui serait utile à la bonne formation des sujets. En l'absence d'une direction unique, il y avait nécessairement des variétés de discipline, des tâtonnements et des mesures incomplètes. L'esprit d'uniformité, si convenable dans le même Institut, était presque impossible. Le besoin se faisait partout sentir de tout ramener à l'unité, afin de former un grand corps fortement constitué, dont les diverses parties, sans être modifiées, seraient plus aptes à atteindre le même but. Il fallait donc une Maison-Mère, et une Supérieure générale. — Le choix de cette dernière n'était pas difficile. Celle qui avait entouré de soins si maternels le berceau de l'Institut, et dont la haute sagesse avait dirigé et activé ses premiers développements, pouvait mieux que personne continuer l'œuvre sainte. C'était la Mère qui suivait son enfant. — D'autre part, Lyon apparaissait aussi comme le centre naturel et convenable d'une grande Congrégation religieuse. Issue autrefois d'une ville vouée à Marie, et aujourd'hui couronnée de Notre-Dame de France (1), la famille de Saint-Joseph, qui venait de renaître dans le diocèse de Lyon, ne pouvait mieux confier sa Maison-Mère qu'à la ville de Marie par excellence, consacrée de temps immémorial à Notre-Dame de Fourvière. — Par là, la Très-Sainte Vierge semblait retenir près d'Elle et vouloir garder jusqu'à la fin, sous ses yeux, l'aimable famille de son saint Epoux : preuve touchante de son amour et gage assuré de sa protection maternelle.

Mère Saint-Jean fut donc appelée à Lyon par l'autorité diocésaine, après neuf ans de séjour et de travaux à Saint-Etienne. Elle y arriva, le 13 juillet 1816, avec une partie de ses ferventes Religieuses de la rue de la Bourse, entre autres, Sœur Thérèse et Sœur Marthe, ses deux compagnes de captivité pendant la Terreur. Sur l'avis de M. Bochard, grand vicaire, successeur de M. Cholleton mort en 1807, et Supérieur général de la Congrégation, Mère Saint-Jean se fixa sur la colline sanctifiée autrefois par les enfants de saint Bruno, et dans les cloîtres mêmes qu'avaient habités ces saints Religieux.

On y vécut d'abord dans une extrême pauvreté. Après la classe et les divers emplois, les Sœurs travaillaient sur la soie comme des ouvrières. Un peu

---

(1) Après la guerre de Crimée, le 12 décembre 1860, une statue colossale, faite des canons pris à Sébastopol, fut élevée et inaugurée, sous le vocable de Notre-Dame de France, au sommet du mont Corneille, qui domine la ville du Puy, premier berceau de l'Institut de Saint-Joseph.

de lait remplaçait le vin et servait d'unique et universel remède dans toutes les indispositions. On rivalisait d'abnégation, de renoncement, de mortification et d'amour pour Notre-Seigneur. C'était la *petite et austère Thébaïde* de la rue de la Bourse, la *perle de l'Institut*, comme disent les Sœurs de Saint-Joseph d'Amérique, transportée sur la colline de Saint-Bruno, qui tressaillait de voir revivre la sainteté de son religieux passé. — « Je sais avoir faim et manquer de tout pour l'amour de Jésus-Christ » disait saint Paul. Ainsi faisaient Mère Saint-Jean et ses saintes compagnes. — « Plus un édifice doit être élevé, plus ses fondements doivent être profonds, » dit saint Augustin. — « Le plus haut s'appuie sur le plus bas, » ajoute le pieux auteur de l'*Imitation*. Voilà pourquoi l'humilité, l'abnégation, l'austérité et le renoncement ont été les bases de l'édifice, qui devait s'élever comme une admirable coupole, et servir de phare à toute la Congrégation de Saint-Joseph. C'est la gloire et la solidité de la Maison-Mère d'avoir eu de pareils fondements. — Aussi fut-elle, dès le commencement, un modèle de régularité et d'esprit religieux pour toute la Congrégation. Rien n'égale le respect et l'affection qu'elle inspirait. « Quand nous la quittâmes pour ne plus la revoir, disent les Sœurs qui ont fondé la belle colonie de Saint-Joseph, en Amérique, nous nous arrêtâmes à quelque distance, pour jeter un dernier regard sur cette Maison bénie, et graver à jamais son image chérie dans le fond de nos cœurs. »

Sept ans plus tard, en 1823, on acheta une maison voisine, dite le château Yon, riche en souvenirs, mais alors délabrée et dont une partie a été conservée. C'est aujourd'hui le pensionnat de la Maison-Mère. — Assis sur la colline des Chartreux, en face de Fourvière, sans cesse exposé aux regards vivifiants de Celle qui est appelée : *Mère de la divine grâce ;* cet Etablissement ne pouvait manquer de devenir un foyer de bénédictions, un centre de vie et de fécondité spirituelles. Aussi fut-il bientôt décidé par l'autorité supérieure, que toutes les Communautés particulières de Saint-Joseph en dépendraient, et obéiraient à la Maison établie aux Chartreux, comme des filles à leur Mère. — Cette importante réforme fut consommée en 1828.

Elue Supérieure générale, et fixée par la volonté divine sur la colline de Saint-Bruno, Mère Saint-Jean, conformément au plan et aux désirs de l'Administration diocésaine, travailla de toutes ses forces à féconder, sur ce sommet béni et vivifié par les regards de Notre-Dame de Fourvière, la sainte source du fleuve de piété, qui arrose aujourd'hui la province de Lyon, la Touraine, la Vendée, la Provence, l'Aquitaine, la Corse, le Dauphiné, la Savoie, le Piémont et quinze des vastes diocèses de l'Amérique. La grande vertu de la vénérable Supérieure générale y attira de toutes parts des âmes d'élite, qui, comme des nuées précieuses, en s'arrêtant sur la colline privilégiée, alimentèrent le beau fleuve d'une eau très-pure. — Mère Saint-Jean n'oublia rien pour en maintenir et augmenter la limpidité. Elle donnait l'exemple de toutes les vertus religieuses. Accompagnée de son assistante et de ses conseillères, elle était d'une exactitude invariable à tous les exercices de la Communauté. Son commandement avait quelque chose d'irrésistible. Quand elle avait à annoncer un placement ou un changement, elle le faisait avec une bonté, une simplicité, qui disposaient admirablement à l'accepter. Aucune considération humaine ne se mêlait à ses décisions; et le choix des sujets était fait avec tant de sagesse et un si rare discernement des esprits et des caractères, qu'on n'avait presque jamais à les modifier. — Les supérieures particulières et les différentes officières de la Congrégation trouvaient, dans leur Mère générale, un modèle parfait de l'esprit qui devait les animer au milieu de leurs importantes fonctions.

Elle ne recommandait rien, sans en donner elle-même l'exemple. Un jour, après avoir fait observer que tout ce qui était fait pour Dieu était grand, même les choses les plus minimes, et qu'il fallait s'imposer une pénitence, lorsqu'on n'y était pas fidèle, il lui arriva d'entrer à la cuisine et d'oublier d'en fermer la porte. Bien occupée en ce moment, la Sœur converse cuisinière s'écria sans regarder : « *Celles qui laissent la porte ouverte baisent la terre.* » Aussitôt Mère Saint-Jean accomplit la pénitence. La Sœur converse se retournant alors, et voyant la Supérieure générale prosternée à terre, se confondait en excuses. « J'ai fait la faute, dit simplement la Supérieure, je dois faire la pénitence. »

Rien ne relève et n'assure l'autorité, comme la pratique de l'humilité et de l'obéissance, a dit l'auteur de l'*Imitation*. Aussi, au rapport des anciennes Religieuses, il serait difficile d'exprimer avec quel respect et quelle vénération on écoutait la parole et on observait les recommandations de la respectable Mère Saint-Jean. On voyait dans sa volonté celle de Dieu même, qu'elle représentait et qu'elle consultait en toute occasion. Car, disent encore les Sœurs d'Amérique, comme Moïse, elle recourait sans cesse au Seigneur par la prière. Notre-Seigneur au sacré tabernacle était son conseiller. Après Jésus, Marie était son refuge. — A soixante-dix ans, avec une santé gravement altérée, souvent, de très-grand matin pour ne pas être aperçue, elle montait à Fourvière, à jeûn et nu-pieds. Elle y entendait une première messe où elle faisait la sainte communion, puis, une seconde en actions de grâces, et revenait présider les exercices de sa Communauté. La Sœur qui l'accompagnait, et qu'elle avait soin de faire déjeûner, avait ordre de garder le plus profond secret. — Ces rapports habituels avec le Ciel attiraient des grâces particulières sur son administration, et donnaient à son autorité une influence et une efficacité surnaturelles.

Sous une pareille direction, les Communautés particulières accédèrent toutes à l'unité avec bonheur, et la Congrégation de Saint-Joseph fit d'admirables progrès. Bientôt, semblable à l'antique Cîteaux, qui, répandant ses richesses spirituelles dans les déserts voisins, forma des colonies angéliques, qu'on appelle les *Filles de Cîteaux*, la famille de Saint-Joseph eut aussi des colonies sorties de son sein, et des *Filles* dignes de leur Mère. — De 1823 à 1840, la Mère Saint-Joseph, formée comme nous l'avons dit, à la vie religieuse dans la maison de Saint-Pierre-le-Vieux, de Lyon, et douée des dons spirituels les plus éminents, fut employée par la divine Providence à fonder les Congrégations de Belley, de Gap et de Bordeaux. Elle mourut en odeur de sainteté dans cette dernière ville, Supérieure générale de la Congrégation qu'elle y avait formée. — En 1824, la Mère Saint-Jean, née Suzanne Marcoux, ornée aussi des plus riches dons de la grâce, unis à ceux de la nature, et élevée au milieu des saintes austérités de la Communauté de la rue de la Bourse, à Saint-Etienne, fut chargée par Mgr de Pins, administrateur du diocèse de Lyon, de conduire une colonie des Sœurs de Saint-Joseph dans une de ses terres, à Oulias, du diocèse d'Alby. En passant à Saint-Pons, paroisse du diocèse de Montpellier, dont le curé était un ami de Mgr de Pins, la petite colonie dut y laisser quelques-uns de ses sujets, qui fondèrent une maison devenue florissante. Le reste de la pieuse caravane continua son voyage jusqu'au terme fixé par l'obéissance. — D'abord petite et dénuée de tout, la colonie d'Oulias a grandi d'une manière providentielle. Elle compte aujourd'hui près de trois cents Religieuses professes, avec un noviciat propre à maintenir sa prospérité spirituelle. Ses Etablissements s'étendent dans six départements du Midi, et y opèrent le plus grand bien.

La Mère Saint-Jean, née Marcoux, ne resta que peu de temps à Oulias. Demandée à Chambéry la même année, elle y fonda l'importante Congrégation de Saint-Joseph, qui édifie la Savoie, et dont elle fut la première Supérieure Générale. Son mérite et ses rares qualités la firent particulièrement estimer de Mgr l'archevêque de Chambéry et du cardinal Fesch, qui conçut un instant le projet de l'attirer à Rome. La reine Hortense elle-même, après avoir connu l'aimable et sainte religieuse en Savoie, voulut rester en correspondance avec elle.

La Communauté de Saint-Joseph de Chambéry ne tarda pas à envoyer un essaim de ses ferventes Religieuses à Annecy. Le nouvel Etablissement dut son origine à la pieuse et noble initiative d'une grande et illustre chrétienne, que l'Institut de Saint-Joseph trouva toujours prête à seconder ses œuvres de charité. C'était Mme la comtesse de La Rochejacquelin, fille de la duchesse de Duras, et veuve, à dix-huit ans, du prince de Talmont. Attachée à la fortune de la famille royale des Bourbons par son second mariage avec le comte de La Rochejacquelin, elle se trouvait hors de France après la Révolution de 1830. Pendant un séjour qu'elle fit à Annecy, elle crut remarquer, chez les enfants du peuple surtout, un manque absolu d'éducation religieuse. Elle en parla à l'évêque d'Annecy qui en convint en gémissant, et lui exprima le regret qu'il éprouvait de ne pouvoir, faute de ressources, ouvrir des écoles pour remédier à ce malheur. La noble chrétienne lui ayant offert d'en faire les frais, le Prélat, pénétré de la plus vive reconnaissance et touché jusqu'aux larmes, bénit Dieu et l'illustre bienfaitrice que sa bonté envoyait au peuple de sa ville épiscopale.

Par une coïncidence providentielle, à ce moment même, la première Maison de la Visitation, dite *la Galerie*, aliénée pendant la Révolution, était mise en vente par la famille qui la possédait. L'Evêque d'Annecy fut heureux de pouvoir retirer des mains séculières ce *parterre de la Religion*, où saint François de Sales avait arrosé « ses humbles plantes, » et soigné ses « chères avettes, » ainsi qu'il avait coutume d'appeler les premières filles de la Visitation. Partageant les sentiments du saint Prélat, Mme la comtesse de La Rochejacquelin s'empressa de faire l'acquisition désirée, et, après les réparations nécessaires, elle la confia, de concert avec l'Evêque, à une petite Communauté de ses chères Religieuses de Saint-Joseph, qu'on avait demandées à la maison de Chambéry, laquelle dépendait encore de la Maison-Mère de Lyon. Une école y fut incontinent ouverte pour les enfants pauvres de la ville.

Cependant, les Religieuses de la Visitation, qui étaient rentrées à Annecy après la Révolution et s'étaient fixées dans un local plus grand et dans un quartier de la ville plus commode, furent désireuses de recouvrer le berceau de leur Institut. C'était pour elles un trésor précieux, qu'elles ne pouvaient pas ne point vivement ambitionner. L'Evêque, à qui elles s'adressèrent, le comprit et déféra la délicate question à Rome. Un religieux de la Compagnie de Jésus, chargé de l'examiner, fit observer que les Sœurs de Saint-Joseph, selon le dessein de leur fondateur et conformément au but exprimé dans leurs Constitutions, accomplissaient en réalité la *première pensée* de saint François de Sales, lorsqu'il fonda à *la Galerie* l'ordre de la Visitation. En conséquence, la circonstance providentielle qui avait amené, dans le *premier établissement du grand saint*, les Sœurs de Saint-Joseph, dont la mission est la réalisation fidèle de son plan primitif, resté bien cher à son cœur, devait être regardée comme l'*expression d'une volonté et d'une destination divines*. — Cette décision ainsi motivée frappa tous les esprits par la vérité historique qu'elle rappelait. On s'y conforma, et les Sœurs de Saint-Joseph sont restées, depuis, en possession du trésor que la divine Providence leur avait donné. — Ainsi se constatait et s'affirmait d'une manière de plus en plus solennelle l'étroite et directe affiliation de l'Institut de Saint-Joseph à l'esprit et au cœur de saint François de Sales. La décision du Religieux de la Compagnie de Jésus, unanimement acceptée, indiquait que la petite maison du faubourg de la Perrière, à Annecy, appelée *la Galerie*, pouvait être regardée aussi comme le berceau de l'Institut de Saint-Joseph, puisque les saintes filles de la Visitation, par leur première manière de vivre, l'y avaient en quelque sorte enfanté et inauguré, avant que leur aimable et saint fondateur eût été amené, par une volonté étrangère, à proférer cette parole remarquable : *J'ai défait ce que je voulais faire, et j'ai fait ce que je ne voulais pas faire*. — L'Institut de Saint-Joseph a toujours béni Dieu de cette étroite et sainte parenté avec l'ordre angélique de la Visitation. Aussi ses Constitutions recommandent-elles une affection et une vénération toutes particulières pour les saintes filles de saint François de Sales, qui est un des patrons de l'Institut de Saint-Joseph, après en avoir été le premier inspirateur.

Quelque temps après, eut lieu l'important établissement des Sœurs de Saint-Joseph en Amérique. Cette grande et sainte œuvre, entreprise à la prière de Mgr Rosati, évêque de Saint-Louis, aux États-

Unis, fut préparée et organisée, dès l'année 1834, avec un zèle apostolique et une admirable prudence, par la vénérable Mère Saint-Jean, de concert avec M. Cholleton, vicaire général et Supérieur de la Congrégation de Saint-Joseph. M. Charles-Jean Cholleton, neveu de l'ancien, M. Claude Cholleton, vénérait comme autrefois son oncle, la respectable Mère Saint-Jean et la secondait en tout. — La première colonie de Saint-Joseph, destinée à l'Amérique, fut composée de six Religieuses. Deux nièces de Mère Saint-Jean, Sœur Fébronie et Sœur Delphine, en firent partie. La première, nommée Supérieure par M. Cholleton, eut la direction de la petite et lointaine colonie. Deux prêtres, dont un était neveu de Mère Saint-Jean, et trois séminaristes voulurent partager leur dévouement et partirent aussi pour le diocèse de Saint-Louis. — Mme la comtesse de La Rochejacquelin, qui s'intéressait d'une manière spéciale aux missions d'Amérique, fit le sacrifice de ses plus précieux bijoux pour subvenir aux dépenses de cette œuvre catholique. — La colonie partit de Lyon le 4 janvier 1836, et s'embarqua au Havre le 17 du même mois. La traversée fut longue et pénible. Ses commencements, en Amérique, s'accomplirent au milieu des plus dures privations. Les Sœurs n'eurent d'abord, pour elles et pour leurs écoles, que des cabanes de planches. La même chambre leur servait à la fois d'oratoire, de cuisine, de réfectoire, de dortoir et de parloir. Souvent, le matin, leurs lits étaient couverts de neige tombée à travers les fissures du toit de leur pauvre habitation. Souvent aussi, en prenant leur chétif repas, elles durent tenir d'une main un parapluie ouvert sur leurs têtes. Elles furent plus d'une fois obligées de mendier leur pain.

Le ciel bénit tant de sacrifices et féconda cette pauvreté. L'œuvre sainte a grandi sous les rosées célestes, et aujourd'hui près de quinze cents Religieuses, distribuées dans quinze diocèses du Nouveau-Monde, s'y vouent à l'éducation de l'enfance dans les écoles paroissiales et au soin des malades dans les hospices, les asiles et les refuges. La belle colonie de Saint-Joseph, en Amérique, fut une des plus glorieuses et des plus saintes œuvres accomplies par la vénérable Mère Saint-Jean.

Telles sont les principales colonies ou *Filles* spirituelles, enfantées par la Congrégation de Saint-Joseph de Lyon, et qui ne relèvent plus de sa Maison-Mère. La séparation s'est faite sans secousses ni tiraillements, avec l'assentiment et sous la direction des supérieurs ecclésiastiques, les archevêques de Lyon, de Bordeaux, d'Alby, de Chambéry, et les évêques de Belley, de Gap et d'Amérique. — Les colonies de la Corse, de la Touraine, de la Vendée et de la Provence, sont restées sous la dépendance et la direction de la Maison de Lyon. Les visites de leur Supérieure Générale nous en feront connaître le développement, les œuvres saintes et les pieux succès (1).

Pendant que ces fondations lointaines s'opéraient,

---

(1) L'histoire des *Colonies*, ou des *Filles spirituelles* de la Congrégation des Sœurs de Saint-Joseph de Lyon, se trouve, en partie, écrite dans les deux vies de la Mère Saint-Joseph de Bordeaux et de la Mère Saint-Régis, ainsi que dans une notice imprimée sur la Mère Saint-Jean de Chambéry.

plus de deux cent cinquante maisons particulières furent créées dans le diocèse de Lyon, ou dans les diocèses environnants. — Ainsi s'accomplissait la parole du vénérable M. Piron à la petite et fervente Communauté de la rue de la Bourse : « Vous vous disperserez comme des abeilles, et votre nombre sera comme celui des étoiles du firmament. »

Au milieu de la sollicitude et des fatigues qu'augmentait chaque jour ce prodigieux développement de l'Institut, et que les années, en s'accumulant, rendaient encore plus lourdes, la vénérable Mère Saint-Jean se préoccupait de chercher et de demander à Dieu une âme forte, capable de la seconder et bientôt de la remplacer. Dieu, dans sa bonté infinie, y pourvut d'une manière admirable. La Congrégation naissante possédait un riche trésor, qui n'aspirait qu'à se cacher. Mais le Saint-Esprit le révéla un jour à la respectable Mère Saint-Jean, dans une des visites maternelles qu'elle faisait à ses Communautés. Quand son œil éclairé par la lumière d'en haut l'eut entrevu, l'heureuse et sainte Mère s'écria : « Enfin, j'ai trouvé celle qu'il faut à ma chère Congrégation ! » C'était Sœur du Sacré-Cœur de Jésus, appartenant alors à la fervente Communauté de Mi-Carême, et de qui, Mgr Plantier, juge si compétent, a dit : « Mère Saint-Jean avait créé la Congrégation de Saint-Joseph une première fois, Mère du Sacré-Cœur a trouvé le secret de la créer à son tour, et la seconde création me paraît avoir été aussi difficile que la première. » C'est ce que montreront les pages suivantes, consacrées à cette Mère incomparable, appelée *la Reine des Mères*, par un homme du monde, qui avait pu l'apprécier. Elles ont été écrites à la prière et sous la dictée de ses chères filles.

Ainsi, il en était, pour ainsi dire, de l'Institut de Saint-Joseph comme du saint homme Job, de qui le Saint-Esprit dit qu'après ses épreuves et ses malheurs, « Ses filles furent trouvées les plus belles de la terre. » *Non sunt inventæ mulieres speciosæ sicut filiæ Job in universá terrá* (1).

(1) Job, XLII, 15.

LIVRE II

LES COMMENCEMENTS DE LA RÉVÉRENDE MÈRE
DU SACRÉ-CŒUR DE JÉSUS

LIVRE II

LES COMMENCEMENTS DE LA RÉVÉRENDE MÈRE DU SACRÉ-CŒUR DE JÉSUS

CHAPITRE PREMIER

Antiquité, noblesse et piété de la famille Tézenas du Montcel. — Vertus du père et de la mère de Mère du Sacré-Cœur de Jésus. — Leur foi, leur courage et leur charité pendant la Révolution de 1789. — Le Montcel, asile des prêtres pendant la Terreur. — Ancienneté de cette Terre, son passé et son présent. — Visites domiciliaires des révolutionnaires. — Danger que court M. Tézenas. — Charité héroïque d'un prêtre. — Egarement d'un autre. — Le Montcel lui est interdit. — Naissance de Marguerite-Marie-Virginie Tézenas du Montcel le jour de l'Immaculée Conception. — Son aimable et pieuse enfance. — Accident qui faillit lui coûter la vie. — Elle est l'orgueil et l'amour de sa famille. — Elle assiste, à sept ans, avec sa grand'mère, à une cérémonie religieuse, réservée à quelques âmes d'élite, d'une foi et d'une discrétion éprouvées. — Souvenir qu'elle garde de cette faveur.

La Révérende Mère du Sacré-Cœur de Jésus, deuxième Supérieure Générale de la Congrégation des Sœurs de Saint-Joseph de Lyon, appartenait par sa naissance à une des plus anciennes et des plus honorables familles du Forez. Elle remontait au moyen-âge, bien avant 1388, comme le porte un vieux Terrier, conservé dans les archives du département de la Loire. C'était une de ces graves familles de magistrats, qui firent l'honneur, l'ornement et la force de l'ancienne société française. Tous les chefs de cette noble maison furent consuls ou échevins. Le premier maire de Saint-Etienne, nommé par le roi en 1745, fut Jacques Tézenas. L'aïeul de la Révérende Mère du Sacré-Cœur de Jésus était écuyer, conseiller du roi et commissaire des guerres. A ces mêmes titres, son bisaïeul joignait celui de capitaine châtelain de Roche-la-Molière et Firminy. Au xviiie siècle, un autre de ses ancêtres prit part, en qualité d'officier, à toutes les glorieuses campagnes du comte maréchal de Saxe.

Comme les saints ne sont pas l'œuvre de la nature et du sang, mais de la grâce, il importe peu, sans doute, pour leur véritable honneur, qu'ils soient glorieux par ce côté. Aussi, sont-ils les premiers eux-mêmes à n'en point faire de cas et à le cacher. Saint Jérôme, cependant, dans l'éloge qu'il fait de sainte Paule, remarque qu'elle descendait, d'un côté, des Gracques et des Scipions, et de l'autre, d'Agamemnon, tenant ainsi à ce qu'il y avait de plus noble dans les deux plus nobles races de l'univers.

Mais, dans la famille des Tézenas, la piété et la vertu étaient héréditaires comme l'honneur. Ils fondèrent, à Saint-Jean-Bonnefond, une prébende, dont les titulaires furent à leur nomination jusqu'en 1789. Ils possédaient un banc seigneurial dans l'église de cette paroisse, en reconnaissance de cette géné-

reuse et pieuse fondation. — Une de leurs aïeules par alliance, Gabrielle de la Vehue, fut la plus généreuse des fondatrices de l'Hôtel-Dieu et de la Charité, à Saint-Etienne, en 1740. C'était elle aussi qui, en 1737, avait fait édifier la chapelle de Saint-Ennemond, devenue plus tard la paroisse de Saint-Ennemond.
— En 1793, trois tantes paternelles de la Révérende Mère du Sacré-Cœur de Jésus étaient Religieuses hospitalières de l'ordre de Saint-Augustin, à Saint-Etienne, et furent jetées en prison pour la cause de la foi. L'une d'elles, Supérieure de l'hôpital, héroïque comme la vénérable Mère Saint-Jean, brûlait du désir du martyre et versa des larmes de regret, quand la mort de Robespierre lui rendit la liberté. — Après la Révolution, la dernière survivante de ces trois héroïnes chrétiennes fut, avec Mme Tézenas, à la tête de toutes les bonnes œuvres de la ville de Saint-Etienne.

Les Tézenas écrivaient sur leur blason cette chrétienne devise : « L'envie ne peut rien contre les dons de Dieu : *Deo dante nihil potest invidia.* » — « Nul ne peut abattre ce que Dieu élève, et ne peut relever ce que Dieu abat, » disait saint Jean Chrysostome, la *Bouche-d'Or* de l'Orient. — « C'est le Seigneur qui donne, c'est le Seigneur qui ôte, » s'écriait le patriarche Job, en bénissant son saint nom. A l'exemple de ces grandes figures de l'Ancien et du Nouveau Testament, les Tézenas se faisaient une gloire de proclamer le haut domaine de Dieu en toutes choses; et fiers de la confiance qu'il leur inspirait, ils craignaient le Seigneur et n'avaient pas d'autre crainte.

La Révérende Mère du Sacré-Cœur de Jésus n'avait donc qu'à suivre les nobles et chrétiennes traditions de sa famille : traditions invariablement conservées et continuées jusqu'à son berceau. Car, son père, Benoît Tézenas du Montcel, juge de paix à Saint-Etienne, était un chrétien édifiant, d'une piété à réciter tous les jours le petit office de la sainte Vierge. Sa mère était une femme héroïque, douée des rares qualités que l'Ecriture fait remarquer dans la Femme forte, et digne en tout d'être proposée pour modèle. Aussi, le peuple, qui l'aimait et la vénérait, l'appelait *la sainte.* Elle se nommait Anne Lybois, et était fille de Joseph Lybois, ancien écuyer et conseiller du roi, et d'Anne-Marie de Montguichet.

Cette dernière, ayant perdu ses parents de bonne heure, avait été élevée chez les Carmélites de Paris, auprès de Mlle de La Jarrie, amie intime de sa mère et Prieure du Monastère. En reconnaissance, Mlle de Montguichet voulut qu'elle assistât à son mariage, et que la cérémonie en fût célébrée dans la chapelle du Couvent, qui avait abrité son enfance. En rattachant ainsi ce pieux asile de ses premières années au foyer domestique où elle entrait, elle semblait indiquer l'intention de continuer, dans sa nouvelle condition, sous une autre forme, la vie religieuse à laquelle elle avait été formée. « Il y avait autrefois, dit M. de Montalembert, de saints foyers domestiques, qui introduisaient la vie monastique dans le monde, pour le purifier et le sanctifier. » Ils faisaient, en général, partie des Tiers-ordres. C'est donc un de ces foyers bénis, qui devait servir de berceau à la seconde fondatrice de la Congrégation des Sœurs de Saint-Joseph.

M. Lybois, ayant été nommé receveur des tailles en Auvergne, y conduisit sa jeune épouse, qui donna le jour à trois enfants. Mlle Anne Lybois, future mère de Sœur du Sacré-Cœur, naquit à Issoire, en 1759, la même année que la Révérende Mère Saint-Jean, son autre Mère spirituelle .Elle reçut, au Couvent des Bénédictines de Clermont, une éducation solide et profondément chrétienne, qui fit d'elle cette femme admirable, « revêtue de force et de beauté, que dépeint Salomon, et dont la main s'étend sur tous les malheureux. »

Par suite de son mariage avec M. Tézenas du Montcel, elle vint habiter la ville de Saint-Etienne, en 1784. « Les rares contemporains de cette arrivée, que la mort a oubliés, dit un journal de Saint-Etienne, ont gardé le souvenir des fêtes que lui donnèrent les jeunes gens de notre cité. Les chevaliers de la cible, entre autres, lui firent une réception magnifique. » Tout semblait donc lui promettre de longs jours de calme, de prospérité et de bonheur. Malheureusement, il n'en fut pas ainsi. Quelques années s'étaient à peine écoulées lorsque le formidable ouragan révolutionnaire de 1789 éclata sur la France et sur l'Europe, et vint bouleverser cette existence qui commençait avec de si heureux présages.

« Cette jeune femme, à qui l'avenir avait paru si beau, continue la feuille stéphanoise, cette aimable étrangère, à qui sa patrie adoptive avait fait un si riant accueil, vit tout à coup sa sécurité compromise et la vie des siens menacée. Il serait trop long et bien triste de redire toutes les angoisses qui déchirèrent son cœur pendant ce temps de délire univerversel. Cette heureuse épouse, qui, en arrivant à Saint-Etienne, avait été saluée de cris d'enthousiasme et d'amour, sortit de cette ville, en 1793, seule, à pied, portant son jeune fils entre ses bras, pour aller à Lyon disputer au bourreau la tête de son mari. Dans ces jours à jamais déplorables, où la vertu était punie comme autrefois le crime, et le crime glorifié comme autrefois la vertu, on vit cette noble femme assise, dans la plus cruelle anxiété, sur les marches de l'Hôtel de Ville de Lyon et allaitant son enfant, pour ne pas manquer le moment où elle pourrait se jeter aux pieds des juges du tribunal sanguinaire, et faire entendre à ces tigres la voix désolée de l'épouse et de la mère (1). »

Après cet acte héroïque, Mme Tézenas revint à Saint-Etienne et au Montcel, où elle eut à traverser les phases terribles de l'époque révolutionnaire. Au milieu de mille épreuves, elle garda sans faiblir un cœur égal, toujours élevé vers le ciel et détaché de ce qui tenait à la terre. Sans crainte d'augmenter les périls qui se multipliaient autour de sa famille, elle eut le généreux courage de transformer son habitation de la ville et du Montcel en des lieux de refuge pour tous les proscrits, et surtout pour les prêtres fidèles à la foi. Parmi ces ecclésiastiques, on distingua l'abbé Genevet, plus tard curé de Villefranche, l'abbé Matagrin, dom Terrasse, dernier Prieur de la Chaise-Dieu, l'abbé Rousset, etc. — Au moment des plus

(1) Journal l'*Industrie*, 6 avril 1853.

grands dangers, on les cachait et on les soignait furtivement dans les granges. Quand la surveillance devenait moins active, ils partageaient les appartements et la table de leurs hôtes charitables.

Cette maison bénie du ciel était encore le temple du Seigneur, obligé, Lui aussi, de se cacher; et le saint sacrifice y fut souvent offert sur des autels improvisés, que l'on faisait disparaître après l'oblation sainte. Car alors ce *crime d'un genre nouveau*, quand il était découvert, était souvent puni de mort.

— Le sacrement de baptême y était aussi fréquemment administré. La petite cloche du Montcel, par un tintement convenu, appelait le fils aîné de la maison, M. Jacques-Joseph Tézenas, qui venait assister à la cérémonie sainte, et devint, grâce à ce pieux et charitable ministère, le parrain d'une partie des enfants des environs. — Ainsi, pour l'âme aussi bien que pour le corps, le Montcel était la maison du salut de toute la contrée (1).

(1) Le Montcel, situé à quatre kilomètres de Saint-Etienne, est une terre qui appartient, depuis des siècles, à la famille des Tézenas. C'est là que, de temps immémorial, ils sont nés et ils sont morts. C'est là que sont conservés les souvenirs, les traditions et les portraits de famille. Mais le temps, les révolutions, le goût moderne, les fouilles et les fourneaux de l'industrie houillère lui ont enlevé son ancienne physionomie. — Le Montcel dépendait autrefois de la seigneurie du Fay, dont les Tézenas ou leurs alliés acquirent le château féodal, vers l'an 1400. Ils n'en furent cependant jamais les seigneurs. La seigneurie appartenait aux ducs de Bourbon, dont les terres firent retour à la couronne de France, à la suite de la trahison du connétable de Bourbon. — Aujourd'hui, le Montcel est habité par Mlle Fanny Tézenas, nièce de Mère du Sacré-Cœur, qui, avec les rares vertus et les nobles sentiments, conserve le culte du beau passé de sa famille. — L'illustre évêque de Nîmes, Mgr Plantier,

La présence d'esprit et l'imperturbable sang-froid de Mme Tézenas protégeaient le *nouveau sanctuaire* contre les fréquentes visites domiciliaires des sbires de la Révolution, et sauvèrent plusieurs fois ses hôtes des plus grands dangers. Un jour, au moment où toute la famille prenait son repas avec un ecclésiastique, on apprend que les révolutionnaires arrivaient. Sans se déconcerter, Mme Tézenas fait cacher le prêtre, va à la rencontre des visiteurs, les invite à se rafraîchir, et leur donne pleine et entière liberté de visiter sa maison. Ces derniers, voyant son assurance, crurent que leur proie leur avait échappé et se retirèrent.

Par un cruel hasard, cette assurance, qui sauvait les autres, faillit une fois perdre celui qu'elle avait elle-même arraché aux bourreaux. Dans une soirée du printemps, où toute la famille était réunie au Montcel, on vit tout à coup venir par le sentier qui

---

aimait et vénérait cette Terre des vieux et pieux souvenirs, qui avait été le berceau de la respectable Supérieure Générale, dont il avait été le directeur, le conseiller et l'appui, lorsqu'il était aumônier de la Maison-Mère des Sœurs de Saint-Joseph. Le présent du Montcel l'attirait comme le passé. Aussi, venait-il de temps en temps se reposer, dans sa solitude, de ses travaux et de ses luttes pour l'Eglise. Quelques-uns des mandements du grand Evêque y ont été composés. Il aimait surtout à prier dans la chapelle, dont le sous-sol, miné et servant de cachette pendant la Terreur, était comme une *petite catacombe*, qui avait abrité les proscrits de Robespierre, de même que celles de Rome abritaient jadis les proscrits de Néron et de Domitien. Le Montcel garde religieusement le souvenir des longues heures qu'il y passait. Sa chapelle était comme le nid solitaire où l'aigle se reposait, réparait ses forces et renouvelait sa jeunesse, pour reprendre son vol et retourner à de nouveaux combats. — Les bons paysans du Montcel étaient heureux de le voir

conduit au village de Saint-Jean-Bonnefond, dont le Montcel faisait alors partie, une troupe de ces dangereux visiteurs. M. Tézenas n'eut que le temps de prévenir sa femme, qu'il se sauvait chez M. de Grézieux, à la Chazotte, propriété attenante au Montcel. Mais, malheureusement pour lui, toutes les avenues se trouvèrent fermées. Obligé de rentrer dans sa maison, il se précipite, sans être vu de personne, derrière un paravent, sous une immense cheminée d'autrefois. Mᵐᵉ Tézenas, croyant son mari en sûreté, reçoit les terribles visiteurs avec son sang-froid ordinaire. « Vous pouvez, leur dit-elle, fouiller toute ma maison, même derrière ce paravent, » qu'elle écarte elle-même. A la vue de la tête chérie qu'elle a mise à découvert, elle tombe sans connaissance. — M. Tézenas reconnaît, dans la bande, un homme d'un village voisin, et feignant d'être rassuré : « Te voilà, un tel, lui dit-il; on me disait qu'on en voulait

et de lui présenter leurs enfants à bénir. On recueillait avec respect et amour les paroles pleines d'onction et de lumière qui tombaient de ses lèvres. — Dans une de ses visites au Montcel, le 3 juillet 1868, l'illustre prélat, entouré d'un nombreux clergé, de tous les membres de la famille Tézenas, du directeur de l'école des mines de Saint-Etienne, d'un nombre considérable d'habitants de la localité et d'ouvriers mineurs, bénit solennellement une grande, belle et forte croix en pierre, élevée en face du parc et érigée par Mˡˡᵉ Fanny Tézenas. Placée au centre d'une région envahie par l'industrie, sur le chemin même où passent le travailleur et le mineur, la croix, du haut de son beau piédestal orné de quatre inscriptions pieuses, est là comme un prédicateur qui leur rappelle la grande affaire du salut et leur apprend à sanctifier leurs sueurs et leurs rudes travaux. Ainsi, comme autrefois, le Montcel continue, autant que possible, son œuvre sainte et traditionnelle d'édification, d'enseignement chrétien et de foi catholique.

à ma vie, et j'ai, au contraire, affaire à des amis; allons, aidez-moi à secourir ma pauvre femme, qui a pris peur. » — « Il a raison, » répondit l'homme ainsi amicalement interpellé ; et tous s'empressèrent autour de Mme Tézenas, qui reprit peu à peu ses sens. « Nous ne sommes venus ici, lui dirent-ils, que parce qu'on nous a avertis qu'il y avait des *calottins;* ne crains rien pour ton mari. » Ils firent ensuite une visite minutieuse de la maison, pour trouver des prêtres, qui heureusement étaient en sûreté ailleurs.

Dans une autre circonstance, on entend soudainement à minuit des coups précipités, qui font retentir le portail du Montcel. C'était un jeune homme, qui demandait avec instance à parler à Mme Tézenas. On l'introduit auprès d'elle. « Veuillez pardonner mon importunité, lui dit-il; mais je suis envoyé près de vous, afin de trouver un prêtre. Ne refusez pas ce secours à un pauvre mourant, qui ne s'est pas confessé depuis sa première communion, il y a plus de quarante ans; vous avez dû en entendre parler; » et il nomma un homme dangereux, lequel avait fait emprisonner beaucoup de prêtres et plusieurs habitants de Saint-Etienne et des environs. Mme Tézenas demande son adresse, et répond au jeune homme qu'il peut se retirer, promettant de faire tout ce qui sera possible pour secourir le pauvre malade.

Après son départ, elle va trouver M. l'abbé Genevet, qui se trouvait au Montcel, et lui raconte ce qui vient de se passer. « C'est un guet-apens, ajoute-t-elle; du moins, je le crains beaucoup. On n'est venu ici que pour voir si ma maison renferme des prêtres; et alors malheur à vous et à nous tous. » — « Qui sait? repartit le confesseur de la foi. Dieu a peut-être attendu ce pauvre pécheur au moment de la mort. Je vais à la chapelle prier et consulter Notre-Seigneur. » Un moment après, M. Genevet revenait auprès de Mme Tézenas sous un costume de paysan. « Je pars, dit-il, sous la protection de la sainte Vierge; je ne puis laisser périr une âme, si elle a réellement besoin de mon ministère; priez pour moi; » et, après avoir ainsi parlé, il se dirigea vers le lieu qui lui avait été indiqué.

Tous les habitants du Montcel se mirent en prières, tremblant pour le saint prêtre. La journée se passa, et l'homme de Dieu ne reparut pas. Le lendemain redoubla les perplexités de toute la famille, lorsque, sur le soir, M. Genevet vint apporter la joie au foyer hospitalier. « Rendez grâces à Dieu, dit-il, en revoyant ses pieux amis, il était temps que j'arrivasse. » — « Je vais mourir, s'écriait le malade, et je serai damné pour toute l'éternité! j'ai fait tant de mal! » — « Je lui ai parlé des miséricordes du Seigneur; il s'est confessé avec de bonnes dispositions, et je lui ai administré tous les sacrements. » — « Je savais bien, a-t-il répété plusieurs fois, que Mme Tézenas aurait pitié de moi, et que chez elle il se trouverait des ministres de la religion. » — « Le pauvre homme est mort en bénissant votre nom, et en proclamant l'infinie bonté du Seigneur. » — Le Montcel éclata en actions de grâces, et redoubla de zèle pour recueillir dans son enceinte et protéger les apôtres, dont le saint ministère opérait ces merveilles de charité.

Cette demeure bénie, au contraire, rejetait de son sein, à l'exemple de l'Eglise, les prêtres infidèles à leur mission. Un vicaire du voisinage, que la Révolution avait sans doute égaré, comme le curé de Monistrol, avait offensé la piété des fidèles, en parlant publiquement et d'une manière inconvenante de la dévotion du Rosaire. Sa déclamation aussi niaise qu'impie contre ce qu'il appelait les *fastidieuses redites de cette prière*, prêtait nos lassitudes à Celui dont la lumière incréée, bien mieux que celle du soleil, éclaire et pénètre tout sans peine et sans effort. Elle impliquait une condamnation de l'Eglise et de ses plus grands saints, qui ont approuvé et récité le Rosaire. Elle méconnaissait la fin de l'homme, qui est l'union constante avec Dieu, et le caractère de l'amour qui s'affirme sans cesse sans lasser jamais. « L'amour aime les répétitions, dit l'auteur de l'*Imitation : Sæpe repetere amanti jucundum est.* » — Cette déclamation tendait encore par voie de conséquence, en ridiculisant les répétitions du Rosaire, à ruiner la pratique habituelle de la présence de Dieu, l'habitude des oraisons jaculatoires si douce à la vraie piété, la prière journalière du matin et du soir, les litanies, la communion fréquente, la messe quotidienne célébrée par des milliers de prêtres à la fois, en un mot, à ruiner toute l'économie de notre sainte religion. — « Est-ce que le nombre encombre le Tout-Puissant ! se demande un auteur aussi docte que pieux. Est-ce que la masse le charge ? Est-ce que les détails le partagent et le noient...? » — Traitant du Rosaire, le P. Lacordaire dit : « Le rationalisme sourit, en voyant passer des files de gens qui redisent une même parole. Celui qui est éclairé d'une meilleure lumière comprend que l'amour n'a qu'un mot, et qu'en le disant toujours il ne le répète jamais. » — « Rien n'est inépuisable comme l'admiration que le sublime inspire. Or la sainteté c'est le contact permanent avec le sublime par essence, » a écrit un grand publiciste. La prière qui unit l'homme à Dieu, n'est donc que l'adhésion de l'âme au sublime. Ce qui faisait dire au Roi-Prophète : « Grâce au secours d'en haut, attiré par la prière, j'ai, dans mon cœur, un moyen d'ascension continuelle vers le ciel (1). » Voilà la foi unie au bon sens et au génie.

Informée du scandale qui venait d'avoir lieu, par ses domestiques qu'il avait aussi atteints, Mme Tézenas dut prendre des informations auprès du curé de la paroisse, dans une des visites qu'il aimait à faire au Montcel. Celui-ci ayant avoué et confirmé le fait, en soutenant opiniâtrément la doctrine malsonnante du téméraire prédicateur : « Sachez, lui dit la chrétienne fidèle, qu'on a toujours récité le chapelet dans ma maison. Puisque votre doctrine est différente de celle que nous a enseignée l'Eglise, ne soyez pas étonné que je me sépare de vous. Le Montcel n'abritera jamais un ennemi de l'Eglise et de Marie. » — Après cette leçon, se levant avec dignité, elle congédia le prêtre infidèle. « Le sel affadi n'est bon à rien qu'à être jeté dehors, » dit

---

(1) *Imit.*, liv. III, c. 26. — Ps. 83.

l'Evangile, que la maîtresse du Montcel accomplissait ainsi fidèlement (1). — Telle était la grande chrétienne qui donna le jour à la Révérende Mère du Sacré-Cœur de Jésus.

Marguerite-Marie-Virginie Tézenas, en religion Mère du Sacré-Cœur de Jésus, vint au monde le 8 décembre 1795, fête de l'Immaculée Conception. C'était un beau jour pour entrer dans la vie. Cette vie commençait ainsi avec le lever et sous les premiers, les plus purs rayons de l'Etoile du matin. Quel plus heureux présage, que ce rayonnement céleste sur le berceau de cette enfant, dont l'aimable nom, *Marie-Virginie* s'identifiait suavement avec celui même de la Vierge Marie. Illuminée par le beau mystère de l'Immaculée Conception, l'aurore de la vie de la future Mère de la Congrégation de Saint-Joseph promettait des jours bénis à sa nombreuse famille spirituelle. Car ce n'est pas en vain qu'à l'aube de ces jours précieux, Dieu, dont la sagesse dirige tout, avait placé son chef-d'œuvre, l'archétype parachevé de l'humanité sans souillure, la compagne fidèle et l'inspiratrice de saint Joseph. N'était-ce pas confirmer et garantir de plus en plus aux Filles de Saint-Joseph les faveurs et les tendresses maternelles de Marie Immaculée ? — Car déjà, à la double origine de la Congrégation de Saint-Joseph, au Puy et à Lyon, nous avons vu que la Très-Sainte Vierge voulut avoir

---

(1) Saint Math., v, 13. — Les deux prêtres égarés, dont il est question dans ce récit, ont laissé, à Saint-Jean-Bonnefond, une petite secte dont les adeptes sont désignés sous le nom de *Béguins*. « Il n'est pas d'opinions absurdes, disait Cicéron, qui ne rencontrent des maîtres pour les répandre et des sectateurs qui les écoutent. »

auprès d'elle et sous ses yeux le berceau du pieux Institut. — N'était-ce pas également indiquer de nouveau aux Sœurs de Saint-Joseph le modèle, qu'à l'exemple de leur Père, elles devaient sans cesse contempler, étudier et imiter? Aussi le triple trésor de Nazareth : les Cœurs de Jésus, Marie et Joseph, furent les trois dévotions favorites de celle qui naissait pour devenir leur Mère.

L'enfant fut baptisée dans une chambre de la maison paternelle, devenue, comme nous l'avons vu, un sanctuaire, pendant que les autres étaient fermés. Un saint prêtre, qui y était caché pendant ces temps de persécution et de terreur, M. l'abbé Rousset, lui administra le sacrement de la régénération. Elle eut pour parrain son frère Jacques-Joseph Tézenas, l'aîné de la famille, et pour marraine, sa grand'mère paternelle, Mme Tézenas, née Jourdan, originaire de Lyon. C'était une chrétienne éminente, d'un grand caractère et possédant une instruction religieuse fort remarquable.

Mme Tézenas, mère de la petite Virginie, comprenait trop bien l'amour maternel, pour confier ses enfants à des mains étrangères. Aussi, malgré leur grand nombre, elle voulut les nourrir tous, et veiller elle-même sur leur enfance. Elle se dévoua ainsi à ses neuf enfants. Virginie, la sixième, fut formée de bonne heure à la piété. Toute petite, elle avait, comme instinctivement, une si grande horreur de l'ombre même du péché, que, quand on voulait l'empêcher de faire quelque chose où son inclination naturelle l'entraînait trop vivement, on n'avait qu'à lui dire que cela offenserait le bon Dieu. Aussitôt l'enfant s'arrêtait et renonçait à sa volonté propre, pour faire ce qu'on lui demandait. Le matin et le soir, sachant à peine bégayer, elle répétait avec une pieuse attention, après son aïeule, tous les mots de la prière. Cet exercice, ordinairement long et pénible pour les enfants, ne lassait jamais la petite Virginie.

Grandissant avec l'âge, ces heureuses dispositions produisirent les plus beaux fruits. En les voyant, sa grand'mère paternelle, qui était si capable de les apprécier, ne pouvait s'empêcher de dire de Virginie : « Voilà une enfant qui, plus tard, fera parler d'elle ; elle pourra être placée à la tête d'une grande administration. » L'avenir a prouvé la justesse du coup d'œil de la vénérable grand'mère.

A l'âge de quatre ans, l'aimable enfant faillit être enlevée à la tendresse de sa famille. Elle était intelligente, mais enjouée et très-vive ; tous ses mouvements dénotaient l'exubérance de la vie. Elle aimait passionnément l'amusement. Un jour qu'elle folâtrait avec son frère Auguste, dans le jardin du Montcel, elle voulut cueillir une jolie fleur, sur le bord d'une pièce d'eau, afin de la donner à son frère qu'elle aimait tendrement. Mais, au moment où elle croit la saisir, son pied glisse sur le gazon et elle tombe dans l'eau. Auguste a tout vu, mais trop petit lui-même pour porter un utile secours à sa sœur, il court vers le jardinier, qui travaillait à peu de distance, et le tirant par ses vêtements : « Ma *Nini* est dans l'eau, s'écriait-il ; vite, vite, sortez ma *Nini !* » Il était temps qu'on arrivât. Le jardinier s'élance en toute hâte dans la pièce d'eau et ramène au bord l'enfant sans connaissance. Des soins empressés et intelligents lui furent prodigués par tous les domestiques, qui n'avertirent les parents que lorsqu'ils purent leur dire : « Réjouissez-vous, le bon Dieu vous a conservé votre fille. » — « Et pourquoi ne m'avoir pas laissé mourir alors, j'étais sûre du paradis ! » disait plus tard Virginie. Elle ignorait qu'une plus riche et plus glorieuse couronne lui était réservée : celle de sainte Thérèse, de sainte Chantal et de ses deux illustres contemporaines, la Mère Emilie, fondatrice des Sœurs de la Sainte-Famille, et de Mme Barat, fondatrice du Sacré-Cœur, etc. Dieu la voulait au nombre de ces grandes âmes, qui sont les mères de tant d'autres, et que le Saint-Esprit appelle « les plus belles entre les filles d'Israël (1). »

L'intelligence de Marie-Virginie fut d'une précocité extraordinaire. Son esprit vif, son caractère gai, ses fines réparties, et surtout son bon cœur, la rendaient on ne peut plus aimable. Elle était à la fois l'orgueil et l'amour de sa famille. Tout le monde la caressait. Ses frères ne pouvaient se séparer d'elle. Ils la menaient avec eux à la chasse ou à la pêche ; et lorsque la folâtre enfant revenait au logis avec sa robe mouillée ou souillée de terre ou de boue, elle se hâtait de réparer sa petite toilette, afin d'éviter une réprimande à ses frères bien-aimés. Chez elle, le cœur dominait tout. « C'est par cette faculté maîtresse, disait Bossuet, qu'on est véritablement grand. »

---

(1) La vie de la Mère Emilie a été écrite par M. Léon Aubineau, et celle de Mme Barat, par M. l'abbé Baunard, docteur en théologie.

Après le bon Dieu, Virginie aimait sa mère par-dessus tout. Elle regardait comme une de ses grandes fautes, de lui avoir désobéi dans une circonstance, où, trop pressée de finir un col qu'elle lui destinait, elle feignit de ne pas entendre sa mère, qui lui commandait une autre chose. Mme Tézenas, surprise de ce manque d'obéissance dans son enfant, lui fit une sévère réprimande. Virginie sentit vivement sa faute, se jeta aux pieds de sa mère, lui en demanda pardon, et a avoué plusieurs fois qu'elle resta inconsolable d'avoir causé de la peine à une aussi bonne et si sainte mère. Elle avait alors neuf ans.

Deux ans auparavant, lorsque la tourmente révolutionnaire commençait à s'apaiser, sa vénérable grand'mère avait voulu qu'elle prît part à une cérémonie religieuse, à laquelle ne devaient assister que quelques personnes pieuses et très-sûres. Elles se rendirent ensemble chez M. l'abbé Rousset, qui avait exercé secrètement le saint ministère, durant les jours de la Terreur dont la France catholique avait subi la tyrannie impie. On prit le saint Sacrement dans le réduit où la Révolution l'avait audacieusement relégué; on l'entoura avec amour et la petite troupe d'élite et d'amis fidèles l'accompagnant jusqu'à l'église, le rendit avec bonheur au sacré tabernacle. — « Tu te souviendras toute ta vie, disait la grande chrétienne à sa petite-fille, de l'auguste cérémonie dont tu viens de faire partie. » La pieuse enfant n'oublia jamais, en effet, la faveur dont Notre-Seigneur l'avait honorée, en l'associant à son premier et modeste triomphe dans la paroisse. Elle aimait à raconter cet épisode de sa religieuse enfance, et elle fit toute sa vie ses délices du divin Tabernacle.

Heureuses les âmes, heureuses les familles, qui aiment ainsi le Très-Saint Sacrement de nos autels et savent dire avec le Roi-Prophète : « Seigneur, que vos tabernacles me sont chers! un jour passé dans votre temple vaut mieux que mille au palais des mortels. Le passereau aime le toit qui l'abrite, la tourterelle se plaît dans le nid où sont ses petits ; vos autels, Dieu des vertus, seront ma retraite et mon séjour bien-aimés ! (1) »

(1) Ps. 83.

CHAPITRE II

Formation de Virginie Tézenas par sa grand'mère. — Sa préparation à sa première communion. — Première communion et confirmation. — Germe de la vie religieuse. — Virginie rivalise de vertus avec sa sœur Adèle. — Assistance matinale à la messe. — Soin délicat de ne pas réveiller leurs parents. — Mme Tézenas forme ses enfants à la charité. — Virginie et les Enfants de Marie à Saint-Etienne. — Solide éducation des enfants du Montcel. — Danger couru dans un souterrain. — Estime et pratique du travail manuel, au Montcel. — Activité et amabilité de Virginie. — Visites à Issoire. — Adèle et Virginie fuient le monde. — Fête de saint Benoît et de sainte Anne au Montcel — Dévotion de M. et de Mme Tézenas envers la sainte Vierge. — Beauté du foyer chrétien. — Vocation religieuse de Virginie. — Son entrée au couvent de Mi-Carême, à Saint-Etienne.

A mesure que Virginie croissait en âge, et que l'époque de sa première communion approchait, on redoublait, au foyer si chrétien du Montcel, de soin et de vigilance pour la préparer à ce grand acte. La Religion y avait sa tradition vivante, dans l'aïeule paternelle qui avait tenu l'enfant sur les fonts sacrés du baptême. La vénérable marraine, de concert avec la mère, s'appliqua d'une manière toute spéciale à communiquer à sa filleule sa profonde science religieuse, par des catéchismes, des instructions et des conférences sagement combinés et fréquemment répétés. Cet enseignement portait surtout sur la divine Eucharistie, et la pieuse grand'mère jouissait de préparer et d'orner l'âme de sa petite-fille, pour la réception de cet auguste sacrement. — « Ton cœur, lui disait-elle, va devenir le tabernacle du Seigneur ; bientôt tu seras comme un ciboire vivant, où résidera Jésus, le tendre Ami des enfants. »

Le cœur de la jeune et aimable néophyte s'ouvrait avec délices, comme le calice d'une belle fleur, pour recueillir la céleste rosée que distillait la grande âme de son aïeule. Les clartés de cet esprit éclairé inondaient le sien d'une douce lumière. — Ainsi se dessinaient les premiers linéaments de ce cœur, prédestiné à porter le nom même de Celui de Jésus, et dont le parfum devait en attirer tant d'autres à ce doux Sauveur.

Ce fut, en 1804, à l'âge de neuf ans et demi, dans l'église de sa paroisse à Saint-Etienne, que Marguerite-Marie-Virginie Tézenas alla pour la première fois s'asseoir à la table des Anges. Digne de cette compagnie par son innocence, l'angélique enfant ne se possédait pas de bonheur. Quand elle eut communié, elle sentit dans son cœur un feu jusqu'alors inconnu. Elle prit l'inébranlable résolution de se donner tout entière à Dieu, et conjura Notre-Seigneur de lui accorder la grâce de se consacrer un jour à lui dans la vie religieuse. — Elle ne put recevoir le sacrement de Confirmation que dix ans après, en 1814. Ce sacrement lui fut conféré dans une église de Saint-Chamond, en même temps qu'à sa sœur Adèle, aujourd'hui la vénérable Mme Vialleton, qui fait revivre à Saint-Etienne les fortes et aimables vertus de sa mère.

Il y eut dès lors entre les deux sœurs, qui s'aimaient tendrement, une sainte émulation pour la pratique de la vertu. Ayant reçu ensemble le sacrement qui fait les forts, les soldats de Jésus-Christ, elles s'exerçaient à l'envi l'une de l'autre, à la dure pratique des sacrifices, pénétrées de ce que dit l'auteur de l'*Imitation*, « qu'on n'avance dans la vertu qu'en proportion de la violence qu'on se fait. Elles ne reculaient devant aucun acte de générosité et de renoncement. L'hiver, en ville, levées de grand matin, elles assistaient à la première messe. Dans la belle saison, à la campagne, elles allaient à leur paroisse de Saint-Jean-Bonnefond, dont l'église était éloignée d'une heure. Elles partaient de manière à arriver au lever du soleil, heure à laquelle le curé, M. Albran, disait la sainte messe (1).

De crainte de s'oublier et pour ne pas réveiller leurs parents, elles avaient donné pour consigne au jardinier, de tirer une petite corde dont un bout pendait au dehors, par la fenêtre de leur chambre, et l'autre était attaché au bras de Virginie. — Chemin faisant, les deux sœurs faisaient la prière du matin, et convenaient ensemble des moyens de passer saintement la journée. — Chaque semaine, la nuit du jeudi au vendredi, Virginie ne manquait pas de faire, dans sa chambre, l'heure

---

(1) Le Montcel n'appartient plus aujourd'hui à la paroisse de Saint-Jean-Bonnefond, mais à la nouvelle paroisse de la Talaudière.

sainte, en l'honneur du Sacré Cœur, pour qui elle avait une dévotion particulière. Tous les jours aussi, elle récitait le psautier de la sainte Vierge. — L'ardeur des deux jeunes et ferventes chrétiennes avait plutôt besoin de frein que d'aiguillon. — Les domestiques édifiés ne pouvaient se lasser d'admirer leur vertu, leur recueillement en particulier à la prière du soir à laquelle ils assistaient, leur piété qui ne se démentait nulle part, et leur charité qui embrassait tout le monde, sans distinction de personnes.

Mme Tézenas apprenait à ses enfants à compatir aux besoins des malheureux. Présidente de l'œuvre des *Dames de la Miséricorde*, l'une des fondatrices de celles de la *Providence de Sainte-Marie*, du *Pieux secours*, du *Refuge*, et de la plupart des établissements de bienfaisance de Saint-Etienne, elle était sans cesse à l'affût de toutes les misères. Dans ses courses de charité, elle menait avec elle à tour de rôle chacun de ses enfants, pour les former à la compassion et les habituer à la bienfaisance. Alors, les mansardes étaient escaladées avec amour, les Providences assistées, les infirmes soignés, les affligés consolés, les familles pauvres secourues, les malades soulagés, les orphelins recueillis. Aucune infortune n'échappait à la charité de cette sainte famille. — Dieu seul, qui a vu tous ses bienfaits, peut lui rendre le bien qu'elle n'a cessé de faire aux pauvres de Saint-Etienne et des environs. Car la mort seule a pu tarir cette source d'inépuisable bienfaisance. Quelques heures avant son agonie, du lit même où elle allait expirer,

Mme Tézenas voulut encore présider et encourager une dernière fois, l'assemblée des *Dames de la Miséricorde*

Virginie, à l'exemple de sa sainte mère, se dévouait avec un zèle infatigable à toutes ces œuvres. Elle fut une des premières fondatrices, à Saint-Etienne, de la société des Enfants de Marie, qui a tant fait de bien. Elle eut, pour coopératrices Mlles Thiollière du Treuil, Constance Peyret, Bénigne Testenoire, Lucie Gérinon. — Cette petite société était dirigée par un saint prêtre, grand serviteur de Marie, M. l'abbé Vuillerme, alors curé de Sainte-Marie, à Saint-Etienne, et plus tard, curé de Saint-Nizier, à Lyon, où son nom est resté en vénération. Les petites-filles de Mme Tézenas, les nièces et les petites-nièces de Virginie en font encore aujourd'hui partie, et continuent l'œuvre de leur aïeule et de leur tante.

Toutefois, les exercices de piété et les œuvres de charité ne faisaient pas oublier l'étude, l'instruction et le travail des mains. Chaque devoir avait son temps et son heure. Mme Tézenas tenait à ce que ses filles eussent une instruction forte et complète. Le précepteur de ses fils, M. l'abbé Cognet, qui fut plus tard grand pénitencier à la primatiale de Lyon, dirigeait en même temps les études de leurs sœurs. L'émulation était grande et le travail sérieux, dans ce petit collège de famille. Pour entretenir et animer l'ardeur de ses élèves, le maître intelligent voulait que les récréations fussent enjouées, agréables et propres à réparer leurs forces. Il y présidait toujours, se mêlait quelquefois aux jeux et dirigeait les excursions, qui se faisaient les jours de congé aux environs du Montcel. Dans une de ces excursions, la petite troupe écolière, munie d'une lanterne, s'était engagée, son précepteur en tête, dans un souterrain de mineur. Tout à coup le flambeau s'éteint, et l'on se trouve dans la nuit la plus profonde, au milieu d'un labyrinthe inextricable, formé par les innombrables réseaux de galeries qui servent à l'exploitation du charbon. Le professeur est très-inquiet. « Demeurez-là, dit-il à ses élèves, pendant que j'irai chercher du feu. N'avancez pas, ne reculez pas non plus. » Il marchait lui-même à tâtons, et finit par perdre son chemin. Alors, ce fut une véritable angoisse. Craignant de s'égarer davantage, il s'arrête consterné sous ces voûtes sombres, et recourt à Dieu par une fervente prière. Pendant qu'il suppliait le ciel de le sauver, lui, et surtout les enfants dont il était chargé, il entendit retentir des pas d'homme. C'était un mineur qui se rendait à sa tâche souterraine. M. l'abbé Cognet crie et appelle au secours. L'ouvrier l'entend et vient avec sa lampe délivrer le malheureux égaré. Pendant ce temps d'angoisse, les enfants, qui n'avaient pas la conscience du danger, avaient néanmoins été fidèles à la recommandation de leur guide, et attendaient son retour en chantant des cantiques. Le professeur les ramène, en remerciant Dieu de toute son âme, à leurs parents et à leurs études.

Dans cette éducation de famille, le travail des mains, pour Virginie et ses sœurs, avait une large part. Mme Tézenas en comprenait toute l'importance. Elle savait que le Saint-Esprit se plaît à nous représenter la mère du grand roi Salomon, la Femme forte, maniant le fuseau et filant le lin et la laine. — Saint Jérôme, si plein de la doctrine et si pénétré du sens des divines Ecritures, qu'il enseignait avec la littérature aux dames romaines, prescrivait rigoureusement le travail des mains aux descendantes des Scipion, des Fabius, des Camille... Ce grand et fort génie ne craignait pas de descendre, à cet égard, dans les plus petits détails. « Quand les heures destinées à l'étude de l'Ecriture sainte et à la prière seront finies, après que le soin de votre âme vous aura fait souvent ployer les genoux, ayez toujours votre laine dans vos mains, et, ou bien, avec le pouce, tirez le fil du fuseau, ou bien forcez-le à suivre une trame, ou bien, ce que les autres ont filé, mettez-le en peloton, ajustez-le sur le métier... Si une femme croit pouvoir se dispenser de travailler, parce que, grâce à Dieu, elle ne manque de rien, elle se trompe. Elle doit travailler comme tout le monde; et si elle veut le faire en chrétienne, pendant que ses mains travaillent, que son âme pense à Dieu. Les mains et les yeux sur son ouvrage, son cœur au ciel... Travaillez pour les pauvres; travaillez pour vous-mêmes; faites des ouvrages pour les offrir à votre aïeule, à votre mère... (1). » — Charlemagne tenait à ce que les princesses ses filles ou ses parentes fussent constamment occupées, soit à filer au fuseau, soit à travailler la laine; redoutant pour elles l'oisiveté, source de tous les désordres. — M. de Maistre mettait le *raccommodage du linge* au premier rang des travaux de la

---

(1) *Epist. ad Demetriad.*

femme. — « Faites des bas, écrivait de l'antre même de la Convention Barnave à ses sœurs, et laissez la politique, » qui l'absorbait, lui, et devait bientôt le dévorer. — Il y a dans ces diverses recommandations, une profonde et délicate intelligence de la véritable vie et éducation de famille.

Celle du Montcel savait comprendre et pratiquer cette doctrine des grands chrétiens et du génie. Les filles de Mme Tézenas, après les devoirs classiques, devaient, à tour de rôle, s'occuper des soins du ménage, veiller sur les domestiques, commander les repas de la famille et les préparer elles-mêmes en cas de besoin. Chacune avait pour cela sa semaine. On vaquait ensuite à la couture, au repassage, au raccommodage, aux broderies... Et alors on aurait pu voir les demoiselles Tézenas, leurs divers ouvrages à la main : les unes, à l'extrémité d'une grande allée verte, assises sur le gazon ; les autres, plus loin, dans des bosquets et sur des bancs champêtres, se répondre mutuellement en chantant les anciens cantiques de Marseille qu'elles savaient par cœur.

Au milieu de ces travaux divers, Virginie animait tout par sa gaieté, son aimable entrain, par ses vives et fines saillies. C'était elle, pour ainsi dire, qui conduisait toute la maison, sans qu'elle s'en doutât. Elle avait un tel ascendant sur son entourage, qu'elle s'attirait les cœurs, sans jamais imposer sa volonté. Les fermiers, les domestiques, avaient une espèce de culte pour elle. S'élevait-il quelque nuage dans la famille, elle savait le dissiper par ses caresses, ses à-propos et son amabilité. Combien de fois son affection pour ses frères leur fut utile! Le soir, elle les attendait, leur prodiguait ses soins, au besoin leur donnait ses conseils, couvrait leur étourderie, et dissimulait ingénieusement leurs petites escapades. Aussi ses frères l'adoraient.

Mais Virginie était toujours et avant tout l'édification de la famille. Sa mère avait à Issoire (Puy-de-Dôme) une sœur mariée à M. Girod, dont le fils fut plus tard baron de Langlade et pair de France. Mme Tézenas se rendait souvent, avec sa famille, auprès de cette sœur bien-aimée, laquelle n'ayant pas d'enfants avait comme adopté les siens et se faisait une fête de les recevoir. Pendant le séjour que l'on faisait à Issoire, la jeune famille était fréquemment appelée dans la plus haute société. Virginie et sa sœur Adèle, toujours aussi tendrement unies par la piété que par le sang, étaient ingénieuses à trouver les moyens de se dispenser des bals et des soirées. La chose fut encore plus facile lorsque Adèle, après son mariage avec M. Vialleton, eut à soigner son premier-né. L'enfant devint le prétexte de refuser les grandes et longues réunions. Quand les convenances étaient telles qu'elles arrachaient une concession, les domestiques, qui avaient le mot d'ordre, venaient à une heure indiquée, annonçant que le petit Eugène avait besoin de sa mère. Les deux sœurs s'empressaient de quitter la société, et après quelques soins et bien des caresses donnés à l'enfant, elles se livraient à leurs exercices de piété.

Chaque année, aux fêtes de sainte Anne et de saint Benoît, patrons de M. et de Mme Tézenas, le Montcel se parait de nouveaux charmes. Il devenait comme un sanctuaire. Les enfants y fêtaient leur mère et leur père, objets pour eux d'un culte véritable. Par son respect, sa tendresse ingénieuse et son aimable entrain, Virginie était à la fois l'âme et l'ornement de ces charmantes fêtes de famille. L'année de la naissance du premier-né de sa chère Adèle, elle voulut que l'enfant présentât lui-même le bouquet de fête à ses bons et vieux parents. Pour cela, elle organisa une jolie corbeille et y déposa le petit Eugène, au milieu de la verdure et des fleurs. Les heureux vieillards, serrant sur leur cœur le gracieux berceau, le couvrirent de leurs baisers et de leurs larmes de bonheur. Le Montcel, en ce moment, semblait présenter, dans un délicieux tableau, l'image de deux magnifiques spectacles de la nature : les grâces et les roses de l'aurore naissante, unies à l'or pur et brillant du plus beau coucher du soleil. — Un remords cependant resta dans le cœur de celle qui était la principale cause d'une si douce allégresse. Virginie, dans son empressement à organiser sa corbeille et la fête, avait coupé sans y faire attention des branches de feuillage dans la haie d'un voisin. Elle se le reprochait comme une grande faute. Aussi se hâta-t-elle de déclarer son larcin, en conjurant sa mère de dédommager le propriétaire. — Ce scrupule de l'innocente jeune fille n'était pas la moins belle fleur d'une si aimable fête.

Les parents, qui avaient élevé et formé de semblables enfants, étaient de plus en plus dignes de la vénération dont ils étaient entourés. C'était un spectacle bien édifiant de voir ces saints vieillards, arrivés aux dernières limites de l'âge, réciter tous les jours l'office de la Très-Sainte Vierge. Lorsque la vue fit défaut à M. Tézenas, et qu'il ne put plus lire dans son livre de prières, il se faisait conduire à la petite chapelle de sa maison de campagne. Là, devant un tableau de la sainte Vierge, en face duquel il se faisait placer, il conversait avec Celle qu'il appelait « sa bonne Mère; » et ce n'était qu'après les épanchements du plus filial colloque, qu'il consentait à la quitter. — Les deux pieux vieillards du Montcel rappelaient les deux saints patriarches d'Hébron, Zacharie et Elisabeth, de qui saint Luc dit : « C'étaient deux justes devant Dieu, qui marchaient avec fidélité et sans reproche dans les commandements et les ordonnances du Seigneur (1). »

Qu'il est beau l'intérieur d'une famille chrétienne : la mère au foyer avec ses enfants; — le père rentrant joyeux du travail, du barreau ou des affaires; — la veillée en famille; — la prière en commun avec les domestiques; — le coucher pas trop retardé; — le lever matinal; — dans cette atmosphère pure, les enfants grandissant sains de corps et d'esprit, et formant autour de leurs parents une couronne radieuse! Ainsi, dit le Saint-Esprit, sur « les sommets du Liban, des tiges jeunes et robustes entourent le cèdre séculaire. »

« La maison de celui qui aime et craint le Seigneur sera bénie. Rangés autour de lui, ses fils l'entoureront comme une belle plantation de jeunes et vigoureux oliviers. Ses filles, ornées de vertus, auront la beauté d'un sanctuaire ou d'un parterre de roses de

---

(1) Saint Luc, i, 6.

Jéricho (1). » — Le Montcel, avec ses deux vénérables patriarches entourés de leurs neuf enfants, quatre fils et cinq filles, réalisait ces pures et gracieuses images dessinées par Dieu lui-même, et formait un de ces foyers chrétiens d'où sortaient l'honneur, la vie, la force de la France, et qui sont devenus si rares. Car, si chaque âge du monde présente un type d'iniquité qui lui est propre, l'absence du foyer chrétien est une des grandes plaies de notre époque. — Pascal a dit avec raison : « Bien des malheurs en ce monde viennent de ce qu'on ne sait pas demeurer chez soi. »

Le patriarcal foyer du Montcel était un sanctuaire digne de recevoir et propre à conserver et à développer les dons célestes. Aussi fut-il, pour la vocation de Virginie, ce qu'est pour une plante précieuse, une serre d'une atmosphère chaude et pure. Virginie portait dans son cœur le dessein de se consacrer à Jésus-Christ dans la virginité et la vie religieuse. Cet attrait, nous l'avons vu, datait de sa première communion. Le Dieu de l'Eucharistie lui avait révélé les secrets de son amour, et elle les avait compris. — Fruit de la grâce, conséquence et récompense de sa grande pureté et de sa tendresse pour le Cœur de Jésus, ce sentiment semblait faire partie intégrante de son âme. Seulement, en quel temps, dans quel lieu, dans quelle congrégation, deviendrait-il possible de suivre cet attrait? C'est ce qu'elle ignorait encore. Pour mériter cette grâce et obtenir cette

---

(1) *Circà illos corona filiorum... Quasi plantatio cedri in monte Libano.* (Eccli., 50, 13. — 24, 18. — Ps., 127, 143.)

connaissance, qui devaient assurer à son esprit la complète liberté des enfants de Dieu, elle se mit à crucifier sa chair innocente. Elle jeûna, elle veilla, elle coucha sur la dure et donna la discipline à ses membres délicats.

S'étant rendue à Valfleury, accompagnée de sa fidèle amie, Mlle Balaÿ, elle y fit une retraite sous la direction des Révérends Pères Lazaristes, afin de connaître la volonté de Dieu. Ses journées se passèrent en très-grande partie devant le tabernacle, près du Cœur de Jésus, dans la petite église de Valfleury. Elle y restait si longtemps qu'un jour une bonne Religieuse lui demanda, en souriant, « s'il ne faudrait pas lui porter son coussin de nuit. » — Rentrée dans sa chambre, au lieu de se reposer, elle continuait ses prières et ses macérations. De sa cellule, qui était voisine, son amie entendit plusieurs fois les coups de discipline qu'elle se donnait. Aussi, de retour au Montcel, Mlle Balaÿ se hâta de prier M. et Mme Tézenas de laisser Virginie entrer dans la vie religieuse. « Elle n'y fera jamais autant de pénitences, ajoutait-elle, qu'elle en fait dans le monde. Là, au moins, elle aura des Supérieures qui modéreront son zèle et son ardeur. »

Quelques jours après, Virginie exposa elle-même à sa famille ses projets et ses pieux désirs. Trop chrétiens pour disputer au Seigneur un trésor qui leur était cependant si cher, ses vertueux parents se contentèrent de lui demander quelque délai, avant de faire un sacrifice si grand pour leur tendresse.

Cette même année, elle fut marraine d'une de ses nièces, fille de sa sœur Adèle, cette sœur bien-aimée que nous avons vue son émule en vertus. Au sortir de l'église, le parrain lui ayant dit : « Nous venons de contracter de grands engagements vis-à-vis de cette enfant, » Virginie prit et pratiqua dans toute son étendue le sens de cette parole chrétienne. Elle fut l'ange gardien visible de la nouvelle baptisée. Sa vigilance, ses soins, sa tendresse l'entourèrent constamment et l'accompagnèrent jusqu'à son dernier soupir. Quelques mois avant sa mort, qui arriva de bonne heure, sa filleule lui disait : « Si tu meurs avant moi, tu me protégeras toujours, tu ne me laisseras pas damner. » — « Sois tranquille, lui répondit sa marraine, avec un sourire plein de confiance : le bon Dieu est trop bon ; il t'appellera à lui plutôt que de permettre un si grand malheur. »

Cependant Virginie ne faisait que languir dans le monde, qu'elle édifiait de plus en plus par sa vie exemplaire. Causant un jour avec son frère aîné, de ce qui faisait l'objet de tous ses désirs, elle lui communiqua l'idée, qui lui était venue, de se faire religieuse hospitalière à Montbrison. — « Viens avec moi, lui dit son frère ; mes affaires m'appellent pour quelques jours dans cette ville, tu passeras ce temps-là dans la maison des *Dames de la Charité*, et tu verras si Dieu te veut parmi elles. » Virginie fut heureuse de cette proposition ; et, du consentement de ses parents, elle se rendit auprès de ces bonnes Religieuses, qui la reçurent avec d'autant plus de joie, qu'elles connaissaient de réputation la famille Tézenas. Elles priaient ardemment le ciel de leur accorder un pareil sujet.

Mais Dieu avait d'autres vues sur Virginie. Tout le

temps qu'elle passa au milieu des Hospitalières, son âme fut en proie à un sentiment de tristesse qui ne lui était pas ordinaire. Il lui semblait entendre partout une voix qui lui disait : « Ce n'est pas ici que je te veux. » Aussi, ne fit-elle aucune difficulté de rentrer au foyer paternel, lorsque son frère vint la chercher, après avoir terminé les affaires qui l'avaient amené à Montbrison.

De retour à Saint-Etienne, Mlle Tézenas alla trouver son confesseur, M. Piron, curé de sa paroisse, et lui rendit compte de l'essai qu'elle venait de faire. — « J'étais convaincu, lui dit le bon pasteur, que vous n'étiez pas appelée à ce genre de vie; le Seigneur a d'autres desseins sur vous. » Dieu lui avait inspiré de jeter les yeux sur sa pénitente, pour en faire une Fille de Saint-Joseph, et l'attacher à la pieuse Communauté de Mi-Carême, laquelle, outre la direction de plusieurs autres grandes œuvres, avait la lourde et importante charge d'instruire et d'élever les filles de toute la paroisse.

Les Religieuses de Saint-Joseph de la fervente Maison de Mi-Carême excellaient, il est vrai, dans la science infiniment précieuse d'insinuer dans le cœur de leurs jeunes élèves, l'amour de Dieu, l'estime du bien, la crainte du mal; mais elles étaient moins versées dans les connaissances humaines. C'était pour les élever à un degré de culture et d'éducation, plus en rapport avec les exigences du temps, que M. l'abbé Piron avait eu la pensée de recourir à Mlle Tézenas. Personne ne lui paraissait plus propre qu'elle à accomplir cette mission sans nuire aux habitudes de modestie, de simplicité et de ferveur, qui faisaient le caractère distinctif et la gloire principale des premières générations de l'Institut de Saint-Joseph.

Lorsque M. le curé de Saint-Etienne fit part de son inspiration à sa jeune paroissienne et pénitente : « Je ne puis vous le dissimuler, lui répondit-elle, jamais je n'aurais pensé à me faire religieuse à Mi-Carême. Mon désir serait d'entrer dans le cloître; car, en quittant le monde, je ne voudrais plus avoir de rapports avec lui, et lui dire un éternel et complet adieu. » — « Je connais vos sentiments là-dessus, répliqua M. Piron; mais en vous proposant cette Communauté, je crois favoriser vos désirs, attendu que mes projets sont d'obtenir la clôture pour nos Sœurs (1). » Puis, il lui parla d'une manière si avantageuse de la vertu des Religieuses de Saint-Joseph, et du bien que leur enseignement perfectionné était appelé à opérer à Saint-Etienne, que Virginie ne balança plus, et pria M. le Curé d'obtenir le consentement de ses parents.

Lorsque M. Piron communiqua à la famille Tézenas la détermination de leur fille, il ne put obtenir le consentement qu'il désirait. Une fois même la chose connue, on travailla de toutes parts à détourner la jeune postulante. — « Tu souffriras, lui disait-on, dans une société où l'on ne trouve pas l'éducation propre

---

(1) M. le curé de Saint-Etienne voulait, en effet, cloîtrer ses Religieuses. Il avait même déjà fait mettre des grilles à leur chapelle; mais ses projets ne purent s'effectuer. La pensée primitive, qui avait présidé à l'institution de la Congrégation de Saint-Joseph, et qui était venue de Dieu par saint Vincent de Paul et saint François de Sales, prévalut dans l'esprit des supérieurs ecclésiastiques.

aux personnes de qualité. C'est bon pour les *gens du petit peuple...* » A ces considérations humaines et quelque peu mondaines, Virginie répondait chrétiennement : « Et qu'importe? ne trouverai-je pas là un trait de ressemblance avec Notre-Seigneur, qui a choisi ses Apôtres parmi les gens simples, au milieu du peuple? et, malgré cela, ne leur doit-on pas l'éducation et la civilisation chrétienne? » — Par ses sentiments et ses réponses, la jeune fille confondait ses contradicteurs, et s'élevait, sans s'en douter, à la hauteur des plus grands chrétiens. Un d'entre eux a dit : « Sénèque, philosophe éloquent et riche, fit l'éducation d'un empereur; et à la même époque, Pierre, pauvre, sans lettres et sans argent, fit l'éducation d'un nouveau genre humain. L'élève de Sénèque fut Néron; l'élève de Pierre, c'est l'élite du genre humain, portant le beau nom de chrétienté. »

Calme et tranquille, en attendant le moment fixé par la Providence, Virginie ne cessait de prier, et recourait surtout à la sainte Vierge, dont la dévotion, après celle du Sacré Cœur de Jésus, était la vie de son âme. Enfin, l'heure tant désirée sonna. En 1821, une grande mission fut donnée à la ville de Saint-Etienne par trois célèbres missionnaires de la Maison des Chartreux : MM. Mioland, Dufêtre et Baricand. Le premier est mort archevêque de Toulouse, et le second, évêque de Nevers. — Virginie suivit avec assiduité et une grande ferveur tous les exercices de la mission. Elle consulta sur sa vocation M. Dufêtre, qui l'encouragea fortement à persévérer, et de concert avec M. Piron, finit par obtenir l'assentiment de ses parents.

Heureuse de pouvoir suivre l'attrait de la grâce, la pieuse vierge se hâta de mettre ordre à ses affaires et de compléter son trousseau de fiancée de Jésus. Ces préparatifs furent accompagnés de la joie qui plaît à Notre-Seigneur, dans les cœurs qui s'unissent au sien. Cette joie fut telle que le monde s'y méprit. En voyant la gaieté de la jeune fille, sa tenue soignée, et l'air de fête qu'elle donna à sa parure, on crut qu'il s'était opéré une modification dans ses idées. — « Virginie, disait-on, renonce au couvent; elle ne ferait pas tant de toilette, si elle persévérait à vouloir y entrer. » La douce et ingénieuse enfant jouissait en secret de la méprise du monde, parce qu'elle contribuait à dérober aux yeux de ses tendres parents la vue du pénible sacrifice dont l'heure approchait.

Ce fut le lendemain de la Toussaint de l'année 1821, qu'il s'accomplit de la manière la plus prompte et la plus généreuse. Les Sœurs de Saint-Joseph, n'ayant pas d'aumônier, allaient à la messe de la paroisse. On les voyait tous les matins, en silence et le voile baissé sur la figure, passer de la rue Mi-Carême à la grande église. Le jour des Morts, Virginie, qui connaissait les habitudes des Religieuses, se joignit à elles. — « Je vais à la grand'messe, avait-elle dit à sa mère; j'ai besoin de prier pour tous nos parents défunts. » Et après avoir déposé un tendre baiser sur le front de son père et de sa mère, elle se rendit à l'église avec les Sœurs. Là, elle offrit à Dieu le sacrifice de ce qu'elle avait de plus cher au monde, et au sortir de la messe elle suivit les bonnes Religieuses dans leur Couvent. —

En y entrant, elle aborda la Mère Saint-Paul, avec qui elle avait eu auparavant plusieurs entretiens. « Ma mère, lui dit-elle joyeusement, je suis toute vôtre, je ne rentre pas dans ma famille. » C'était Ruth disant à Noémi : « J'irai avec vous partout où vous demeurerez, votre peuple sera mon peuple, votre Dieu sera mon Dieu, la terre où vous mourrez me verra mourir. »

En ce jour, on vit à Mi-Carême quelque chose de l'allégresse de Cîteaux, qui éclata en cantiques d'actions de grâces, alors que la divine Providence lui envoya saint Bernard. D'autant plus que l'exemple de la jeune vierge, comme celui du grand Saint, devait attirer au Monastère des recrues aussi abondantes que choisies. « Courons à l'odeur de ses parfums, dirent beaucoup de celles qui l'aimaient; et l'on vit après elle une foule de vierges venir se consacrer au Roi des rois, en chantant des cantiques de joie et d'allégresse (1). »

---

(1) Ruth., I, 16. — Cant., 1, 2, 3. — Ps. 44.

CHAPITRE III

Joie de la Communauté de Mi-Carême. — Ferveur, générosité et humilité de Virginie au noviciat. — Son nom de Sœur du Sacré-Cœur de Jésus et sa prise d'habit. — Incident enfantin à la cérémonie. — Sœur du Sacré-Cœur de Jésus, maîtresse au pensionnat de Mi-Carême. — Son zèle, sa vigilance, son dévouement pour l'avancement et la sanctification de ses élèves. — Affection des élèves pour leur maîtresse. — Préparation des premières communions. — Recueillement de Sœur du Sacré-Cœur au milieu de ses occupations. — Elle est envoyée à la Maison-Mère pour y préparer sa profession. — Epreuves. — Sa vertu dans l'épreuve. — Ses premiers rapports avec Mère Saint-Jean. — Estime réciproque. — Tentations du démon, pour la détourner de la vie religieuse. — Sa profession religieuse. — Sa sœur Victorine Tézenas vient la rejoindre à Mi-Carême. — Diversité et beauté des dons de Dieu dans les deux sœurs.

Si la joie était grande parmi les Religieuses de Saint-Joseph, il n'en était pas de même au sein de la famille Tézenas. Ainsi, quand un saint retourne à Dieu, il y a joie au ciel et tristesse sur la terre. — Au moment du dîner, Virginie fut vainement attendue. Ne la voyant pas rentrer, on se douta de la vérité; et une domestique, envoyée à Mi-Carême, vint bientôt la confirmer. — La jeune novice avait voulu ménager la tendresse de ses parents bien-aimés, en leur épargnant la tristesse des adieux ; mais quand ils virent la séparation consommée, ils furent inconsolables. M. Tézenas surtout sentit si vivement la perte de celle qui était la joie de sa vieillesse, qu'il n'eut pas la force, pendant quelque temps, d'aller la voir au couvent.

Pendant qu'on la pleurait au foyer paternel, la jeune postulante disait à son cœur, comme jadis saint Bernard au sien : « Si tu commences, commence bien. » Et encore : « En me faisant Religieuse, je veux le faire généreusement, et ne rien refuser à la grâce. » Aussi, n'eut-on pas besoin de l'exciter dans les commencements. Elle se mit à l'œuvre avec ardeur, pleine de cette persuasion, qu'en vain l'on espérerait d'être un jour une parfaite Religieuse, si l'on néglige d'être une postulante parfaite. — Ce n'est pas qu'elle fît des choses extraordinaires. Elle était pénétrée de ce principe, si important dans la vie spirituelle : que la perfection ne consiste nullement à faire de grandes choses, mais à bien faire celles que l'obéissance commande, « fût-ce des bagatelles, » ajoute un maître de la vie spirituelle. Sa maxime favorite était de faire les actions les plus communes d'une manière non commune. — Plus nos œuvres sont petites, plus nos intentions doivent être grandes, disait M. de Rancé. — Faites peu, mais bien, recommandait saint François de Sales.

Les Religieuses de Mi-Carême ne pouvaient assez admirer l'air aisé, joyeux, empressé, avec lequel leur nouvelle compagne remplissait tous les devoirs du noviciat. Elle n'avait rien de ces dévotes raides, sauvages, qui s'imaginent qu'on ne peut être vertueuses, sans paraître un peu chagrines, et qui éloignent de la piété en la rendant rebutante. « Bonne humeur, encore bonne humeur, toujours bonne humeur, » dit un docteur en spiritualité. « Dieu aime les serviteurs gais, » écrivait saint Paul aux Corinthiens. C'était le caractère propre de Virginie. Prévenante, aimable envers tout le monde, sa dévotion était si pleine de grâces qu'on ne pouvait la voir sans l'estimer, l'aimer et se sentir attiré vers elle. — Attentive aux plus petits détails, elle était exacte à se lever le matin, à lire au réfectoire, à se trouver la première à tous les exercices. — Elle s'appliquait joyeusement à balayer les chambres, les escaliers, à frotter les planchers, à laver la vaisselle, à porter du charbon, du bois, dans les appartements, à préparer les poêles, à passer les cendres ;... elle ne voulait céder à personne ce qu'elle appelait *ses droits de novice*. Elle avait, au contraire, une tendance à usurper ceux des autres, et rien n'était plus ordinaire que de la voir s'emparer, quand elle pouvait, de quelques bas emplois commencés par une Sœur. C'était à elle que sa Supérieure pouvait se confier, quand elle désirait qu'une chose fût bien faite, ou recourir, quand l'emploi était pénible et répugnant. Dans ces occasions, la fervente postulante n'avait pas même l'air de faire un sacrifice.

Quoique accoutumée au bien-être et aux égards dans la maison paternelle, son humilité ne pouvait supporter la moindre distinction. La première fois qu'elle entra au réfectoire de la Communauté, Mère Saint-Paul lui avait fait préparer une écuelle et une assiette un peu moins communes que celles dont se servaient les Religieuses. On lui avait aussi donné un verre, à la place de la petite tasse alors en usage. En un clin d'œil Virginie a tout vu, et se tournant vers celle qui servait : « Point de distinction, ma bonne Sœur, lui dit-elle, je dois avoir comme les autres mon écuelle numérotée, ainsi que la petite tasse et l'assiette de terre. »

Au premier son de la cloche, tout le monde devait sortir du lit, et quelques instants après, descendre à la chapelle. Virginie s'y trouvait presque aussitôt, et toujours la première. On lui demandait un jour en récréation : « Comment faites-vous pour vous habiller aussi promptement ! » — « Je n'en sais rien, dit-elle ingénûment ; mais je m'habille le plus vite que je puis, parce qu'il me tarde d'être près de Jésus, pour le remercier d'avoir veillé sur moi pendant la nuit, et pour recevoir la bénédiction de mon ange gardien. »

Il y avait deux mois et demi que Virginie Tézenas était au noviciat, lorsque la Mère Saint-Paul, pendant une récréation, lui demanda si elle avait pensé au nom qu'elle désirerait porter en Religion. — « Votre volonté est la mienne, répondit-elle ; cependant, si le choix m'était laissé, je prendrais celui de Sœur du Sacré-Cœur de Jésus. » — « Je n'aurais jamais songé à ce nom, répliqua la Supérieure. » — « Ma Mère, permettez-moi d'écrire trois noms, y compris celui du Sacré-Cœur ; je les mettrai dans votre tablier, puis je tirerai au sort. » — La Mère, souriant à cette naïveté d'enfant, accéda à tout, et par trois fois la postulante tira successivement le nom du *Sacré-Cœur de Jésus*. — A l'âme fidèle et généreuse, « je donnerai mon Nom nouveau, » dit Notre-Seigneur dans l'*Apocalypse*. Cette douce et divine promesse semblait s'accomplir littéralement en la fervente novice de Saint-Joseph. Aussi, sa Supérieure ajouta-t-elle : « Je ne puis vous refuser ce nom, puisque Dieu vous le donne. » Cette circonstance mit le comble à la joie qu'éprouvait Virginie de voir arriver la fin de son postulat.

Sa prise d'habit eut lieu le 29 janvier 1822, jour de la fête de saint François de Sales. L'aimable Saint semblait la présenter lui-même, pour être l'ornement et la gloire de l'Institut qui réalisait sa pensée favorite. Ce fut une grande fête pour toute la Communauté. M. Piron voulut que la cérémonie se fît avec pompe, et y invita un nombreux clergé. Toute la famille Tézenas, ses amis, ses connaissances, y assistèrent en foule. Deux jeunes nièces de Virginie, vêtues de blanc, portaient la corbeille dans laquelle était l'habit religieux, que l'on devait bénir avant d'en revêtir la nouvelle épouse de Jésus. — Au milieu du chœur, on voyait élégamment parée et prosternée la victime qui allait s'immoler. Le chant du *Veni Creator* commença la cérémonie, et fut suivi d'un éloquent et touchant discours, qui émut profondément l'assemblée et arracha de tous les yeux des larmes abondantes. Celle qui les faisait couler fut la seule qui n'en versa pas. Le discours fini, elle répondit avec fermeté aux demandes d'usage en pareilles cérémonies. Puis, pendant qu'on chantait l'hymne des Vierges, elle alla se dépouiller des vêtements mondains, pour se couvrir des livrées des épouses de Jésus-Christ.

Quand elle rentra dans le sanctuaire, un incident, aussi inattendu qu'attendrissant, interrompit un instant la cérémonie. Sa nièce, Mlle Fanny Tézenas, alors âgée de trois ans seulement, voyant revenir sa tante sous le pauvre costume de Religieuse, se mit à jeter de hauts cris, en répétant à diverses reprises : « *Rendez-moi ma tatan ; je ne veux pas ma tatan comme cela !* » Aujourd'hui, l'aimable enfant devenue une admirable chrétienne est à la fois fière et digne en tout de la sainte Religieuse, qui a continué l'éclat du beau passé de sa famille. — L'enfant fut emportée, pendant que la tante, de nouveau prosternée au pied des autels, bénissait le Seigneur de ce qu'il daignait la recevoir au nombre des filles de Saint-Joseph. — Au sortir de la chapelle, quelques-unes de ses amies lui ayant demandé ce qu'elle avait éprouvé au milieu d'une si touchante cérémonie : — « Une impression de force, répondit-elle, qui m'élevait au-dessus de moi-même et de ce que je voyais. »

Depuis ce moment saint et solennel, Sœur du Sacré-Cœur de Jésus redoubla de zèle, pour s'exercer à la pratique des vertus et de la perfection, que supposent le nom et la vocation des Religieuses de Saint-Joseph. Car, cette vocation en fait d'une manière spéciale les sœurs de Jésus et les filles de Marie. Heureuses les âmes qui, comme Jésus et Marie, font partie de la famille et habitent la maison bénie de saint Joseph ! Le Fils de Dieu, Dieu comme son Père, et la Reine du ciel et de la terre l'ont préférée à toutes les maisons de l'univers.

Saintement joyeuse de sa belle vocation, Sœur du Sacré-Cœur fut aussitôt employée comme Maîtresse au pensionna de la Maison de Mi-Carême. Elle s'y consacra et s'y dévoua tout entière. On aurait dit qu'elle ne s'appartenait plus. La fin de la classe ne pouvait la séparer de ses élèves. On la trouvait toujours avec elles, pendant les études, les repas, les récréations, même durant le repos de la nuit.

L'infatigable Maîtresse unissait ainsi le travail et les fatigues du professorat aux sollicitudes de la surveillance. Professeur, elle enseignait d'une manière nette et solide, vive et attrayante, qui portait la lumière et la doctrine jusqu'au fond des esprits, sans fatigue et sans ennui. Elle avait le don rare de rendre ses élèves ardentes à l'étude, en même temps qu'à la piété. La foi, l'amour de Dieu animaient et vivifiaient son enseignement. Tout servait de moyen pour le bien à son zèle industrieux. Une fête, un sujet de composition, une maladie, un accident sans portée en apparence, un malheur, une faute même, devenaient l'occasion des leçons les plus utiles et les plus salutaires. Elle avait une manière de dire les choses, qui relevait les plus communes et enjolivait les moins intéressantes. Sa parole, son sourire, son silence même, respiraient, distillaient et communiquaient la piété. « Il y a un silence qui parle, » dit l'auteur de l'*Imitation;* « un silence qui travaille, » *silentium negotiosum*, comme s'exprime saint Augustin. En un mot, tout chez elle instruisait et édifiait.

Aussi, ses élèves étaient pénétrées de respect pour sa vertu. Elle en était tendrement aimée, on pourrait dire adorée. Un simple désir de leur Maîtresse était un ordre, et elles étaient heureuses quand elles pouvaient lui procurer une satisfaction, un plaisir. La crainte de lui déplaire était un frein tout-puissant pour la discipline. Une autre Maîtresse ayant surpris une enfant en faute : « Ma Sœur, lui dit la petite coupable, donnez-moi la pénitence que vous voudrez, mais ne dites rien à Sœur du Sacré-Cœur, cela lui ferait de la peine. » — La classe entière, en cas d'infraction à la règle, prenait parti pour l'autorité de la Maîtresse. — Sœur du Sacré-Cœur racontait que, dans une circonstance, une enfant lui ayant résisté formellement, elle n'eut pas besoin de la punir ; ses petites compagnes ne lui en laissèrent pas le temps et s'indignèrent jusqu'à appliquer un soufflet à la coupable. « Quoi! s'écrièrent-elles toutes, c'est ainsi que vous répondez à notre bien-aimée Maîtresse, si bonne pour nous! Obéissez de suite, et ne vous le faites pas dire deux fois... » Devant ces injonctions de la petite troupe, la récalcitrante fut bien obligée de capituler. — « Quand je faisais la classe, disait plus tard la sage Maîtresse, j'avais toujours une élève qui faisait ma croix. Si la croix n'était pas là, comme partout ailleurs, on serait bien à plaindre. » — « Dans la croix est le salut, dans la croix la vie, dans la croix la force de l'âme, dans la croix la joie de l'esprit, la consommation de la vertu et la perfection de la sainteté. » Ainsi parle l'auteur de l'*Imitation*, dont la nouvelle Religieuse était si capable de comprendre et si digne de goûter la sublime doctrine (1).

Ce qui, avec la piété, attachait si fortement le cœur des enfants à celui de leur sainte Maîtresse, c'était sa bonté, sa charité, sa compassion surtout, quand

---

(1) *Imitat.*, liv. II, 12.

elles avaient quelque peine. La bonne Sœur redoublait alors, multipliait les bons procédés, les soins, les marques d'intérêt. Comme une mère, elle faisait siennes les souffrances de ses enfants. La douleur partagée gagne et unit plus les cœurs que la joie. — Dans les moments d'amertume et d'irritation, elle accueillait tout : plaintes, mécontentement, reproches, attendant sans impatience comme sans faiblesse le moment propice pour la réprimande et la correction. Elle savait à merveille pénétrer délicatement jusqu'au fond de l'âme et y ouvrir la source des larmes, qui en sont comme le sang, dit Bossuet après saint Augustin. Puis, une douce affection, pleine d'affabilité et inspirant la confiance, venait, comme un rayon de soleil, dissiper les derniers nuages et assurer la sérénité des cœurs et des visages.

C'était surtout à l'époque des premières communions, que s'exerçait le zèle de la sainte et habile Maîtresse. Plusieurs mois d'avance, elle prenait les enfants à part, leur faisant de petites instructions, leur indiquant quelques pratiques proportionnées au besoin et au caractère de chacune. A mesure que le grand jour approchait, ses pieuses industries redoublaient. Pendant la retraite, qui précédait la première communion, elle se surpassait encore. Ses instructions, pour les préparer à la confession et à l'absolution, roulaient principalement sur l'amour de Jésus pour nous, et sur l'horreur que nous devons avoir du péché qui le contriste et l'offense. Elles étaient si persuasives et si touchantes, qu'on voyait souvent les élèves en sortir fondant en larmes.

— Les enfants n'étaient pas perdues de vue après

leur première communion. Leur fidèle Maîtresse ne négligeait rien pour entretenir leurs bonnes dispositions. Elle savait quel prix la durée ajoute à l'amour; qu'il n'accepte point d'être limité par le temps, et que toujours est sa devise. Elle leur répétait sans cesse que Jésus, Lui, nous a aimés jusqu'à la fin, et qu'il n'y aura de couronnés que ceux qui auront persévéré jusqu'à la fin aussi.

L'activité de sa vie ne nuisait pas au recueillement et au calme profond et visible de son âme. Si occupée et dérangée qu'elle fût, sa journée n'était qu'une constante prière. La vie de Marthe, en elle, s'alliait admirablement à celle de Marie. Parler de Dieu était à la fois sa pente et son talent. Aussi sa présence aux récréations leur imprimait-elle un cachet spirituel, sans nuire à l'aimable gaieté. Son caractère enjoué au contraire se prêtait volontiers, pour elle et pour les autres, aux traits d'esprit, à un bon et franc rire. Nous ne craignons pas de le redire, avec un auteur aussi grave que pieux : « En principe, c'est pour la vie spirituelle une condition très-favorable et vraiment une avance énorme, qu'un caractère joyeux; car les tristes, je ne dis pas les sérieux, sont, ajoute-t-il, de tristes lutteurs. » — « Un saint triste est souvent un triste saint, » disait saint François de Sales avec son aimable finesse d'esprit. — « Heureux, dit le Saint-Esprit, le peuple qui a la science de la joie! (1) »

Une si rare vertu appelait la profession religieuse.

---

(1) *Beatus populus qui scit jubilationem*. Ps. 88. — *De la Vie et des Vertus chrétiennes*, par Mgr Gay, t. II, p. 186.

SA PROFESSION RELIGIEUSE. 121

Pour mieux l'y préparer, la Mère Saint-Paul envoya sa chère fille à Lyon, où elle devait passer quelque temps avant sa consécration définitive et solennelle, ainsi qu'il était alors d'usage.

La divine Providence se servit de ce moyen, pour commencer à montrer aux Supérieurs de la Congrégation de Saint-Joseph celle qui devait les seconder si puissamment, et briller bientôt sur la colline de Saint-Bruno, comme une lampe ardente, éclairant toute la maison.

La vénérable Mère Saint-Jean reçut Sœur du Sacré-Cœur avec une grande bonté, mais sans se douter encore qu'elle tenait dans ses bras celle qui, comme Elisée, devait recueillir son manteau, hériter de son esprit, continuer et perfectionner son œuvre. Quelques jours après, elle présenta la nouvelle venue à M. Bochard, grand-vicaire et Supérieur général de la Congrégation de Saint-Joseph. Celui-ci, selon l'esprit de l'antique et forte discipline, profitait de tout pour éprouver les sujets et voir si l'on savait véritablement pratiquer la vertu, dont l'humilité est la racine, le fondement. — Sœur du Sacré-Cœur, qui s'était mise à genoux pour recevoir sa bénédiction, s'étant appuyée par mégarde sur une chaise, en se relevant, M. Bochard la reprit vertement de cette délicatesse, et la traita d'immortifiée. Aussitôt l'humble Sœur se mit à genoux de nouveau et demanda une pénitence. Sans rien laisser paraître du sentiment d'édification qu'il éprouvait : « Exercez fortement cette Religieuse, » dit en s'éloignant le Supérieur général à Mère Saint-Jean.

Sœur du Sacré-Cœur fut exercée, en effet, et appliquée à tous les plus bas emplois de la Maison, durant le mois d'épreuve qu'elle passa à Lyon. On la voyait, tantôt à la cuisine, employée à nettoyer les ustensiles, à peler des pommes de terre ou à choisir des légumes, tantôt dans les corridors ou dans les nombreux appartements, occupée à les balayer. Le soin des chaussures, des lampes, etc., lui fut confié. On ne lui épargna aucune des pratiques d'humilité et de mortification en usage, soit au réfectoire, soit au noviciat ou dans les récréations. On l'employa aussi comme aide ou servante à la pharmacie et à l'infirmerie... L'humble Religieuse s'adonna tout entière à ces œuvres diverses, et fit ses délices de ce qu'elles avaient de plus pénible et de plus rebutant. — « Dites à la Mère Saint-Paul qu'elle peut vous admettre à la profession, et soyez toujours une fidèle épouse de Jésus et une humble fille de Saint-Joseph, » lui recommanda Mère Saint-Jean, en l'embrassant tendrement, et en la renvoyant à la Communauté de Mi-Carême, qu'elle félicitait intérieurement de posséder un si précieux trésor. — De son côté, la jeune Religieuse de Mi-Carême emportait, dans son cœur, la plus filiale vénération pour celle qui était la Fondatrice et la Mère de l'Institut bien-aimé, auquel elle allait se donner sans réserve et pour toujours.

Heureuse de la perspective de prononcer bientôt ses vœux, et de se consacrer d'une manière entière et irrévocable à Notre-Seigneur, Sœur du Sacré-Cœur se hâta de retourner à Saint-Etienne, et d'y rejoindre ses pieuses et chères compagnes. Mais le démon voulut troubler sa sainte joie. Elle, si bonne, si prévenante, si charitable envers toutes ses Sœurs, se sentit tout à coup une violente antipathie contre une d'entre elles. C'était évidemment l'homme ennemi qui, comme dit l'Evangile, essayait de semer la zizanie dans le champ béni et si bien cultivé du Père de famille. Cette épreuve a été racontée plus tard par Sœur du Sacré-Cœur elle-même à une de ses nièces, Religieuse de Saint-Joseph, qui la consultait sur une semblable tentation. — « Je sais par expérience, lui dit-elle, ce qu'il en est. Prenez les remèdes que j'ai employés; ils m'ont été très-salutaires. La tentation était on ne peut plus forte. Tout me déplaisait dans cette personne; sa manière de faire me semblait mesquine et ridicule. Pour me vaincre, je commençai à bien prier pour elle. Je ne puis vous le dissimuler, il m'en coûtait beaucoup; mais j'étais résolue de tout faire pour remporter la victoire sur moi-même et sur le démon. Voyant que je ne réussissais pas, et que la tentation me poursuivait partout, jusqu'à la table de communion, où tout se révoltait en moi, lorsque j'étais à côté d'elle, je devins énergique contre moi-même. Je m'appliquai à lui prodiguer prévenances sur prévenances, à lui aller au-devant en tout, à un tel point que ma Supérieure crut que j'avais une amitié particulière pour cette Sœur. Pauvre Mère ! elle ne sut que plus tard les luttes que j'étais obligée de me livrer. »

Grâces à Dieu, la tentation céda à ses généreux efforts. Mais, ainsi que le fait remarquer l'auteur de l'*Imitation*, « Une tentation succède à l'autre, et nous aurons toujours quelque chose à souffrir, parce que nous avons perdu le bien et la félicité primitive (1). » C'est ce qui arriva à Sœur du Sacré-Cœur. La première tentation fut remplacée par une autre plus pénible, la tentation de découragement. La vue des obligations qu'elle allait contracter lui inspirait une grande terreur. Elle se considérait comme un être inutile dans la Congrégation de Saint-Joseph, composée de tant d'âmes si généreuses et si avancées dans la pratique de la perfection. — Devenir épouse de Jésus-Christ lui semblait un honneur, dont elle se trouvait tout à fait indigne. — Les vœux perpétuels de pauvreté, de chasteté, d'obéissance, qu'elle allait prononcer, paraissaient lui imposer des obligations au-dessus de ses forces. — Consultant alors son directeur, M. Piron : « Je n'oserai jamais avancer, » lui disait-elle, dans son effroi excessif. — La veille même de la cérémonie, elle lui répétait encore : « Non, mon Père, je ne prononcerai pas mes vœux ; mieux vaut ne pas entrer en Religion que d'être une mauvaise Religieuse. » Il fallut que M. Piron, qui connaissait sa vertu, lui ordonna d'avancer.

Ce fut le 2 décembre 1823 que Sœur du Sacré-Cœur fit profession. M. Piron, qui connaissait toute la force de la tentation qu'elle éprouvait, s'était caché derrière l'autel, craignant qu'elle ne succombât au dernier moment. Mais, à peine la fervente novice eut-elle prononcé ces mots : « Je fais vœux de pauvreté, de chasteté, d'obéissance. Je promets, selon les règles de la Congrégation de Saint-Joseph, de professer, moyennant la grâce de Dieu, la plus profonde humilité en toutes choses et la plus cordiale charité envers

---

(1) *Imit.*, l. I, c. 13, v. 3.

SA PROFESSION RELIGIEUSE. 125

le prochain, » que la tentation cessa comme par enchantement. Le calme succéda à l'orage ; une douce paix prit possession de son âme ; elle se donna sans réserve à son Bien-Aimé, acceptant toutes les croix qu'il lui plairait de lui envoyer, ne lui demandant, comme le docteur angélique, saint Thomas, aucune autre chose que son saint amour. Aussi, regardait-elle le jour de sa profession religieuse comme le plus beau de sa vie.

Ce qui mit le comble à son bonheur, c'est que sa sœur Victorine vint le partager. Depuis l'entrée de sa chère Virginie en Religion, Victorine Tézenas n'avait cessé de soupirer après le moment de la rejoindre. Elle se sentait intérieurement appelée à une vie plus parfaite, surtout « à la vie cachée en Jésus-Christ, » selon l'expression de l'Apôtre saint Paul. La profession de sa sœur n'avait fait qu'augmenter sa soif d'abnégation, de vie cachée et de renoncement, qui fut le caractère distinctif de sa vocation. Mais elle avait dû attendre quelque temps pour ménager ses vieux parents, dont le cœur souffrait toujours de l'éloignement de leur Virginie. Cependant à la fin, elle brisa les doux liens qui la retenaient, et elle vint accroître la pieuse Communauté de Saint-Joseph qui, depuis l'exemple et la vocation de sa sœur, faisait de riches recrues parmi les familles les plus distinguées de la ville de Saint-Etienne. Elle prit le nom de Sœur Saint-François.

Entrées dans le même Institut, avec des dons et des emplois bien divers, les deux sœurs y rivalisèrent de foi, de vertus, et eurent le même esprit de Dieu. « Car, dit l'Apôtre saint Paul, il y a, à la vérité, diversité de grâces et de dons spirituels; mais il n'y a qu'un même Esprit qui les communique. Il y a diversité de ministères; mais il n'y a qu'un même Seigneur qui les distribue. Il y a diversité d'opérations surnaturelles ; mais il n'y a qu'un même Dieu qui opère tout en tous. L'un reçoit du Saint-Esprit le don de parler avec une haute sagesse. Un autre reçoit le don de la foi par le même Esprit. C'est un seul et même Esprit qui opère toutes ces choses, distribuant à chacun ses dons, selon qu'il lui plaît. Comme notre corps, n'étant qu'un, est cependant composé de plusieurs membres, il en est de même du corps mystique de Jésus-Christ. L'œil ne peut pas dire à la main, ni la tête aux pieds : je n'ai pas besoin de votre secours; souvent les membres du corps qui paraissent les plus faibles sont les plus nécessaires. » — Ainsi, avec leurs dons et leurs services différents, les deux sœurs apportèrent le même esprit de foi dans la Congrégation de Saint-Joseph. C'étaient deux belles fleurs de parfums divers, mais exquis, comme la rose et la violette. — « Le soleil a son éclat, dit encore l'Apôtre, la lune le sien, les étoiles le leur, et même entre les étoiles, l'une est plus éclatante que l'autre (1). » Cette variété fait la richesse et la beauté du firmament. Il en est de même dans la Religion et au ciel.

(1) 1re Epît. aux Corinth., c. 12, 15.

LIVRE III

LA VIE RELIGIEUSE DE LA RÉVÉRENDE MÈRE
DU SACRÉ-CŒUR DE JÉSUS
DEPUIS SA PROFESSION JUSQU'A SON ÉLÉVATION AU RANG
D'ASSISTANTE GÉNÉRALE

LIVRE III

LA VIE RELIGIEUSE DE LA RÉVÉRENDE MÈRE
DU SACRÉ-CŒUR DE JÉSUS
DEPUIS SA PROFESSION JUSQU'A SON ÉLÉVATION AU RANG
D'ASSISTANTE GÉNÉRALE

CHAPITRE PREMIER

Sœur du Sacré-Cœur, Maîtresse des novices à Mi-Carême. — Importance des noviciats. — Son admirable manière de diriger les novices. — Soin donné aux récréations. — Sa large et sage manière d'enseigner la Religion. — Esprit de sacrifice et de renoncement. — Etat édifiant du noviciat. — Epreuves que subit la Communauté de Mi-Carême. — Sœur du Sacré-Cœur en est nommée Supérieure. — Peine qu'elle éprouve à accepter cette charge. — Ses cheveux blanchissent. — Son édifiante résignation. — Son recours à saint Joseph et au Sacré Cœur de Jésus.

Il y avait à peine quelques mois que Sœur du Sacré-Cœur avait fait profession, lorsqu'elle fut mise à la tête du noviciat de Saint-Etienne, qui avait été maintenu pour seconder au commencement celui de Lyon.

Son humilité s'effraya devant un emploi si délicat et si important, et il fallut la volonté de Dieu, exprimée formellement par celle de ses Supérieurs, pour le lui faire accepter. Ce choix était dicté par la sagesse, et justifié par le zèle admirable et les rares aptitudes que la nouvelle Maîtresse des novices avait déployés au pensionnat, pour inspirer aux jeunes personnes le goût de la vertu, les instruire solidement de la Religion, les diriger et les faire avancer dans les voies du saint amour. — Au noviciat, Sœur du Sacré-Cœur était dans son élément.

Le noviciat est la source d'où découlent la perfection et la beauté spirituelle de tout l'Institut. C'est la pépinière où se forment et se préparent les plantes et les fleurs, qui doivent orner le parterre du divin Epoux. Le pli qu'elles y prennent et les couleurs dont elles s'y teignent se maintiennent et persévèrent ordinairement jusqu'à la fin. — « Le jeune homme, quand il sera vieux, dit le Saint-Esprit, conservera les voies de sa jeunesse (1). » Sœur du Sacré-Cœur le comprenait, et c'est ce qui la faisait trembler. — « On ne donne que ce que l'on a, disait-elle; il faut être sainte, pour sanctifier les autres. » Elle avait raison. — « La mesure de vos succès, écrivait à ses prêtres un grand et saint Prélat, Mgr Pie, de Poitiers, sera celle de votre propre sanctification. Vous inspirerez, vous produirez la vertu chez les autres, dans la proportion où vous aurez d'abord travaillé à l'accroître en vous-mêmes. Si votre zèle ne s'allume pas au foyer intérieur d'une piété vive et sincère, il sera sans effet. »

(1) Prov., XXII, 6.

— « Médecin, a dit le Maître, si tu veux guérir les autres, commence par te guérir toi-même (1). »

Profondément pénétrée de ces vérités, Sœur du Sacré-Cœur se prépara à son nouvel emploi par un redoublement de sainteté. Cet emploi fut pour elle une sorte de révolution intérieure, un immense pas en avant dans la perfection religieuse. Une lumière céleste lui fit voir clairement qu'elle ne s'appartenait plus à elle-même, mais qu'elle devait être plus que jamais toute à Dieu et aux âmes. Après l'amour de Dieu, sa plus grande passion fut, en effet, celle des âmes. — Jusque-là, sans doute, elle avait été une fervente Religieuse; mais elle comprit et sentit plus vivement qu'elle ne devait plus être, entre les mains de Dieu, qu'un instrument souple, docile et sans volonté propre. L'idée de son néant la pénétrait profondément; et le Saint-Esprit lui apparaissait d'une manière encore plus sensible, comme le grand, l'unique Formateur des âmes. Toute son application devait donc tendre à l'attirer par la prière dans celles qui lui étaient confiées, et à seconder, en l'imitant, son action patiente, douce et forte.

C'est ainsi que font les Saints. Fidèles à l'exemple de Celui qui, étant seul grand, n'est venu sur la terre que pour y faire apparaître la bénignité et l'humanité, ils ignorent, dit le biographe d'une grande et digne contemporaine de Sœur du Sacré-Cœur, ils ignorent la violence, la contrainte, le bruit. On n'entend pas leur voix sur la place publique; ils ne foulent pas aux pieds le roseau déjà brisé; ils n'é-

---

(1) Saint Luc, IV, 3.

teignent pas l'étincelle du lin qui fume encore. Ce sont les princes de la paix. Possédant *leurs âmes dans la patience*, ils règnent par influence bien plus que par empire, et leur action n'est influente que parce qu'elle est tranquille, humble et douce (1).

Tel fut le caractère de la direction de Sœur du Sacré-Cœur au noviciat de Saint-Etienne. Elle comprit que la première chose qu'elle avait à faire était de s'insinuer dans les cœurs, et de gagner la confiance en la méritant. Elle n'eut pas beaucoup de peine à obtenir ce premier point : tout en elle attirait. A peine les nouvelles venues étaient-elles installées dans la Maison, que leur bonne Maîtresse allait au devant d'elles, les prévenait par mille attentions délicates, les initiait doucement à la règle, et les habituait peu à peu à l'austérité de la vie religieuse. Elle savait, par son expérience, combien sont cuisantes les déchirures faites par la séparation et l'éloignement de sa famille. Son cœur possédait le secret de les panser avec une délicatesse exquise. La jeune novice se consolait bientôt ; elle avait retrouvé une mère dont la tendresse ne se démentait jamais. Cette mère veillait nuit et jour sur la santé de ses enfants. Leur habillement, leur nourriture, leur lit, étaient l'objet de tous ses soins. Elle semblait deviner leurs besoins. Elle s'ingéniait surtout à leur procurer ce qui pouvait dilater et réjouir leurs cœurs. Pleine de gaieté, comme nous l'avons vu, et ennemie d'une piété triste et chagrine, elle s'appliquait à leur rendre le joug de la règle léger, doux et aimable. Elle leur avouait franchement

---

(1) *Vie de M*^{me} *Barat*, t. II, p. 520.

ne pas aimer les novices guindées, moroses, taciturnes. — D'un côté il lui semblait, comme à saint François de Sales, qu'une bonne joyeuseté devait être l'apanage des âmes innocentes. « Vous ne voudriez pour rien au monde offenser Dieu, écrivait ce saint à sainte Chantal, c'est bien assez pour vivre joyeuse. » — D'un autre côté, Sœur du Sacré-Cœur savait très-bien que les plus grands et les plus saints esprits ont besoin de relâche. « Que portez-vous à la main? demanda un jour l'Apôtre saint Jean à un chasseur étonné de voir le saint caresser une perdrix. — C'est un arc, répondit-il. — Pourquoi n'est-il pas toujours tendu? — Il perdrait sa force. — Eh bien! repartit l'Apôtre, c'est pour la même raison que je donne quelque relâche à mon esprit. »

Dans ce but, la sage Maîtresse des novices attachait une grande importance aux récréations. « Soignons bien l'oraison et les récréations, » se disaient l'un à l'autre le Révérend Père Crozet et la Vénérable Mère Saint-Callixte, à la fin d'un entretien qui avait roulé sur la manière de diriger l'importante colonie des Sœurs de Saint-Joseph en Corse, laquelle était confiée à leurs soins. — Pour animer et sanctifier les récréations de ses novices, Sœur du Sacré-Cœur y prenait une vive part, présidant les congés, les goûters, les conversations. Elle possédait au suprême degré le rare talent d'y mettre de l'entrain, sans avoir l'air d'y toucher, et elle excellait à organiser des jeux religieux, instructifs, amusants, qui faisaient oublier toutes les peines du noviciat.

Un grand bonheur pour les prétendantes et les novices était de se grouper autour de leur chère

Maîtresse, dans une salle ou sous un bosquet. Quelquefois on s'asseyait à terre ; c'était comme la mère-poule au milieu de ses poussins ; et là, en guise de bon grain, elle distribuait à sa jeune famille de saintes et aimables paroles et de pieux récits. « L'homme ne vit pas seulement de pain, dit le saint Evangile, mais aussi de la parole de Dieu. » Que de charmes il y avait à l'écouter, sortant de la bouche de Sœur du Sacré-Cœur ! On ne s'en lassait jamais. Les heures étaient trop courtes. Ses entretiens étaient simples, vifs, spirituels, pleins de mesure et de goût, de grâce et de finesse. Elle avait une admirable dextérité à provoquer l'ouverture et l'abandon des cœurs, et à rendre la récréation générale. Son air, sa douceur, ses paroles dilataient, élevaient, agrandissaient les âmes. Les ennuis s'évanouissaient, le courage renaissait, et chacune, après la récréation, retournait avec une nouvelle ardeur à l'œuvre sérieuse de l'initiation à la vie religieuse.

L'enseignement spirituel se ressentait de ces heureuses dispositions. C'est ce qui contribuait à lui donner sa chaleur, sa force, son entraînement et parfois d'étonnantes lumières qui, en illuminant les âmes, leur ouvraient des horizons nouveaux et leur communiquaient en même temps la force de s'y élever, sans regarder aux sacrifices que la nature devait avoir à faire.

Car le renoncement est la première loi de la vie religieuse, et Sœur du Sacré-Cœur, qui la connaissait et pratiquait si bien pour elle-même, n'épargnait rien pour y faire avancer ses novices. Elle le voulait complet. — « La vertu, a dit sainte Madeleine de

Pazzi, n'a de féminin que le nom : elle est virile pour tout le reste. » — Le mot de simple vertu signifie force, courage, générosité; pris dans le sens de vertu ou perfection religieuse, il dit : héroïsme, immolation complète de soi-même, pour s'unir au divin Exemplaire qui est sur la croix. Dans cette doctrine, chaque humiliation, chaque douleur est comme un amoureux baiser du crucifix. — « Ce que nous avons à faire dans la vie présente, dit saint Augustin, c'est de mortifier par l'esprit les œuvres de la chair; c'est de les affliger, de les réduire, de les entraver, de les tuer, et cela tous les jours. » Comme une seule fente suffit pour que l'eau entre dans une barque et finisse par la submerger; comme un seul charbon mal éteint suffit à rallumer un feu qui consumera la maison entière; de même, il peut se faire que la mortification cessant un seul jour, ou sur un seul point, c'en soit assez pour que la chair se rouvre un passage et parvienne à recouvrir de ténèbres ce qui était lumineux. — Ce travail de mortification, étant de chaque instant, doit encore durer toute la vie; car le vieil homme ne meurt qu'avec nous — « L'amour-propre n'expire même *qu'un quart d'heure après nous*, disait saint François de Sales avec sa fine et profonde connaissance du pauvre cœur humain (1).

Dirigé ainsi selon l'esprit de vérité, le noviciat religieux devient une rude épreuve pour la nature. Mais Sœur du Sacré-Cœur servait de modèle à ses novices, étant toujours à la tête de ce qu'elle leur imposait, aimant à prendre pour elle ce qui était le plus rude,

---

(1) Saint Augustin, *Serm*. 46. — De la *Vie chrétienne*, etc., t. 2

sans perdre jamais sa dignité, jointe à une incomparable bonté. Car chez elle, dit une de ses filles bien capable de l'apprécier, il y avait un mélange de grande simplicité et de vraie distinction. — C'est pour cela aussi qu'elle cherchait à rendre les récréations si gaies, si douces et si aimables. — De plus, cette loi générale de la mortification et du renoncement, elle savait l'appliquer sagement et la proportionner au caractère, au tempérament et aux besoins de chaque sujet. Dans la création surnaturelle, comme dans la création naturelle, chaque être croît et fructifie selon sa nature et son espèce. L'eau, principe de vie, en se transformant en sève, devient blanche dans le lis, rouge dans la rose, pourprée dans les violettes, quoique ces diverses fleurs grandissent dans le même sol, sous le même soleil et au milieu du même air. Ainsi, dit saint Cyrille de Jérusalem, la grâce agit dans nos âmes. Sous l'inspiration de cette grâce *multiforme*, selon l'expression de l'Apôtre, la prudente Maîtresse du noviciat de Mi-Carême conservait à chacune de ses chères plantes leur manière de végéter, de fleurir et de fructifier, sous les rayons du même soleil de justice et la rosée de la même divine grâce. Rien n'était forcé, et son noviciat, pour nous servir d'une comparaison de saint Jérôme, représentait un riant parterre, où chaque fleur avait son parfum et brillait librement de sa couleur propre et naturelle (1).

A chaque fête ou mystère de notre sainte Religion, selon le conseil du pieux auteur de l'*Imitation*, elle

---

(1) *Hortus in quo consita sunt universa florum genera et odoramenta virtutum.* (Saint Jérôme, *Serm. sur l'Assomption.*)

était attentive à recueillir pour elle et ses enfants les divins enseignements qui en découlaient, afin de s'encourager et de renouveler ensemble leurs résolutions de perfection, de reconnaissance et d'amour. La Providence, dit un pieux prélat, a semé d'îles l'immensité de l'océan, afin que le navigateur fatigué pût y aborder, s'y reposer, renouveler ses provisions et reprendre sa course périlleuse. De même, Dieu et l'Eglise ont semé de fêtes la route de notre vie, cet autre océan si fertile en naufrages, afin que nous puissions nous délasser, nous y réjouir dans le Seigneur, radouber notre fragile nacelle, reprendre nos résolutions et affronter de nouveau les orages. L'océan du monde est si orageux, si grand, et nos barques sont si frêles et si petites! C'est ainsi, conclut l'*Imitation*, que de fête en fête bien sanctifiée, on parvient à la fête éternelle du ciel. — « Nos mystères, disait M. de Bérulle, sont de vives sources de grâces et de grâces particulières. » — « Si les chrétiens, ajoute Bossuet, en prenaient bien l'esprit, ils n'ignoreraient rien de ce qui conduit à la perfection. » — On voit combien étaient sages, instructives et propres à sanctifier la méthode suivie par Sœur du Sacré-Cœur et la direction qu'elle donnait à son noviciat.

Non-seulement nos belles fêtes et nos saints mystères, mais chaque événement et la plus petite créature de Dieu, lui servaient admirablement pour élever vers Lui l'âme de ses enfants. C'est ainsi que pour saint François de Sales, saint François d'Assise, un ruisseau, une fleur, un agneau, le plus petit oiseau, leur rappelaient amoureusement leur Créateur. Car les immenses et lumineux univers, qui roulent sur nos têtes, ne sont pas seuls à chanter sa gloire : les infiniment petits, l'insecte perdu dans la mousse, le brin d'herbe le plus ignoré, la fleur la plus cachée, parlent aussi éloquemment de Dieu au cœur pur. — « Pour vous instruire, vous voudriez des miracles, disait saint Augustin ; mais, outre qu'ils ne manquent point, il y en a sous vos yeux que vous ne remarquez pas. L'eau versée sur vos coteaux par les nuages est chaque année changée en vin, comme à Cana de Galilée... » Toute la création révèle Dieu, sa bonté, sa puissance, son amour, et chaque créature doit nous servir d'échelon pour monter jusqu'à Lui.

Cette large et forte manière d'instruire par la foi et la raison, et d'élever l'âme vers Dieu par des motifs de l'ordre surnaturel et naturel allait à l'esprit de Sœur du Sacré-Cœur, qui voulait avant tout une vertu solide, éclairée et capable de résister aux orages.

Ainsi florissait le noviciat de Mi-Carême à Saint-Etienne, sous les yeux et l'action de Sœur du Sacré-Cœur de Jésus. Une paix, un ordre parfait, un parfum de piété, une céleste sérénité saisissaient l'âme dès que l'on pénétrait dans ce cénacle. On y sentait un souffle d'allégresse mêlé à l'esprit de sacrifice et à l'amour du renoncement. C'est que l'amour porte tout sans peine et rend tout aimable. — « Une preuve qu'on aime, c'est de vouloir souffrir, a dit saint François de Sales : ce qui fait qu'au pays de la sainte dilection, il n'y a ni nuit ni hiver. »

La tendre sollicitude et la haute intelligence que Sœur du Sacré-Cœur déployait dans l'œuvre du noviciat, semblaient faire pressentir la future Mère et Supérieure générale. La vénérable fondatrice et Supérieure du Sacré-Cœur, Mme Barat, avait les mêmes instincts. Ses noviciats, qu'elle appelait *son cher troupeau blanc*, à cause de la couleur du voile, et qu'elle regardait comme « l'espoir, la ressource de la Congrégation, » étaient l'objet favori de ses soins. Ces deux grandes âmes descendaient aux mêmes détails de sollicitude et de tendresse maternelles envers cette partie si précieuse de leurs divers Instituts.

Pendant que Sœur du Sacré-Cœur s'occupait avec tant d'activité et un zèle si éclairé du noviciat de Saint-Etienne, la Communauté de Mi-Carême subissait une grave épreuve, dont les conséquences devaient modifier la position de la Maîtresse des novices, et la préparer de plus en plus aux fonctions auxquelles Dieu la destinait. — M. l'abbé Furnion, missionnaire du diocèse de Lyon, venait de fonder sur la colline des Chartreux un nouvel Etablissement cloîtré, sous la protection et avec le beau nom du Sacré-Cœur. Cherchant les moyens de soutenir son œuvre, le zélé missionnaire s'était rendu à Saint-Etienne, et avait longuement entretenu les Sœurs de Saint-Joseph de sa fondation récente, et de tout le bien qu'elle était appelée à opérer.

Parmi les Religieuses de Mi-Carême, plusieurs n'avaient pas entièrement renoncé au cloître, que primitivement on leur avait fait espérer. Croyant trouver dans la maison de M. Furnion ce qu'on leur avait promis et ce qu'elles désiraient, deux d'entre elles partirent sans réfléchir, pendant une nuit, et s'y rendirent. Mais M. Recorbet, alors vicaire général, informé de cette sortie irrégulière, les renvoya dans leur Communauté, afin qu'elles se missent en règle. Elles obéirent promptement et ne négligèrent rien pour hâter de nouveau leur admission au Sacré-Cœur.

Pendant cet intervalle, les esprits s'étaient un peu divisés à Mi-Carême. La Mère Saint-Paul elle-même inclinait pour le cloître, dont M. Piron lui avait parlé dans les commencements. Elle aurait même désiré, avec la clôture, avoir l'Adoration perpétuelle. Dans ce but, elle avait fait l'acquisition d'un vaste enclos près de Montaut, avec l'intention d'y bâtir. Les dépenses d'un mobilier complet étaient même déjà faites. Malheureusement ces opérations diverses, peut-être un peu inconsidérées, avaient fait contracter des dettes énormes pour une Communauté. La Révérende Mère Saint-Jean en ayant été informée, vint sur les lieux, et après avoir tout mûrement examiné, elle crut devoir emmener la Mère Saint-Paul avec elle, à Lyon, ainsi qu'une jeune novice. Quelques jours après, une dizaine d'autres Religieuses furent encore appelées à Lyon, et placées, de même que la Mère Saint-Paul et la jeune novice, dans différents Etablissements de la Congrégation. — Sœur du Sacré-Cœur fut nommée Supérieure de la Maison de Saint-Etienne, dont la situation troublée et délicate sous différents rapports réclamait une administration douée d'une grande sagesse.

Cette nomination fut pour elle un coup de foudre. La peine qu'elle éprouva fut si vive; elle rencontra des embarras si graves, et elle éprouva parfois de telles angoisses, que ses cheveux blanchirent dans une nuit. « Notre Mère, dit une vénérable Religieuse, était devenue blanche en quelques heures, comme on l'est à soixante-dix ans, et elle n'en avait pas trente! » — La Maison se trouvait en réalité écrasée de dettes et sans ressource; car les Religieuses qui venaient de partir avaient non-seulement emporté leur trousseau, mais encore leur dot.

Le dernier mot de cette souffrance, comme de toutes celles qui lui viendront, fut pour la pieuse victime l'acceptation de la volonté de Dieu. Se sentant dans l'impossibilité de sortir par elle-même sa Maison de l'abîme où elle était, Mère du Sacré-Cœur alla en déposer les clés aux pieds de la statue de saint Joseph. « Mon bon Père, lui dit-elle, je remets tout
» entre vos mains; je ne me regarderai que comme
» l'instrument dont vous vous servirez. A vous de vous
» charger du temporel de cette Maison. — Et vous,
» doux Cœur de Jésus, je vous confie toutes mes
» sœurs; c'est vous qui les conduirez à la perfec-
» tion, et qui en ferez des Religieuses selon votre
» cœur. Vous savez avec quelle peine j'ai accepté
» cette charge que l'on m'a imposée. Il fallait une
» victime pour combler le vide qu'a fait le départ de
» notre bonne Mère Saint-Paul, et cette victime,
» c'est moi! — O mon Dieu! mon Dieu! pourquoi
» n'avez-vous pas éloigné de moi cet amer calice?
» Ce sacrifice est au-dessus de mon courage. — Est-
» ce pour l'expiation de mes péchés, en punition de
» mes infidélités, que vous me l'avez imposé? Hélas!
» je l'ignore. Mais ce que je n'ignore pas, c'est
» mon incapacité, c'est mon impuissance. J'adore
» vos desseins sans les comprendre, je me soumets à
» votre volonté, mais à la condition que vous gou-
» vernerez, que vous agirez pour moi. »

Heureuse, mille fois heureuse, l'âme qui sait ainsi s'établir humblement et solidement dans la volonté de Dieu! Elle a considéré Jésus, victime volontaire, et compris sa réponse au Père céleste, qui demandait une hostie pour le salut du monde : « Oui, mon Père ! » — A chaque immolation qui lui sera demandée, nous verrons Mère du Sacré-Cœur répéter ce OUI de son Bien-Aimé.

CHAPITRE II

Détresse de la Maison de Mi-Carême. — Générosité et courage de la Communauté. — Son affection pour sa Supérieure. — Deux traits de Providence. — Sainte activité de Mère du Sacré-Cœur. — Son amour de la régularité. — Ses soins maternels pour ses filles. — Ses délicates attentions pour les malades. — Son zèle pour leur salut et pour faire prier après leur mort. — Son affection pour les Sœurs converses. — Sa bonté conquiert tous les cœurs. — Second pensionnat à Mi-Carême. — Les congés au Montcel. — Exemples de renoncement donnés par Mère du Sacré-Cœur. — Son empire sur les cœurs. — Son amour pour les pauvres. — Sa tranquillité d'âme. — Sa confiance en la prière. — Nouveaux développements donnés au noviciat de Mi-Carême. — Redoublement d'activité de la part de Mère du Sacré-Cœur. — Etudes, perfection religieuse, mort à soi-même. — Sagesse à éviter les extrêmes — Estime du silence. — Le saint office. — Les bas emplois. — Zèle pour le salut des âmes.

A peine installée sur son calvaire, la nouvelle Supérieure de Mi-Carême vit de toutes parts arriver les créanciers. Elle ne voulut point, par délicatesse, faire connaître à sa famille la situation déplorable où elle se trouvait. Son premier acte fut de vendre la maison de campagne qui avait été achetée dans les environs de Montaut. Elle vendit aussi une partie du jardin attenant à la maison de Mi-Carême. C'est actuellement la maison David. Mais cela ne suffisant pas pour combler les dettes, l'active et sage Supérieure organisa un atelier dans sa Maison pour le découpage des rubans. Dans une autre salle, elle établit un ourdissage, et tout près, un ouvroir où les Sœurs, comme des ouvrières, travaillaient pour le dehors. Il leur arrivait souvent d'y passer une partie de la nuit, soit pour répondre aux exigences de la pratique, soit pour suffire aux pressants besoins de la Communauté.

La bonne Mère était loin d'imposer ces veilles à ses filles; mais, connaissant l'extrême pénurie de la Maison, ces dernières se dévouaient avec bonheur pour venir en aide à leur Mère bien-aimée. La joie brillait sur leur visage, quand revenant de rendre leur ouvrage, elles pouvaient lui apporter un peu d'argent. — L'excellente Supérieure, au reste, ne s'épargnait pas. Elle était à la tête de tout, ne négligeait rien et descendait jusqu'aux moindres détails. Elle s'occupait surtout du pensionnat, faisant attention à chaque spécialité, dirigeant elle-même et partageant jusqu'au travail manuel des élèves. Tous les jours on la voyait venir, tenant une corbeille de couture qu'elle distribuait à celles qui n'avaient point apporté d'ouvrage de chez leurs parents. Par là l'élève se formait et le travail avançait. — Qu'elle était belle et grande, au milieu de ses petites ouvrières, que l'aimable Mère animait de son exemple, et égayait avec une douce finesse par une conversation aussi intéressante qu'animée et religieuse!

L'ouvrage se multipliait ainsi sans peine. C'était bien à propos, car il fallait tout réparer, tout meubler. Le linge se trouvait réduit à si peu de chose, après le départ des Religieuses rappelées à Lyon, que Mère du Sacré-Cœur fut obligée de prendre des rideaux, qui restaient à deux ou trois lits, pour en faire des mouchoirs de cou et des camisoles à ses filles. — Informée de cette pénurie, la vénérable Mère Saint-Jean pria M. Cholleton, vicaire général, d'engager quelques-unes des Religieuses qui avaient quitté Saint-Etienne à y laisser une partie de leur dot. Deux ou trois y consentirent, et la Supérieure de Mi-Carême leur en fut d'autant plus reconnaissante, qu'elle souffrait cruellement de ne pouvoir quelquefois fournir le nécessaire à sa Communauté.

Un jour, la Sœur cuisinière vint lui demander de l'argent pour aller au marché et préparer le dîner des Sœurs. La pauvre Mère n'avait plus rien dans son épargne. Sans laisser paraître son embarras, elle recommande à la Sœur d'attendre, lui disant que ce n'était pas encore l'heure de partir. Au même instant, elle se rend à la chapelle et prie le Sacré Cœur avec toute l'effusion de son âme : « Mon » Jésus, dit-elle, envoyez ce qui est nécessaire pour » le dîner de mes filles, vos épouses. Vous avez dit : » demandez et vous recevrez; vos épouses n'ont plus » rien. » — Pendant qu'elle priait ainsi, on sonne à la porte. C'était une personne tout à fait inconnue, qui apportait une petite somme pour une neuvaine de prières. — La Supérieure rentre à la chapelle pour remercier Notre-Seigneur. Elle avait juste de quoi payer le dîner de sa chère famille.

Dans une autre circonstance, Mère du Sacré-Cœur avait emprunté quelques mille francs à une ouvrière ourdisseuse. Celle-ci, ayant appris l'état de détresse où se trouvait la Maison, craignit de perdre le fruit de ses épargnes. Elle vint donc auprès de la Supérieure et redemanda son argent. Mère du Sacré-Cœur n'avait pas une obole ; mais pleine de confiance en Celui qui fait sortir un grand arbre d'un grain de sénevé et une moisson d'un épi, elle répond avec sang-froid à sa créancière, qu'elle ait la bonté de revenir dans deux jours et que tout lui sera remboursé. En quittant le parloir, la pauvre Supérieure va à la chapelle, et se plaçant humblement derrière le maître-autel, frappe à l'endroit qui correspond au tabernacle : « Mon Seigneur, dit-elle, vous savez ce qui se passe » et où j'en suis. On exige cette somme pour après-» demain : l'Epoux doit répondre pour l'épouse. » — De là elle retourne à ses occupations. — Le jour indiqué arrive et aucun secours n'avait été reçu. « Seigneur Jésus, répétait-elle de temps en temps, » vous voyez ma détresse, le moment s'avance... » — La portière, en effet, vint l'avertir que l'ouvrière était au parloir et demandait la Supérieure. — « Mon » Jésus, soupire la Mère, répondez pour moi. » En disant cela, elle se rend à la porte... « Vous venez, dit-elle à l'ourdisseuse, chercher la somme qui vous est due... » — « Non, répond celle-ci, le sang-froid avec lequel vous m'avez assuré avant-hier que tout mon argent me serait rendu aujourd'hui m'a fait voir que j'étais induite en erreur et que je n'avais rien à craindre avec vous. Non-seulement je ne vous demande rien, mais je vous apporte une autre petite somme que je vous prie de joindre à la première. J'ai toute confiance en vous. » La bonne

Supérieure s'empressa d'aller remercier Notre-Seigneur, en versant des larmes de joie et de reconnaissance.

Elle avait toujours eu le don de gagner la confiance. Un fermier de la famille Tézenas, qui avait prêté de l'argent à la Mère Saint-Paul, apprenant le départ de cette dernière et l'état de sa Maison, crut le fruit de ses sueurs en danger. Dans cette appréhension, il alla consulter la Supérieure d'un autre Etablissement. Il lui fut répondu qu'en effet la Maison de Saint-Joseph avait de lourdes charges, mais que la Mère Saint-Paul était remplacée par Mlle Tézenas. — « Oh! c'est Mlle Virginie! s'écria le fermier com-
» plétement rassuré; mon argent ne craint rien; je
» lui prêterai encore et jusqu'à mon dernier sou, si
» elle le veut. »

La Communauté de Mi-Carême était toujours admirable au milieu de son dénûment. La foi, la confiance et la patience de la fervente Supérieure se communiquaient à toutes les Sœurs. Mère du Sacré-Cœur leur faisait voir dans leur pauvreté un trait de ressemblance avec Notre-Seigneur, et cette considération les remplissait de courage et de joie. Elles savaient tout supporter, tout endurer pour Jésus, à l'exemple de leur bien-aimée Mère. Car autant cette dernière avait redouté les devoirs de la Supériorité, autant elle se montrait généreuse pour en remplir les nombreuses et pesantes charges. Son courage était au-dessus de toute fatigue. On aurait dit que le travail ne lui coûtait rien. Tout entière à sa Communauté, dont elle était l'âme et à laquelle elle imprimait le mouvement, elle était également tout entière aux besoins de chaque Sœur en particulier. Son activité semblait la multiplier. Sa patience ne se lassait de rien, et sa bonté, qui la faisait entrer dans les plus petits détails, donnait du cœur à tout le monde. — Un jour elle fait appeler dans sa chambre une jeune Religieuse, dont elle avait besoin pour diriger une classe de couture. « Ma Mère, lui dit la jeune Sœur, je n'ai jamais » fait cet ouvrage ; j'ai peur... — Mon enfant, inter- » rompit l'aimable Mère, voilà une jolie paire de » ciseaux tout neufs. Oh ! comme ils vont bien vous » aider avec le secours de Dieu et la confiance en » Lui ! » — L'enfant sourit, ne peut résister à la bonté de sa Mère, et va à la classe qu'elle dirigea parfaitement bien.

Mère du Sacré-Cœur était partout à la tête de sa Communauté, avec une charité qui embrassait tout, et une vigilance à laquelle rien n'échappait. Toujours levée la première, elle sonnait le réveil, lorsque la Sœur qui en était chargée s'oubliait. Elle faisait elle-même son lit, balayait sa chambre, sans jamais permettre qu'une autre le fît à sa place. — « Une Supérieure, disait-elle, doit donner l'exemple ; je dois édifier par la pratique de la règle. » Les Sœurs allant à tour de rôle laver la vaisselle, elle ne manquait pas de se mettre à la tête de la liste, et elle n'aurait pas supporté qu'une autre la remplaçât dans cet emploi.

Fidèle, pour elle-même, à la sainte règle, elle regardait comme l'un des devoirs les plus essentiels de sa charge de la faire observer par les autres. Elle prétendait avec raison que le mépris de la règle ne va jamais seul, et qu'il conduit infailliblement à des fautes plus graves. « Celui qui rompt sa haie, dit le

Saint-Esprit, sera mordu par le serpent (1). » Cette figure exprime d'une manière claire le danger des manquements à la règle, qui est comme la haie gardienne de la vie religieuse. Aussi, une des grandes peines de Mère du Sacré-Cœur était de voir la règle transgressée. Cette vue lui faisait même perdre sa douceur accoutumée, et elle réprimandait sévèrement les coupables. — Animées de l'esprit de leur Mère, les Sœurs gardaient une stricte observance dans les plus petites choses. Elles ne se seraient jamais permis de rester au lit le matin sans une grande nécessité, ni de se coucher avant la Communauté.

Ce zèle pour la régularité ne nuisait en rien à l'amour de la Mère pour ses filles. Sous sa ferme, mais douce autorité, chaque Sœur se sentait à l'aise. Elle captivait tous les cœurs et savait, par mille moyens que la vertu seule connaît, les disposer aux plus généreux dévouements. On ne pouvait pas lui résister, parce qu'elle pouvait toujours dire : « Faites ce que je fais moi-même. » — Montrait-on quelque peine à accomplir la chose commandée : un seul regard accompagné de ces mots : « Vous ne voulez donc pas m'aider? » guérissait le cœur faible ou malade et le portait aux plus héroïques sacrifices.

Son attention à faire plaisir avait des secrets et des ressources d'une exquise délicatesse. Sa charité revêtait toutes les formes. S'oubliant elle-même pour ne penser qu'aux autres, elle comprenait, elle devinait les plus légères indispositions, faisait porter les remèdes nécessaires, s'informait de leur résultat et

(1) *Ecclés*, x, 8.

recourait à mille petits soins, qu'un cœur de mère seul peut imaginer. On aurait dit que les souffrances et les besoins de ses filles étaient sans cesse présents à sa mémoire, tellement elle savait distribuer à propos et à chacune ce qui lui convenait.

Quand une Sœur était sérieusement malade, elle ne la quittait pas. Le médecin ne faisait aucune visite sans qu'elle fût présente; il ne donnait pas une ordonnance dont elle ne surveillât l'exécution. Elle se considérait, auprès des malades, comme leur première garde, et ne voulait pas qu'une autre fît pour leur service ce qu'elle-même pouvait faire. On la voyait tantôt arrangeant leurs lits, tantôt préparant, leur offrant des remèdes, et quelquefois remplissant les offices qui répugnent le plus à la nature. Les soins les plus rebutants semblaient avoir un attrait spécial pour sa charité.

Si la maladie traînait en longueur, elle veillait à ce que la malade ne fût pas privée de la communion. « Lorsque Jésus-Christ vous fortifiera par sa pré-
» sence, disait-elle, si vous ne souffrez pas moins,
» vous souffrirez mieux. » — Quand on était tenté de différer la communion, parce que dans la souffrance on ne pouvait pas s'appliquer assez sérieusement à la prière : « Prier, répondait-elle, c'est s'unir
» à Dieu; or, s'unir à Lui par la souffrance, c'est la
» meilleure prière. »

Elle avait pour principe qu'en rendant aux malades tous les offices de la plus tendre charité, il fallait éviter de les amuser à des sentiments trop humains, et ne rien négliger, au contraire, pour les porter à se tourner uniquement vers le Créateur, au moment où toutes les créatures étaient sur le point de les abandonner. — Un jour qu'elle soignait une Religieuse à l'extrémité, celle-ci, dans un sentiment de vive reconnaissance, voulut baiser la main qui la servait si tendrement. La bonne Mère y substitua adroitement son crucifix, comme si elle eût dit à la malade : Voici Celui vers lequel, en ce moment, doivent se diriger toutes les affections de votre cœur.

Dès que la maladie était jugée mortelle, elle ne le laissait point ignorer à la malade, et elle ne souffrait pas alors qu'on l'entretînt de chimériques espérances de guérison. « Quoiqu'une Religieuse de » Saint-Joseph doive toujours être prête à quitter ce » monde, répétait-elle, je désire beaucoup qu'on » m'avertisse lorsque ce moment sera arrivé pour » moi, et je croirais manquer à un devoir de charité, » si je négligeais de faire pour les autres ce qu'il » me paraît si important qu'on fasse pour moi. »

La malade qui se trouvait dans cette situation devenait l'objet exclusif de sa sollicitude. Elle ne quittait plus le chevet de son lit, soit pour lui assurer les soulagements nécessaires à son état, soit surtout pour lui procurer, avec les derniers sacrements, les secours spirituels que l'Eglise offre à ses enfants dans cette suprême et terrible lutte, dans ce passage redoutable du temps à l'éternité (1). — A me-

---

(1) Dans un moment où le perfide ennemi du salut abuse de tout pour nous perdre, Mère du Sacré-Cœur ne voulait pas qu'on parlât autour d'une Sœur malade de ses vertus et de ses qualités. La sagesse de cette précaution fut confirmée par un fait arrivé dans une Communauté de Saint-Joseph, à Lyon, quelques années après la mort de la Révérende Mère Saint-Jean. Une Religieuse, sur

sure que la mort approchait, la bonne Mère redoublait de pieuse tendresse envers sa fille. Elle priait sans cesse auprès de son lit, épiant les moments lucides et favorables, dont elle disait que « chaque minute pouvait valoir des trésors, » afin de soutenir la pauvre agonisante par ses exhortations, et de lui inspirer les sentiments les plus propres à relever son courage et à ranimer la confiance de l'âme sur le point de paraître devant son Créateur.

Lorsque, malgré ses soins et sa tendresse, la mort lui avait ravi sa fille, la bonne Mère ne l'abandonnait pas. Sa foi et son amour chrétien la suivaient jusque dans l'éternité. Elle se hâtait de recourir pour elle aux suffrages de l'Eglise. Elle envoyait des messes dans les diverses paroisses de Saint-Etienne et dans toutes les Communautés. A ce sujet, la Sœur commissionnaire disait un jour en récréation à la Communauté : « Je ne voudrais pas qu'il y eût souvent des mortes parmi vous, elles me lassent trop ! » — « Comment donc ? » lui dit-on. — « C'est qu'il faut que je parcoure tous les quartiers de la ville pour vous sortir des flammes du purgatoire. » Sa réponse ayant excité un éclat de rire général : « Oui, oui, riez bien ! reprit-elle, en attendant, il

---

son lit de mort, avait perdu l'usage de la parole et de tout mouvement ; mais, sans qu'on le sût, elle avait gardé celui de l'ouïe. Les Sœurs qui l'entouraient exprimaient hautement leurs regrets, en faisant son éloge. Le démon, qui rôde comme un lion surtout au dernier moment pour saisir sa proie, souffle au cœur de la malade le venin de la vaine complaisance, et la pauvre Sœur s'y arrête avec satisfaction. A l'instant elle se sentit comme transportée au tribunal du souverain Juge et condamnée. Alors elle crut voir Mère Saint-Jean prosternée aux pieds de l'Eternel et l'entendre s'é-

» faut que je frappe à toutes les portes des Couvents,
» et que je cherche tous les prêtres de la ville pour
» leur donner des messes. » Aussi, une Religieuse
ayant demandé la permission d'insérer dans son testament une clause dans le but de réclamer des messes
pour chaque année : « Pauvre enfant, lui répondit
l'excellente Supérieure, vous n'aurez pas besoin d'en
demander; si je suis encore de ce monde après vous,
vous pouvez être sûre qu'elles ne vous manqueront
pas. »

Sa pieuse et maternelle sollicitude se portait également et sans aucune distinction sur toutes les Sœurs,
voilées ou converses. « Les enfants d'une même
famille, aimait à répéter Mère du Sacré-Cœur, ont
droit à une égale affection, quelle que soit la diversité de leurs emplois dans la maison paternelle. » La
bonne Mère paraissait même quelquefois donner une
sorte de préférence aux Sœurs converses, parce que
leurs modestes fonctions sont plus favorables à la
pratique de l'humilité. « Soyez fidèles à votre vocation, leur recommandait-elle, et vous serez plus
grandes devant Dieu en nous servant, que nous qui
sommes servies. » — Chacune de ses filles avait le
plus libre accès auprès d'elle. En tout temps, elle

criant : « Grâce, mon Dieu, c'est une de mes filles; donnez-lui le
temps et la force de se confesser. » La prière de la sainte Mère est
exaucée, et la Sœur, revenant à elle et reprenant la parole, s'écria
à son tour : « Un prêtre ! vite un prêtre ! » Le ministre de Dieu arrive et entend la confession de l'agonisante, qui expire aussitôt
après l'absolution reçue. — Elle avait autorisé son confesseur à révéler ce qui s'était passé en elle, pour le bien de ses Sœurs. Aussi le
prêtre pria-t-il les Religieuses présentes de ne jamais donner des
éloges à une agonisante.

recevait celles qui voulaient lui parler, les écoutant tranquillement, sans témoigner d'ennui ni d'impatience pour leur faiblesse ou leur longueur. Elle les consolait dans leurs peines, et prenait même part à celles de leur famille, dont elle s'informait pour adoucir leur chagrin, en le partageant avec elles. — « Pendant ma prétendance, disait une Sœur, ayant ma mère malade, Mère du Sacré-Cœur ne me rencontrait jamais sans me demander de ses nouvelles avec le plus vif intérêt, entrant dans les plus intimes détails. » Peines de cœur, désastre de fortune, elle compatissait à tout, s'oubliant elle-même pour penser aux autres. — Elle était d'une rare délicatesse de procédés et entrait dans les diverses affections de ses filles. Elle donnait à l'une le nom d'un bienfaiteur ou d'une bienfaitrice; à une autre, celui d'un père ou d'une mère tendrement aimés. En un mot, dans ses dons, dans sa compassion, en tout, son cœur de mère cherchait et savait trouver les plus délicates opportunités, ce qui doublait le prix du bienfait. « La façon de donner, a dit un moraliste, vaut souvent mieux que ce qu'on donne. »

Tant de bonté gagnait, enchaînait les cœurs, allégeait les fatigues, et donnait à la régularité et au travail une ardeur toujours croissante. « L'amour ne sent aucun fardeau, » dit le pieux auteur de l'*Imitation*, ou s'il le sent, il l'aime, comme le remarque saint Augustin, et un fardeau aimé est toujours bien porté. — Sous cette douce et heureuse impulsion, la Maison de Mi-Carême non-seulement se relevait de son état de misère, mais commençait à prospérer.

Comme le pensionnat était une grande ressource

pour l'Etablissement, les Maîtresses prenaient tous les moyens d'en assurer et d'en augmenter les succès. Dans ce but, on s'instruisait à l'envi. La Supérieure, qui donnait partout l'exemple, se mit à prendre elle-même des leçons d'italien. — Bientôt on forma un second pensionnat pour les enfants d'une condition plus élevée, et un externat pour faciliter l'instruction de celles qui étaient moins aisées. — Par là, toutes les classes de la société avaient le moyen de s'éclairer et de grandir. — Un aumônier fut attaché à l'Etablissement pour l'instruction et le service religieux. — M. l'abbé Desheures, successeur de M. Piron, voyant le grand bien opéré à Saint-Etienne par les Sœurs de Saint-Joseph, les secondait de toute son influence. — Mère du Sacré-Cœur, particulièrement connue et aimée des principales familles de la ville, avait la confiance générale, et sa Maison bénie de Dieu et des hommes compta bientôt plusieurs centaines d'élèves.

Rien n'égalait l'affection et la reconnaissance de ces enfants pour celle qui était la cause de leur bonheur. Sa fête était une vraie fête de famille. Le congé qui l'accompagnait se prenait ordinairement au séjour patriarcal du Montcel, et était présidé par la vénérable Mme Tézenas, qui devenait ainsi comme la *bonne maman* et l'*aïeule* de la nombreuse famille des Religieuses et de leurs enfants. — Dans une de ces charmantes fêtes, la voiture du Montcel était venue prendre les plus petites d'entre les pensionnaires. Comme dans leur empressement d'enfants elles s'y entassaient en foule, « prenez garde, leur dit le conducteur, vous êtes trop nombreuses, vous ferez arriver un accident, nous verserons en route. » — « Nous ne sommes pas des *sœurs converses* (qu'on verse), » repartirent les jeunes espiègles. Ce petit et ingénieux jeu de mots augmenta encore l'entrain de la bande joyeuse. Mais, sur la place de l'Hôtel-de-Ville, la joie fut interrompue par l'accident qu'avait prévu le conducteur. Le fond de la voiture s'affaissa et tout fut mis à terre, les enfants et les provisions : abricots, cerises, poires,... qui devinrent la proie des *gamins* attroupés. Heureusement l'accident se borna là. La perte des provisions fut réparée au Montcel; et l'aventure, racontée aux grandes pensionnaires qui avaient fait la route à pied, devint un des divertissements du congé.

Dans ces fêtes, au milieu de la joie si douce et si légitime, qui remplissait tous les cœurs, la Supérieure restait inflexible sur le point de la Règle. Elle ne se permit jamais de prendre ni de laisser prendre à ses Religieuses aucun repas avec sa famille. Au moment du dîner, toute la Communauté, sans aucune exception, se rendait au bois de Longiron, qui devenait la salle du repas religieux et champêtre. Les bons parents avaient beau conjurer leur fille de rester avec eux; la sainte Règle l'emportait sur toutes les autres considérations. A la fin, ils connaissaient et respectaient si bien la scrupuleuse régularité de leur enfant qu'ils ne faisaient plus d'invitation.

Mère du Sacré-Cœur était si réservée sur ce point que, dans une autre circonstance, étant Supérieure générale, au retour d'une visite qu'elle avait faite à Valfleury, sa voiture longeant le parc du Montcel, où se trouvait encore sa vieille mère qu'elle n'avait pas vue depuis longtemps, elle voulut offrir un nouveau sacrifice à Dieu en immolant la nature. Son intention arrêtée était de passer outre sans rien dire à sa mère. Mais Sœur Jeanne-Françoise, qui l'accompagnait, feignant de prendre mal au cœur, lui dit : « Ma Mère, en grâce, permettez-moi de m'arrêter un instant chez vous ; » et en disant cela, elle fait elle-même diriger la voiture vers les avenues du Montcel. Aussi, toutes les fois que Mme Tézenas voyait cette Religieuse : « Ne manquez pas, lui disait-elle, de *prendre mal au cœur* lorsque vous passerez près de ma maison, surtout quand vous serez avec ma Virginie. » — Celle qui s'imposait de tels sacrifices les sentait d'autant plus vivement qu'elle chérissait tendrement sa famille, dont, à l'exemple de sainte Chantal, elle resta constamment l'amie, le conseil et l'appui.

Les victoires que les Saints remportent sur eux-mêmes, en augmentant leur vertu, font en même temps grandir autour d'eux leur influence salutaire. Celle que Mère du Sacré-Cœur exerçait sur les élèves était telle qu'il suffisait, pour les corriger et les rendre obéissantes, de leur parler de la Supérieure. Ses rapports cependant avec elles étaient d'une exquise bonté. Un jour une petite fille avait récité son catéchisme après l'avoir lu seulement deux fois. Sa Maîtresse admirant sa facilité lui dit : « Mon enfant, vous allez encore apprendre un autre chapitre. » Ce n'était pas l'avis de l'écolière, qui ne s'était tant hâtée que pour mieux s'amuser. Aussi refusait-elle d'obéir, quand la Supérieure survenant fut mise au courant de la désobéissance. « Comment, c'est toi, ma bonne petite, qui ne veux pas étudier? dit-elle. Oh! je suis sûre que tu vas me faire ce plaisir, et je te donnerai une jolie orange. » — L'enfant regarde avec amour la bonne Mère ; elle étudie et récite bientôt le désagréable chapitre. — « Je suis contente, ajouta la Supérieure, mais une autre fois tu étudieras sans la promesse d'une orange, n'est-ce pas? » — L'enfant se le tint pour dit. — L'amour est plus fort que la crainte.

L'empire de la vertu de Mère du Sacré-Cœur s'exerçait jusque sur les personnes du monde. Une dame s'était présentée au parloir avec une mise peu modeste. La Supérieure de Mi-Carême l'aborde très-gracieusement et lui présente une épingle, en lui disant : « Madame, je suis heureuse de vous l'offrir; car je m'aperçois que vous n'en avez pas, et vous devez souffrir, vu que votre toilette n'est pas complète. » — Cette dame disait plus tard : « La Supérieure de Mi-Carême reprend son monde d'une manière si agréable qu'on s'empresse de se corriger. » — Aussi ne revint-elle jamais à la Communauté qu'avec une toilette correcte et irréprochable.

On aurait dit que Mère du Sacré-Cœur ignorait le respect humain. Rien ne l'empêchait d'accomplir les plus petits devoirs. Quand l'*Angelus* la surprenait au parloir, quelles que fussent les personnes qui l'y retenaient : « Vous avez, leur disait-elle, conservé la bonne habitude de dire l'*Angelus* : nous allons le réciter ensemble. » — Cette pieuse fidélité était une habitude de toute sa vie. Dans le monde déjà, les dimanches et les fêtes, qui étaient souvent pour sa famille des jours de visites et de réception, après avoir servi et enchanté la société par son amabilité, elle trouvait toujours le moyen d'assister aux vêpres avec ses sœurs. Au retour de l'église, elle faisait de nouveau le charme de la compagnie, qui soupçonnait, en le respectant, le motif de son absence.

La noble chrétienne avait le pauvre en honneur, et elle l'aimait avec tendresse. Un des plus pressants besoins de son cœur était de le soulager. Tantôt elle se faisait la mère adoptive de quelques pauvres orphelines, et se chargeait de leur éducation. Tantôt, par elle-même ou par sa mère et quelques connaissances dont elle implorait la charité, elle venait en aide à d'infortunés ouvriers, qui n'avaient pas de quoi payer leur loyer. Souvent elle faisait acquitter chez le boulanger la note de ceux à qui, faute de payement, le pain était refusé. D'autres fois elle sauvait un père de famille que l'on allait saisir, en priant l'huissier de cesser les poursuites, et en répondant pour le malheureux indigent. — Sa charité s'étendait à tous les genres de misères. Sa douce main essuyait les larmes des affligés, comme elle tendait l'aumône et le pain à ceux qui avaient faim. Sa bonté était quelquefois trompée, mais rien ne la décourageait. Elle donnait avec persévérance, comme avec tendresse et largeur. Aussi, longtemps après son départ de Saint-Etienne, les pauvres qu'elle avait soulagés la pleuraient encore. Les affligés regrettaient celle qui savait si bien verser le baume de la consolation sur les plaies de leur cœur, bien autrement poignantes que les souffrances du corps.

La séraphique Thérèse a dit : « plus nous profitons en l'amour de Dieu, plus nous avançons dans l'amour du prochain. » Mais il y a une sainte réciprocité. La charité envers le prochain gagne le cœur de Dieu, et l'ami de son frère devient l'ami intime de Jésus-Christ. Cette douce intimité remplit l'âme de paix, de confiance et de joie. Aussi, Mère du Sacré-Cœur jouissait constamment d'une grande tranquillité d'âme, que rien ne pouvait troubler. Un créancier brutal l'ayant, dans les commencements, sérieusement menacée de saisie et de prison, si, dans quarante-huit heures, le remboursement qu'il exigeait n'était pas fait, elle ne perdit rien de sa sérénité. Elle assista au repas et présida à la récréation de la Communauté avec sa gaieté ordinaire. Cependant, au fond, son angoisse était mortelle. Le scandale surtout, avec le parti que les ennemis de l'Eglise pourraient en tirer contre la Religion et sa Congrégation, l'épouvantait. C'est alors que ses cheveux blanchirent. Heureusement, Notre-Seigneur, à qui, selon son habitude, elle recourut jour et nuit avec larmes, fit cesser ce supplice par la charité d'une sainte amie qui vint en aide à la pauvre Mère. Le créancier lui-même finit par rougir de sa brutalité et lui fit les plus humbles excuses.

Aussi, sa confiance en Dieu ne se démentait jamais. Elle savait patiemment attendre, dans les difficultés, que sa divine main levât ou écartât les obstacles. En attendant, sa grande ressource était la prière. « La » prière, disait-elle, est la nourriture, la vie et la force » de l'âme. Prier, c'est aller à Dieu directement. Prier, » c'est aimer, c'est désirer fortement. Le désir est ce » quelque chose en nous qui attend, qui demande, qui » presse, qui sollicite, qui veut. L'âme qui prie bien » enchaîne la volonté de Dieu, elle fait de Dieu tout ce qu'elle veut. » — La prière, à ses yeux, était le premier devoir d'une Supérieure. Sainte Thérèse a écrit : « Le pasteur qui fait son devoir doit se tenir sur le sommet de la colline, pour de là découvrir et protéger tout son troupeau. Or, ce lieu élevé, pour une Maîtresse des âmes, c'est l'oraison. » — L'oraison est le Sinaï où Moïse converse avec le Seigneur et sauve son peuple en priant.

Après la prière, l'action. La Supérieure de Mi-Carême menait les deux choses de pair. Son activité embrassait tout, administration et direction. La sagesse de son administration avait sauvé sa Maison, quant au temporel. Sa direction perfectionnait l'œuvre. — Mgr de Pins, Administrateur du diocèse de Lyon, avait voulu que le noviciat, interrompu depuis les graves embarras et les épreuves de la Maison de Mi-Carême, y fût rétabli avec de nouveaux développements. L'intention du prélat était de favoriser les vocations religieuses, de ménager la santé des nombreuses aspirantes du Forez, habituées à l'air vif des montagnes, et surtout de les confier à la direction d'une Supérieure dont il appréciait la haute sagesse et la rare capacité.

En voyant sa famille grandir ainsi, le zèle et l'activité de Mère du Sacré-Cœur, qui semblaient avoir atteint les dernières limites, redoublèrent encore. « Ceux qui espèrent au Seigneur, dit le prophète Isaïe, trouveront des forces toujours nouvelles ; ils prendront des ailes comme l'aigle et ils voleront sans se lasser jamais » (1). — Elle mit à la tête du noviciat sa digne

(1) Isaïe, 40, 31.

Assistante, Sœur Euphrasie; mais elle en garda la haute direction, présidant aux conférences, aux lectures, assistant aux catéchismes faits par l'aumônier, afin de connaître par elle-même l'instruction religieuse de ses postulantes.

Œuvre d'intelligence, l'éducation demande des Maîtresses instruites. L'infatigable Supérieure travailla à en former. Elle attachait aux études une grande importance. Elle aimait une littérature saine et correcte. Elle y voulait le solide, la clarté, la précision. — Mais quelque importante que soit l'éducation intellectuelle, l'éducation religieuse la préoccupait bien autrement encore. La sage Supérieure tenait à ce qu'elle fût l'objet d'une diligence toute particulière. De là, dépendait à ses yeux l'avenir de la Congrégation. Etude, prière, mort à soi-même, voilà ce qu'elle recommandait sans cesse. « L'année de pro-
» bation dans le noviciat, répétait-elle aux postu-
» lantes, est pour prendre mesure de la croix, et la
» profession pour s'y attacher par les vœux, comme
» par trois clous. » L'obéissance, la pauvreté, la chasteté étaient les instruments de cette crucifixion religieuse, qui ne doit cesser qu'à la mort. Elle en inspirait l'amour en en exigeant la pratique.

La sage Mère apprenait encore à ses filles que la vraie perfection se trouve et s'accomplit dans le parfait exercice de la vie commune. « Aimons Dieu, disait-elle avec saint Vincent de Paul, mais que ce soit par nos œuvres de chaque jour, aux dépens de nos bras et à la sueur de nos visages. » — Elle recommandait aussi fréquemment le saint abandon à la volonté de Dieu. « Il faut se plaire, enseignait-elle, dans la

» nuit de la pure foi, ne cherchant ni à tout prévoir
» ni à tout prévenir; faire ce qu'on peut et ce qu'on
» doit, se féliciter de ne trouver aucun appui humain,
» et puis s'endormir doucement dans le sein du Sau-
» veur Jésus. » — Elle racontait qu'au milieu des plus
graves ennuis, dans de cruelles insomnies, un doux
et paisible sommeil s'était emparé d'elle chaque fois
qu'elle avait su se dire : « Qu'es-tu, sinon un petit
ver de terre qui ne peut rien ! Laisse faire Celui qui
peut tout et qui tire sa gloire de tous les événements
possibles; il n'a pas besoin de toi pour faire telle ou
telle chose... » C'est ainsi que sa propre expérience
lui apprenait à recommander aux autres le saint
abandon.

Dans sa direction, Mère du Sacré-Cœur se tenait
éloignée de deux excès opposés : une molle condescendance et une excessive rigueur. — Rencontrait-
elle une nature généreuse, élevée, capable de grandes
choses, elle l'introduisait d'abord doucement dans la
voie de la perfection, lui en découvrait peu à peu les
sentiers, l'y poussait avec modération et sagesse; puis
elle lui demandait sans hésiter les plus héroïques sacrifices, et la faisait monter jusqu'au sommet des plus
sublimes vertus. — Avait-elle, au contraire, affaire à
une âme molle, faible, pusillanime, elle s'appliquait
à la relever, à l'encourager, à la fortifier; elle ne lui
proposait rien au-dessus de ses forces, et se contentait d'une honnête médiocrité, qui est la voie d'un
grand nombre, et qui suffit souvent pour faire un peu
de bien. — L'auteur de l'*Imitation* fait dire à Notre-
Seigneur : « J'apprends aux uns des choses plus

communes, aux autres, de plus particulières (1). » Ainsi faisait la sage Mère. — Les défauts ne la rebutaient pas; mais elle voulait un fonds sérieux de foi, de docilité et d'énergie. On l'a vue renvoyer deux prétendantes, dont l'une n'avait pu se résoudre à supporter des sangsues prescrites par le médecin, et l'autre manquait facilement au silence.

A l'exemple des plus grands maîtres de la vie religieuse, elle insistait particulièrement sur l'obligation du silence. Le silence est le grand ressort de la règle de saint Benoît. « Peu de silence, écrivait saint Bernard, peu de vertu; beaucoup de silence, beaucoup de vertu. » Saint Odon, abbé de Cluny, enseignait que le silence « est le père des saintes pensées et des grandes choses. La paix et la charité, ajoutait-il, habitent une Communauté où règne le silence. » — « Notre-Seigneur, disait Mère du Sacré-Cœur à
» ses filles, aime à parler à votre âme; mais il faut
» lui prêter toute votre attention. Si vous faisiez
» du bruit pendant que je vous parle, vous croiriez
» me manquer gravement de respect, qu'est-ce donc
» de ne point écouter Jésus-Christ? Une novice,
» une prétendante qui parle sans nécessité dans les
» moments de silence, qui marche avec bruit, qui
» ouvre et ferme les portes sans précaution, qui agite
» les chaises ou les meubles, s'expose non-seulement
» à couvrir la voix de Jésus au fond de son cœur;
» mais encore elle empêche ses compagnes d'entendre
» Notre-Seigneur, et met obstacle à leur progrès dans
» la vie spirituelle. » — « Dieu, dit un maître de la vie

(1) *Imitat.*, liv. III, c, 43.

religieuse, daigne parfois crier, tonner à l'oreille des pécheurs. Mais, dans les relations élevées et exquises, avec les intimes, son goût et sa coutume est de parler bas. Dans l'ordre des affections, ce qui se dit tout bas vaut infiniment plus que ce qui se dit tout haut (1). » — L'âme de Mère du Sacré-Cœur avait le secret et l'instinct de ces mystiques et saintes délicatesses. Aussi, la douce Mère se départait-elle quelquefois de sa bonté ordinaire, à propos des fautes contre le silence, et il lui est arrivé d'infliger des pénitences sévères pour ce genre de manquement.

Elle attachait également une grande importance à la récitation de l'Office divin. Elle avait soin que chaque syllabe fût articulée distinctement, et que toutes les cérémonies s'accomplissent avec gravité et recueillement. « La Religieuse, disait-elle, ne prie » pas seulement en son nom, quand elle récite le » saint Office ; elle prie avec l'Eglise pour tout l'uni- » vers ; et elle commet une espèce d'injustice si elle » ne s'acquitte pas de cette fonction d'une manière convenable. »

Les plus humbles emplois, pour lesquels sa foi lui inspirait un vrai respect, parce qu'ils représentent mieux l'humilité et la vie de Jésus-Christ, attiraient particulièrement son attention. Elle veillait elle-même sur le balayage des appartements, la propreté des meubles, le lavage du linge et de la vaisselle, l'ordre et l'économie de la cuisine. Toutes les Sœurs, converses ou non, postulantes et novices, y étaient appliquées indifféremment. La manière dont s'ac-

---

(1) *De la Vie chrétienne et relig.*, t. I, 307.

quittaient de ces travaux, celles qui, à cause de leur savoir ou de leur position dans le monde, pouvaient éprouver une certaine répugnance à s'y livrer était à ses yeux un des meilleurs moyens d'apprécier la solidité de leur vocation. « Telle
» postulante, faisait-elle quelquefois observer à ses
» Conseillères, se traîne avec nonchalance; si Dieu
» l'appelle à être Religieuse, ce n'est pas chez nous;
» il faut l'envoyer dans un Couvent *de Dames*. Ce
» n'est pas à nous, ajoutait-elle, de juger les autres
» Congrégations religieuses, chacune a sa vocation;
» mais la nôtre est d'imiter la pauvreté, la sim-
» plicité, la vie laborieuse de la maison de saint
» Joseph à Nazareth. »

Le salut des âmes était encore une des grandes préoccupations de Mère du Sacré-Cœur, et elle s'efforçait d'enflammer de zèle, à cet égard, l'esprit et le cœur des novices et des postulantes. « Vous êtes
» ici, leur disait-elle, pour former en vous des cœurs
» d'apôtres. Vous vous disperserez ensuite dans les
» paroisses pour aider les ministres de Jésus-Christ à
» enseigner le catéchisme aux enfants, et à répandre
» dans les âmes l'amour de Dieu par vos instructions
» et vos exemples. Mais pour donner il faut avoir :
» pour donner beaucoup, il faut avoir beaucoup, et
» on ne donne ordinairement que de son superflu.
» Or, le noviciat est un grand réservoir où vous
» devez puiser abondamment la science et la
» charité, afin de les répandre ensuite comme de
» fidèles canaux sur tous les points où vous serez
» envoyées. »

Celle qui parlait ainsi comprenait bien et la vocation

religieuse et son œuvre et nos temps. Car, si dans tous les siècles, les âmes saintes et religieuses ont, selon la parole de Notre-Seigneur à sainte Thérèse, porté avec elles le salut du monde, à plus forte raison est-ce vrai, dans un temps où l'on ne peut plus compter sur les hommes, pour garder la foi et sauver la société. Car, en dépit du développement de nos progrès matériels, il existe, parmi les hommes de notre époque, un travail de dissolution qui fait trembler. — « L'espoir du salut, disait la vénérable Mme Barat, sera dans le sexe le plus faible. Les hommes, en notre siècle, deviennent des femmes ; transformées par la foi, les femmes peuvent devenir des hommes (1). »

Par cette direction si éclairée et par ce coup d'œil si sûr et si profond, se révélaient de plus en plus dans l'esprit et le caractère de Mère du Sacré-Cœur, les aptitudes et les qualités de la Supérieure générale.

(1) *Vie de Mme Barat*, t. II, p. 28, 195.

LIVRE IV

MÈRE DU SACRÉ-CŒUR DE JÉSUS

D'ABORD ASSISTANTE

ENSUITE SUPÉRIEURE GÉNÉRALE DE LA CONGRÉGATION

DE SAINT-JOSEPH

LIVRE IV

MÈRE DU SACRÉ-CŒUR DE JÉSUS
D'ABORD ASSISTANTE
ENSUITE SUPÉRIEURE GÉNÉRALE DE LA CONGRÉGATION
DE SAINT-JOSEPH

CHAPITRE PREMIER

Etat florissant de la Maison de Mi-Carême. — Mère du Sacré-Cœur appelée à Lyon et nommée Assistante générale. — Sa position délicate. — Sa prudence. — Accueil maternel de Mère Saint-Jean. — Admirable conduite des deux Mères. — Leur chrétienne grandeur au milieu de petites misères qui les entourent. — Retour momentané de Mère du Sacré-Cœur à Saint-Etienne. — Elle revient à Lyon. — Saintes austérités des deux Mères. — Soins donnés par Mère du Sacré-Cœur à la formation des novices. — Sages recommandations. — Conférences. — Exactitude parfaite de Mère du Sacré-Cœur à tous les exercices. — Démission de Mère Saint-Jean. — Spectacle édifiant qu'offre cette vénérable Mère. — Election unanime de Mère du Sacré-Cœur. — Touchante fête de famille spirituelle à la Maison-Mère. — Sainte lutte d'humilité et de charité entre les deux Mères. — Mère du Sacré-Cœur remet les clés de la Maison-Mère à saint Joseph. — Son recours à la prière. — Repos en Dieu, secret de la force des Saints. — Mère du Sacré-Cœur a ce secret.

Sous la sage et féconde administration de sa Supérieure, la maison de Mi-Carême avait grandi devant

Dieu et devant les hommes. Les embarras financiers avaient disparu. Le pensionnat était dans un état florissant. Le noviciat avait reçu d'abondantes et riches recrues fournies en partie, comme nous l'avons dit, par les premières maisons de Saint-Etienne. Heureuses de ces accroissements, la religieuse Famille de Saint-Joseph et sa digne Mère bénissaient ensemble le Seigneur de ce que sa grâce avait daigné opérer parmi elles, sans se douter qu'elles étaient à la veille d'une séparation qui allait profondément déchirer leurs cœurs.

C'est la sainte âme de la vénérable Mère Saint-Jean, si digne des communications célestes, qui paraît avoir reçu du ciel les premiers indices du sacrifice que la volonté divine se disposait à demander à la Communauté de Saint-Etienne. Dans une de ses tournées, la respectable Supérieure générale s'était arrêtée à la Maison de Mi-Carême. Ce fut alors, en sortant, qu'éclairée d'en haut, elle dit à la Sœur qui l'accompagnait : « — Enfin, j'ai trouvé ce qu'il faut à ma chère Congrégation et ce que je cherche depuis longtemps. — « Eh quoi donc? ma Révérende Mère, » repartit la Sœur. — « Le sujet qui pourra me remplacer, poursuivit Mère Saint-Jean : je suis âgée, infirme; la Supérieure de la Maison de Mi-Carême deviendra un jour votre Supérieure générale. » — La bonne Sœur ne tint pas compte de ces paroles, tant l'affection et la vénération universelles, que Mère Saint-Jean devait à sa haute vertu et à son héroïque passé, rendaient peu vraisemblable l'éventualité dont elle parlait.

Mais, quelque temps après, Mgr de Pins ayant jugé

que la Supérieure générale, vu son grand âge et ses infirmités, avait besoin d'une auxiliaire, Mère du Sacré-Cœur fut appelée à Lyon pour remplir cet office aussi délicat qu'important. La lettre que lui écrivit à ce sujet, au nom de Sa Grandeur, M. Cholleton, vicaire général, jeta dans la consternation celle à qui elle était adressée, sa Communauté entière et sa bien-aimée famille. Mme Tézenas, malgré ses quatre-vingts ans, courut en toute hâte à Lyon, accompagnée de sa fille, Mme Vialleton. Elle supplia Monseigneur de laisser près d'elle son enfant chérie. — « Je n'ai que quelques jours à vivre, disait-elle; accordez-moi ma fille, pour me fermer les yeux; accordez-là aussi à son vieux père, qui mourra de chagrin, de se voir privé de l'objet de sa légitime tendresse. » — Malgré cette touchante prière, Mgr de Pins fut inébranlable dans sa résolution. Mère du Sacré-Cœur fut donc obligée de se séparer de sa Communauté, qu'elle laissa dans la désolation, en 1838, après l'avoir gouvernée durant quatorze ans. — « Les Saints, dit saint Jean Chrysostome, laissent quelque chose d'eux-mêmes dans les endroits qu'ils ont habités; et, quand ils sont partis, on conserve avec une douce tristesse le parfum de leur présence. » Ainsi, la Maison de Mi-Carême garda toujours le parfum des vertus de sa Supérieure, dont la belle âme a retrouvé maintenant dans le ciel, beaucoup de celles qu'elle quitta alors, et qui, avec leur vocation, lui doivent leur perfection et les célestes couronnes dont brille leur front virginal.

Mère du Sacré-Cœur arriva à la Maison-Mère pour la retraite, qui se donnait au mois de mai.

Elle eut besoin de ces jours de silence et de recueillement, pour puiser dans la prière la force et le courage qui lui étaient nécessaires, au milieu des sacrifices que la sainte volonté de Dieu lui imposait.

— Ces sacrifices se trouvaient encore doublés par la délicatesse de la position où elle entrait. La Congrégation éprouvait alors une alarme générale, mêlée de quelques divisions. La plupart des Religieuses désiraient ardemment garder jusqu'à la fin, pour Supérieure générale, la vénérable Mère Saint-Jean. D'autres, en prévision de sa perte, et pour conserver comme une image de cette Mère bien-aimée, avaient jeté leurs vues sur sa Secrétaire, Sœur Marie-Antoinette. Arrivant dans ce milieu un peu troublé, Mère du Sacré-Cœur apparut, pour ainsi dire, comme imposée par l'autorité diocésaine, avec une arrière-pensée, de la part du prélat, de la substituer à celles que l'on désirait. — Plusieurs esprits s'émurent, et oubliant un instant ce principe de la vie spirituelle, qu'il faut être sobre à juger, plus sobre à condamner, on fit circuler ces mots empreints de quelque amertume : « *Voilà la dame qui arrive!* »

Au milieu de ce petit orage, Mère du Sacré-Cœur redoubla d'humilité. Pour moins exciter la susceptibilité, elle renvoya à Saint-Etienne une Sœur qui l'avait accompagnée et qui lui était très-dévouée, Sœur Bernardin. Restée seule, elle se jeta plus que jamais avec toutes ses peines dans le Cœur de Jésus. Ce Cœur Sacré, l'Ami par excellence, lui en amena un autre, formé à son image, celui de la vénérable Mère Saint-Jean. La grande chrétienne, qui avait si noblement porté les chaînes des martyrs, était inaccessible aux petites misères qui affectent les âmes ordinaires. Comme Salomon, elle avait reçu de Dieu, avec la sagesse, ce que le Saint-Esprit appelle « la largeur du cœur (1). » Aussi, s'élevant au-dessus de la foule, comme une noble reine, elle combla de bonté, de soins et de tendresse, celle en qui elle voyait l'envoyée de Dieu, pour la seconder et continuer son œuvre. S'inspirant du beau nom qu'elle portait, elle semblait dire avec saint Jean : « Il faut qu'elle grandisse et que je diminue. » Son grand âge et ses nombreuses infirmités lui servaient à cacher son humilité. Ce sentiment d'humble et exquise délicatesse fut même poussé jusqu'à des limites extrêmes, au point que la vénérable Mère chercha à s'éloigner; et à l'approche des élections, elle quitta furtivement la Maison-Mère, pour se rendre dans un de ses Etablissements situé au nord de la France.

Cette fuite, opérée avec les sentiments et à la manière des Saints, consterna la Communauté, tout en l'édifiant. Une Religieuse, Sœur Delphine, expédiée en toute hâte, atteignit la sainte fugitive à Roanne, et la ramena à sa famille éplorée. Comme on lui demandait pourquoi elle s'était ainsi sauvée : « *Eh dié !* répondit-elle, à sa manière simple et naïve, cela valait bien mieux; en me voyant par là, dans quelque coin de la chapelle, on aurait dit : cette bonne vieille, il faut la nommer; ce n'est pas la peine de la laisser; en me retirant, au moins, on ne m'aurait pas vue. » — Les élections eurent lieu,

---

(1) *Latitudinem cordis.* Rois, 3, 4.

Mère Saint-Jean fut maintenue à son poste de Supérieure générale, et Mère du Sacré-Cœur fut nommée son Assistante générale, le 31 mai 1838.

Ainsi unies par la volonté de Dieu, ces deux belles âmes si bien faites l'une pour l'autre se comprirent parfaitement ; et par leur affection, leur déférence, leur estime et leur vénération réciproques, elles offrirent à la Congrégation le plus édifiant des spectacles. — Mère du Sacré-Cœur, animée de cet esprit de foi qui la caractérisait, était heureuse de se trouver en contact quotidien avec celle qui avait été emprisonnée pour Jésus-Christ et qu'elle vénérait comme une Sainte. Elle ne faisait rien sans la consulter, et vivait avec elle dans la dépendance la plus filiale et la plus absolue. — De son côté, Mère Saint-Jean, que l'humilité, l'âge et les infirmités faisaient de plus en plus soupirer après le moment où elle pourrait déposer le lourd fardeau de la supériorité, tenait son Assistante au courant de tout, l'initiait aux divers besoins de la Congrégation, et travaillait sans relâche à lui attirer les cœurs. Jamais le nom et l'esprit de saint Jean-Baptiste, c'est-à-dire, de celui que le Sauveur lui-même a appelé « le plus grand des enfants des hommes, » ne furent mieux portés et pratiqués, que par la vénérable fondatrice des Sœurs de Saint-Joseph. — La lutte d'admirable charité que l'on vit entre les deux Mères, dans les circonstances délicates où elles se trouvaient, rappelle les pages les plus édifiantes et les plus touchantes de la vie des Saints. Les deux vertus d'humilité et de charité, d'une pratique si délicate, si difficile et si rare, y brillent du plus vif éclat, et donnent une teinte vraiment céleste à cette phase de l'existence de l'Institut de Saint-Joseph. Cette Mère qui s'en va, pure, paisible, majestueuse, comme un astre qui a fourni sa carrière : celle qui arrive à l'appel de Dieu et qui s'élève douce, vive et belle comme l'étoile du matin, pour succéder à sa sœur, après avoir uni quelque temps leur lumière, représentent quelque chose de l'accord et de l'ineffable harmonie des cieux.

En dehors et au-dessous des deux astres, on put voir encore de rares nuages; mais ils ne parvinrent pas à troubler et à obscurcir leur lumière. Elle les pénétra au contraire de sa douce lueur et finit par les dissiper entièrement. — Une Religieuse s'était imaginée que la nouvelle venue la dépréciait aux yeux de tout le monde. Un jour, la tentation fut si forte, qu'elle entra brusquement dans la chambre de Mère du Sacré-Cœur, et sans aucun préambule, éclata en plaintes amères : — « Vous ne cherchez qu'à me mortifier, lui reprocha-t-elle, qu'à me desservir; depuis longtemps je dévore ma peine, mais je ne puis plus la supporter. » — Etonnée, confuse de ce qu'elle entendait, la bonne Mère écouta tout en silence. Quand le torrent eut cessé de couler, elle embrassa la Sœur avec effusion, et lui dit d'un air soulagé et tout joyeux : — « Combien je vous remercie, ma Sœur, de m'avoir ouvert votre cœur ! Mais laissez-moi, je vous prie, vous donner l'assurance qu'il n'y a rien de vrai, Dieu merci, dans ce qui vous a tant fait souffrir. Jamais je n'ai songé à rien de tout cela; jamais je n'ai eu d'autres sentiments pour vous que ceux de la plus sincère affection en

Notre-Seigneur : » — Ces paroles furent dites avec tant de bonté et de sincérité, que la pauvre Sœur, convaincue et pénétrée de confusion, se mit à pleurer : Son imagination était calmée et complétement guérie. L'amour le plus filial succéda à la défiance.

Depuis lors, la bonne Mère, dès qu'elle apercevait de la tristesse sur un visage, redoublait d'attention, multipliait les bons procédés, les marques de confiance et tout ce qui pouvait amener une ouverture de cœur. Dans ce but, elle accueillait tout avec bienveillance : plaintes, mécontentements, reproches; unissant, dans ce maniement des cœurs, une grande prudence et un tact exquis à sa rare bonté. Elle était la plus petite fille de Mère Saint-Jean, et en toutes circonstances, elle apprenait à ses Sœurs à aimer et à vénérer de plus en plus celle en qui elle se plaisait à voir l'ange de l'Institut et un confesseur de la foi. Une conduite aussi sage établit partout le règne de la paix et de la sainte dilection.

Après quelques mois de résidence à Lyon, Mère du Sacré-Cœur fut obligée, pour le soin de plusieurs affaires, de revenir à Saint-Etienne. Sa présence et son séjour furent une véritable fête, non-seulement pour sa chère Communauté de Mi-Carême et sa famille, mais pour la ville entière. Chacun voulait revoir cette Mère vénérée. — Mais le devoir l'arracha bien vite à tant d'affection, pour la rendre à ses nouvelles fonctions. Elle emmena avec elle, Sœur Marie-Antoinette, en qui elle avait une amie d'enfance et d'un dévouement à toute épreuve. Cette Sœur lui était d'autant plus nécessaire, que la Religieuse du même nom, qui était à la tête du secrétariat, venait de quitter la Congrégation pour entrer au Sacré-Cœur. L'Assistante générale, pour combler ce vide, comptait sur le zèle et l'intelligence de Sœur Marie-Antoinette, et elle ne fut pas trompée dans son attente.

Mère du Sacré-Cœur, à son retour de Saint-Etienne et de son cher Mi-Carême, sembla redoubler de zèle et de dévouement pour la nouvelle famille que la Providence lui avait donnée. Son humilité grandissait avec son élévation. Elle était la servante de toutes et ne voulait être servie par personne. Elle faisait si peu de bruit, elle s'effaçait si bien, elle dissimulait avec tant de soin les riches dons que Dieu lui avait départis, qu'il fallait la voir de près et vivre dans son intimité, pour la juger à sa juste valeur. Les quelques esprits prévenus qui avaient cru voir arriver *une dame*, à son entrée dans la Maison-Mère, ne purent y apercevoir en réalité que la plus fervente et la plus humble des Religieuses, ne négligeant aucun des points de la règle, ni aucune des austérités demandées, conseillées ou permises par ses saintes prescriptions. Souvent on la vit, au réfectoire, mendiant son pain de table en table, le mangeant à genoux et savourant avec délices la mortification et l'humiliation. — Ces pratiques extraordinaires ne pouvant s'accomplir que d'après le jugement et avec la permission des Supérieurs, Mère du Sacré-Cœur, quand elle fut Supérieure générale, regarda comme un bénéfice de sa dignité de pouvoir, à l'exemple de Mère Saint-Jean, se donner ces sortes de permissions que d'autres ne lui auraient pas si facilement accordées.

Une Religieuse raconte que, pendant son noviciat, elle avait contemplé la respectable Mère Saint-Jean dînant à terre au milieu du réfectoire, avec la simplicité et l'humilité d'un enfant, et que ce spectacle la faisait fondre en larmes. — « Je l'ai vue, rapporte une autre Sœur, un vendredi saint, à la porte de la chapelle, avec une grosse corde au cou, baiser les pieds à toutes les Sœurs. » — Mère du Sacré-Cœur était heureuse d'avoir à suivre de pareils exemples.

Toutefois, ces pratiques extraordinaires n'étaient, chez elle, que le couronnement de la vie commune et du devoir rigoureusement accompli. S'abstenant le plus possible, par délicatesse, de ce qui touchait à l'administration générale, elle s'adonnait tout entière aux détails des devoirs pratiques et obscurs. Comme à Saint-Etienne, son zèle et son dévouement s'appliquèrent d'une manière spéciale à l'œuvre importante du noviciat. Solidité dans l'instruction, solidité plus encore dans la vertu, tel fut constamment l'objet de ses désirs et de ses efforts. Le choix des Maîtresses ayant été fait avec soin, elle exigea de leur part un travail sérieux ; et, pour le seconder, elle leur donna des professeurs de grammaire, d'arithmétique, d'histoire, de géographie, de tenue de livres, de sphère, d'écriture. Des répétitions devaient contrôler, affermir et perfectionner ce travail. — Quand M. l'abbé Grange, vicaire général, fut nommé Supérieur de la Congrégation, il prêta tout son concours à l'œuvre de la sage Mère, donnant lui-même des sujets de compositions littéraires ; puis, en faisant la critique devant la Supérieure générale et les Maîtresses réunies. Chaque prise d'habit était précédée d'un examen classique sur des spécialités qu'avaient étudiées les postulantes. Les Maîtresses interrogeaient d'abord leurs élèves, et M. Grange complétait soit les interrogations soit les réponses.

Le soin du cœur et de la perfection religieuse surpassait de beaucoup celui de l'esprit et de l'instruction. « Le noviciat, disait Mère du Sacré-Cœur,
» est le berceau de la vie religieuse; c'est le moule
» où se fait la Religieuse; si elle en prend le pli,
» si elle s'y forme à l'amour de son saint état, un
» grand bien se fera dans la Congrégation. » — M. Grange donna lui-même une retraite aux Maîtresses et aux Mères du noviciat. — Comme la vénérable Mère Saint-Jean continuait ses conférences aux professes, son Assistante présidait à celles du noviciat. Tous les jours elle se rendait aux lectures spirituelles. Elle y mettait tant de zèle, et les exhortations qu'elle y faisait étaient si pleines d'onction, que peu à peu les professes voulurent en profiter, et finirent par y venir toutes. « Nous avons, leur
» disait-elle, des trésors immenses à notre disposi-
» tion, il ne tient qu'à nous d'y puiser. Il faut d'a-
» bord bien diriger notre intention dès le matin, la
» renouveler à la fin de notre oraison, et de temps
» en temps dans la journée; nous serons sûres
» d'acquérir par là des richesses infinies. Tous les
» battements de notre cœur seront autant d'actes
» d'amour, si vraiment nous avons le désir qu'ils le
» soient. Le désir d'aimer est déjà de l'amour. Nos
» aspirations vers Dieu devraient nous être aussi

» familières que la respiration de notre poitrine.
» *Respirez sans cesse le Christ*, disait le grand saint
» Athanase... De cette manière nous *battrions mon-*
» *naie* pour l'éternité, presque sans nous en aper-
» cevoir. »

La sage conférencière, signalait comme un grand obstacle à la pureté d'intention, la légèreté qu'elle comparait à ces oiseaux dont parle l'Evangile, et qui viennent enlever sur le chemin la semence divine. « La légèreté, disait-elle, est ce qu'il y a de plus
» opposé à l'esprit religieux. Une personne légère,
» qui ne s'attache pas à acquérir l'esprit de recueil-
» lement, commettra infailliblement de lourdes
» fautes. La légèreté nous enlève tout le mérite de
» nos bonnes œuvres. On ne peut pas escalader le
» ciel avec des toiles d'araignée. L'amour n'est pas
» léger, dit l'auteur de l'*Imitation*. Or, c'est l'amour
» qui nous a fait prendre nos engagements, que l'a-
» mour nous y rende fidèles ! Affermissons-nous
» donc dans l'amour. Comme le fer paraît être tout
» de feu dans une fournaise ardente, de même, le
» cœur d'une épouse de Jésus-Christ doit être tout
» brûlant du feu du saint amour, jusqu'à n'être lui-
» même plus qu'amour. »

Elle recommandait vivement l'exercice de la présence de Dieu. « Si quelqu'une d'entre vous, répé-
» tait-elle de temps en temps à ses postulantes, mar-
» chait continuellement, pendant une année entière,
» en la présence de Dieu, à la fin elle se trouverait
» au sommet de la perfection. » — La régularité était sans prix à ses yeux, et elle en regardait la pratique comme le trait caractéristique d'une vraie novice.

Elle en donnait elle-même l'exemple. Depuis le lever, qu'elle sonnait elle-même comme à Mi-Carême, quand on s'oubliait, jusqu'au coucher, elle était la première à tous les exercices. Rien ne lui paraissait minutieux. Plus on est capable des grandes choses, moins on croit les petites au-dessous de soi. — Plus tard, quand la multiplicité de ses occupations et de fréquents dérangements ne lui permettaient pas d'être à l'heure des exercices, elle y suppléait de grand matin, si elle avait pu le prévoir, ou bien le soir; mais jamais elle ne se serait mise au lit sans avoir accompli toutes ses prières de règle. — Les dérangements et la fatigue des voyages ne furent jamais non plus, pour elle, une raison de s'en dispenser. Une fois installée dans les voitures, elle commençait les prières de l'itinéraire; puis, baissant son voile, elle vaquait à sa méditation qu'elle faisait durer jusqu'à l'arrivée, la dissimulant souvent sous une apparence de sommeil; ou bien, elle s'acquittait des exercices de règle pour lesquels elle craignait de ne pas avoir le temps nécessaire. — Dans une circonstance, après avoir jeté un coup d'œil observateur sur les voyageurs qui l'entouraient : « Je suis heu- » reuse, dit-elle, de me trouver en si bonne com- » pagnie. Je suis persuadée que vous serez tous bien » aises de dire un chapelet, » et elle le commença sur le champ. Aucun voyageur ne fit difficulté d'y répondre. Sa loyale et pieuse hardiesse les avait tous charmés. — Ainsi agissait avec autant de piété que de délicatesse et de saint zèle l'Assistante générale, lorsque la divine Providence, qui l'avait élevée par degré la plaça enfin, comme une lampe ardente et luisante au haut du chandelier, d'où elle devait éclairer toute la Maison. Un an lui avait suffi pour gagner tous les cœurs, ainsi que nous le verrons bientôt.

La vénérable Mère Saint-Jean était arrivée à la limite extrême de l'âge, et ses infirmités toujours croissantes aggravaient encore le poids des ans. Dieu permit que cette longue et si belle carrière fut couronnée d'une croix, qu'il se plaît parfois à planter de préférence au sommet de la vie de ses plus grands serviteurs : la croix venant des Supérieurs. C'est leur Golgotha, où, après avoir dit comme le Sauveur : « Père, pourquoi m'avez-vous délaissé ? » l'œuvre de leur salut est consommée par ce délaissement, qui leur donne le dernier cachet de ressemblance avec le divin Modèle. — Mgr de Pins demanda la démission de Mère Saint-Jean, sans user des ménagements que demandaient tant de mérites accumulés sur cette tête blanchie dans les bons combats, et que les bourreaux eux-mêmes avaient respectée. Une bénédiction spéciale qu'elle avait reçue du Souverain Pontife semblait l'avoir confirmée, pour la vie, au poste où sa famille spirituelle l'entourait de tant de respect et d'amour. Aussi, en rédigeant l'acte de démission qu'il avait demandé, le prélat se sentit un instant frappé de cette idée qu'il *défaisait ce que le Souverain Pontife avait fait*, et sa main hésita et trembla. Il fallut que la vénérable démissionnaire le rassurât et l'encourageât elle-même.

Après s'être démise avec autant de simplicité que de grandeur d'âme, elle se rendit à Ars, où elle voulut passer quelque temps sous la direction du saint thaumaturge moderne. Là, dans le recueillement et la prière, unie à Dieu comme Moïse, elle conjurait le Seigneur de bénir ses filles chéries, réunies pour leur retraite, laquelle devait se terminer par l'élection d'une nouvelle Supérieure générale. — De son côté, Mère du Sacré-Cœur était retirée et absorbée dans le Cœur de Jésus. Sa retraite se passa tout entière dans une oraison aussi intime que continue, accompagnée de pénitences et de jeûnes si rigoureux, que sa secrétaire, Sœur Marie-Antoinette, qui s'en aperçut, en fut effrayée et crut devoir en avertir son confesseur. « Laissez-la faire, répondit celui-ci, elle intercède pour sa Congrégation. »

Pendant que les deux ferventes Mères recouraient ainsi à Dieu, l'une à Ars, auprès du saint Curé ; l'autre sur la colline de Saint-Bruno, au milieu des Religieuses et de toutes les Supérieures locales, assemblées comme au Cénacle, les élections se préparaient par les prières de tout l'Institut. — Elles eurent lieu le 16 mai 1839. Le vote fut unanime. Il ne manqua qu'une seule voix à Mère du Sacré-Cœur. « Quoi ! une voix contre elle ! » s'écria une bonne ancienne. — « Oui ! lui dit-on ; mais rassurez-vous, c'est la sienne. » — C'était la vérité. Comme nous l'avons dit, un an lui avait suffi pour s'attirer l'estime et la confiance générales.

Avant de sortir de la chapelle où l'élection s'était faite, toutes les Supérieures locales dont les voix s'étaient unies dans une si touchante et si sainte unanimité, allèrent avec bonheur baiser la main de leur élue, et semblaient lui dire : Mère, nous serons vos filles soumises et dévouées. Les autres Religieuses attendaient avec impatience, au dehors, le résultat du scrutin. La première qui sortit de la chapelle leur cria à haute voix : « Réjouissez-vous, nous avons pour Supérieure générale Mère du Sacré-Cœur ! » Ce fut dans toute la Maison un transport d'allégresse, et en un instant tous les échos répétèrent ce nom bien-aimé. La joie la plus pure et la plus vraie brillait sur tous les visages. On se groupait partout autour de la nouvelle Mère, pour lui promettre soumission et amour. Autant quelques Sœurs avaient appréhendé son arrivée à la Maison-Mère, autant toutes s'étaient attachées à sa personne dès qu'elles l'eurent connue; car elles avaient trouvé en elle la Religieuse modèle, la règle vivante, la Mère la plus tendre et la plus dévouée. — Le *Benedicamus* fut donné au réfectoire pendant le dîner, et la Maison de Saint-Joseph goûta, en ce beau jour, toute la vérité et la suavité de ce cantique du Roi-Prophète : « qu'il est bon, qu'il est doux pour des frères de vivre ensemble ! »

Dans cette fête de famille religieuse, la vénérable et bien-aimée Mère Saint-Jean ne pouvait pas être oubliée. Un exprès lui fut envoyé à Ars, et bientôt son retour mit le comble à l'allégresse générale. La joie fut encore surpassée par l'édification, quand on vit la respectable octogénaire vouloir, elle aussi, promettre comme une jeune novice obéissance et soumission complète à la nouvelle élue. — Dès ce moment, sa profonde humilité lui fit toujours chercher le dernier rang; et quand Mère du Sacré-Cœur la suppliait de ne pas agir ainsi, « laissez-moi faire, répondait-elle ; je suis si heureuse d'obéir ! Notre-Seigneur est trop bon, en m'accordant quelque temps pour penser à mon éternité, de vouloir bien, afin de m'y préparer, me donner le moyen et l'occasion de l'imiter. — Si j'ai une demande à vous adresser, c'est de me permettre d'occuper la petite chambre qui est vers le repassage, à l'extrémité de la cour. Là, je serai plus retirée. Cette petite solitude m'aidera à converser avec mon Dieu. J'aurai plus de liberté pour lui parler cœur à cœur, et ma liberté augmentera celle des Sœurs dans leurs rapports avec vous. » — La nouvelle Supérieure générale, au contraire, voulait, comme un enfant, avoir sa sainte Mère auprès d'elle, et elle la conjurait de ne rien changer à leurs anciennes habitudes. — Rien de plus touchant et de plus édifiant que ce combat entre cette délicatesse filiale, d'un côté, et cette profonde humilité, de l'autre : c'était la lutte des Saints, la rivalité et « l'émulation des meilleurs dons, » selon l'expression de l'Apôtre. Les deux Mères étaient admirables. La vénérable Mère Saint-Jean tint bon et l'emporta. Ce fut le triomphe de l'humilité; mais il en résulta une situation d'une extrême délicatesse, dont les apparences pouvaient facilement prendre des couleurs opposées à la beauté de la réalité.

Pendant que la grande âme de Mère Saint-Jean, devenue libre, profitait de cette liberté pour s'humilier et s'unir plus étroitement avec son Dieu, celle de sa fille, si digne d'elle, écrasée sous le poids du fardeau qui venait de lui être imposé, se confondait dans le sentiment de son impuissance, et recourait au Seigneur, le conjurant avec larmes de suppléer à sa faiblesse. « Je ne suis rien, je ne

» puis rien, disait-elle sans cesse à Notre-Seigneur ;
» je ne serai que l'instrument dont vous vous ser-
» virez, agissez donc vous-même. » Elle remit sa
charge, sa personne au Cœur de Jésus, et lui confia
tous ses intérêts. — Saint Joseph fut établi le père
temporel, le procureur de toute la Congrégation.
L'humble Mère, sa fille, déposa aux pieds de sa
statue les clés de la Maison, avec un papier où elle
exposait à son Père tous ses besoins personnels et
ceux de la nombreuse famille dont elle était chargée.
Tout semblait dire à saint Joseph : c'est votre maison,
vous êtes chez vous, pourvoyez à tout, comme autrefois à Nazareth ! — La confiance de l'humble fille
de Saint-Joseph, croissant avec ses besoins, elle
mit, plus tard, une petite statuette de ce grand
Saint dans sa caisse vide. « Ma confiance, dit-elle,
» ne fut jamais trompée, tout arrivait à point. »

On voit que le recours au ciel était la grande
ressource de la pieuse Mère. Son amour de la
prière avait redoublé ; et sa fidélité à y recourir
augmentait, au lieu de diminuer, avec le nombre,
les embarras et les difficultés des affaires. « Plus je
» donnerai à Dieu, disait-elle, plus j'aurai de faci-
» lité pour vaquer à mes affaires. » Aussi, n'aurait-
elle pas retranché une minute du temps consacré à
l'office, aux prières vocales, à la méditation, sans
oublier l'union continuelle avec Dieu. — Quand à force
d'activité, son travail se trouvait un peu avancé,
tout à coup elle disparaissait. Où allait-elle ? Le plus
souvent à la chapelle. Là, seule avec Dieu seul,
elle entrait dans le recueillement le plus profond ; il
n'y avait plus d'affaires pour son esprit ; et comme

saint François d'Assise, elle répétait : « Mon Dieu et mon tout! » D'autres fois, on la trouvait à l'écart, dans un coin dérobé, lisant quelques passages de la sainte Règle, de *l'Imitation de Jésus-Christ* ou du saint Évangile. Elle appelait cela « ces moments de repos : » Repos qui « travaille, selon l'expression de saint Augustin et fait activement les affaires. » — C'est le secret de la force et de la puissance des Saints. Ils ne donnent rien à l'amusement, rien au plaisir; ils n'accordent à la nature que le rigoureux nécessaire. « Ils sortent rarement, dit l'auteur de l'*Imitation*, ils travaillent beaucoup, ils parlent peu, ils veillent longtemps, ils se lèvent matin, (1) » et lorsqu'ils se reposent, ce repos pris en Dieu, avec Dieu, est encore plus actif et plus fécond que le travail. — « Comme spontanément le soleil irradie sa lumière; dit saint Cyprien, — que le jour brille, — que la fontaine coule, — que la rosée s'épand sur la plaine, ainsi l'Esprit-Saint infuse sa grâce, sa force et sa lumière dans les cœurs de ceux qui prient. » — Voilà, répétons-le, le secret de la force des Saints, qui répondent et suffisent à tout. Ce secret des Saints était celui de Mère du Sacré-Cœur.

(1) *Imitation*, liv. I, 18.

CHAPITRE II

Mère Marie-Louise Assistante de la Révérende Mère du Sacré-Cœur. — Sainte union des deux Mères. — Formation du Conseil. — Rare sagesse administrative de Mère du Sacré-Cœur. — Mort édifiante de son vieux père. — Elle y assiste et visite les Communautés de Saint-Etienne et des environs. — Son exquise dextérité dans ces visites. — Son amour de l'exactitude. — Les récréations. — Promenade au mont Ceindre. — Visite à Dardilly. — Deux *Américains*. — Soins maternels des santés. — Attentions délicates à propos des voyages des Sœurs. — Charité pour les parents malheureux des Sœurs. — Admirable vie cachée de Mère Saint-Jean. — Culte filial de Mère du Sacré-Cœur pour Mère Saint-Jean. — Humilité de plus en plus touchante des deux Mères. — Chute de Mère Saint-Jean. — Sa patience édifiante pendant une dure opération. — Les Sœurs veulent Mère du Sacré-Cœur près d'elles dans leurs souffrances. — Son cœur, ses yeux, sa main de mère.

Après le recours à Dieu qui donne la sagesse, le premier besoin des Supérieurs est de s'entourer de conseil et de lumière. « Le sage qui écoute avec intelligence, dit le Saint-Esprit, en deviendra plus sage, et acquerra l'art de gouverner, » et encore : « Le conseil vous gardera et la prudence vous conservera » (1). — Conformément à cet avis de la

(1) Prov., 1, 2.

Sagesse, Mère du Sacré-Cœur, devenue Supérieure générale, s'empressa d'organiser le conseil qui devait l'aider à porter le pesant fardeau de l'administration. — Sœur Marie-Louise, née Muguet, qui avait été successivement Supérieure à Tarare et économe à la Maison-Mère, fut élue conseillère. La Supérieure la choisit pour son Assistante ; et il s'établit entre ces deux âmes, dignes l'une de l'autre, une douce et sainte intimité, que la mort seule put interrompre. « Il y a, dit Bossuet, une prédestination de lieux et de personnes, que Dieu destine à notre bien et à notre bonheur. » — La douceur et la bonté étaient le caractère distinctif de la vertu de la Mère Marie-Louise. Après la mort de Mère du Sacré-Cœur, la Congrégation entière voulut la voir revivre dans sa fidèle et sainte amie, et Mère Marie-Louise fut élue Supérieure générale. — Mère Théodose, Supérieure de la Communauté du Grand-Lemps (Isère), fut appelée à la Maison-Mère, et donnée comme aide à la Mère Saint-Xavier, Maîtresse des novices. Peu de temps après, elle reçut, avec Mère Aglaé, la direction du noviciat. Toutes les deux étaient dans la vigueur de l'âge et bien dignes, par leur zèle, leur vertu et leur esprit profondément religieux, du poste qui leur était confié.

Il y a parfois des esprits étroits, qui craindraient d'amoindrir la supériorité, en recourant aux lumières des inférieurs. Au contraire, a dit un illustre et saint religieux, « le signe par excellence d'une grande âme est la modestie et la défiance de soi. » Mère du Sacré-Cœur possédait, au suprême degré, ce cachet de la véritable grandeur. En toute affaire, tant soit peu importante, après avoir consulté Notre-Seigneur, après avoir prié et fait prier, elle ne manquait jamais de prendre l'avis de celles qui l'entouraient : « La sagesse se trouve dans le conseil, » disait-elle. Aussi son administration n'avait rien de précipité, rien qui sentît l'arbitraire, l'amour propre ou l'autorité personnelle. Ce n'est pas qu'elle se fît l'esclave de tous les conseils qui pouvaient lui arriver. En les écoutant, elle n'oubliait pas, selon la recommandation du Saint-Esprit, de le faire avec intelligence : « Ne vous fiez pas à toutes sortes d'esprits, dit l'Apôtre Saint-Jean, mais éprouvez-les, et retenez ce qui est bon, » ajoute Saint-Paul (1). Ce prudent discernement des esprits, des sentiments et des avis divers est d'une telle importance pour les Supérieurs, que saint Ignace ne craignait pas de dire : « Une grande prudence avec une médiocre » sainteté l'emporte sur une grande sainteté, avec » une médiocre prudence. » — Avec la sainteté, Mère du Sacré-Cœur avait, cette rare prudence, qui sait relever et honorer l'autorité, et lui assure un respect d'autant plus sincère, qu'elle est étrangère à toute recherche de soi-même.

Dieu, qui l'avait destinée à exercer une part de cette autorité qu'il veut qu'on respecte, l'avait douée de tout ce qui est nécessaire à cette fin. Elle avait un sens droit et pratique éminent. Elle voyait d'un coup d'œil, à la fois prompt et facile, juste et profond, ce qu'il y avait à faire. Ce coup d'œil embrassait en même temps le but et les moyens

(1) Saint Jean, 1re épît. 4. — Saint Paul, 1re aux Thess., 5, 21.

de l'atteindre. Quand elle s'en était rendu compte, elle marchait à ses fins avec un esprit d'ordre et de suite, dont on trouve peu d'exemples. Les obstacles ne paraissaient pas la surprendre, et ne pouvaient ni l'irriter ni l'abattre. Que de fois, elle a répondu par un aimable et doux sourire à des critiques, à des censures injustes ou sans fondement solide ! Que de fois, méconnue même des Supérieurs, elle a su, dit un grand prélat, garder en elle-même le mystère de sa tristesse, et le voiler sous le langage de l'humilité la plus sincère et du plus filial respect ! — Dans une foule de circonstances, elle a dû boire le calice jusqu'à la lie, et elle en savourait le fiel, comme d'autres auraient bu une liqueur enivrante. En elle, les grandes vertus paraissaient aussi faciles et aussi simples que les vertus communes et ordinaires. Elle avait en tout, je ne sais quoi d'égal, de calme et d'aisé, qui donnait un charme infini aux rapports qu'on avait avec elle, et révélait l'union permanente de son âme avec le Cœur de Jésus. Car, ainsi que le dit un pieux auteur : « Une calme et inébranlable assiette des sens annonce que Dieu est assis dans l'âme et y règne. »

Quelques mois s'étaient à peine écoulés depuis l'élévation de Mère du Sacré-Cœur à la dignité de Supérieure générale, lorsqu'elle apprit que son vieux père était dangereusement malade, et qu'il désirait ardemment voir encore une fois sa fille bien-aimée. Elle se rendit à Saint-Etienne, et trouva le vénérable vieillard à ses derniers moments. Quand il vit celle qu'il appelait toujours sa Virginie, il la pressa tendrement sur son cœur en disant : « A présent, je mourrai » content, puisque je suis entouré de tous mes enfants. » La sainte Vierge, dont il récitait chaque jour le petit office, comme nous l'avons vu, fut jusqu'à la fin l'objet de sa plus tendre affection. Il avait près de lui une petite statue de cette divine Mère, qu'il couvrait sans cesse de marques de respect et de filial amour. C'était l'enfant qui voulait mourir dans les bras de sa mère. Il demanda lui-même à recevoir les derniers sacrements, et quand le prêtre entra dans sa chambre, il entonna d'une voix forte et sonore les litanies de la sainte Vierge, comme si la tendre dévotion du vénérable patriarche envers Marie eût transformé sa mort en une douce fête, qui allait le réunir à Celle qu'il aimait. La foi, en effet, fait de la mort, pour l'âme, un jour de naissance, et de la tombe, un berceau où le corps de l'enfant de Dieu dort en attendant le réveil. — Cet admirable chrétien reçut les derniers sacrements avec toute sa présence d'esprit et la plus grande ferveur, suivant attentivement les cérémonies saintes et répondant à toutes les prières. — Mme Tézenas, agenouillée près de son lit, confondait ses larmes et ses prières avec celles de ses enfants. Le vénéré moribond jetait ses derniers regards, tantôt sur son épouse bien-aimée, tantôt sur ses enfants chéris, et semblait leur dire à tous : Nous nous reverrons bientôt au ciel. Puis, au milieu de son action de grâces après la communion, il s'endormit paisiblement dans le Seigneur, le 6 décembre 1839.

En ce moment, tous les enfants se jetèrent dans les bras de leur mère; et sa fille aînée, Mme Vialletton, tomba sans connaissance. Jusque-là, sa foi et son amour chrétien pour son père étaient parvenus à faire taire la nature. Elle avait été forte, héroïque, durant tout le cours de la dernière épreuve et en face de la mort qui menaçait une existence si chère à son cœur. Elle avait soigné, soutenu et encouragé son bien-aimé père pendant sa maladie. Elle lui avait fait elle-même la recommandation de l'âme. Ses mains lui avaient fermé les yeux. Mais ce dernier acte avait épuisé ses forces; et les symptômes de la commotion qu'elle éprouva firent, un instant, craindre qu'elle ne suivît celui qu'elle n'avait pu sauver. Dieu, cependant, n'imposa pas ce nouveau sacrifice à la famille désolée; et Mme Vialletton, que le peuple vénère aujourd'hui comme autrefois sa mère, maintient encore vivants tous les beaux et religieux souvenirs qui se rattachent aux noms vénérés du Montcel et des Tézenas. — Mère du Sacré-Cœur fut l'ange consolateur de cette double épreuve. Sa foi vive donna des forces aux cœurs affligés qui l'entouraient. « Nous » avons, leur disait-elle, un ami, un protecteur de plus » dans le ciel; à nous maintenant de bénir Dieu des » êtres chéris qu'il nous laisse encore, et de marcher » sur les traces de celui qu'il a rappelé à lui. »

Le temps qu'elle passa à Saint-Etienne ne fut pas entièrement consacré à sa famille. Elle visita ses Communautés de la ville et des environs. Elle vit même et entendit chaque Sœur en particulier. Chacune lui ouvrit son cœur, et toutes lui prirent, sans crainte ni gêne, le temps qui leur était nécessaire. En terminant l'entretien, la bonne Mère ne manquait pas de dire : « Ma fille, êtes-vous contente? » N'avez-vous plus rien qui vous fasse de la peine? » Elle a avoué que, dans plusieurs circonstances, quand les Sœurs l'abordaient avec la volonté de lui parler bien simplement et avec un abandon sans réserve, Dieu lui faisait éprouver une grande suavité. Elle lisait dans leur âme comme dans un livre, et elle pouvait les entretenir fort longtemps sans aucune fatigue. — Si, par exception, il y avait dans les paroles d'une Sœur quelque calcul, un défaut d'abandon ou de sincérité, l'attention de la Mère se retirait comme malgré elle ; son cœur écoutait avec peine et sa bouche ne trouvait rien à répondre. — D'autres fois, éclairée intérieurement, elle disait : « Ma chère » Sœur, vous n'avez pas le courage ou le don de » vous faire connaître, je vais vous dire moi-même » ce qu'il en est ; » et son inspiration amenait une douce et salutaire lumière. — Quand, après de longues journées passées dans cet exercice, on lui représentait qu'elle devait être fatiguée : — « Oh ! non, « répondait-elle, lorsqu'on trouve, comme chez vous, » bien chères Sœurs, l'abandon, la confiance, un » désir sincère d'avancer dans la vertu, rien ne fa- » tigue. Les défauts, même graves, bien reconnus » et simplement avoués, donnent le droit d'espérer » tout de la bonté de Dieu, et d'une volonté à la- » quelle la franchise de l'aveu communique une force » immense. »

En quittant une Communauté, elle en réunissait tous les membres, leur signalait ce qu'elle avait remarqué d'extérieurement défectueux dans la Maison, leur donnait des avis généraux, et leur faisait comprendre surtout l'importance de l'exacte observance de la sainte Règle. « Les infractions à la Règle, disait- » elle, sont comme des gouttières au toit d'une mai-

» son, des lézardes à ses murailles ; si on n'y prend
» pas garde, la maison se détériore peu à peu et finit
» par tomber en ruines. » Aussi, comme à Mi-Carême, les plus petites infractions étaient-elles, de sa part, l'objet d'une réprimande ou d'une punition. Si la faute était grave, elle déployait une sévérité qu'au premier abord on s'étonnait de rencontrer dans cette douce Mère.

Après avoir visité toutes ses Communautés de Saint-Etienne et dit adieu à sa famille, Mère du Sacré-Cœur se hâta de rejoindre ses filles de la Maison-Mère, qui lui avaient écrit des lettres pleines de la plus filiale condoléance au sujet de la mort de son père, et qui attendaient son retour avec une sainte impatience.

Ce retour fut une fête pour toute la Maison, dont elle était l'âme et la vie. On la trouvait partout. Au moment des emplois, elle faisait sa tournée de Mère et examinait par elle-même l'ordre et la propreté des appartements. Son œil voyait tout et ne laissait rien passer. Elle communiquait ensuite, avec un grand tact, à la Communauté réunie ce qu'elle avait remarqué. Elle ne voulait rien qui fût tant soit peu contraire à la pauvreté religieuse, rien de recherché ni d'élégant, mais rien aussi ne devait être déplacé, négligé ou désordonné. — Souvent au dortoir, on la surprenait au moment du réveil, afin de s'assurer si on obéissait généreusement au premier coup de cloche, conformément à cette parole de l'Ecriture : « A l'heure du lever, n'hésitez pas (1). » — Au moment

---

(1) Ecclésiast., 32, 15.

de la méditation, elle veillait attentivement à ce que cet exercice s'accomplît saintement. « Je me souviendrai toujours, racontait une Sœur, qu'un jour à la chapelle, je fus prise par le sommeil, lorsque tout à coup je me sentis légèrement frapper sur l'épaule. Je me retourne et je vois notre Révérende Mère. » — « Voulez-vous, me dit-elle en sou- » riant, que je vous apporte votre traversin, vous » serez mieux. » — « Je vous avoue que je n'eus plus envie de dormir. » — Ses corrections, en général, étaient assaisonnées de tant de douceur, de bonté et d'aménité, qu'on était heureux souvent de les recevoir, et jamais tenté de s'en plaindre.

Comme à Saint-Étienne et de même que sainte Chantal, elle donnait un soin particulier aux récréations. « Cet exercice, répétait-elle de temps en temps, » est un point de règle que nous devons accomplir » aussi bien que les autres; je dirai même plus » exactement, car la méditation peut se remplacer » lorsque nous n'avons pu la faire à l'heure prescrite; » mais il n'en est pas de même de la récréation. » Aussi en donnait-elle l'exemple. Malgré la multiplicité de ses occupations, elle y arrivait la première. Il y régnait une gaieté, un entrain qui mettaient tout le monde à l'aise. Elle se promenait, conversait ou jouait aux dames, au domino... indifféremment avec la première venue de ses filles; chacune était heureuse de l'aborder : c'était une mère au milieu de ses enfants. Tous les cœurs étaient épanouis et se retiraient à la fin récréés, dilatés et remplis d'une nouvelle ardeur pour l'accomplissement du devoir.

Elle aimait à procurer d'agréables promenades,

surtout à l'occasion de sa fête. Une fois, la Communauté se rendit avec elle à Saint-Cyr, au Montd'Or. A trois heures du matin, la maison entière fut sur pied. A cinq heures, tout le monde se trouvait à la chapelle du mont Cindre, où M. le curé de Saint-Cyr célébra la sainte messe. La Communauté des Sœurs de Saint-Cyr était venue se joindre à celle de Lyon, heureuse de prendre part à la fête de leur bien-aimée Mère. La messe fut accompagnée du chant des plus beaux cantiques. Les Religieuses et les prétendantes y firent la sainte communion. La pauvre chapelle n'avait jamais été témoin d'une plus ravissante fête. On aurait dit qu'une troupe angélique y était descendue et y avait apporté quelque chose de la douce joie et de la mélodie du ciel. — Après l'action de grâces, il y eut sur la pelouse un déjeuner champêtre, animé d'une joie aussi innocente que vive. Dans la journée, on fit une petite excursion pour visiter des curiosités artistiques, connues dans les environs de Lyon sous le nom de *Folies-Guillot.* — Pendant ce temps-là, les Sœurs de Saint-Cyr rentrèrent dans leur Maison, accompagnées de la Révérende Mère, qui en fit la visite régulière, vit en particulier chacune de ses filles et leur donna ses avis maternels. Le reste de ce beau jour se passa près de la vieille chapelle, où s'accomplirent tous les exercices religieux : la lecture spirituelle, la méditation et les pratiques diverses de la dévotion privée. Le murmure des prières, le chant des joyeux et pieux cantiques ne cessèrent de remplir la solitude du mont Cindre, et l'antique ermitage vit revivre un de ses plus beaux jours d'autrefois. Le soir venu, on rentra à Lyon en récitant le chapelet et les prières d'usage. La reconnaissance, la joie remplissaient, inondaient tous les cœurs, et la famille entière, plus fervente et plus unie que jamais, bénissait le bon Dieu et sa vénérée Mère.

Comme la Congrégation de Saint-Joseph n'avait pas alors de maison de campagne, tous les jeudis, les postulantes allaient se délasser et respirer l'air pur des champs aux environs de Lyon et de préférence dans les localités où se trouvaient des Communautés de Saint-Joseph : à Saint-Cyr, à Francheville, à Dardilly, etc. — La Communauté de cette dernière localité a gardé longtemps le souvenir d'une visite que lui fit Mère du Sacré-Cœur. Arrivée près de ses filles dans la soirée, et voulant les voir toutes, en donnant à chacune le temps qu'elle désirait, une grande partie de la nuit se passa en entretiens spirituels. Le lendemain matin, la bonne Mère ne paraissant pas à la prière et à la méditation, on crut qu'elle se reposait un peu des fatigues de la veille. « Ne la réveillons pas, dit la Supérieure à ses Sœurs, notre chère Mère dort ; je viens d'écouter à la porte de sa chambre, tout est tranquille. » On évite donc tout bruit et on se rend à l'église pour entendre la sainte messe, jouissant du soulagement que ce repos devait procurer à celle qu'on aimait. Au retour, même calme et même silence à la porte de sa chambre. On l'ouvre avec la plus grande précaution et non sans quelque inquiétude. La cellule était vide. — On cherchait de tout côté, en faisant diverses conjectures, lorsque la laitière de la Maison entre au milieu de cette anxiété : « Vous cherchez sans doute, dit-elle en riant, votre Supérieure générale? Ah! elle est plus vaillante que vous toutes. A trois heures du matin, elle était dans mon char-à-bancs, et elle est arrivée aux Chartreux avant le réveil de la Communauté. J'aurais voulu que vous eussiez vu l'étonnement des portières, lorsqu'elles sont venues lui ouvrir!... Elle m'a bien recommandé de venir vous voir en arrivant et de vous souhaiter le bon jour. » — L'aimable Mère était à la fois enjouée et avare de son temps, dont chaque minute était consacrée au bien de sa famille spirituelle.

Nous l'avons déjà dit : La façon de donner vaut souvent mieux que ce qu'on donne. Personne ne savait mieux que Mère du Sacré-Cœur donner avec amabilité. Ayant appris qu'une de ses Communautés était dépourvue de linge, au point de manquer du nécessaire, elle écrivit à la Supérieure, en la priant de vouloir bien faire la charité à deux *petits Américains*, qui allaient lui demander l'hospitalité; elle ajouta qu'elle envoyait avec eux un petit trousseau, et que tout arriverait le lendemain. En lisant cette lettre, la Supérieure se disait : « Pour faire plaisir à notre Révérende Mère, je m'imposerais volontiers les plus grands sacrifices; mais elle sait bien que nous sommes pauvres... Toutefois, attendons... — Le lendemain, arrivent plusieurs Sœurs de la Maison-Mère; une malle est descendue de la voiture. — « Voilà, sans doute, pensait la Supérieure, le trousseau annoncé; mais où sont donc les *deux petits Américains*? » Elle aborde les voyageuses et leur en demande des nouvelles. — « Vous allez bientôt les voir, » lui répondit-on; et un moment après, une Sœur lui présente deux pains de sucre, en lui disant : « Les voilà!

Notre Révérende Mère vous recommande de ne pas leur *faire mauvaise grâce*. » — Puis on ouvre la malle qui était remplie de linge pour la Communauté : « Voici, ajoutent les Sœurs, le trousseau qui les accompagne. » A la vue d'une si délicate bonté, la Supérieure verse des larmes de reconnaissance et de joie, et toute la pauvre Communauté bénit Dieu d'avoir donné une semblable Mère à leur Congrégation.

Quand il s'agissait de la santé de ses chères filles, la Révérende Mère entrait dans les plus petits détails. Elle avait des attentions et prenait des précautions que pouvait seule inspirer une tendresse vraiment maternelle. Elle connaissait le tempérament de toutes les Sœurs. Elle ne supportait pas que la moindre indisposition lui fût cachée et voulait qu'on y appliquât aussitôt le remède ou le soulagement convenable. — Les poitrines surtout, si facilement éprouvées par les fatigues des classes et de l'enseignement, étaient l'objet de ses soins les plus assidus. Elle faisait donner à chaque Sœur une provision de gomme. — Si elle entendait tousser le matin à la chapelle, elle ne manquait pas d'attendre à la sortie la Sœur qui avait ainsi attiré son attention, et de rechercher soigneusement la cause de sa souffrance. Elle examinait minutieusement ses vêtements, sa chaussure et prescrivait ce qui était nécessaire pour arrêter les progrès de l'indisposition naissante. Les santés faibles la préoccupaient sans cesse, et personne ne s'en formalisait; car on savait que chez elle il n'y avait pas acception de personnes : tout le monde avait la même part à sa bonté.

Une Sœur devait-elle faire un voyage, la bonne Supérieure s'inquiétait de lui faire préparer un repas convenable, selon la saison, la longueur du voyage ou le tempérament de la Religieuse. Elle veillait aux provisions qu'on lui donnait et y ajoutait quelques *douceurs*. Souvent, au moment du départ, craignant que la Sœur ne fût pas assez chaudement habillée, elle courait, sans mot dire, à son petit vestiaire, y prenait un vêtement confectionné pour elle et auquel elle avait eu grand soin de ne pas toucher, et l'offrant avec bonheur à la voyageuse : « Tenez, ma fille, » lui disait-elle, prenez cela, vous aurez moins froid ! » — Au retour, même tendre sollicitude : la Sœur qui arrivait trouvait une cruche bien chaude dans son lit, et n'avait pas de peine à deviner la main qui avait eu cette attention. — En dehors de la circonstance particulière des voyages, souvent les Sœurs qui avaient des besoins s'entendaient adresser cette question maternelle : « Avez-vous bien ce qu'il vous « faut? » Et, sans attendre la réponse, la bonne Mère donnait, avec un aimable sourire, un vêtement que sa sollicitude avait eu soin de préparer d'avance. Ce que l'on confectionnait pour elle s'en allait ainsi par mille voies. Aussi, la Sœur, qui était chargée de son vestiaire, voyant que tout disparaissait, prit le parti de ne lui fournir qu'au moment du besoin, ce qui lui était nécessaire.

Il est une douleur que l'on rencontre quelquefois dans les Communautés, douleur voilée et qui fait au cœur sensible et délicat de la Religieuse une plaie d'autant plus vive, qu'elle n'a aucun moyen de l'adoucir et de la soulager. C'est celle qu'elle éprouve au sujet des afflictions ou des malheurs qui peuvent frapper sa famille. C'est un père mort et une mère demeurée sans appui, peut-être sans le nécessaire... Ce sont des enfants, devenus orphelins, sans protecteur et sans ressource... Qui ne comprend toute l'amertume des angoisses et des larmes silencieuses d'une pauvre Religieuse dans cette cruelle épreuve ? L'exquise tendresse de Mère du Sacré-Cœur devinait ces plaies cachées et invisibles. Elle mêlait ses larmes avec celles de l'affligée, et elle faisait tout ce qui dépendait d'elle, soit par sa propre charité, soit par celle d'autrui qu'elle implorait, pour adoucir dans le cœur de son enfant une si poignante douleur. Dieu seul connaît combien de parents de ses filles elle a soulagés, et que d'orphelins elle a secourus ! — Que de fois, lorsque les novices avaient fait profession, et qu'on mettait leur trousseau en commun, elle prélevait la part de ses protégées! On n'aurait pas défait un paquet des jeunes professes, sans que la bonne Mère fût présente; les Sœurs lingères connaissaient le plaisir qu'elle éprouvait à donner. Quand elle avait la bonne fortune de rencontrer ce que sa charité cherchait, elle prenait quelques Sœurs en particulier : « Tenez, leur disait-elle, cela ferait-il plaisir à vos » parents? Dans ce cas, hâtez-vous de le leur en- « voyer. » — Au jour de l'an, elle éprouvait une très-grande jouissance de pouvoir dire à celles des Religieuses, dont les parents étaient dans le besoin : « Faites parvenir cela à votre famille, — ou bien, » portez ceci à votre mère, à vos sœurs; il faut bien » qu'elles aient aussi leurs petites étrennes. » Il est nécessaire, a dit un grand docteur, qu'une mère ait deux choses largement ouvertes : le cœur et la main ; le cœur pour aimer, et la main pour soigner et donner. — On voit à quel haut degré Mère du Sacré-Cœur réunissait ce double attribut de la mère.

Mais, si elle avait tant de bonté, d'attentions et de soins, même pour les dernières de ses filles et jusque pour leurs parents, qu'on juge des égards et des prévenances délicates qu'elle devait avoir pour les premières, pour les anciennes, et surtout pour l'incomparable Mère Saint-Jean, dont les infirmités allaient en s'augmentant chaque jour.

Cette âme forte avait quelque chose du grand Apôtre. Après avoir autrefois dit, comme lui : « En présence des tribulations et des chaînes, je ne crains rien de tout cela, » elle savait à présent dire encore avec lui : « Ma vie est cachée en Jésus-Christ... Je sais souffrir, je sais m'anéantir ; Jésus-Christ, mon Sauveur, m'a appris cette science (1). » Nous connaissons, en effet, la place que le silence, la retraite, la vie cachée, l'humiliation et la souffrance, ont occupée dans ces trente-trois années, qui devaient tout nous apprendre. — Mais, plus l'humble Fondatrice, à l'exemple de son divin Maître, continuait de se cacher, plus on la vénérait. La sainte émulation des vertus persévérait entre elle et sa digne Fille. Mère Saint-Jean, à quatre-vingts ans, se mettait à genoux pour demander ses permissions ou ses communions. Mère du Sacré-Cœur confuse la relevait filialement et se jetait à ses pieds pour recevoir sa bénédiction. La première s'humiliait avec bonheur.

(1) Epîtres aux Col., 3, aux Ephés., 4.

La seconde souffrait de cette humiliation et voulait la partager. La vie des Saints n'offre rien de plus touchant et de plus édifiant que cette lutte d'humilité, où l'une jouissait d'être la dernière, et l'autre souffrait de se voir la première.

Mère Saint-Jean ne cessait de bénir Dieu du bien qui s'opérait dans sa famille chérie. Elle était heureuse de voir Mère du Sacré-Cœur aimer ses filles, comme elle les aimait elle-même ; compatir à leurs souffrances, pourvoir à leurs besoins, travailler à leur sanctification et continuer son œuvre par le développement de la Congrégation. On suivait ses exemples, on marchait sur ses traces : la Mère revivait dans la fille. — La vénérable Fondatrice, en bénissant Dieu, le priait, dans sa petite cellule retirée à l'écart, comme Moïse sur la montagne, d'aider, de bénir celle qui la remplaçait au milieu des saintes luttes et des bons combats. De sa cellule elle allait à la chapelle, au tabernacle, et du tabernacle elle retournait à sa cellule, traversant une petite cour intérieure et appuyant, comme saint Vincent de Paul, ses vieux ans et ses infirmités sur un simple bâton. Elle ne voulait jamais qu'une Sœur lui prêtât l'appui de son bras. — A la fin du repas du soir, la vénérable octogénaire faisait une profonde révérence à Mère du Sacré-Cœur, prenait une petite cruche d'eau que les novices lui disputaient en vain, et regagnait en priant sa modeste chambre à coucher. — Ainsi faisaient les anciens Pères du désert, serviteurs de Dieu, qui ne voulaient être servis par personne. « Je ne suis pas venu pour être servi, mais pour servir, » a dit le Maître. — La Maison-Mère et la Congrégation de

Saint-Joseph n'oublieront jamais ce spectacle si grand, si beau, dans son humilité et sa simplicité. La respectable Fondatrice couronnait, comme son Bien-Aimé, par la croix, l'œuvre de sanctification qui l'avait occupée durant toute sa vie.

Pendant ce temps-là, Mère du Sacré-Cœur, dont l'oreille maternelle entendait la moindre toux d'une de ses filles, était bien plus attentive encore à suivre le progrès et les ravages des ans et des infirmités dans celle en qui elle vénérait à la fois une sainte et la Mère de l'Institut. Sa tendresse, son respect, ses soins redoublaient chaque jour, à mesure que cette vie précieuse s'écoulait vers l'éternité. Elle aurait voulu pouvoir la disputer aux années, et ne pouvant en arrêter l'invincible cours, elle cherchait au moins à les adoucir par tout ce que l'amour filial a de plus suave et de plus délicat. — Un accident vint encore accroître l'anxiété de son cœur. Un hiver, en traversant sa petite cour, appuyée comme de coutume sur son seul bâton, la vénérable octogénaire glissa et tomba sur la glace. Elle ne put se relever. On accourut en toute hâte ; ses filles la prirent amoureusement dans leurs bras qu'elle avait toujours refusés comme appui, et la transportèrent dans sa chambre. Les médecins immédiatement appelés déclarèrent que l'épaule était démise, et qu'il fallait une opération que l'âge et les infirmités rendraient difficile et bien douloureuse. Mère du Sacré-Cœur ne quitta plus sa vénérée et bien-aimée malade. M. le docteur Bonnet, major à l'Hôtel-Dieu, et M. Berlioz firent l'opération, dont toute la Maison attendait le résultat dans la prière et dans la plus pénible angoisse. — La vénérable patiente avait fait placer un Christ devant elle et n'en détourna pas les yeux durant toute l'épreuve. La raideur des membres rendit l'opération longue, pénible et les douleurs aiguës. On n'entendit, de la part de la pauvre infirme, ni la moindre plainte, ni le plus petit gémissement. Celle qui avait bravé les bourreaux et s'était jouée de leurs fers ne pouvait pas craindre des chirurgiens, d'ailleurs très-habiles, et les instruments que maniaient leurs mains expérimentées. — Toutefois, le courage et la patience de cette Religieuse plus qu'octogénaire, couverte d'autres infirmités, les étonnèrent, et M. le docteur Bonnet ne put s'empêcher de dire : « Il fait bon avoir à faire aux personnes saintes, on peut opérer sur elles comme l'on veut... Cette bonne Mère vient de donner à ses filles, au milieu de pareilles souffrances, un exemple de patience héroïque et de sublime résignation. »

Après l'opération, Mère du Sacré-Cœur continua de soigner sa chère et vénérée malade de la manière la plus délicate et la plus intelligente. Elle et sa Communauté persévérèrent dans la prière, afin d'obtenir et de hâter la guérison tant désirée. Dieu bénit cet amour filial; la guérison fut accordée; la vénérable convalescente fut plus vite rétablie qu'on aurait osé l'espérer, et la Congrégation eut le bonheur de conserver encore quelque temps sa Mère et sa première Fondatrice.

Mère du Sacré-Cœur avait assisté à l'opération de Mère Saint-Jean, et son œil éclairé par l'amour en avait suivi les diverses phases avec une filiale anxiété. — Il en était de même dans toutes les épreuves de ce genre subies par ses filles. Toutes la voulaient près d'elles pour les soutenir. — Ce fut elle qui tint dans ses bras Sœur Adélaïde, pendant une cruelle opération que nécessita un effroyable cancer. — « Vous serez là, ma Mère, lui disait une autre Sœur, pendant qu'on m'enlèvera la fistule que j'ai à l'œil; vous me porterez bonheur, ne me quittez pas. » Et durant tout le temps de l'opération, la bonne Mère tint son enfant par la main.

L'amour, dit un maître de la vie spirituelle, a la passion de servir; il n'y a que lui pour servir comme il fait. Il y a mille choses qu'il voit, qu'il sait, qu'il devine, qu'il sent et qu'il est seul à voir, à savoir, à deviner, à sentir, à pouvoir. Il y a une foule de devoirs et de services secrets et sacrés, que lui seul peut remplir et rendre... L'amour aiguise l'esprit, rend les yeux clairvoyants, les pieds rapides, les bras fermes, les mains délicates (1)... — Ces instincts et ces qualités de l'amour chrétien et divin expliquent la conduite, la force et les succès spirituels de Mère du Sacré-Cœur. Elle aimait saintement ses filles, et cet amour opéra des prodiges d'abord à la Maison-Mère. De ce foyer, il se répandit ensuite dans les différentes Maisons de la Congrégation, que la Révérende Mère dut visiter, après avoir donné ses premiers soins à l'Etablissement dont la divine Providence a fait la tête et le cœur de l'Institut, et qu'elle a si admirablement placé, comme nous l'avons déjà remarqué, sur la colline de Saint-Bruno, en face de Fourvière et sous les yeux de Marie. — Il n'est pas étonnant qu'on y vit de si admirables vertus.

(1) *De la Vie chrét. et relig.*, 1, 126.

CHAPITRE III

Visites des Maisons particulières. — Tact, délicatesse, amabilité, succès de la Révérende Mère du Sacré-Cœur dans l'accomplissement de ce devoir de sa charge. — Sagesse de ses recommandations. — Ses soins pour le corps et pour l'âme de ses Filles. — Egards réciproques qu'elle leur recommandait d'avoir entre elles. — Avis relatifs aux vocations. — Courage dans les fatigues. — Bonté touchante pour une enfant. — Recommandations au sujet du catéchisme. Son importance. — Sœur Louis-Joseph. Son zèle pour l'Œuvre des catéchismes. Ses vertus, sa sainte mort. — Deux circulaires de Mère du Sacré-Cœur. — Travaux d'agrandissement à la Maison-Mère. — Sainte confiance de Mère du Sacré-Cœur en la Providence. — Sa bonté pour les ouvriers. — Accident parmi les ouvriers. — Œuvre de Vernaison. — Concours de la Providence. — Utilité et sainte convenance de l'œuvre de Vernaison.

Ainsi que nous l'avons vu au premier livre de cette histoire, les Religieuses de Saint-Joseph, avant la Révolution et dans les premières années qui la suivirent, formèrent, à l'exemple des Sœurs de la Visitation, des Maisons indépendantes les unes des autres. L'unité hiérarchique et administrative avait, il est vrai, remplacé cette diversité. Mais l'établissement de la discipline demande du temps et des ménagements;

sa nature et celle des hommes l'exigent. Il y a même certaines habitudes qui ne peuvent disparaître que bien à la longue. La réforme obtenue, il faut ensuite la maintenir. De là, avec les précautions d'une prudence patiente et éclairée, la nécessité des visites et des inspections générales. Aussi, la Révérende Mère du Sacré-Cœur s'empressa-t-elle de s'acquitter de cet important devoir de sa charge, après avoir consacré, comme il convenait, les prémices de son zèle à la Maison-Mère.

Elle n'ignorait pas les embarras et les difficultés de cette partie délicate de ses fonctions. C'est pourquoi, avant d'en commencer l'exercice, elle se confia d'une manière toute spéciale à la divine Providence, la priant de guider ses pas, de diriger ses démarches et de bénir sa parole, afin de procurer en tout et partout la plus grande gloire de Dieu. — Elle ne tarda pas à rencontrer certaines petites appréhensions. Plus tard, elle racontait en riant, que dans une de ses premières visites, elle vit de loin les Sœurs prenant leur récréation, et quelques-unes sur le seuil de la porte ouverte. Celles-ci l'aperçurent aussi, et en un clin d'œil, toute la Communauté disparut. Lorsque la Supérieure entra, la Maison semblait être vide. Elle pénétra dans plusieurs pièces, et personne ne se présentait. La bonne Mère riait avec sa compagne de cette réception, quand enfin une Sœur converse arrive. Elle l'accueille et lui parle avec son amabilité ordinaire. — On écoutait tout dans un appartement voisin, et on regardait par les fentes de la porte. L'accueil fait à la Sœur converse dissipe l'appréhension irréfléchie, qui avait troublé les esprits.

« Approchons, elle n'est pas aussi terrible que nous pensions, se disaient les fugitives ; écoutez comme elle parle avec bonté à la Sœur converse. » La porte, jusque-là fermée avec soin, s'ouvre timidement et quelques visages se montrent. Mère du Sacré-Cœur les prévient, les embrasse avec tendresse ; et bientôt toute la Communauté est dans ses bras, heureuse et bénissant Dieu d'avoir une si aimable Mère. — Que de fois, lorsque la Supérieure générale quittait une Maison, on entendit les Sœurs se dire entre elles : « Pouvions-nous tant appréhender cette visite ? oh ! qu'elle revienne souvent auprès de nous, cette bonne Mère ! quel bien-être on éprouve avec elle ! » — Les Supérieures locales surtout étaient heureuses, et lui offraient tous leurs services. « Vous nous ferez
» bien plaisir, répondait la Révérende Mère, si vous
» pouvez nous venir en aide ; mais, cependant, que
» cela ne vous gêne pas ; pensez à vos filles avant
» tout. » — Cette délicate bonté dilatait tous les cœurs, et les disposait à s'intéresser aux besoins de la Maison-Mère, dont on avait parfois un peu trop redouté les exigences.

La Mère générale arrivait souvent dans les Maisons sans être attendue, et voyait d'un coup d'œil si l'état des choses était conforme à la Règle. Chaque Religieuse lui rendait compte en particulier de ses dispositions intérieures, de ses habitudes, de celles de la Maison, de ses occupations et de sa santé. — Elle visitait aussi les classes, interrogeait les élèves, examinant leurs cahiers, leurs livres, leurs travaux, et s'informant minutieusement si l'ordre, la propreté et le silence étaient bien observés. Elle avait coutume de dire que, de la bonne discipline de l'école dépendaient les progrès des élèves.

Venait ensuite l'examen des rapports de la Communauté avec le dehors. Elle voulait qu'envers le curé de la paroisse, les paroles et les procédés fussent toujours empreints d'un grand respect. « Vous êtes
» ici, disait-elle aux Sœurs, pour l'aider à sauver les
» âmes. Vous ne devez jamais vous mêler aux plaintes
» qui s'élèvent contre lui, ni même les entendre.
» Votre devoir est d'adoucir, de calmer, de concilier
» les esprits, et d'exciter la confiance de tous, parti-
» culièrement de vos enfants, pour le ministre du
» Seigneur. Agissez de même envers les autres prê-
» tres; ne dites rien d'eux qui puisse nuire à leur
» saint ministère, et si vous en parlez, que ce soit
» toujours avec la plus respectueuse considération. »
— Elle supprimait sagement les visites inutiles et les rapports trop fréquents.

La prudente Supérieure générale voulait aussi qu'on rendît aux maires et aux autres fonctionnaires publics l'honneur qui leur est dû, sans jamais prendre part aux difficultés, ni aux divisions qui pouvaient exister entre eux. — Elle tenait à ce qu'on reçût avec respect et déférence les inspecteurs des écoles. « Ils sont, di-
» sait-elle, les représentants de l'autorité, et nous
» devons leur obéir, dès qu'ils ne nous demandent
» rien de contraire à nos saintes Règles et à la gloire
» de Dieu. »

Elle recommandait instamment aux Supérieures locales d'avoir soin de la santé des Sœurs; et lorsqu'elle s'apercevait que la nourriture n'était pas assez abondante ou assez fortifiante, elle exigeait un changement de régime, surtout dans les montagnes du Forez, où les Sœurs ne connaissaient, pour aliment gras, qu'un peu de lard souvent rance. « Rien de » contraire à la pauvreté, répétait la sage et tendre » Mère ; mais les jeunes Sœurs n'ont pas la santé de » nos bonnes et fortes anciennes. Les classes sont de » plus en plus pénibles, il faut être à même de les » faire. » — Elle arrivait quelquefois, dans les Communautés, au moment des repas. Alors, ses yeux de Mère passaient en revue toute la table. La nature et la préparation des mets, la qualité, la couleur du pain, rien ne lui échappait. S'il était noir et accompagné seulement de pommes de terre, « ce » n'est pas assez pour vos santés et les travaux que » vous faites; prenez la nourriture nécessaire, disait- » elle, après saint Basile-le-Grand, afin de pouvoir » travailler vaillamment comme des ouvrières du » Christ que vous êtes. Il ne faut se donner aucun » repos, le long du jour, en attendant le soir, c'est-à- » dire la fin de la vie, heure à laquelle le Père de » famille viendra compter avec vous et payer votre » journée. » — « Pour l'amour de Jésus, disait en pareil cas une autre sage et sainte Mère, Mme Barat, mangez et dormez bien ; vous êtes nourrices d'un grand nombre d'enfants. Il vous faut des forces corporelles et spirituelles, pour allaiter et soigner tout ce petit monde. » — La sagesse des Saints est empreinte de bonté ; ils soignent tout, l'âme et le corps.

Mais rien n'égalait la nourriture délicate et solide que la Mère du Sacré-Cœur donnait aux âmes, dans ses entretiens spirituels à l'occasion de ses visites.

Qu'il faisait bon l'entendre, répètent encore celles qui ont eu ce bonheur, le soir, quand les élèves s'étaient retirées, et que la famille religieuse était filialement groupée autour de sa Mère! Les cœurs étaient enflammés par ses paroles ardentes, qui les pénétraient comme des traits de feu. Tantôt elle recommandait l'humilité, l'abjection, le mépris de soi-même. Tantôt elle démasquait et signalait les mille petites misères et subtilités d'amour-propre, qui se cachent quelquefois jusque sous l'habit religieux, et rappelait ces paroles du divin Epoux, au Cantique des Cantiques : « Prenez ces petits renards qui ravagent » votre vigne. » — Le plus souvent, elle insistait sur le support mutuel, l'union, la concorde et l'amour que des Religieuses doivent avoir les unes pour les autres. Elle voulait qu'on abondât en égards réciproques. Il y a ceux de la parole; il y a ceux du silence; il y a ceux de l'accent, ceux du visage, des regards, des gestes. Il ne fallait manquer à aucun; les Maisons religieuses devaient en être embaumées, car c'est un parfum. — Tout ce qu'elle disait était sans apprêt, sans recherche; mais c'était si plein de vérité, d'à-propos et d'onction, qu'on ne se lassait jamais de l'entendre, et qu'on s'en souvenait toute la vie. Sa parole sympathique se gravait vivement et profondément dans les âmes. C'étaient autant de traits de douce lumière.

Elle conjurait les Supérieures de mettre les soins les plus grands et les plus délicats, dans la recherche et le choix des vocations. « Ne cherchez pas tant la » dot, répétait-elle sans cesse, cherchez simplement » la vocation divine; qui veut avoir des filles d'ar-

» gent n'en aura jamais d'or. » La dot, en effet, n'entrait presque pas en ligne de compte auprès d'elle. Si la jeune fille paraissait s'en prévaloir, l'humble et sage Mère ne manquait pas de lui dire : « Mon » enfant, vous pouvez facilement entrer dans une » autre Communauté, vous y serez mieux que chez » nous, qui sommes des filles pauvres. » — Si, au contraire, une orpheline, une jeune personne absolument dépourvue de dot lui paraissait vraiment humble, droite, docile, pleine de bon sens et disposée à se donner à Dieu de tout son cœur, elle était très-heureuse de la recevoir. « Il y a, disait-elle » agréablement, une fabrique de monnaie au Ciel, » pour payer la dot des âmes, que Notre-Seigneur » Jésus-Christ se choisit pour épouses. J'aime bien » mieux recevoir la dot de Dieu que des familles, » il est beaucoup plus généreux et donne sans » compter. »

Son courage égalait sa sagesse et sa bonté. Les tournées dans les montagnes du Forez, où très-souvent l'on ne pouvait se servir de voiture, étaient très-pénibles. Il y avait de longues marches à faire à pied, par de mauvais chemins ou des sentiers scabreux. « Du courage ! disait alors la bonne Mère à la Sœur » qui l'accompagnait, Dieu compte tous nos pas. » Elle se levait de très-grand matin, quelquefois à deux ou trois heures, afin de pouvoir entendre la sainte messe, à son arrivée, dans le village où elle se rendait. Elle réveillait elle-même et encourageait toute sa suite. — Au milieu des privations et des plus grandes fatigues, sa gaieté était aussi inaltérable que douce.
— Un jour, une dame de haute condition l'avait

fait conduire dans sa voiture, avec laquais devant et derrière. « Aujourd'hui, nous sommes traitées
» comme des princesses, dit-elle en riant à sa com-
» pagne ; mais demain nous le serons comme de
» bonnes paysannes. »

Le lendemain, en effet, elle se trouvait dans une mauvaise charrette traînée par des bœufs. « Voilà, ajouta-t-elle, qui convient mieux à de pauvres filles de Saint-Joseph » — Dans une rencontre, une Supérieure locale d'une grande simplicité, ayant à faire conduire dans un village assez éloigné une enfant, qui était demandée par sa mère, pria la Supérieure générale de vouloir bien s'en charger : ce que cette dernière fit volontiers et de très-bon cœur. Tout le long du voyage, l'enfant ne dit pas un mot ; à peine osait-elle lever les yeux sur la Révérende Mère, lorsqu'elle en recevait une caresse, un fruit ou quelques douceurs. Tout à coup, l'enfant aperçoit le clocher de son village. Sa timidité l'abandonne, la joie brille dans ses yeux : « C'est mon pays ! s'écrie-t-elle, voilà notre maison ! » Une femme qui attendait s'avance vers la voiture ; l'enfant s'élance dans ses bras : « Ma mère, lui dit-elle, allez vite chercher du lait pour ces Sœurs, qui ont été si bonnes pour moi ; » et elle fait l'énumération de tout ce qui lui avait été donné. — La voiture ne s'arrêta qu'un moment ; c'en fut assez pour que l'enfant et la mère courussent à leur chaumière et en revinssent chacune une écuelle de lait à la main, pour étancher la soif des voyageuses. « Quelle reconnaissance dans ces bonnes gens ! fit
» observer, avec attendrissement l'excellente Mère
» générale. C'est une leçon pour nous ; car, après

» un bienfait reçu du Seigneur, nous devrions tout
» de suite, comme cette enfant, lui en témoigner
» notre gratitude. » — Tout la ramenait à Dieu.

Dans ses visites aux différentes Maisons de la Congrégation, Mère du Sacré-Cœur insistait fortement sur l'enseignement du catéchisme : ce petit livre, lequel, selon l'éclectique Jouffroy lui-même, « ne laisse sans réponse aucune des questions qui intéressent l'humanité » (1). A ce sujet, la Supérieure générale se plaisait à faire aux jeunes Religieuses cette recommandation : « Souvenez-vous de
» ce que vous disait Sœur Louis-Joseph, dans ses
» catéchismes. »

Sœur Louis-Joseph, née Landrivon, avait été Directrice des classes au noviciat. La méditation et l'enseignement du catéchisme, dont elle était chargée, faisaient ses plus chères délices. Elle répétait souvent que « son bonheur le plus doux serait d'apprendre les éléments de la doctrine chrétienne aux pauvres enfants de la campagne. » Aussi, ne négligeait-elle rien pour former les jeunes Sœurs, qui dans la suite devaient remplir ce saint ministère. « Que vous

---

(1) « Demandez à l'enfant du catéchisme d'où vient l'espèce humaine, il le sait ; — où elle va, il le sait ; — comment elle y va, il le sait. — Demandez-lui pourquoi il est ici-bas et ce qu'il deviendra après sa mort, il vous fera une réponse sublime. — Demandez-lui comment le monde a été créé et à quelle fin ; pourquoi les hommes parlent plusieurs langues, pourquoi ils souffrent et comment tout cela finira, il le sait. Destinée de l'homme en cette vie et en l'autre ; rapports de l'homme avec Dieu ; devoirs de l'homme envers ses semblables ; droits de l'homme sur la création, il n'ignore rien... Voilà ce que j'appelle une grande religion, » conclut le philosophe Jouffroy. — Voilà le catéchisme.

serez heureuses, leur disait-elle souvent, lorsque reléguées dans quelque village isolé, vous serez entourées de petites enfants pauvres, oubliées, lesquelles, cependant, sont créées à l'image de Dieu! Votre sort est bien digne d'envie. » — Ce fut celui du grand Gerson, qui, après avoir dirigé près de trente ans la première Université du monde, se retira à Lyon dans le couvent des Célestins, et y passa ses dernières années à faire le catéchisme aux petits enfants.

Enfermés dans la prison de notre corps, a écrit l'auteur de l'*Imitation*, nous avons besoin d'aliments et de lumière. C'est pourquoi, Dieu nous a donné l'Eucharistie pour être la nourriture de notre âme, et sa divine parole pour luire comme une lampe devant nos pas. Sœur Louis-Joseph ne pouvait pas vivre sans ces deux éléments. Son délassement était auprès du tabernacle, et l'Ecriture sainte avait pour elle un attrait irrésistible. Elle l'avait entre les mains le jour et la nuit, et elle la savait à peu près toute par cœur. Son bonheur était d'en parler, ainsi que des mystères de notre sainte Religion. Ses explications et ses développements, même des plus relevés, étaient si beaux, si clairs et si précis, et donnaient tant de charmes à sa conversation et à ses entretiens qu'on eût désiré passer sa vie auprès d'elle. — Sa régularité fut toujours parfaite. Toutes les vertus religieuses brillèrent en elle d'un vif éclat et furent couronnées à la fin, par huit mois de la plus admirable patience sur un lit de douleur. Sans cesse occupée des autres, elle s'oubliait elle-même. Lorsqu'on lui parlait de ses souffrances, elle répondait :

« Il est bien vrai que je souffre beaucoup, mais qu'est-ce que cela en comparaison de la récompense ? » A ses yeux, souffrir était encore mieux qu'agir. — Avec le mystère de la croix, Dieu lui avait fait comprendre le prix de la souffrance. Comme dans la nature, la souffrance fait l'homme ; dans l'homme, elle fait le saint (1). Aussi, dans ses douleurs, jamais Sœur Louis-Joseph ne laissa échapper le moindre mot de plainte ou d'impatience. Lorsqu'on l'abordait, on voyait toujours un doux sourire sur ses lèvres, et l'on eût dit qu'elle était insensible aux maux aigus qu'elle endurait. La seule peine qu'elle éprouvait, était la crainte d'offenser son divin Epoux. La moindre apparence du péché la désolait. Tous les huit jours, le dimanche, elle recevait le saint Viatique. C'était une fête pour elle, et elle attendait avec impatience le matin de ce beau jour. — La nuit, qui précéda sa bienheureuse mort, se passa tout entière dans de vifs élans d'amour. Pouvant à peine parler, elle recueillait de temps en temps toutes ses forces, pour s'écrier : « O mon Jésus, quand vous verrai-je face à face ? Comme le cerf altéré court après les eaux vives, mon âme soupire après vous, ô mon Dieu. — O Marie, ma bonne Mère, demain je vous verrai et ce sera pour toujours ! » — A six heures du matin, on lui apporta Celui qu'elle avait appelé avec tant d'ardeur toute la nuit, et elle Le reçut avec une angélique ferveur.

---

(1) « Voyez les héros et les Saints : à la racine même de leur héroïsme et de leur sainteté, vous trouverez la souffrance. » — *De la Vie chrétienne et religieuse*, t. III, p. 113.

Deux heures après, elle Le suivit au ciel sans agonie, emportant avec elle les regrets de toute la Congrégation et y laissant, avec la bonne odeur de sa sainteté, des notes et des instructions précieuses pour les Sœurs qui enseignent. — Après une telle vie et une telle mort, il n'est pas étonnant que Mère du Sacré-Cœur aimât à citer ce modèle dans ses visites, où elle rencontrait souvent des Religieuses qui avaient reçu les leçons et assisté aux catéchismes de Sœur Louis-Joseph.

Cette première tournée étant accomplie, la Supérieure générale rentra à la Maison-Mère, heureuse à la fois de revoir ses filles et d'avoir pu, de ses propres yeux, contempler l'ordre, la régularité, l'union, la charité et l'esprit de foi qui régnaient au sein des Communautés religieuses, comprises dans cette visite. Son affection, son zèle et son dévouement pour sa pieuse et chère Congrégation ne firent que s'accroître. — Quelques temps après, en 1840, elle lui adressa une circulaire pour informer les Supérieures surtout, d'importants changements survenus dans la haute administration ecclésiastique et de ce qui touchait spécialement à la Congrégation. « Mgr de
» Bonald, leur disait-elle, notre nouvel Archevêque,
» transféré du Puy à Lyon, paraît porter le plus vif
» intérêt à notre Congrégation, dont sa précédente
» ville épiscopale a vu le berceau, béni par un de ses
» vénérables prédécesseurs, Mgr Henri de Maupas,
» notre fondateur. Nous avons déjà recueilli plus
» d'une preuve de sa bienveillance et de sa sollici-
» tude pour nous. Un de ses premiers soins a été
» de nous donner un Supérieur, un Père spirituel.

» M. Cholleton se retire et entre dans une Congré-
» gation religieuse, couronnant ainsi par l'humilité
» et le renoncement absolu, une vie de zèle et de
» dévouement. Le soin de nous diriger a passé de
» ses mains à celles de M. Grange, autrefois curé
» de Saint-Louis, à Saint-Etienne, et aujourd'hui
» grand-vicaire. Nous n'avons qu'à remercier Mon-
» seigneur d'un tel choix et qu'à bénir Dieu qui le
» lui a inspiré. — Il convient, mes chères filles,
» que, de chaque Communauté, on adresse quelques
» lignes à ce nouveau Père, soit pour le remercier
» d'avoir bien voulu accepter la direction de notre
» Congrégation, soit pour l'assurer de notre soumis-
» sion entière à suivre les sages avis qu'il voudra
» bien nous donner. »

Ce fut alors, comme nous l'avons dit, que M. Grange se dévoua au bien de la Congrégation de Saint-Joseph, de concert avec la Supérieure générale, et qu'ils imprimèrent aux études une sage activité. Les Religieuses devant se livrer à l'instruction et à l'éducation de la jeunesse, « il faut, disaient-ils, qu'elles soient à même de remplir sérieusement leur tâche. » Le noviciat fut l'objet spécial de leur sollicitude. Pour faciliter et fortifier les travaux classiques, on prolongea de dix mois le postulat; et, au bout de deux ans de noviciat, les novices devaient subir des examens détaillés sur les spécialités qu'elles avaient étudiées.

Une nouvelle circulaire fut envoyée à toutes les Communautés. « Notre Supérieur général, écrivait
» la Révérende Mère, désire que dans chaque
» Maison de la Congrégation, il y ait une biblio-

» thèque contenant avec les livres religieux, des
» livres classiques. Il veut que les Supérieures
» envoient leurs novices à la Maison-Mère, deux ou
» trois mois avant l'époque de leur profession; et il
» recommande de les prévenir, qu'avant leur admis-
» sion, elles auront à subir des examens sur tous les
» points de leur enseignement. » — Ainsi, l'instruction accompagnait et suivait de près la formation
religieuse. « Il faut accompagner notre foi de toute
la raison qui est en nous, » disait Montaigne. Mais,
comme le remarque un autre philosophe, « il faut à
la science l'arome religieux, qui l'empêche de se corrompre. » L'instruction pour les méchants est un
instrument de mal; et très-souvent entre leurs
mains, les lumières se transforment en incendie :
et à l'incendie, je préfère les ténèbres, conclut un
docteur républicain de l'Amérique. — L'enseignement
religieux et congréganiste porte donc avec lui le
salut de la société.

Avec une direction si sage et si éclairée, l'Institut
de Saint-Joseph prenait tous les jours de nouveaux
accroissements, et les sujets y arrivaient de toutes
parts. A la vue de cette heureuse fécondité, Mère du
Sacré-Cœur crut que c'était le moment de mettre en
pratique cet oracle du prophète Isaïe : « Dilatez
l'emplacement de vos tentes; étendez le plus que
vous pourrez les peaux qui les recouvrent; allongez
leurs mesures et affermissez les appuis qui les soutiennent, car vous vous étendrez à droite et à
gauche, et votre postérité habitera des villes maintenant désertes (1). » — A la nouvelle qu'on allait

(1) Isaïe, 54. 1, 2, 3.

bâtir, plusieurs Religieuses, surtout parmi les anciennes, conçurent de vives inquiétudes, vu la modicité des ressources de la Maison. Ces craintes ne parurent pas sans fondement, même à M. Plantier, alors aumônier de Saint-Joseph, plus tard évêque de Nîmes et resté jusqu'à sa mort, un des plus fidèles amis et sincères admirateurs de la Révérende Mère du Sacré-Cœur. Elle le conduisit un jour sur le terrain des nouvelles constructions et lui en soumit le plan. Etonné, surpris de la hardiesse de l'entreprise : « Eh! quoi, s'écria-t-il, ma Révérende Mère, vous ne craignez pas de faire banqueroute? » — « Oh!
» non, Monsieur l'Aumônier, répondit-elle en riant; je
» compte sur la Providence et j'espère bien qu'elle
» ne me fera pas défaut, vous savez bien que saint
» Joseph est constitué notre procureur; c'est son
» affaire. » — Toutes les personnes qui lui manifestèrent les mêmes appréhensions, reçurent cette réponse pleine de confiance et de foi en la divine Providence.

Ce fut en 1842, qu'on commença la construction du noviciat. Pour obtenir la bénédiction du ciel, la pieuse Mère écrivit à toutes les Communautés : « Je
» recommande à vos ferventes prières une chose im-
» portante, qui intéresse au plus haut point toute
» notre chère Congrégation. Nous faisons une neu-
» vaine à cette intention, soyez assez bonnes, mes
» bien-aimées filles, pour nous aider en unissant
» vos supplications aux nôtres. » — On ne se contenta pas de prier; les Sœurs, les postulantes voulurent mettre la main à cette œuvre sainte. On formait des chaînes et on se faisait passer les pierres pour

les déposer au lieu indiqué par les ouvriers. « Que de briques nous avons transportées pendant notre noviciat ! écrivait une Religieuse à une de ses compagnes. Vous souvient-il que notre Révérende Mère nous aidait à porter des corbeilles remplies de terre, de pierres et d'autres matériaux. Elle était toujours là pour nous donner l'exemple. Elle n'avait pas besoin de paroles pour nous stimuler, son exemple suffisait. Que de bonnes récréations elles nous a fait prendre, en transportant des briques ou des corbeilles pleines de gravois et de moellons !... »

Dans ses rapports avec les ouvriers, la Révérende Mère avait le secret de les gagner. Elle les regardait comme les membres souffrants de Jésus-Christ, les imitateurs de sa vie laborieuse. Elle s'informait de tout ce qui pouvait les intéresser : leurs femmes, leurs enfants, leur pays... Elle savait adoucir leurs fatigues, et par le secours qui soulage et par la sympathie qui va droit à l'âme et la relève. Au moment des chaleurs ou d'un redoublement de travail, les ouvriers recevaient toujours à propos quelque rafraîchissement ou quelque chose de fortifiant. La bonne Mère avait pour eux des attentions auxquelles aucun cœur ne peut résister. Aussi, pleins de respect et de vénération pour elle, s'empressaient-ils de faire tout ce qu'elle leur demandait. — Le vendredi de la semaine sainte, elle les aborda en leur disant : « Mes amis, nous allons
» faire l'adoration de la Croix. Vous êtes tous
» chrétiens, je le sais, et vous ne craignez pas de
» le montrer ; c'est pourquoi, je suis convaincue
» que vous ne ferez aucune difficulté d'assister à

» notre pieuse cérémonie : Venez donc avec nous. » Non-seulement ils y assistèrent; mais ayant été touchés des prostrations profondes, que font les Religieuses avant de baiser l'image du Christ : « Allons, dit l'un deux, faisons comme elles; » et aussitôt se mettant à la suite des Sœurs, ils allèrent rendre leurs hommages à Jésus crucifié.

Craignant les accidents, qui peuvent les surprendre et les atteindre au milieu de leurs travaux, la bonne et prudente Mère faisait tous les jours prier la Communauté, pour que rien de fâcheux ne leur arrivât. Dieu cependant permit une épreuve. Au moment où l'on croyait tout danger évité, les voûtes des caves s'effondrèrent tout à coup et ensevelirent plusieurs malheureux sous leurs décombres. La Communauté entière accourut sur le lieu du désastre, et travailla avec ardeur au sauvetage. Celles qui ne pouvaient pas déblayer coururent, les unes à la chapelle pour prier, les autres à la lingerie et à la pharmacie, pour préparer et apporter du linge et des remèdes. Deux ouvriers périrent étouffés, sous les ruines amoncelées sur leurs têtes. Plusieurs autres en sortirent avec des blessures ou des contusions. Ce fut un jour de deuil pour la Communauté, et surtout pour la Révérende Mère, qui laissa tout afin de s'occuper de ses chers ouvriers, d'adoucir et de réparer, autant que possible, les suites d'un si grand malheur.

Au milieu de tant de préoccupations, de travaux et de peines, la bonne et infatigable Supérieure générale n'oublia pas les besoins d'une maison, que la vénérable Mère Saint-Jean avait acquise à Ver-

naison, pour en faire le lieu de retraite et de repos des Sœurs, que les travaux, l'âge et les infirmités rendaient invalides. Le Père Lacordaire a dit : « Le repos de la vieillesse et du travail est à la fois un droit et une majesté. Cette majesté éveille en autrui l'attrait de la vertu, par le spectacle de la paix qui couronne ses ans. » La vieillesse religieuse, plus que toute autre, brille de cette majesté. Aussi, pour elle, Mère du Sacré-Cœur aurait voulu pouvoir transformer en palais la maison achetée par Mère Saint-Jean. Les appartements étaient petits et mal disposés ; le jardin étroit et resserré ; tout était insuffisant. A côté, s'étendait un vaste et bel enclos, appartenant à M. Barillot. Mère du Sacré-Cœur le convoitait, pour ses chères *majestés de la vieillesse, du travail et de la vertu.* — Dans plusieurs circonstances, les Supérieurs ecclésiastiques s'étaient préoccupés de l'œuvre importante et nécessaire de Vernaison. Mère du Sacré-Cœur écrivit à toutes ses Religieuses : « Je recommande à votre charité la demande que
» nos Supérieurs vous ont faite en faveur de notre
» Etablissement de Vernaison ; déjà plusieurs de nos
» Maisons ont souscrit, nous attendons de votre
» part le même dévouement. N'oublions pas nos
« infirmes, nos anciennes et nos Mères. » — Pour elles, Vernaison devait être la préparation immédiate, le prélude, comme l'antichambre du ciel. Cet appel fut entendu, et en 1842, Mère du Sacré-Cœur put faire l'acquisition du clos Barillot et d'importantes réparations à la maison.

La Providence semblait s'associer à la générosité de ses filles, pour lui venir en aide. Un jour, elle

avait besoin de 400 fr., et la caisse était vide. Un pauvre se présente à la porte et demande *un petit sou*. — « Tenez, dit la bonne Mère à une jeune
» Sœur, en voilà quatre ; mais en les portant dites
» à saint Joseph que c'est en son nom que je les
» donne, et que je le prie de m'envoyer les 400 fr.,
» dont j'ai besoin pour ce soir. » Le même jour, dans l'après-midi, la portière vint dire à la Supérieure qu'une personne du dehors venait pour régler un compte. La Religieuse, qui le matin avait porté les quatre sous au pauvre, fut encore expédiée à cet effet. Le compte réglé, elle revint avec 400 fr., qu'elle remit toute joyeuse à sa Mère, en lui disant : « Voici la somme que vous avez demandée à saint Joseph. » — La Providence coopérait ainsi à l'œuvre de Vernaison.

L'abbé de Rancé, le réformateur de la Trappe, était d'avis qu'il fallait un intervalle, un répit, entre la mort et les emplois, pour avoir le temps de jeter un long et sérieux regard sur la vie, et reprendre haleine avant le grand voyage dont on ne revient jamais. — Avec le repos accordé à la vieillesse et au travail, avec le soin donné aux infirmités, Vernaison offre aux Religieuses de Saint-Joseph cet avantage de pouvoir examiner et repasser leur vie, avant qu'elle s'écoule dans l'éternité comme les eaux d'une rivière dans l'océan. — « Rien ne me paraît plus enviable, disait saint Grégoire de Nazianze, que le sort de celui, qui a entièrement fermé sa porte au monde... Qui ne recueille les bruits du dehors que comme un écho lointain de gémissements et de souffrance... Supérieur à toutes les contingences de cette vie caduque, il reflète dans le miroir de son âme les réalités divines. Il monte chaque jour de clartés en clartés dans l'échelle de la lumière. Il converse avec les anges; le pied sur la terre, il a le cœur au ciel. J'aime cette solitude chérie, qui est le lieu de mon repos, et que je ne changerai plus que pour l'Eglise des premiers-nés, qui ont inscrit leurs noms dans les cieux, sous le portique des palais éternels (1). »

Ainsi parlait le saint docteur de la chère et dernière solitude, où il s'était retiré après les travaux, les épreuves et les douleurs de la vie. — C'était pour préparer la même jouissance à leurs filles chéries, que les deux Mères vénérées, Mère Saint-Jean et Mère du Sacré-Cœur, se sont donné tant de peine, pour fonder et embellir la retraite de Vernaison.

---

(1) Saint Grégoire de Nazianze.

LIVRE V

ADMINISTRATION ET ŒUVRES DE LA RÉVÉRENDE MÈRE

DU SACRÉ-CŒUR DE JÉSUS

LIVRE V

ADMINISTRATION ET ŒUVRES DE LA RÉVÉRENDE MÈRE DU SACRÉ-CŒUR DE JÉSUS

CHAPITRE PREMIER

Derniers moments de Mère Saint-Jean. Sa sainte mort. Son précieux souvenir. Son portrait. — Filiale affection de Mère du Sacré-Cœur pour Mère Saint-Jean. — Vertus de Sœur Sainte-Thérèse, sœur de Mère Saint-Jean. — Vertus, qualités et mort de Mère Théodose. — Regrets, estime et prières de Mère du Sacré-Cœur pour ces chères défuntes. — Voyage en Corse. — Origine, vertus, succès de la pieuse Colonie de Saint-Joseph, en Corse. — Les Mères Saint-Régis et Saint-Callixte. — Sainte joie que causa la visite de la Révérende Mère à la Colonie. — Zèle infatigable de la Révérende Mère, en Corse. — Edification et joie apportées au cœur de la Révérende Mère par les vertus de ses filles. — Retour à Lyon. — Allégresse de la Maison-Mère.

Pendant que la Révérende Mère du Sacré-Cœur s'occupait si activement des agrandissements de la Maison-Mère et de Vernaison, la vénérable Mère Saint-Jean qui les avait fondées achevait sa longue et sainte carrière. Chargée d'années et de mérites,

elle s'affaissait comme le moissonneur, sous le poids d'une gerbe trop opulente. — Douloureusement préoccupée de cette perte de plus en plus rapprochée, sa fille aînée qui la remplaçait et la faisait revivre, en entretenait sans cesse toute la famille spirituelle, laquelle semblait adoucir sa douleur en la partageant. « J'ai le regret, mandait-elle dans une circulaire à
» ses Sœurs, de vous apprendre que la maladie de
» notre Révérende Mère Saint-Jean nous donne de
» vives inquiétudes. » — Quelque temps après, elle ajoutait : « Depuis notre dernière circulaire, l'état
» de souffrance de notre vénérable et Révérende
» Mère Saint-Jean, nous a donné plus d'une alarme;
» cependant elle va un peu mieux. Continuons à
» demander à Notre-Seigneur la prolongation d'une
» vie qui nous est si chère à tant de titres. »

Malheureusement, ce mieux ne se soutint pas longtemps; car Mère du Sacré-Cœur ne tarda pas d'écrire à ses filles : « La santé de notre respec-
» table et bien-aimée Mère Saint-Jean, depuis quel-
» ques jours, est bien compromise. Son état nous
» inspire d'autant plus de craintes, que son grand
» âge lui laisse moins de force pour lutter contre la
» maladie. Ce qui nous reste d'espoir nous vient
» surtout de Dieu. Redoublons donc de prières pour
» obtenir sa conservation. Vous savez combien de
» titres la recommandent à notre amour filial. Elle a
» été pour ainsi dire la créatrice de notre Congré-
» gation. Sa longue administration fut également
» remarquable par la sagesse de ses actes, de ses
» conseils et par la fécondité de ses œuvres. Il n'est
» presque personne d'entre nous dont elle n'ait reçu

» les saints engagements, et qui ne l'ait eue pour
» Mère. Sa bonté, sa haute perfection, son admirable
» régularité l'ont faite constamment et la font encore,
» à quatre-vingt-quatre ans, notre modèle à toutes.
» Combien ces souvenirs, ce spectacle ne doivent-
» ils pas exciter en nous, un désir ardent de son
» rétablissement? Avec quelle ferveur ne devons-
» nous pas demander ensemble à Dieu, qu'il laisse
» encore à notre imitation, à notre reconnaissance
» et à notre amour, une âme si pleine d'expérience,
» de vertus et de mérites? » — Cette lettre était
datée du 11 mars 1843.(1).

Pendant plusieurs mois, la vénérable malade fut dans un état languissant. Chacune de ses filles était heureuse de lui prodiguer ses soins, et de recevoir ses derniers avis; car, toute la Congrégation la regardait et la vénérait comme une véritable sainte. — Mère du Sacré-Cœur dépassait toutes les Sœurs en filial dévouement. Elle n'épargna rien pour conserver des jours si précieux. — Quant à Mère Saint-Jean, ses longues souffrances ne furent jamais accompagnées d'aucune plainte. La résignation, la joie de son âme ne cessèrent pas un instant d'être réflétées et de briller sur son visage. Elle parlait avec un calme plein de confiance de sa dernière heure; et ce n'était que par la pensée de n'avoir d'autre volonté que celle de Dieu, que sa belle âme modérait son

---

(1) « D'ordinaire, dit un grave historien, les successeurs ne pêchent point par excès de tendresse pour leurs prédécesseurs. » — Ici, comme partout, on voit que l'âme généreuse de la Révérende Mère du Sacré-Cœur n'habitait pas les régions ordinaires, mais bien celles de la vraie sainteté et de la vraie grandeur.

désir de voir finir son exil. « Ai-je encore bien du temps à vivre, demandait-elle quelques moments avant de mourir ? » — A la réponse que bientôt ses chaînes seraient brisées, un sourire d'ineffable bonheur rayonna sur sa figure. Sa mort presque imperceptible ressembla, comme celle de saint Jean, le disciple bien-aimé, à un sommeil tranquille. Pour celle qui avait ambitionné de mourir sur l'échafaud, entourée de bourreaux, c'était un délassement, une fête, de mourir dans un lit, environnée de ses filles bien-aimées. Ayant en main la lampe allumée et resplendissante de l'éclat de ses œuvres, cette vierge admirable fut admise aux noces du divin Epoux. Comme saint Polycarpe, elle avait aimé et servi Notre-Seigneur quatre-vingt-quatre ans et huit mois.

Mère du Sacré-Cœur écrivit à ses filles : « Notre
» Révérende Mère Saint-Jean n'est plus. Après
» soixante-trois ans et demi de profession religieuse,
» Dieu l'a appelée à lui, dans la matinée du
» 22 novembre 1843. Elle était âgée de quatre-
» vingt-quatre ans et huit mois. Ses derniers mo-
» ments n'ont pas été moins beaux que le reste de
» sa vie. Son calme, sa douceur ordinaire l'ont
» accompagnée jusqu'à la mort. Elle s'est éteinte
» comme font les justes, après de longs jours pleins
» de grandes vertus. — Ses obsèques ont eu lieu le
» 23, avec une pompe religieuse, digne de celle qui
» en était l'objet. Toutes celles de nos Sœurs, qui
» pouvaient prendre part à la cérémonie, s'y sont
» rendues. Il nous a été bien doux de les voir nous
» aider à payer, au nom de la Congrégation tout
» entière, un dernier tribut de regret et d'amour, à

» celle en qui nous avons admiré si longtemps, la
» Religieuse parfaite, la plus sage, la plus prudente
» des Supérieures, et la plus tendre des Mères. Nous
» sommes heureuses de leur en exprimer notre
» reconnaissance. — Veuillez maintenant, toutes
» recommander à Dieu dans vos prières l'âme de
» notre Mère bien-aimée, et que l'ardeur de nos
» supplications pour elle réponde à l'étendue des
» bienfaits que nous en avons reçus, et à la richesse
» des souvenirs religieux dont elle nous a laissé l'hé-
» ritage. »

Dieu avait doué Mère Saint-Jean d'une rare bonté, d'un tact exquis, d'un jugement sûr et d'un extraordinaire bon sens, « ce grand maître de la vie humaine, » comme dit Bossuet. Elevée à la manière antique, ainsi que nous l'avons déjà remarqué, elle unissait à un haut degré, la grandeur d'âme, la noblesse des sentiments, la force du caractère, à la simplicité patriarcale des anciens temps. — Le parfum de ses vertus s'est répandu et fidèlement conservé jusqu'aux extrémités les plus reculées des régions où s'est établi l'Institut. Ainsi, l'héroïque et sainte Colonie des Sœurs de Saint-Joseph, en Amérique, a religieusement gardé le souvenir de celle qui l'avait fondée, et lui avait donné à son origine trois membres de sa propre famille. Envoyées de ces contrées lointaines, des notes empreintes de la plus profonde vénération sont venues, comme une brise balsamique, embaumer ces récits.

De son côté, la belle et florissante Colonie de la seconde Aquitaine n'a jamais cessé de voir et de vénérer, dans Mère Saint-Jean, la tradition vivante de tout l'Institut de Saint-Joseph. Aussi sa fondatrice, la Mère Saint-Joseph, dans une rencontre qu'elle fit de cette vénérable Mère, à Aix en Savoie, ayant remarqué une petite différence dans la forme et la largeur de sa guimpe, s'empressa de couper un modèle qui la reproduisit exactement. Ce modèle a été depuis soigneusement conservé dans la Maison-Mère de Bordeaux. Ce respect pour une simple nuance de vêtement, donne une idée de celui qu'on a pour l'esprit de la sainte Mère.

La Congrégation de Saint-Joseph de Lyon a le bonheur de posséder une image fidèle de ses traits vénérés. Elle la doit au talent de l'honorable Mlle de Virieu, qui a fondé l'Etablissement des Sœurs de Saint-Joseph du Grand-Lemps. Dans une visite de reconnaissance que lui fit, en 1836, la Révérende Mère Saint-Jean, tout en conversant avec elle, la noble bienfaitrice profita de son rare génie d'artiste, pour prendre et reproduire ses traits. Quand Mère Saint-Jean s'en aperçut, elle voulut se retirer ; mais l'assistance et les convenances parvinrent à la retenir.
— Depuis, elle était vivement contrariée, lorsque dans les visites de ses Communautés, elle rencontrait une copie de ce portrait arraché à sa modestie. Grâce à cet aimable stratagème de la vénération et de l'amour, la pieuse famille de Saint-Joseph peut encore, malgré la mort, contempler les traits de sa vénérable Mère et fondatrice.

Son crédit auprès de Dieu s'est plusieurs fois manifesté, pendant sa vie et après sa mort. En 1838, une prétendante, atteinte d'une fièvre cérébrale si terrible que quatre personnes ne pouvaient suffire pour la tenir, se trouvait aux portes du tombeau, et dans l'impossibilité de recevoir les derniers sacrements. Dans cette extrémité, Mère Saint-Jean s'approche de son lit et lui dit : « Au nom de Dieu, mon enfant, calmez-vous. » En même temps, elle prend de l'eau bénite et fait le signe de la croix sur les deux paupières fermées de la malade. A l'instant, la fièvre cesse, la prétendante reprend sa raison et jouit, pendant plus d'une heure, de la plus calme et de la plus parfaite lucidité, qui lui permit de recevoir saintement les secours de la religion. Toute la Maison attribua cette précieuse faveur à la vertu de Mère Saint-Jean.

Après la mort de cette vénérable Mère, une jeune Religieuse, occupée par obéissance à transcrire quelques détails sur sa vie, apprend tout à coup qu'un saint Religieux, son oncle et second père, frappé par une cruelle épidémie est en danger de mort. « Bonne Mère Saint-Jean, s'écrie-t-elle avec foi et simplicité, je travaille pour vous ; si vous êtes au ciel, obtenez de Dieu que je conserve mon vénérable oncle ! » Presque instantanément, une première lettre lui apprend que son cher malade va mieux ; et une seconde apporte la nouvelle de son entier rétablissement, malgré son grand âge, sa vie usée et les fureurs de l'épidémie régnante. Gloire et reconnaissance à Dieu, sans doute ; mais aussi à celle qui intercède si efficacement pour ses filles chéries (1) !

---

(1) Trois mois après la mort de Mère Saint-Jean, une Religieuse qui lui était bien dévouée, ayant offert pour le repos de son âme des honoraires de messes à M. le curé d'Ars, le saint prêtre les refusa, en disant sans hésiter : « Votre Révérende Mère n'en a pas besoin;

Longtemps auparavant, la vénérable Mère Saint-Jean avait été précédée au bienheureux port de l'éternité par Sœur Sainte-Thérèse, sa sœur et sa fidèle compagne de prison, en 93, ainsi que de vie religieuse dans la Congrégation de Saint-Joseph. Voici ce que le nécrologe de l'Institut dit de cette sainte Religieuse : « Ce n'est pas sans une vive douleur que nous venons vous annoncer la mort de notre chère Sœur Sainte-Thérèse, née Fontbonne, sœur de notre Révérende Mère Saint-Jean, décédée le 13 décembre 1825, à l'âge de soixante-neuf ans, dont quarante-sept se sont écoulés en Religion. Nous craignons de parler de ses vertus, nos expressions ne pouvant que les affaiblir. Elle n'a jamais rien accordé à la nature. Pour l'accomplissement du devoir, elle passait par-dessus tout. — La persécution la trouva ferme, invincible dans sa foi. A côté de Mère Saint-Jean, elle brava les bourreaux et l'échafaud pour l'amour de Jésus-Christ. Délivrée de ses fers, au moment où elle comptait sur la couronne des martyrs, elle consacra sa liberté et sa vie entière au service de Dieu et à l'édification du prochain. Notre noviciat surtout a profité de l'exemple de ses rares vertus.

elle est bien élevée dans la gloire : Je le sais. » — Si cette parole n'est pas le fruit d'une révélation particulière, elle exprime au moins la haute idée que le thaumaturge avait de la sainteté de la vénérable Mère. — Deux Religieuses de Saint-Joseph, appartenant à des Maisons particulières, pleines de vénération pour Mère Saint-Jean, voulurent, dans un voyage qu'elles firent à Lyon, aller prier sur sa tombe. Mais, faute d'indication précise, elles ne purent la trouver au milieu de l'immense nécropole de Loyasse. Fatiguées et désolées, après des heures d'inutiles recherches, elles se jetèrent à genoux,

Nos cœurs, quoique navrés de douleur, sont cependant consolés par l'espérance d'avoir une protectrice de plus dans le ciel. Si elle nous a aimées sur la terre, à plus forte raison nous aimera-t-elle dans le ciel; car l'amour ne meurt pas, dit l'Apôtre; le ciel ne resserre pas les cœurs, il les dilate; et les affections légitimes de la terre, avec leur perfection, y acquièrent une force nouvelle (1). »

Un mois environ après la mort de Mère Saint-Jean, un nouveau deuil vint attrister la Révérende Mère du Sacré-Cœur. La Mère Théodose, Maîtresse des novices, tomba dangereusement malade. Aussitôt des prières furent demandées à toute la Congrégation. « Nous recommandons à votre piété, écrivait » la Supérieure générale, notre chère Mère Théo-» dose, dont l'état de souffrances nous donne de » grandes inquiétudes. Veuillez vous unir à nous » pendant une neuvaine, que nous allons faire pour » elle, en l'honneur de la Très-Sainte Vierge. » — Mère Théodose possédait l'art de manier les esprits et les cœurs. Nature sérieuse, elle avait une manière de faire ferme et sage, un coup d'œil pénétrant et sûr. On ne pouvait ni l'aimer ni la craindre à demi. Joi-

priant leur Mère avec larmes, de leur indiquer le lieu de son repos. — « Eh! mes Sœurs, je suis là, » leur dit une voix douce, qu'elles reconnurent et entendirent distinctement toutes les deux. En effet, elles se trouvaient, sans le savoir, près de celle qu'elles cherchaient. Qu'on juge de leur joie et de l'ardeur de leurs prières mêlées des larmes de la reconnaissance et de la piété filiale ! effluves de grâces et de vie arrivèrent à leur cœur de cette vénérée, d'où leur sainte Mère avait daigné leur répondre
(1) I. Corinth. 13. — Saint Bernard, *Serm. in cant*

gnant à ses rares qualités intérieures des avantages extérieurs remarquables, elle fascinait ou paralysait : avec cette différence que la fascination augmentait, et que la crainte diminuait à mesure que l'on pénétrait dans le fond de cette nature, un peu froide au premier abord, mais excessivement bonne, franche, sympathique et délicate. — Sa perspicacité était telle, qu'elle semblait lire dans les âmes. « Avant qu'on lui eût parlé, disaient les novices, elle nous dévoilait nos propres pensées, les motifs de nos actions, et nous épargnait la difficulté d'un pénible aveu, ajoutant, pour nous encourager, qu'elle-même en avait fait ou pensé bien d'autres. L'amour-propre n'avait pas de ruse et de subtilité qu'elle n'éventât, et elle le poursuivait jusque dans ses retranchements les plus cachés. Sa guerre à cet ennemi acharné, qui sait prendre toutes les formes, était incessante. C'était tantôt par des observations inattendues, tantôt par la plus simple des réflexions, qu'elle l'atteignait. Elle avait à son usage, pour le percer, une foule d'épithètes incisives, mais si justes et si frappantes, que nous nous trouvions représentées, critiquées et jugées d'un seul mot. Partout découvert et poursuivi, l'amour-propre était obligé de capituler. »

Mère Théodose voulait, dans ses novices, une vertu mâle et énergique, combattant impitoyablement les susceptibilités, les jalousies et ce qu'elle appelait si bien « *les petitesses des femmes.* » Ce qu'il y avait de remarquable, c'est que les novices, bien loin de craindre ses judicieuses observations, les provoquaient par l'entière ouverture de leur intérieur. Elles n'avaient rien de caché pour leur sage et habile Maîtresse.

Mère du Sacré-Cœur qui avait mis toutes ses espérances dans un sujet si précieux, pour le bien du noviciat, conjurait le Seigneur de le conserver à sa Congrégation. Elle aurait tout donné pour lui rendre la santé. Mais ce beau fruit était mûr pour le ciel, et Jésus voulait le cueillir. Il le cueillit en effet, le 19 décembre 1843. Une fluxion de poitrine ravit la Mère Théodose à l'affection de toute la Communauté; et elle alla, à l'âge de trente-six ans seulement, rejoindre dans le ciel la vénérable Mère Saint-Jean. — « Nous ne la remplacerons
» jamais, disait profondément émue de cette mort,
» la Supérieure générale à son Assistante, la Mère
» Marie-Louise; mais je ne puis que répéter : mon
» Dieu, vous me l'aviez donnée, vous me l'avez ôtée,
» que votre saint nom soit béni ! Prions et faisons
» prier pour cette Religieuse parfaite. La pensée du
» ciel et du bonheur de ces saintes âmes que nous
» venons de perdre, peut seule adoucir notre pro-
» fonde douleur. Ah! efforçons-nous d'imiter leurs
» vertus, afin que nous puissions un jour comme
» elles, mourir dans le baiser du Seigneur. »

C'est ainsi qu'en pleurant à la fois sa sainte Mère et sa fille chérie, Mère du Sacré-Cœur se sentait comme avertie par ces morts précieuses, de la fuite du temps et de l'importance de le sanctifier, elle et toute sa famille religieuse. C'est pourquoi, au milieu de sa profonde douleur, sa grande âme, au lieu de se laisser abattre, redoublait d'ardeur pour imiter, selon la recommandation de l'Apôtre, le zèle et la foi de

celle qui l'avait précédée à la tête de la Congrégation (1). En conséquence, elle résolut de reprendre le cours de ses visites. « Je veux, disait-elle, con-
» naître par moi-même tous les Etablissements qui
» dépendent de notre Maison-Mère. » Ce nom de Maison-Mère avait un sens que son cœur comprenait et désirait accomplir. Les constructions du noviciat et les réparations de Vernaison étant achevées, elle se prépara à partir pour la Corse, où l'Institut de Saint-Joseph possédait une très-importante Colonie.

Son établissement, nous l'avons dit, datait de l'année 1824. A cette époque, le cardinal Fesch, archevêque de Lyon, retiré à Rome depuis la chute de son neveu, l'empereur Napoléon Ier, avait demandé à la Révérende Mère Saint-Jean des Sœurs de Saint-Joseph, pour fonder des écoles religieuses à Ajaccio, sa ville natale. Mère Saint-Jean, avec l'autorisation de Mgr de Pins, Administrateur du diocèse de Lyon, se hâta de répondre au pieux désir du cardinal exilé. Le 17 septembre 1824, cinq Religieuses de Saint-Joseph s'embarquèrent donc pour la Corse. C'étaient Sœur Saint-Louis, Sœur Saint-Régis, Sœur Saint-Clair, Sœur Saint-Xavier et Sœur Alexandre. Elles étaient les premières Religieuses de France, depuis leur rétablissement, qui traversaient la mer pour aller fonder des Maisons de leur ordre hors de la mère-patrie. — Après les difficultés, les tâtonnements et les misères inséparables de tout commencement, la petite Colonie reçut, en 1830, un visiteur envoyé de Lyon, qui renouvela sa vigueur et la constitua définitivement. C'était

---

(1) Epît. aux Héb. 13, 7.

M. l'abbé Barret, missionnaire de la Maison des Chartreux, et aumônier de la Maison-Mère de Saint-Joseph. Le choix ne pouvait être plus heureux.

M. Barret n'était pas seulement un esprit éclairé, d'une haute capacité et d'une rare sagesse ; mais, à ces remarquables qualités, il unissait une profonde humilité, une grande énergie de volonté et un dévouement à toute épreuve. Il releva le courage un peu abattu de la Communauté, resserra les liens qui l'unissaient à la Maison-Mère et aux Supérieurs ecclésiastiques de Lyon, et prêcha aux Religieuses une retraite qui produisit les plus heureux fruits. — Non content de régler et de pacifier le présent, le sage et pieux visiteur voulut préparer et assurer l'avenir. Il donna, par écrit, des conseils et des règles de conduite d'une admirable prudence, qui devaient être lus tous les mois, aux jours de récollection et qui se conservent encore religieusement dans les archives de la Communauté d'Ajaccio. — Cette ville possédait alors deux Etablissements dirigés par les Sœurs de Saint-Joseph : la Maison des écoles et le dépôt des enfants-trouvés, fondé, en 1826, par le comte de Lentivy, préfet du département. M. Barret les pourvut chacun d'une Supérieure, qu'il crut devoir faire élire par les professes réunies en Chapitre. Le scrutin désigna Sœur Saint-Régis pour Supérieure de la Maison des écoles, et Sœur Saint-Callixte, propre sœur de la première, pour diriger le dépôt. Toutes les deux furent confirmées à l'instant par le visiteur, qui conféra le titre et l'autorité de Supérieure principale des Sœurs de la Corse à la Mère Saint-Régis, dont la vie a été écrite par le R. P. Crozet, longtemps

Directeur spirituel et Supérieur de toutes les Sœurs de l'île.

Ce choix assura l'avenir de la Colonie religieuse, que Mère Saint-Régis dirigea pendant dix-sept ans, jusqu'à sa mort, arrivée en 1847. « Jamais âme, dit le P. Crozet, ne fut plus ferme dans sa foi et sa confiance en Dieu, plus éprise de l'amour du bien, plus ardente à le pratiquer, plus pure et plus droite dans ses actions, et plus constamment attachée et fidèle à la perfection religieuse. Son admirable intelligence, sa charité, sa bienfaisance, son zèle couvrirent l'île entière d'œuvres chrétiennes, et donnèrent à la Colonie de Saint-Joseph, en Corse, un développement admirable, qui comprend aujourd'hui près de deux cents Religieuses et une quinzaine d'Etablissements. — De 1835 à 1837, Mère Saint-Régis fit un voyage à Rome, pour s'entendre avec le cardinal Fesch sur les intérêts des institutions religieuses, dans l'île qui avait donné le jour à Son Eminence.

Unissant avec une rare modestie, leur zèle éclairé et leur pieux dévouement aux travaux de la sainte Supérieure, MM. Valois et Crozet, prêtres de la Maison des Chartreux, continuèrent l'œuvre apostolique de M. Barret, et firent le plus grand bien aux Sœurs et aux Etablissements de Saint-Joseph en Corse. — Les pieuses et sages traditions laissées par la Mère Saint-Régis, ont été religieusement conservées et ses rares vertus retracées par sa sœur, la vénérable Mère Saint-Callixte, qui fut appelée à lui succéder. Dirigée et formée par ces deux saintes Mères, la Colonie religieuse de Saint-Joseph, en Corse, est par sa régularité et sa ferveur une des gloires de l'Institut de Saint-Joseph. (1) »

On comprend qu'il tardât à Mère du Sacré-Cœur de voir une portion si belle et si importante de sa famille spirituelle. Aucune Supérieure générale ne l'avait encore visitée. Aussi ce fut un événement pour les Maisons de Saint-Joseph de la Corse, et même pour l'île entière. — La Mère générale partit au mois de mars de l'année 1844, accompagnée de sa secrétaire, Sœur Bernardin et de deux novices. Ce départ fut un jour de tristesse pour la Maison-Mère. De Marseille, Mère du Sacré-Cœur écrivit à ses chères filles pour les consoler. La lettre était adressée à son Assistante, Mère Marie-Louise. « Soyez sans inquiétude, disait
» la bonne Mère ; les voyageuses vont bien ; je donne
» moi-même l'exemple à toute la petite caravane.
» De grand matin, nous sommes allées recommander
» notre traversée à Notre-Dame de la Garde. Toutes
» mes filles des Chartreux sont *venues en foule me*
» *distraire;* pendant que j'étais auprès de la bonne
» Madone, je lui ai parlé de vous toutes. Vous pensez
» bien que Mère Marie-Louise, en qualité de fille
» aînée, était la première. Les Mères du conseil
» n'ont pas été oubliées, ni mes secrétaires, ni les
» Maîtresses du noviciat avec leurs postulantes, ni
» les officières de la Maison, ni nos chères con-
» verses, et surtout nos bien-aimées malades. Tenez-
» moi au courant de tout ce qui les concerne ; dites-

---

(1) Pour ce qui regarde la belle Colonie de Saint-Joseph, en Corse, voir la *Vie de la Mère Saint-Régis*, par le R. P. Crozet, ancien Supérieur général des Sœurs de Saint-Joseph et mort aumônier des Sœurs de la Corse.

» leur combien je les affectionne. Quoique loin de
» vous, je vous retrouve et vous vois dans le Cœur
» de Jésus, notre saint rendez-vous. Dès mon arrivée
» à Ajaccio, nous vous donnerons des nouvelles.
» Nous partons demain matin : encore une fois
» adieu : oui, tout à Dieu. »

La traversée fut des plus heureuses. « Bénissez Dieu, écrivit bientôt d'Ajaccio la secrétaire de Mère du Sacré-Cœur, Sœur Bernardin ; les voyageuses sont arrivées sans accident. On prie pour nous, répétait souvent en mer notre bien-aimée Mère, nous n'avons rien à craindre. Mais je vous assure, que malgré cela, je n'ai pas été sans quelque frayeur. Lorsque nous eûmes quitté la terre, et que je ne vis plus que le ciel et l'eau, une espèce de frisson traversa tous mes membres. Notre Mère était calme et sereine. Montée sur le tillac, elle contemplait en silence la grandeur du Tout-Puissant. Je me remis peu à peu, et le spectacle de la mer devint pour moi ravissant. J'avais besoin de la voir, de l'interroger ; sa grande voix me parlait éloquemment de Dieu ; je n'avais pas à chercher d'autre méditation. Tout y est grandiose, solennel, et le lever du soleil y a une incomparable beauté. — Nous avons été, les deux novices et moi, les premières à sentir le mal de mer, et nous gagnâmes nos petites cabines. Il semblait respecter notre Révérende Mère, qui continuait sa contemplation. « Sans doute, madame, lui dit le capitaine, ce n'est pas la première fois que vous voyagez sur mer, car je vois que vous en supportez facilement la fatigue. » Là-dessus une conversation s'engage entre eux deux ; mais à la fin notre Mère succomba et le capitaine nous l'ayant, avec les égards les plus délicats, ramenée souffrante, nous pûmes à peine lui venir en aide. Cependant, nous fendions les flots avec une grande vitesse. « Ainsi va la vie, nous disait notre Mère : on jouit, on souffre, tout en allant rapidement vers l'éternité. » — Enfin, une voix s'écria : voilà le port ! Je ne puis vous rendre le plaisir que nous causa cette nouvelle. »

« Nous débarquâmes. Notre bonne Mère n'ayant pas voulu qu'on annonçât son arrivée, nous parvînmes, au moyen de renseignements, à la porte de la Communauté d'Ajaccio sans être attendues. — Mes Sœurs, d'où venez-vous de si grand matin, nous dit la portière ? — De Lyon, répliqua notre Révérende Mère, qui aime à surprendre ; on nous envoie chez vous. — Mais, nous n'avons demandé personne, et je suis persuadée que notre Supérieure ne vous attend pas. Qui faut-il lui annoncer ? — Notre Révérende Mère, lui dis-je, en la priant de se presser, parce que nous étions fatiguées. D'un bond, la portière franchit l'escalier et va trouver Mère Saint-Régis, qui était avec M. l'aumônier auprès d'une Sœur malade. — Ma mère, s'écria-t-elle toute haletante, la Révérende Mère est au parloir ! — Mère Saint-Régis, croyant à une plaisanterie, lui répond sérieusement : « Ma Sœur, sommes-nous en récréation, pour s'amuser ainsi ? — La portière insiste et la Supérieure de son côté appuie sur sa réprimande. — « Allez voir, interrompit M. l'aumônier. » — Mère Saint-Régis eut à peine ouvert la porte et fait quelques pas, qu'elle s'écrie : « Notre Révérende Mère ! notre Révérende Mère ! et elle s'élance dans ses bras. — Sœur Saint-Callixte, qui a entendu le cri de joie, laisse sa classe, jette son signal et ses livres, et en un clin d'œil se précipite aussi à son cou pleurant de bonheur et ne pouvant dire un mot : la joie la suffoquait (1). Toutes les Sœurs arrivent les unes après les autres, en s'écriant : « Cette fois, c'est donc vrai, nous la possédons ! »

« Une femme, qui se trouvait dans la Maison, était accourue aussi, et se jetant à genoux, elle faisait le signe de la croix et baisait les vêtements de notre Révérende Mère, tout étonnée de la voir habillée comme nous. — Les enfants, venues de leur côté, l'entouraient, la regardaient, la touchaient et ne voulaient plus la quitter. Mère Saint-Régis eut de la peine à les séparer d'elle, pour nous faire prendre quelque repos, dont nous avions un grand besoin. »

« J'espère que ma lettre est assez longue. En retour, nous en attendons une semblable, venant de la colline des Chartreux. Ce sera un bonheur pour notre Révérende Mère. Vous savez combien les moindres détails qui vous concernent lui sont chers. Parlez-lui longuement de vous toutes, et surtout des malades. »

Quoique prises à l'improviste, les Sœurs d'Ajaccio voulurent faire une grande fête. La nuit se passa à composer un charmant petit dialogue, approprié à

---

(1) Sœur Saint-Callixte, après une grave maladie, avait été retirée du dépôt des enfants-trouvés, dont elle était Supérieure, et rappelée auprès de Mère Saint-Régis, qui en fit son Assistante. — En 1834, les Sœurs de Saint-Joseph se démirent totalement de la direction du dépôt (*Vie de Mère Saint-Régis*, chap. 3).

la circonstance. On prépara de la poésie et des chants, et le surlendemain, les enfants purent exprimer et célébrer le bonheur qu'elles avaient de posséder la Révérende Mère, comme si elles y eussent été exercées longtemps d'avance. Rien ne manqua à la fête : l'amour l'avait organisée ; et rien n'est riche, inventif, industrieux et inépuisable comme le cœur. La religieuse Colonie de Saint-Joseph, en Corse, s'est toujours distinguée par ce beau côté, qui domine tous les autres. « Toute beauté morale, dit un auteur profond, pour être complète, doit être bonne. »

Les premières journées de la Révérende Mère furent consacrées aux visites nécessaires en pareille circonstance. Mgr Casanelli, évêque d'Ajaccio, lui fit le plus gracieux accueil. « Il y a, dans votre Supérieure, tant de vertus, tant de savoir-faire, disait-il, qu'on ne peut lui refuser ce qu'elle demande. » Sa Grandeur se rendit plusieurs fois à la Communauté, pour s'entretenir avec elle, de ce qui regardait la Congrégation et les Maisons religieuses établies dans l'île. — On voulut aussi faire une fête à l'évêché, et il y eut une grande invitation à dîner. L'humble Mère refusa d'y assister, en disant à Monseigneur qu'elle devait l'exemple à ses filles, et que la sainte Règle, dont Sa Grandeur plus que personne appréciait la sagesse, ne lui permettait pas d'accepter un honneur, dont au reste elle se jugeait indigne.

Les autorités d'Ajaccio et une foule de personnes de qualité voulurent être présentées à la Mère générale, *à la mère de toutes les Sœurs*, comme on disait. Le parloir ne désemplissait pas. On félicitait les Religieuses d'avoir une telle Mère. — Au milieu de ce concours, cette Mère bien-aimée n'oublia pas qu'elle se devait avant tout à ses filles. Elles les vit, chacune en particulier. Il y eut des conférences, des exhortations pour toute la Communauté. Se donner, se dépenser pour ses filles, les entraîner par ses paroles enflammées à la pratique des vertus religieuses, à l'observation des saintes Règles, c'était tout son bonheur, son unique ambition. — Les enfants eurent une large part à son zèle durant son séjour à la Communauté; il y eut, pour elles, une série non interrompue d'utiles instructions et d'aimables fêtes, dont elles gardèrent longtemps le souvenir.

La Supérieure d'Ajaccio, sachant que la Révérende Mère ne voulait pas qu'on l'annonçât dans les Maisons religieuses qu'elle devait visiter, craignit que son arrivée imprévue ne jetât la Communauté de Corté dans l'embarras. Pour le prévenir, sans désobéir à sa Mère, elle imagina d'écrire en toute hâte à la Supérieure ces mots : « Quelques dames vous arriveront ce soir par la voiture de onze heures à minuit. Je les connais, veuillez leur donner l'hospitalité. » — « Mère Saint-Régis sait bien que je ne puis pas recevoir des personnes séculières, s'écria, à cette nouvelle inattendue, la Supérieure de Corté ; où les loger ? Ces dames n'ont rien de mieux à faire, à pareille heure, que de s'arrêter à l'hôtel. » En conséquence, on demeura tranquille au couvent. — A minuit, Mère du Sacré-Cœur arrive, accompagnée de Mère Saint-Régis, de Sœur Bernardin, et d'une novice destinée pour Bastia. On eut beau frapper à la porte, personne ne vint ouvrir. Les voyageuses furent obligées de reprendre la voiture, qui heureusement n'était pas encore partie. La Révérende Mère envoya à la Supérieure de Corté un petit billet ainsi conçu : « J'ai expérimenté par moi-même que les voleurs ne peuvent pas entrer chez vous ; mais, je croyais qu'une Mère se faisait toujours entendre à ses filles. Venez nous rejoindre à Bastia. » — La pauvre Supérieure ne se fit pas attendre et arriva toute confuse auprès de la Révérende Mère, mêlant à ses humbles excuses une légère plainte d'avoir été trompée par la Mère Saint-Régis. Cet incident égaya toute la journée.

Mère du Sacré-Cœur passa trois ou quatre jours à Bastia. Comme à Ajaccio, chaque Sœur voulut lui ouvrir son âme en particulier, lui raconter ses peines, ses misères, et recevoir de sa bouche maternelle les avis, les encouragements dont elle avait besoin, et les conseils de perfection dont une Religieuse est toujours avide. La bonne Mère s'occupa aussi beaucoup des enfants ; elle visita la Maison dans le plus grand détail, vérifia, régla tous les comptes, et laissant la Communauté de Bastia pleine de ferveur, de joie et de reconnaissance, elle revint à Corté, où les portes cette fois lui furent ouvertes avec la plus vive allégresse. — L'ouverture des cœurs fut encore plus grande. Là, comme ailleurs, on bénit son passage ; et longtemps après, les Religieuses de Corté ne pouvaient se lasser de redire le bien que la Révérende Mère leur avait fait.

La fête de saint Joseph la ramena à Ajaccio, où se préparait une cérémonie religieuse. Deux novices devaient prononcer leurs vœux le 19 mars ; et c'était le comble du bonheur, pour ces nouvelles épouses de Jésus, de lui être présentées par leur Supérieure générale. Mgr l'Evêque d'Ajaccio présida la cérémonie, qui se fit avec une grande solennité.

Le 25 mars, la Révérende Mère, ayant avec elle Sœur Bernardin et Sœur Saint-Callixte, s'embarqua sur un petit bâtiment à voile pour se rendre à Sartène et à Bonifacio. La navigation fut très-orageuse et même périlleuse. Les flots à chaque instant couvraient la moitié du navire. Sœur Bernardin se croyant perdue s'attachait à sa Mère bien-aimée, s'enlaçait dans ses bras en lui disant : « Si je meurs, au moins je veux mourir près de votre cœur. » Puis, dans son épouvante, s'adressant à saint Joseph : « grand Saint, s'écriait-elle, si vous laissez périr notre Mère, toute la Congrégation vous en voudra ! » — Pendant ce temps-là, Mère du Sacré-Cœur, calme et pleine de confiance en la Providence, priait et encourageait tout le monde. Ne voulant et ne cherchant que le ciel, il lui paraissait égal, comme à un illustre confesseur de la foi, d'y aborder par terre ou par eau. — Enfin, après quelques heures de perplexité et de danger, on arriva au port de Propriano.

La Supérieure de Sartène, prévenue de la visite de la Mère générale, avait envoyé au port trois hommes avec des montures, pour conduire les voyageuses à travers les montagnes qu'il faut gravir avant d'atteindre Sartène. Monter à cheval fut l'affaire d'une minute pour la Révérende Mère, qui y avait été accoutumée dans le monde. Pour Sœur Saint-Callixte et Sœur Bernardin, ce fut plus difficile. Il fallut les hisser sur un petit mur que rasait la monture, et elles y descendirent avec peine, au milieu de l'hilarité générale. Ce qui faisait dire plus tard agréablement à la Révérende Mère : « Sœur Saint-Callixte *descend* quand elle *monte à cheval*. — Parvenue à Sartène, après plusieurs heures de marche, durant lesquelles on la vit constamment à la tête de la caravane, envoyant son guide secourir et aider ses deux compagnes, la Révérende Mère fut reçue avec la joie et l'empressement qu'elle excitait partout. Ses filles se jetèrent dans ses bras, heureuses de la voir, puis de recevoir ses avis, ses conseils, ses encouragements et ses exhortations, soit en particulier, soit en communauté. — Elle célébra à Sartène une partie de la Semaine sainte, profondément édifiée de la manière dont on faisait les cérémonies de ces saints jours, et elle emporta à Lyon la palme qui lui avait été donnée le dimanche des Rameaux. — Au retour de Sartène, elle fut reçue par le bon Père Crozet, aumônier des Religieuses de Saint-Joseph, qui s'était avancé avec une voiture autant que l'accès des montagnes le permettait. Sa rentrée à Ajaccio fut une nouvelle fête.

Au milieu de ses visites et de ses incessantes occupations, la Mère générale n'oubliait pas ses filles de Lyon. Dans ses lettres, elle les prie, elle les presse de lui écrire souvent. Elle se plaint si on manque la moindre occasion de lui envoyer de leurs nouvelles :
« Ne savez-vous pas combien j'aime mes filles, et
» surtout ma fille aînée, écrivait-elle à Mère Marie-
» Louise? Pourquoi vos lettres sont-elles si rares?
» Si je vous tenais, je vous embrasserais bien fort
» pour vous punir... Mais bientôt je pourrai vous

» infliger cette pénitence. Je quitterai Ajaccio cette
» semaine, je ne m'arrêterai à Avignon que pour
» avoir le temps d'embrasser mon cher neveu, mon
» petit Jésuite. Ma sœur Adèle ne serait pas contente
» si je ne voyais pas son Claudius. — Je me réjouis
» par la pensée que, cette fois, au lieu de m'éloigner
» de vous, je m'en approche. Dites-le bien à toutes
» mes chères filles des Chartreux; priez pour que la
» mer nous soit clémente et que ses flots nous jettent
» au plus tôt dans vos bras. »

Ce fut dans le courant du mois d'avril que la Révérende Mère s'embarqua pour le continent, laissant toute la pieuse Colonie de Saint-Joseph heureuse de l'avoir possédée quelque temps, mais pleine de regret de la voir s'éloigner d'elle. Son départ eut quelque chose de celui de saint Paul au rivage de Milet et fut aussi accompagné de prières, de bénédictions et de sanglots. — La traversée s'accomplit sans aucun danger et sans mal de mer. En arrivant à Marseille, on s'empressa d'aller saluer et remercier Notre-Dame de la Garde; et ce pieux devoir accompli, on se hâta de gagner Lyon, où l'on était attendu avec la plus vive impatience.

« Jamais, dit une Religieuse, je n'oublierai ce retour; il a fait époque dans ma vie. » Il y eut à la Maison-Mère, un tel empressement et un tel mouvement parmi les Sœurs, courant chacune de son côté, pour voir et embrasser leur Mère bien-aimée, que des ouvriers occupés à quelques réparations, crurent à un incendie et descendirent avec précipitation de leurs échafaudages en demandant *où était le feu*. — Heureusement le feu était seulement dans les cœurs. C'était un incendie du plus pur et du plus filial amour : incendie de plus en plus rare sur notre vieille, froide et ténébreuse terre, et qui a quelque chose de la douce clarté et chaleur du ciel. La Maison-Mère retentit longtemps de manifestations de joie, de cantiques et d'actions de grâces.

Le sentiment religieux peut seul produire ces fêtes de famille et cette union aussi douce et universelle que durable. Autant est lugubre et effrayant le spectacle de discorde, de haine et de guerre qu'offre le monde de la libre-pensée. — « Autant, dit l'auteur de l'*Imitation*, il est agréable et consolant de voir des Religieux zélés, pieux, fervents, unis et fidèles observateurs de leur règle (1). » — Les Sœurs de Saint-Joseph de l'île de Corse et du continent rivalisaient pour offrir ce spectacle agréable à Dieu, aux Anges et aux hommes de bien.

(1) *Imit.*, liv. I, c. 25, 5.

CHAPITRE II

Retraite générale à la Maison-Mère. — Election des Conseillères générales. — Recommandations relatives aux distributions de prix. — Admirables conseils de la Révérende Mère aux Religieuses et aux Supérieures locales. — Ses retraites particulières. — Efficacité et utilité des retraites. — Visite de Mme Tézenas à la Maison-Mère de Saint-Joseph. — Scène d'une beauté antique et patriarcale. — Fondations de Maisons particulières. — L'Ecole normale de Lyon confiée aux Sœurs de Saint-Joseph. — Sollicitude, pieuse reconnaissance, soins et sagesse de la Révérende Mère au milieu de ces divers Etablissements. — Révolution de 1848. — Visites et menaces des voraces à la Maison-Mère. — Courage et prudence de la Révérende Mère. — Ravage et incendie des Maisons religieuses à Saint-Etienne. — La maison Tézenas, refuge de plusieurs. — Circulaires de la Révérende Mère à la Congrégation. Leur à-propos et leur sagesse. — Avis relatifs au brevet de capacité. — Calme rétabli. Retraite générale. Réélection unanime de la Révérende Mère et de ses Conseillères. — Fête du Sacré Cœur. — Nouvelles alarmes. Emeutes à la Croix-Rousse. Guerre civile. Blessés. — Charité des Sœurs de Saint-Joseph. — Maladie de la Révérende Mère. — Elle veut l'infirmerie commune. — Ses neveux au pensionnat des Chartreux. — Elle arrête un petit maraudeur en lui rappelant la présence de Dieu. — Sainte efficacité de la divine présence.

Au retour de cette seconde et importante tournée maternelle, Mère du Sacré-Cœur s'adonna tout entière aux préparatifs et aux soins d'une retraite générale

qui allait être prêchée à la Congrégation. « L'époque
» de nos retraites annuelles, écrivit-elle à ses chères
» filles, est toujours pour nous celle des grâces les
» plus abondantes. En vous recommandant de vous y
» rendre, je ne fais qu'encourager et fortifier la ré-
» solution que vous avez sans doute déjà prise...
» A l'issue de la retraite, qui s'ouvrira le 16 mai et
» se terminera le 23, on procédera aux élections des
» Conseillères de la Maison-Mère. Je ne saurais trop,
» mes chères filles, vous engager à recommander ce
» choix au bon Dieu dans vos prières, puisqu'il inté-
» resse la Congrégation tout entière... » — La voix
de la pieuse Mère fut entendue. On pria dans toutes
les Communautés, et l'élection bénie de Dieu donna
les trois noms suivants : Mère Marie-Louise, qui conserva sa place d'Assistante; Mère Aglaé, Maîtresse des
novices, et Mère Emilie. Cet heureux choix réjouit
la Révérende Mère et toute la Congrégation, qui ne
cessa d'admirer le zèle, la piété et le dévouement de
celles que Dieu avait mises ou maintenues à sa
tête. Ce fut une bénédiction pour tout l'Institut.

La Mère générale profita de la retraite pour rappeler à ses filles quelques recommandations faites
précédemment par Son Eminence le cardinal de
Bonald, au sujet des distributions de prix à la fin
des années scolaires. Elle défendait les travestisse-
ments ou changements de costume, et désirait qu'on
se bornât à un exercice littéraire sur les différentes
parties de l'enseignement donné dans chaque Maison.

Pendant tout le temps des saints exercices de la
retraite, la bonne Mère se consacra et se dévoua
entièrement à ses filles. On aurait dit, lorsqu'elle

écoutait une Religieuse, qu'elle n'avait rien autre à faire : tant elle se donnait complétement à celle qui lui parlait. — Une Sœur lui ayant humblement fait part de sa faiblesse et de ses misères : « A quoi bon
» la miséricorde divine, lui dit-elle, s'il n'y avait pas
» de misérables? Ayez du Seigneur des sentiments
» dignes de sa bonté. Vous êtes tombée, je l'admets:
» mais Dieu en est-il, pour cela, moins Père? Croyez-
» vous qu'il s'étonne de voir une feuille agitée et
» détachée de l'arbre par un coup de vent? Vous le
» croyez dur, en colère, quand vous avez fait une
» chute; regardez-le donc, il abaisse sur vous ses
» yeux pleins de tristesse et de bonté, attendant,
» comme le meilleur des pères, l'heure à laquelle
» vous viendrez vous jeter à ses genoux et dans ses
» bras, pour implorer son pardon. » — Exhortant une autre Religieuse à la fréquente communion : « Dites à Notre-Seigneur, lui recommandait-elle,
» ce n'est pas parce que je le mérite que je viens,
» mais parce que j'ai besoin et que je ne saurais
» me passer de vous. Notre-Seigneur n'aime pas
» l'humilité fausse, qui éloigne de lui. Quand on a
» Notre-Seigneur, on est bien fort, on est bien
» riche. Soit qu'il se cache, soit qu'il se taise ou
» semble dormir, comme dans la barque de Pierre,
» ne savez-vous pas que son cœur veille toujours
» sur ses pauvres enfants? Lui qui a excusé ses
» bourreaux, comment ne nous excuserait-il pas,
» dans nos faiblesses? Donc courage et confiance !
» Quel blasphème de dire : La consolation de Dieu
» ne sera jamais pour moi! Demandez-en bien
» pardon au Cœur de notre bon Maître, qui veut

» vous faire tant de bien, et qui vous offre tout ce
» qu'il a. Allez donc à Lui, malgré vos misères, ou
» plutôt, à cause de vos misères. Il a dit : Venez à
» moi, vous qui souffrez et qui êtes chargés ; venez,
» je vous soulagerai... »

A une autre de ses filles la bonne Mère disait :
« N'ayez donc jamais peur du bon Dieu, quand bien
» même vous auriez commis quelque infidélité. Un
» mot de repentir et surtout de confiance lui fait tout
» oublier. Serait-il moins bon que nous, méchantes
» et misérables créatures que nous sommes, et
» cependant si vite touchées de la confiance et de
» la simplicité avec laquelle on revient à nous...
» Laisser ses communions parce qu'on est faible,
» c'est fuir le médecin parce qu'on est malade ;
» c'est faire le plus grand tort à son âme ; c'est
» réjouir le démon, et contrister le cœur du bon
» Maître, qui veut être notre ami, notre médecin et
» le consolateur de toutes nos misères... » Elle
voulait qu'on allât à Notre-Seigneur, comme à l'ami
le plus dévoué. « Quand vous avez été insupportable
» aux autres et à vous-même, ajoutait-elle, réfugiez-
» vous dans le Cœur de Jésus, avec confiance et
» humilité. Lui ne se lasse pas ; il aime jusqu'à la
» fin ; quand tout le monde se retire et nous aban-
» donne, Lui reste près de nous, comme un ami
» fidèle. Il n'est pas seulement l'ami de la joie,
» mais aussi et surtout de l'adversité. Il préfère
» une maison de deuil à une maison de plaisir.
» Pour essuyer nos larmes, toucher et soigner nos
» plaies, il n'y a pas de main douce comme la
» sienne, dit saint Augustin, qui en avait fait l'ex-

» périence ; nul remède ne guérit si vite que les
» siens, il suffit que le malade sente, reconnaisse
» et montre son mal et veuille être guéri... » En
entendant ces conseils et ces exhortations de la
vénérable Révérende Mère, on ne peut s'empêcher
de dire, avec le Saint-Esprit, que « la bouche du
juste est une source de vie (1). »

Dans le cours de la retraite, la sage Supérieure
générale réunit plusieurs fois autour d'elle les
Supérieures particulières. Dans ces entretiens à
part, elle leur donnait ses avis et leur signalait les
abus à éviter. Elle recommandait surtout la pratique
de la pauvreté religieuse. « Que chacune de nous,
» disait-elle, pèse bien l'obligation de ce vœu, et
» prenne une bonne et forte résolution de retran-
» cher tout ce qui est contraire à la perfection.
» Travaillons à une abnégation absolue des choses
» de la terre. Rien de superflu, d'abord. Ensuite,
» n'avons-nous pas quelque affection trop naturelle aux
» choses permises ? Toute affection terrestre nuit à
» l'action de la grâce, dans nos âmes. Dieu, dit
» l'*Imitation*, veut des cœurs vides de la créature :
» alors, il les remplit de ses dons. Conformons-
» nous bien à nos Règles, qui nous donnent si à
» propos le nécessaire, afin que notre détachement
» soit complet, et notre abandon absolu... »

Elle insistait fortement sur la nécessité de donner
le bon exemple, et d'être partout pour le bien à la
tête de la Communauté. Elle blâme les voyages
trop fréquents et les séjours trop longs des Sœurs

---

(1) *Vena vitæ os justi.* (Prov. 10.)

dans leurs familles, conjurant les Supérieures d'éviter et de faire éviter aux Sœurs tout ce qui est inutile à cet égard. « Nous avons remarqué, con-
» clut-elle, que la transgression de ce point de
» notre Règle nuit beaucoup à l'esprit religieux, et
» à l'estime de notre sainte vocation. »

Elle revint, dans plusieurs conférences, sur l'importance et la nécessité d'observer fidèlement la sainte Règle, et de surveiller soigneusement les enfants. « Ne les laissez jamais seules, disait-elle,
» soit pendant les récréations, soit dans les dortoirs
» ou ailleurs; il y a des inconvénients et des
» dangers de toute sorte. » — Elle racontait, à ce sujet, ce qui était arrivé à Saint-Etienne, dans la Maison de Mi-Carême. Deux enfants avaient été confiées à une Religieuse, pendant que la Communauté était à l'église paroissiale. Comme elles s'amusaient tranquillement dans une classe, la Sœur crut pouvoir les laisser seules quelque temps, pour s'occuper d'autres choses. Les deux enfants, ayant voulu faire chauffer leur petit potage, entassent papier sur papier et y mettent le feu. La flamme fut telle, qu'elles s'effrayèrent, s'enfuirent et allèrent se cacher. Le feu se communiqua à ce qui l'entourait, et bientôt toute la salle fut embrasée. Les voisins accoururent à la lueur de l'incendie. C'était temps : sans leur secours, un grand malheur serait arrivé à l'Etablissement de Mi-Carême et au quartier qui l'environne. — La sage et prévoyante Mère passa en revue tous les devoirs et tous les abus, afin d'encourager les uns et de corriger les autres.

Les saints exercices des retraites annuelles une

fois accomplis, la pieuse Supérieure générale se retirait à l'écart, le plus souvent dans quelqu'une de ses maisons particulières, et là, dans le silence et dans le recueillement le plus profond, elle se livrait sans réserve aux inspirations de la grâce. Elle y était tout entière à Dieu et à elle-même. — Personne ne sut mieux qu'elle s'appliquer cette recommandation de saint Bernard aux Supérieurs quelconques : Ne soyez pas seulement comme des « canaux qui ne font que transmettre les eaux sans les retenir, mais comme des bassins qui se remplissent d'abord, et donnent ensuite de leur plénitude : *non canales tantùm sed concha.* » On ne peut donner qu'autant que l'on a, disait elle-même la pieuse Mère. Au sortir de ses retraites, elle ressemblait au laboureur qui, après quelques instants de repos pris au milieu du jour, retourne à son travail avec une nouvelle ardeur.

Parmi les pratiques de la dévotion chrétienne, il n'en est pas de plus salutaires que les retraites. Elles sont comme les eaux thermales des âmes, les bains spirituels où elles viennent se régénérer, en y puisant une énergie nouvelle. Là, l'esprit se repose dans le calme et le silence. Le cœur se dilate dans l'épanchement et au souffle de la grâce. Là, on respire un air embaumé des parfums vivifiants du ciel. On recueille la bonne odeur du Christ qui s'échappe des saints exemples. On y trouve une nourriture spirituelle plus abondante, plus saine et plus succulente, des soins spéciaux et un traitement spirituel complet, où tout l'être moral se retrempe, se renouvelle et se refait.

Dans la retraite, où la famille de Saint-Joseph venait de puiser un surcroît de forces et une surabondance de vie divine, Mère du Sacré-Cœur fut le principal instrument de la grâce. Son esprit, avec une admirable sagacité, discerna tous les esprits ; son cœur fut le lieu de repos de tous les cœurs, et sa main ne cessa de soigner, de relever, de caresser et de guérir. Elle eut des remèdes pour toutes les misères, du baume pour toutes les douleurs ; elle donna ses jours et ses nuits à ses filles, qui s'en retournèrent pleines de joie, de reconnaissance, de vigueur et bénissant de toute leur âme le bon Dieu et leur Mère.

Après cette œuvre de laborieuse et féconde maternité, le ciel accorda à la Révérende Mère une faveur, qui lui permit de se reposer un peu et d'être fille à son tour. La Providence qui lui avait conservé sa mère, la lui envoya, comme pour la récompenser d'avoir été elle-même si bonne pour ses filles. Mme Tézenas, âgée de quatre-vingt-six ans, arriva à Lyon, accompagnée de Mme Vialletton. « Je touche, disait-elle, à la fin de ma vie, je veux avant de mourir, embrasser ma Virginie ; je veux voir les lieux qu'elle habite, connaître sa nombreuse famille, et me recommander aux prières de ses bonnes Sœurs. » — Heureuses de voir et de recevoir cette chrétienne héroïque, qu'elles appelaient *leur grand'mère*, toutes les Religieuses s'empressèrent autour d'elle, comme des enfants, le cœur plein de vénération et d'amour filial. Ce fut une fête d'une beauté et d'un caractère antiques, une scène de vie patriarcale. On voulut que la mère logeât à côté de sa fille bien-aimée, que chacun aimait comme elle. Cette affection de tous les cœurs inondait de joie celui de Mme Tézenas. Chaque Religieuse lui en parlait, la félicitait d'avoir une telle fille, et la remerciait de la lui avoir cédée pour Mère. Elle leur répondait, en versant des larmes de bonheur. Il y eut des prières d'actions de grâces, des chants, une pièce jouée par les postulantes. — Tout à coup, au milieu de la fête, apparaît M. l'abbé Cognet, grand pénitencier de la cathédrale et ancien précepteur des enfants Tézenas. Ayant appris que leur mère, pour qui il avait gardé la plus grande vénération, était aux Chartreux, il y accourut en toute hâte. En le reconnaissant, la vénérable octogénaire lui tendit les bras comme à un fils, qu'on n'a pas vu depuis de longues années. Puis, se tournant vers les Religieuses : « Ne trouvez pas mauvais, mes Sœurs, dit-elle, que j'embrasse cet ecclésiastique ; il a élevé mes enfants, et il est devenu lui-même mon fils d'adoption. Vous savez comme les mères aiment ! » La Maison retentit d'une explosion d'applaudissements, et le doux charme de la fête fut à son comble. On parla du passé, et plus encore de l'avenir du ciel, qui était si proche et où il n'y aurait plus de séparations.

Il n'y avait aucune des infirmités de la vieillesse, dans Mme Tézenas. Tout est vieux dans certain monde, même les jeunes gens. Tout est jeune dans la sainteté, même les vieillards. L'atmosphère de l'éternité, dont le voisinage se fait sentir, efface les rides de leur front et les rajeunit. — Malgré sa douceur, cette fête était encore de la terre, et elle dut finir. Ce fut un nouveau sacrifice que Mère du Sacré-Cœur eut à offrir à Dieu. Ses filles le partagèrent, et leur tristesse, aussi sincère que générale au départ de leur vénérable *grand'mère*, adoucit celle de son propre cœur.

La zélée Supérieure générale ne se bornait pas à travailler à la sanctification et à la perfection de sa Congrégation, chaque année elle lui donnait encore de nouveaux développements. En 1839, elle avait établi à Saint-Etienne la maison du Refuge, où tant de jeunes personnes trouvent un abri sûr. — La même année, Sainte-Foy, l'Argentière, Longes, Montchal, Theizé, Unieux, Lorette, Curzay eurent des établissements d'écoles, dirigés par les Sœurs de Saint-Joseph. — A Lyon, sur la paroisse d'Ainay, elles reçurent la direction d'un hospice pour les malades incurables, qui rend les plus utiles services. — En 1840, on fonda des Maisons Religieuses de l'Institut de Saint-Joseph à Changy, à Saint-Julien d'Odde, à Montaud près de Saint-Etienne. C'est à la même époque qu'eurent lieu en Corse, les fondations importantes de Bastia et de Sartène. — L'année 1841 vit s'élever des Couvents de Saint-Joseph à Saint-Appolinaire, à Dième, à Pollionay; et à Lyon, la salle d'asile de la rue Jarente. — A Roanne, on créa aussi une salle d'asile, qui réunit aujourd'hui un nombre considérable d'enfants. — Briant, dans le département de Saône-et-Loire, confia ses écoles aux Sœurs de Saint-Joseph. — L'Etablissement de Corté, en Corse, est de la même époque. — En 1842, on compta les Maisons de Pommiers, d'Albigny, de Saint-Nizier sur Charlieu, de Vandranges, de Genelard, de Gibles, de Bonifacio en Corse et de Châtel Saint-Denys en Suisse. — L'année suivante, 1843, Saint-Jean-la-Vêtre, Lavieu, Saint-Martin-d'Estreaux et Bédarieux prièrent les Religieuses de Saint-Joseph de prendre soin de leurs écoles. — A Lyon, en 1844, l'hospice des incurables de Vaise, la salle d'asile de Saint-Polycarpe furent créés et confiés aux mêmes Religieuses. — Mèze, dans le département de l'Hérault, les mit aussi à la tête d'un hospice et d'une très-importante maison d'éducation. — Elles prirent, en 1845, la direction des écoles de Saint-Bonnet-le-Troncy, de Boisset-les-Montrond, ainsi que d'un hospice de vieillards et d'une Providence pour les enfants, à Saint-Polycarpe, dans la ville de Lyon.

Cette cité, à la même époque, comprenant que le soin et la tutelle de l'enfance devaient être comme l'apanage naturel des filles de Celui, qui avait soigné l'Enfance de Jésus, et d'un autre côté, ne pouvant pas leur confier directement la multitude innombrable des écoles des deux départements qu'elle préside, voulut au moins qu'elles en formassent les Maîtresses. Ainsi l'école normale des filles, pour les départements du Rhône et de la Loire, fut établie à la Maison-Mère de Saint-Joseph, à côté du noviciat des Sœurs, abrité sous le même toit et recevant, autant que possible, le même esprit avec la même direction. — Cet exemple donné à toute la France et un si bel hommage rendu aux filles de Saint-Joseph étaient bien dignes de la ville de Marie. Cette œuvre sourit beaucoup au zèle de la Supérieure générale à raison du salut des âmes

qu'elle devait favoriser. « Si nous ne pouvons pas,
» disait-elle, nous charger de toutes les écoles, fai-
» sons auprès des Maîtresses, qui en auront la
» direction, tout le bien que nous pourrons. » Aussi
fut-elle heureuse d'accepter un emploi d'une importance si capitale pour l'éducation de la jeunesse.

En 1846 et en 1847, on vit se fonder successive-
ment les Etablissements religieux de Grézieux-la-
Varenne, de Lucenay, de Pouilly-le-Monial, de
Saint-Clément-sur-Valsonne, de Dommartin, de
Belle-Roche, de Saint-Haon-le-Châtel, de Saint-
Marcel-d'Urfé et de Huismes dans la Touraine...

En bénissant Dieu de l'accroissement qu'il donnait
à sa famille religieuse, la Mère générale donnait
tous ses soins à ces Etablissements, afin de seconder
l'œuvre de la divine Providence. Autant que possible, elle allait elle-même sur les lieux, se rendant
compte de tout et parlant aux administrateurs, aux
hommes d'affaires, avec tant de tact, de dignité et
de bonté, qu'elle gagnait leur confiance et en obte-
nait ce qu'elle désirait pour le bien. — Les voyages,
nécessités par ces fondations diverses, étaient sanctifiés, comme nous l'avons vu, par la prière, la
récitation du saint Office, l'oraison, l'union avec
Dieu et la visite au saint Sacrement, en chaque
localité, toutes les fois que le temps le permettait.

La Révolution de 1848, dont nous n'avons pas
sans doute à faire le récit, suspendit le cours des
progrès de la Congrégation de Saint-Joseph, et mit
en grand péril la Maison-Mère, les Etablissements de
Lyon et ceux de Saint-Etienne. — « Les révolutions,
a-t-on dit souvent, sont la grande école des Saints.

Elles éclairent, elles épurent, elles détachent de la terre et rattachent au ciel. Aussi, est-ce d'ordinaire aux époques les plus troublées qu'éclatent les plus fortes vertus, et que surgissent les plus nobles âmes (1). » Mais, les révolutions obtiennent ces résultats à la manière des tempêtes, lesquelles, en purifiant l'air, ravagent la terre : comme la guerre aussi qui fait les héros en les entourant de dangers et en les couvrant de blessures. — Au bruit de l'orage qu'elle entendait gronder d'un bout de la France à l'autre, Mère du Sacré-Cœur disait à ses filles : « Si nous étions menacées de souffrir, si le tumulte
» du dehors pénétrait dans nos demeures, réfugions-
» nous dans le Cœur de Jésus, fermons-en bien les
» portes et restons en paix. Nous sommes à la veille
» de grands événements. L'enfer se soulève partout.
» Ne nous lassons pas de prier. Jamais l'Eglise, la
» société, les âmes n'ont eu plus besoin du secours de
» Jésus. »

Non contente d'encourager ses filles et de prier, la sage Mère prenait toutes les précautions que demande la prudence, secondée par M. l'abbé Plantier, aumônier de la Maison-Mère, qui lui avait dit : « Je vous tiendrai au courant de tout. » Elle fit cacher à temps les vases sacrés et les objets religieux de la chapelle. — Le lendemain matin, toutes les Communautés de la Croix-Rousse étaient visitées par des bandes d'insurgés. La Maison de la Providence de Saint-Bruno, de la Providence de Mme Mercier et celle du Passage-de-l'Enfance virent leurs métiers,

---

(1) Vie de Mme Barat, t. II

leurs étoffes de soie, ouvrage et gagne-pain de pauvres orphelines, livrés aux flammes. — La Maison-Mère de Saint-Joseph eut son tour. Pendant la visite, une Religieuse se trouva à côté d'un jeune homme qu'elle avait autrefois préparé à la première communion. « Comment, c'est toi, François ! lui dit-elle, et en pareille compagnie ! » — Oh ! ma Sœur, que ne suis-je encore à votre école ! Je ne serais pas si malheureux. J'ai été forcé de suivre ces gens-là. Je ne sais pas où nous allons. »

Cette première visite se borna là. Mais le soir, à neuf heures, des coups redoublés firent retentir le portail de la Maison. La rue était remplie d'insurgés. « Ouvrez-nous, s'écriaient-ils, au milieu de chants révolutionnaires et de vociférations menaçantes. » A peine les portes eurent-elles roulé sur leurs gonds, qu'ils se précipitèrent en foule, les uns armés de fusils, les autres des torches allumées à la main, en criant : « Où sont les métiers que vous avez cachés ? » — La Communauté se réfugia dans la chapelle, pendant que la Supérieure, accompagnée de quelques Religieuses, suivait les voraces, comme l'oiseau dont le nid et les petits sont menacés surveille le cruel oiseleur. Ne trouvant pas les métiers qu'ils cherchaient, les révolutionnaires se retirèrent avec cette menace : « A demain matin, et cette fois, nous mettrons le feu. » — On pria toute la nuit et Dieu ne permit pas que le crime fût accompli.

Cependant, les parents informés du danger s'étaient hâtés de venir chercher leurs enfants, soit au pensionnat, soit au noviciat et à l'école normale. — « Mes » Sœurs, dit la bonne et prudente Mère à ses filles,

» s'il en est parmi vous qui désirent se retirer,
» durant quelques jours, au sein de leurs familles,
» où elles trouveront plus de sécurité qu'ici, qu'elles
» suivent leur inspiration ; » et elle donnait l'argent
nécessaire pour ces départs forcés, qui déchiraient
son cœur. Tout le monde fondait en larmes. — Quelques Religieuses lui ayant dit : « Ma Mère, partez
pour quelques jours, allez auprès de Mme votre
mère, au moins votre vie sera en sûreté, nous garderons la Maison. » — « Chères enfants, leur ré-
» pondit-elle, ma place est ici ; ma vie est entre les
» mains de Dieu, qu'il dispose de moi selon sa sainte
» volonté. »

Les Maisons religieuses de Saint-Etienne furent moins épargnées que celles de Lyon. A la Providence de Sainte-Marie, au Refuge et à l'Asile du Pieux-Secours, il ne resta que les quatre murs, après le pillage et l'incendie. — Dans une de ces Maisons, une Religieuse courut à la chapelle, pour sauver le saint Sacrement. N'osant toucher les vases sacrés et ne sachant où les déposer, elle jette un linge dessus, et les met dans sa poche. Ce ne fut que le soir qu'elle put arriver avec peine à la cure la plus voisine, et y remettre le précieux trésor qu'elle avait porté avec elle durant une partie de la journée. — La Maison de Mi-Carême seule fut providentiellement épargnée. La Mère Euphrasie Supérieure, pendant le pillage et l'incendie des autres Communautés, ayant voulu faire transporter quelques objets chez Mme Tézenas, pour les mettre à l'abri, dut renoncer à ce sauvetage devant la menace des voraces : « qu'au lieu d'une Maison, ils en pilleraient et incendieraient deux. »

— « J'ai vu 93, disait Mme Tézenas, la révolution ne marchait pas si vite que celle-ci. »

La bonne grand'mère vit arriver chez elle son petit-fils, Jésuite, accompagné de quatre autres Pères, venus à pied et en costume séculier, de Vals près du Puy. — Le même jour, sa petite-fille, Religieuse de Saint-Joseph, et une autre Religieuse vinrent de Valfleury, où Mère du Sacré-Cœur les avait envoyées, espérant qu'elles y seraient en sûreté. Mais cette Communauté avait subi le sort des autres. — En serrant ses enfants dans ses bras, leur père, l'honorable M. Vialletton s'écria : « La république *a au moins cela de bon*, qu'elle me rend tous mes enfants ! »

Le cœur de la Mère générale fut profondément déchiré, quand elle apprit la dispersion de ses filles, le pillage et la dévastation de ses Communautés de Saint-Etienne et des environs. Ses larmes coulaient en abondance le jour et la nuit, tout en imitant la soumission et la résignation du saint homme Job. Cette épreuve porta un coup terrible à sa santé, et elle ne s'en remit jamais complétement. — A la Maison-Mère, on vivait, comme chez les pauvres ouvrières, du travail qu'on faisait pour quelques magasins de la ville. Une rigoureuse économie et les privations suppléaient à ce qui manquait.

Au milieu de cette détresse et de tant de douleur, l'excellente Mère écrivit à ses filles, pour les encourager et les fortifier, une lettre-circulaire pleine de sagesse. « Les événements qui viennent de s'accom-
» plir vous ont sans doute inquiétées et troublées ;
» leur dit-elle. Permettez-moi de vous adresser

» quelques paroles, afin de vous tranquilliser, de
» vous éclairer et de vous raffermir. Reconnue par
» l'Etat et protégée par les lois, notre chère Con-
» grégation n'a point été jusqu'à présent atteinte ou
» menacée dans son existence. Aucun décret du gou-
» vernement provisoire, aucune mesure de ses com-
» missaires ne sont venus, ni ne paraissent devoir
» venir la frapper. Toutes les craintes et toutes les
» rumeurs, qui supposeraient le contraire, doivent
» être, jusqu'à nouvel ordre, envisagées comme des
» bruits sans fondement et des alarmes au moins
» prématurées. Ne vous en rapportez, sur cet objet,
» qu'à des renseignements positifs, à des actes
» officiels.

» Je vous exhorte à garder, autant que possible,
» l'habit religieux. Rien, dans notre situation poli-
» tique, n'est assez menaçant pour que nous cou-
» rions des risques en le portant. Si cependant dans
» les voyages, dans les sorties ou courses néces-
» saires, la prudence vous invitait à prendre un
» vêtement séculier, vous êtes autorisées à le faire.

» Plusieurs choses semblent présager le calme pour
» l'avenir. Malgré cela, il est incertain. Prions Dieu,
» qui en est le maître, de le faire tel que nos vœux
» le désirent. Conjurons-le de pourvoir à ce que
» cette liberté dont on parle tant, s'établisse avec
» sagesse, sincérité et plénitude, afin que nous
» puissions continuer à vivre en paix, et pour-
» suivre les œuvres de charité qui rentrent dans
» notre sainte vocation. C'est le cas de répéter le cri
» de sainte Thérèse : A l'oraison, mes chères Sœurs,
» à l'oraison !... »

Le 22 mai 1848, elle écrivit de nouveau à la Congrégation, pour lui annoncer que la retraite générale n'était pas possible, et elle ajoutait : « Depuis quel-
» que temps les tribulations et les charges sont
» grandes pour la Maison-Mère ; mais elles n'ont
» pas été sans consolation. Bon nombre de Com-
» munautés particulières se sont empressées de lui
» venir en aide, soit en lui envoyant quelques se-
» cours, soit en recevant des Sœurs surnuméraires.
» Je les prie d'agréer ma bien vive reconnaissance,
» unie à celle de la Congrégation tout entière. »

Cependant, les postulantes qui avaient été obligées d'aller chercher un refuge dans leur famille, revenaient peu à peu au bercail, et revoyaient avec bonheur la Maison où elles avaient passé des jours si paisibles et si heureux. Leur joie était vivement partagée par leurs Mères et Maîtresses. Le 1er septembre 1848, la Mère générale faisait part de cette bonne nouvelle à ses filles, en leur annonçant que la seconde retraite générale, comme la première, n'aurait pas lieu cette année. « Quelques postulantes,
» ajoutait-elle, seront admises à la prise d'habit,
» mais aucune novice ne le sera à la profession. —
» Nous avons su que plusieurs jeunes personnes,
» qui se sentaient appelées à la vie religieuse, et qui
» avaient fait choix de notre Congrégation, n'ont osé
» se présenter à cause des épreuves que nous subis-
» sons depuis un an. Quelques-unes même ont cru
» que nous n'admettions plus de postulantes au novi-
» ciat ; détrompez-les, car vous voyez que les prises
» d'habit recommencent, quoique les professions
» soient encore ajournées.

» Un brevet de capacité vous sera peut-être néces-
» saire, mes bien chères Sœurs, pour continuer vos
» laborieuses, honorables et si utiles fonctions d'in-
» stitutrices. Il est donc important que toutes celles
» d'entre vous, qui peuvent se livrer efficacement à
» l'étude, y consacrent le plus de temps possible.
» Les Supérieures locales sont priées d'envoyer quel-
» que temps au noviciat celles de leurs Sœurs, qui,
» avec du travail, peuvent espérer d'obtenir leur
» brevet, pour le cas où il serait imposé aux corpo-
» rations religieuses. »

Un peu plus tard, elle renouvela ainsi cet avis :
« Dans notre précédente circulaire, nous vous di-
» sions qu'un brevet de capacité vous serait peut-
» être nécessaire pour l'exercice de vos fonctions
» d'institutrices. Aujourd'hui, il est plus que pro-
» bable qu'il sera exigé. Nous conjurons donc, de
» nouveau, les Supérieures locales de donner tout
» le temps nécessaire aux sujets, qui peuvent raison-
» nablement aspirer au brevet, mais, aucune Sœur
» ne devra se présenter aux examens de l'Académie,
» sans être venue se soumettre à la décision de la
» Maison-Mère. — Faisons tout, avec sagesse et pru-
» dence, pour la plus grande gloire de Dieu et l'hon-
» neur de notre saint Institut. »

» Il nous est doux, dit-elle, à la fin, de renou-
» veler l'expression de notre reconnaissance à toutes
» les Maisons qui ont secouru notre détresse, et de
» compter encore sur votre dévouement et sur votre
» générosité. »

Bientôt les élèves de l'Ecole normale imitèrent
l'exemple des postulantes, et vinrent reprendre le

cours de leurs études à la Maison-Mère. Enfin, le 10 avril 1849, la Supérieure générale put écrire à ses filles. « Vous apprendrez avec bonheur, j'en suis
» persuadée, que notre première retraite générale
» aura lieu, cette année, à l'époque fixée par nos
» usages. Elle s'ouvrira le jour de l'Ascension. Les
» Supérieures sont spécialement invitées à s'y rendre,
» A l'issue de ces saints exercices, on procédera à
» l'élection de la Supérieure générale et de quatre
» conseillères. Je ne saurais trop, mes chères filles,
» vous engager à appeler, par vos ferventes prières,
» les bénédictions du ciel sur ces élections, dont
» l'importance vous est bien connue. »

La bonne Mère fut, comme la première fois, élue à l'unanimité absolue des voix, moins la sienne seule. Les respectables Mères Marie-Louise, Aglaé, Emilie furent également maintenues dans leurs fonctions de conseillères, et Mère Anastasie leur fut adjointe. — La Congrégation entière se réjouit et bénit Dieu de ce renouvellement, qui assurait sa stabilité, sa régularité, son union, sa paix et son bonheur. On semblait renaître, après les rudes épreuves passées. Un doux espoir rajeunissait les cœurs, et une sainte joie inondait toutes les âmes.

L'été de l'année 1849 se présentait donc plein d'espérance. La fête du sacré Cœur se célébra avec ferveur. C'était à la fois celle du Bien-Aimé et de la Révérende Mère. Tout ce qu'on aimait au ciel et sur la terre se trouvait réuni. La fête était plus splendide que jamais. La communion venait d'avoir lieu à l'intention de celle que l'on aimait. On préparait l'exposition et la bénédiction du saint Sacrement, quand M. Plantier arrive en toute hâte, retire l'ostensoir et emporte la sainte Réserve avec les vases sacrés. En même temps le canon se fait entendre, les balles sifflent aux croisées et annoncent une émeute à la Croix-Rousse.

C'était une nouvelle secousse de la patrie terrestre, dont la révolution a rendu le sol si volcanique. Des barricades sont dressées jusqu'aux portes du Couvent. Une salle est transformée en ambulance, toute la maison prépare de la charpie, pour les blessés qu'on apporte et à qui Mère du Sacré-Cœur prodigue les soins les plus empressés. Les bruits les plus sinistres circulent dans la Maison. — Relevant la tête au-dessus de cette terre criminelle et sanglante, la bonne Mère donnait du courage à tout le monde, avec un esprit aussi libre que si elle n'avait pas souffert une angoisse mortelle. — Enfin, M. l'abbé Plantier paraît de nouveau et annonce que l'ordre a prévalu et que l'émeute est dissipée. — On apprend, quelques jours après, que le prince Louis-Napoléon est nommé président de la République. La tempête s'apaise, et les blessés de l'ambulance sont transportés à l'hôpital, pleins de reconnaissance pour les soins qu'ils ont reçus à Saint-Joseph.

A la suite de tant d'épreuves et de si vives émotions, la pauvre Mère tomba malade. Obligée de se mettre au lit, elle voulut être soignée à l'infirmerie commune; mais prévoyant qu'on s'y opposerait, elle fit appeler l'infirmière pendant un exercice de la Communauté. « Ma Sœur, lui dit-elle, je désire
» que vous portiez mon linge et toutes mes petites
» affaires dans votre infirmerie, et vous voudrez bien

» me recevoir au nombre de vos malades. » L'infirmière veut répliquer. — « Faisons vite, reprend » l'humble Mère, il faut que je sois chez vous avant » la sortie de la Communauté, » et elle prend le devant, emportant avec elle tout ce qu'elle pouvait.
— Mère Marie-Louise survint, et usant des droits que la Règle donne à l'Assistante en pareil cas, elle l'obligea de garder sa chambre. « Nous devons » l'exemple en tout et partout, dit-elle à son Assis- » tante, pourquoi donc des exceptions pour moi? » — Elle ne voulait jamais rien de particulier. La vie commune, qui est le tombeau de l'amour-propre, comme l'a dit un Saint, faisait ses délices. Mais l'obéissance primant tout, elle dut céder à son Assistante qui maintint sa décision.

A cette époque, la Supérieure générale avait plusieurs neveux au pensionnat des missionnaires Chartreux, situé près de la Maison de Saint-Joseph. Un de ces enfants ayant été puni et privé des vacances du jour de l'an, la tante étonnée voulut avoir une explication du coupable. « Ma tante, répondit-il, un élève, soupçonné d'avoir des livres défendus, a su qu'on allait visiter son bureau. Je t'en supplie, me dit-il, reçois ce livre; on ne te soupçonne pas, toi; il ne t'arrivera rien. Mais, à peine eus-je reçu ce maudit dépôt, que la perquisition s'est faite chez moi. J'ai été puni pour le coupable qu'il me répugnait de dénoncer. Je ne connais pas même le titre de ce livre; » et il fondait en larmes en faisant son récit qui était sincère. — Plus tard, il disait : « Les paroles que j'ai entendues de ma tante, en cette occasion.

me firent une profonde impression et je ne les oublierai jamais. La sagesse en égalait la bonté. »

Un jour elle vit, sans être aperçue elle-même, un élève du pensionnat, qui soulevé par un de ses camarades atteignait, par-dessus le mur, les abricots de l'espalier des Sœurs de Saint-Joseph. Tout à coup il entend une voix qui lui crie : « Dieu te voit ! » — Le petit maraudeur s'arrête ; mais ne voyant personne il tend de nouveau la main vers les fruits. — La voix crie plus fort : « Dieu te voit ! Il a compté tous les abricots que tu as pris. » Cette fois, le voleur eut peur et se mit à fuir, en jetant tout ce qu'il avait dérobé. — Racontant ensuite cet épisode en riant, la bonne Mère ajoutait : « Si on était bien pénétré de cette pensée : Dieu me voit ! on éviterait bien des fautes. »

La présence de Dieu est le soleil des âmes. Elle dissipe les ténèbres du mal et de l'erreur, comme le soleil dissipe les ombres de la nuit. Elle fait grandir les Saints, les parfume et les orne de vertus, comme le soleil fait germer les plantes et donne aux fleurs leurs couleurs et leurs parfums. — « Marche en ma présence, dit Dieu à Abraham, et tu seras parfait. » — Moïse, « le grand serviteur et l'ami spécial du Seigneur, » comme l'appelle l'auteur de l'*Imitation*, « se tenait en présence de l'Invisible, comme s'il l'eût vu de ses yeux (1). » — La face de Jéhovah resplendissait sans cesse et se reflétait sur ces figures antiques, et c'est à ce rayonnement qu'elles devaient leur grandeur et leur beauté.

(1) Genèse, 1, 17. — Epît. aux Héb., 11, 27.

CHAPITRE III

Sainte fécondité des Ordres religieux. — Nouvelles fondations de Maisons de Saint-Joseph. — Acquisition d'un clos attenant à la Maison-Mère et de la campagne du Grand Séminaire. — Appréhensions des Sœurs à ce sujet et sainte confiance de la Révérende Mère. — Pertes douloureuses : mort de ses deux secrétaires. — Sainte mort de M#me# Tézenas sa mère. — Deuil universel à Saint-Etienne. — Construction de la chapelle de la Maison-Mère. — Description des peintures. — Cette chapelle est pour la Révérende Mère, comme le Tabernacle pour Moïse.

Messagères et dépositaires de la vérité et de la charité, les Congrégations religieuses sont douées, au plus haut degré, de cette expansion, de ce rayonnement qui caractérisent la lumière et la chaleur. Elles se répandent avec une merveilleuse facilité. Aussi, à peine le calme fut-il rétabli en France, que la Congrégation de Saint-Joseph reprit le cours de ses fondations. — En 1849, elle fonda la Communauté de Chambilly, dans le département de Saône-et-Loire. — En 1850, on compta les Etablissements de Chessy-les-Mines, de Morancé, de Sain-Bel, de Lérigneux, de Neulise. — A Barcelonnette, on éleva un hospice pour les vieillards; et à Ajaccio, les Sœurs de Saint-

Joseph furent demandées au Séminaire pour les soins de l'infirmerie, de la cuisine et de la lingerie. — A Lyon, on établit une salle d'asile dans la paroisse de Saint-Jean, actuellement rue Dorée. — Les Etablissements de Limonest et des Ardillats, et une nouvelle salle d'asile à Lyon, rue des Trois-Passages, sur la paroisse de Saint-François, s'élevèrent en 1851. — La même année, on organisa à Lyon une crèche, où les Sœurs gardent et soignent les enfants pour faciliter le travail de leurs pauvres mères. — En 1852, les Sœurs de Saint-Joseph furent appelées à Paris, dans l'établissement des hautes études, aux Carmes, pour la direction de l'infirmerie, de la lingerie et de la cuisine...

En présence de cette heureuse fécondité, la Supérieure générale dut de nouveau dilater et étendre la Maison-Mère, et elle acheta dans ce but un clos limitrophe. Ce nouvel agrandissement excita encore des craintes, qui furent portées jusqu'à Son Eminence le Cardinal-Archevêque de Lyon. Mais la pieuse Mère, avec sa confiance en la Providence et ses recours continuels à Notre-Seigneur, qu'elle ne manquait jamais de consulter avant de rien entreprendre, triompha de tous les obstacles. — « La sainte hardiesse de Mère du Sacré-Cœur, disait Mgr Plantier, son calme et patient courage, sa confiance inébranlable en Dieu, ont accompli bien des choses, malgré les difficultés qui ne savaient pas plus l'irriter que l'abattre. »

La divine Providence semblait approuver et bénir cette dilatation, en multipliant de plus en plus les Etablissements de l'Institut. En 1853, la Guillotière demanda des Religieuses de Saint-Joseph pour une salle d'asile, et Saint-Rambert-sur-Loire pour un hôpital, en même temps que se fondaient les Etablissements de Magneux, de Dompierre, de Montbellet, de Magnet, avec une salle d'asile, un externat et plus tard un pensionnat à Vernaison.

Pendant ce temps-là, le cœur de la Mère générale souffrait de plusieurs blessures, et elle enfantait ses œuvres saintes au milieu de vives douleurs. La mort lui enleva successivement deux secrétaires, qui lui étaient aussi chères que dévouées, Sœur Bernardin et Sœur Marie-Antoinette. Cette dernière était de Saint-Etienne et une amie d'enfance de Mère du Sacré-Cœur. Son dévouement était sans bornes, et elle ne comptait pour rien la peine et les fatigues, quand il fallait venir en aide à son amie devenue sa Supérieure. Attentive au moindre de ses désirs, elle volait, et serait allée au bout du monde pour lui rendre service. Cette âme délicate avait une appréhension excessive de la mort. « Soyez tranquille, » lui disait quelquefois la Révérende Mère, saint » Joseph est toujours auprès de ses filles à ce mo- » ment solennel; vous n'aurez pas peur. » Saint Joseph, en effet, lui épargna les horreurs de la mort. Elle fut enlevée presque subitement de la terre, et sa belle âme s'envola rapidement au ciel, le 4 février 1853. Ce fut un coup terrible pour le cœur de son amie et Supérieure.

Au milieu de ces déchirements, la courageuse Mère travaillait sans relâche à la prospérité de sa famille spirituelle. Depuis longtemps elle souffrait de voir les prétendantes obligées de traverser la ville

pour prendre, où elles pouvaient, un peu de repos et respirer un air pur. « Quand donc, disait la bonne
» Mère, arrivera le moment où nos moyens nous
» permettront d'acheter une maison de campagne
» pour ces chères enfants? » Tel était son souhait de tous les jours. Enfin, elle apprend que celle du Grand Séminaire est à vendre. Aussitôt elle recommande l'affaire à saint Joseph. Cette propriété lui convenait d'autant plus qu'elle n'est pas loin de la Maison-Mère. « Nos bonnes anciennes Religieuses,
» pensait-elle, pourront s'y rendre facilement; et à
» tour de rôle, nos prétendantes et nos pensionnaires
» y viendront aussi respirer le bon air de la campa-
» gne. » — « Mais comment, lui dit un jour Mgr Plan-
» tier, pourrez-vous payer cela? » — « C'est l'affaire
» de saint Joseph, reprit-elle; c'est pour sa Congré-
» gation, il sait bien qu'elle en a besoin. » Tout fut mené avec rapidité et conclu avec la plus rare habileté. Le soir même, un autre acquéreur en offrait un prix beaucoup plus élevé.

Ces lieux, qui avaient vu si longtemps les lévites du sanctuaire se délasser ou prier sous leurs ombrages, étaient pleins de religieux souvenirs. Que de missionnaires s'y étaient préparés à leur héroïque apostolat! que de pasteurs et de *pêcheurs d'hommes* y avaient préparé leur houlette et leur filet! Que d'Évêques s'y étaient formés, sans le savoir, à la divine mission des Apôtres! Un mûrier, qui peut contenir sous ses branches plus de cent personnes, y avait longtemps abrité les séminaristes au moment de leurs lectures spirituelles et de leurs prières communes. — C'était une terre sainte. La Communauté de Saint-

Joseph y entra avec respect et continua de la sanctifier. — On se plaisait, aux jours de promenade, à voir la Révérende Mère, heureuse de son acquisition, sarclant les allées du jardin, arrachant les mauvaises herbes, cueillant et épluchant la salade, soignant, caressant à la basse-cour, à l'étable, les animaux que la Providence avait mis au service de la Communauté. — Elle y présidait souvent aux promenades, aux récréations, aux jeux, et y communiquait, selon son habitude, la plus aimable gaieté.

Mais cette vie est la vallée des larmes. S'il y a quelques gouttes de joie, on y rencontre des torrents et des fleuves de tristesse. Celle qui faisait la joie et les délices de sa Communauté avait eu à pleurer la perte de sa mère, auprès de laquelle elle était accourue. La mort de cette grande chrétienne fut digne de sa vie. Ses quatre-vingt-quatorze ans, pleins de mérites et de bonnes œuvres, lui avaient servi comme autant d'échelons pour s'élever vers le ciel. Elle récita l'office de la sainte Vierge jusqu'à ses derniers jours. — Lorsqu'on lui apporta le saint Viatique, elle entra et resta plongée dans une extase d'amour. Pendant deux jours, elle répéta ces paroles : « Mes enfants, prosternez-vous ; Jésus est là ; » puis, joignant ses mains, elle continuait avec Lui ses colloques affectueux. — Autour de son lit étaient rangés ses enfants et ses petits-enfants, dont un était Religieux de la Compagnie de Jésus, et trois Religieuses de Saint-Joseph. « Mes enfants, leur dit-elle, soyez toujours d'honnêtes gens, de bons chrétiens et aimez-vous bien les uns les autres. » Voyant couler leurs larmes : « Ne pleurez pas, ajouta-t-elle, la mort est un gain ;

je mourrai samedi. » — Le soir à minuit, son petit-fils, le Jésuite, lui apporta encore Notre-Seigneur.
— Le lendemain, elle voulut, comme les anciens patriarches, bénir ses enfants. Mère du Sacré-Cœur, qui s'occupait de tout, ayant été momentanément absente, s'approcha du lit de sa vénérable mère, et lui dit : « N'y a-t-il point de bénédiction pour moi, bonne maman? » La mourante lui tendant la main : « Toi, ma Virginie, toi qui as fait ma consolation, de tout mon cœur je te bénis. » Tout le monde fondait en larmes. Son fils Félix ayant aperçu le cordon du Tiers-Ordre de Saint-François, que portait sa sainte mère, le prit respectueusement et le garda comme une relique. — La journée fut calme. — Quand la nuit du vendredi au samedi fut arrivée, la malade demandait l'heure de temps en temps. Lorsqu'on lui dit que minuit était sonné : « Voilà enfin, dit-elle, le jour qui va me réunir à mon Dieu ; » et ses élans d'amour redoublèrent. Un affaissement général s'étant déclaré, on récita les prières des agonisants, pendant que Mme Vialletton lui faisait baiser son crucifix. — « Plus que quelques instants de souffrances ; puis, le ciel pour toujours ! courage, bonne mère, » lui disait cette généreuse fille, si digne de sa mère et héritière de sa foi et de ses vertus. De temps en temps, la malade répétait : « Jésus, mon amour... Jésus, Marie, Joseph... » et sa fille ajoutait : « Je vous donne mon cœur, mon esprit et ma vie. Jésus, je vous fais le sacrifice de ma vie. » — C'était une agonie sublime à force d'être chrétienne. — Au milieu de ces saints colloques, entre la mère et la fille, colloques dignes des anges, Mme Tézenas du

Montcel, âgée de cent moins six ans, passa tranquillement de la terre au ciel, le 12 mars 1853, un samedi, jour consacré à Marie, jour aimé des saints mourants, jour qu'elle avait désiré et que Dieu paraît lui avoir fait connaître d'avance. — Bienheureux ceux qui meurent ainsi dans le baiser du Seigneur ! (1)

La mort de Mme Tézenas fut à la fois un deuil et une édification pour la ville de Saint-Etienne. « Nous sommes heureux de constater, dit un journal de cette cité, l'unanimité des sentiments de tristesse et d'admiration causés par la mort si belle et en même temps si regrettable de Mme Tézenas du Montcel. Pour faire apprécier l'étendue de cette perte à la génération nouvelle, il faudrait pouvoir dérouler tout entière cette vie si longue en réalité, et que les pauvres secourus, les malades assistés, les malheureux consolés auraient voulu voir se prolonger encore. Mais la modestie a jeté sur cette précieuse vie un voile que nous n'avons pu soulever qu'à demi. Les Saints n'écrivent leurs mémoires qu'au livre de l'éternité... Nous devons, au nom de la ville de Saint-Etienne, que Mme Tézenas a si longtemps édifiée, rendre un hommage solennel et public à la charité de cette pieuse et vénérable dame. En présence des innombrables misères qu'elle a soulagées, nous dirons seulement qu'elle succéda à sa belle-mère, en 1784, comme Présidente de l'Œuvre des *Dames de la Mi-*

(1) Mme Tézenas mourut, un samedi matin, à l'aube du jour, c'est-à-dire, au jour et à l'heure même où la sainte Vierge, selon une tradition, était née. Comme le plus petit cheveu ne tombe pas de notre tête sans la permission du Père céleste, ces pieuses coïncidences sont précieuses pour les âmes saintes.

séricorde, et que, pendant soixante-neuf ans qu'elle remplit ces fonctions, Dieu seul a pu apprécier, pour le lui rendre aujourd'hui, tout le bien qu'elle a fait aux pauvres de notre ville. Elle a été l'une des fondatrices les plus influentes, les plus généreuses et les plus actives de la *Providence de Sainte-Marie*, du *Pieux-Secours*, du *Refuge* et de tous nos établissements de bienfaisance... »

« Comme il serait trop long d'énumérer ici tous les mérites de Mme Tézenas, et de compter une à une toutes les fleurs dont elle sut se tresser une immortelle couronne, nous ne dirons qu'un mot de l'exquise urbanité qui la caractérisait. Toujours bonne et empressée, ayant une parole aimable pour tous, sachant parler à propos et surtout écouter avec une attentive bienveillance, ce qui est devenu plus difficile et bien plus méritoire dans notre société de parleurs, elle rappelait et faisait regretter cette société du dernier siècle, si polie et si éminemment française que la politique a tuée... »

« Sa mort a été digne de sa vie. Ses quatre-vingt-quatorze années, dont elle avait su se faire autant de degrés, pour se rapprocher de plus en plus du ciel, ont été couronnées par la fin la plus chrétienne et la plus sublime. »

« En face d'une mort aussi belle, après une carrière aussi bien fournie, il ne nous reste plus qu'à dire, avec tous ceux qui ont vénéré et qui pleurent aujourd'hui cette Sainte, c'est-à-dire, avec notre cité tout entière : heureux les enfants à qui sont léguées de semblables traditions de vertu et d'honneur ! (1) »

(1) Journal *l'Industrie*, 6 avril 1853.

Mère du Sacré-Cœur resta quelques jours à Saint-Etienne après la mort de sa mère, pour régler les intérêts de famille. Elle fut l'ange consolateur de tous les siens, et profita aussi de ce séjour pour visiter ses Communautés de Saint-Etienne et des environs. — De retour à Lyon, elle se dévoua plus que jamais, avec un courage que rien ne pouvait abattre, aux intérêts et au bien de sa Congrégation.

Depuis longtemps, l'exiguité et la pauvreté de la chapelle de la Maison-Mère faisaient souffrir son cœur. Elle brûlait du désir d'offrir à son Bien-Aimé une demeure moins indigne de lui. La mort de sa Mère l'ayant mise en possession de sa fortune, elle résolut de la consacrer à cette œuvre chérie. Quelques personnes lui ayant fait observer qu'il serait peut-être prudent de ne pas tout donner, et de réserver quelque chose pour l'avenir : « Dieu, répondit-elle, y pourvoira et prendra » soin de moi. » — « Jusqu'à présent, dit-elle à l'ar- » chitecte, M. Bresson, j'ai voulu la simplicité pour » notre Maison ; mais pour la chapelle, qui est l'habi- » tation de Dieu, il n'y aura rien de trop beau. » Tout ce qui touchait à Notre-Seigneur, les ornements, les vases sacrés, à ses yeux, n'avaient jamais assez de magnificence. C'est à elle que la Maison-Mère doit ces richesses sacrées, qui, selon l'expression de Mgr Plantier, « sont l'orgueil de sa sacristie et l'opulente parure de ses autels. »

La chapelle ayant été l'ambition de toute sa vie, elle se hâta de la faire commencer. La bénédiction de la première pierre eut lieu à la fin de l'année 1853. Le Cardinal de Bonald la fit lui-même, accompagné de M. Grange, vicaire général de son Eminence, et d'un nombreux clergé. Ce fut un grand jour de fête pour toute la Maison, et particulièrement pour la Supérieure générale. — Cette construction et les peintures qui la décorent ne purent s'achever qu'après plusieurs années. Enfin le jour de Noël de l'an 1856, à minuit, on y célébra la première messe, et la Communauté y fit définitivement son entrée.

Cette chapelle est un bijou de l'art. Voici la description qu'a faite une Religieuse des compositions artistiques dont l'abside est ornée, et qui se détachent sur de larges fonds dorés, comme dans les basiliques italiennes. — Trois plans superposés partagent cette abside. Sur le premier plan, d'un mètre et demi environ de hauteur, se déroulent neuf tableaux richement encadrés. Au centre est celui de la Nativité de Notre-Seigneur Jésus-Christ. Marie et Joseph, prosternés dans l'admiration, adorent l'Enfant-Dieu. Le bœuf et l'âne sont près de lui et le réchauffent sur sa couche de paille. On les dirait intelligents et compatissants. — Du haut des airs et dans l'obscurité de la nuit, quatre anges radieux contemplent étonnés et ravis le Verbe fait chair pour réhabiliter l'humanité déchue. — Enfin, un astre miraculeux projette des flots de lumière sur la crèche qui sert de berceau au Roi des rois.

A droite et à gauche de ce tableau central, on voit saint Pothin et saint Irénée, illustres fondateurs et martyrs de l'antique église de Lyon. Ils sont debout et en habits de cérémonie. — Saint Irénée, d'une main, tient un livre, et de l'autre la palme du martyre. — Saint Pothin porte une croix et un tableau représentant la sainte Vierge avec l'Enfant Jésus. — Plus loin, à gauche, on aperçoit saint Joseph éveillé par un messager céleste. Le saint patriarche prend son repos étendu sur le sol de son atelier, un coude appuyé sur un bloc de bois et soutenant sa tête dans sa main. L'Ange, planant dans les airs, se penche sur l'humble couche et touche l'épaule du gardien de Jésus. — En regard, à droite, c'est la fuite en Egypte. Marie, assise sur une humble monture, tient l'Enfant Jésus dans ses bras et le presse sur son cœur. Joseph, plein d'une affectueuse sollicitude pour son double Trésor, dirige et conduit avec précaution le pauvre équipage.

Suivent immédiatement, des deux côtés, saint François de Sales, second patron de la Congrégation de Saint-Joseph et la séraphique sainte Thérèse, le modèle des Religieuses. Cette place convient aux deux Saints qui furent les plus dévots à saint Joseph. — L'Evêque de Génève debout, en rochet et en camail, a dans une main son livre à Philothée, et de l'autre, il montre le ciel. — La séraphique Thérèse, également debout, en habit de chœur et la flèche mystérieuse au côté, est en ravissement. — Les armes du Saint-Père et celles du Cardinal de Bonald, Archevêque de Lyon, terminent ce premier plan.

Le second plan, haut de soixante-dix à quatre-vingt centimètres, n'est à proprement parler, qu'une frise. La ville de Jérusalem à gauche, et la ville de Rome à droite, représentent l'ancienne et la nouvelle loi. — De chacune des deux cités, sortent six agneaux, allant se réunir au centre à l'Agneau divin, immolé pour nous, et qui a sur la tête une auréole surmontée d'une croix, et au cœur une blessure, d'où jaillit un ruisseau de sang vermeil, tombant dans un calice d'or. C'est le fleuve de vie, auquel les âmes viennent se désaltérer (1).

Le troisième plan occupe plus des deux tiers de l'abside. C'est ici que le talent de l'artiste brille de tout son éclat. Au-dessous de la grandeur naturelle, au premier plan, les personnages la dépassent dans le troisième. — Au centre est le Christ, la figure la plus sublime et la plus émouvante de cette composition d'inspiration céleste. Au-dessus du Christ, le Père éternel apparaît plein de majesté et de mansuétude, étendant ses mains sur l'auguste Victime qui paye la rançon du genre humain. Entre le Père et le Fils, au sommet de la croix, repose et plane l'Esprit-Saint, comme pour dire : c'est l'amour qui a tout fait. Une auréole elliptique de séraphins, aux ailes de feu, environne les trois Personnes de l'auguste Trinité.

Au pied de la croix sont quatre personnages debout : à droite, la Mère du Sauveur et sainte Magdeleine ; à gauche, saint Jean et Marie Salomé. La hauteur de ces personnages atteint les genoux du Sauveur, en coupant l'auréole séraphique. Leur attitude est conforme à ce que dit l'Évangile de leurs actes ou de leur caractère. — Plus haut, sous les bras du Christ, s'avancent, en coupant également le nimbe séraphique, deux anges aux ailes déployées, aux tuniques flottantes, les yeux baignés de larmes et portant chacun un calice d'or : l'un, pour recueillir le précieux sang, et l'autre, l'eau mystérieuse sortie

---

(1) *Ostendit mihi fluvium aquæ vitæ* (Apoc.).

du côté de Jésus : *Vous puiserez l'eau du salut aux sources du Sauveur*, avait dit Isaïe. — On ne peut rien voir de plus attendrissant. C'est le Calvaire, avec ses scènes de douleur divine et d'ineffable miséricorde. C'est le Sinaï de la loi nouvelle, où la crainte est remplacée par l'amour, et les éclats du tonnerre par cette douce parole : « Père, pardonnez-leur, ils ne savent pas ce qu'ils font. » — « La plus grande marque d'amour qui puisse se donner, c'est de mourir pour ceux qu'on aime (1) ».

Près du Calvaire, à droite, entre deux palmiers, est un groupe, dont les personnages furent les premières causes du grand sacrifice qui s'y accomplit. Ce sont Adam et Eve à genoux, dans l'attitude de coupables repentants. Devant eux, saint Jean-Baptiste, montrant l'Agneau de Dieu, rappelle la promesse qui leur fut faite de ce doux Rédempteur. — A gauche du Calvaire, un autre groupe, entouré aussi de palmiers, représente les figures qui, dans l'ancienne loi, annonçaient le sacrifice du Golgotha. Abel, un genou en terre, tenant dans ses bras un agneau égorgé, image de sa propre immolation, figure lui-même la grande immolation du Calvaire, dont le sang parle mieux que le sien, comme s'exprime saint Paul : *aspersionem melius loquentem quam Abel.* — Abraham à genoux aussi et armé d'un glaive étincelant, est prêt à sacrifier son fils unique, comme plus tard au même lieu, le Père éternel devait sacrifier le Sien pour l'amour de nous. Sur le point de frapper la victime, il écoute et entend la

---

(1) Isaïe, 12, 3. — Saint Jean, 15, 13.

voix qui retient son glaive. Un agneau remplace
Isaac. — La grande et belle figure de Melchisédech,
avec sa double majesté de roi et de pontife, complète
admirablement ce groupe symbolique. En offrant à
l'Eternel du pain et du vin, il annonçait et figurait le
sacrifice eucharistique, qui est la représentation, la
continuation et l'application de celui du Calvaire. —
Cette scène ravissante et instructive se déroule sur un
fond d'or délicieux. Une vigne au feuillage vert
grimpe, s'entrelace avec grâce et marie ses pampres
avec les branches des palmiers. A travers ce double
feuillage, on voit se jouer d'innocentes colombes au
plumage d'or. — Le sommet de la voûte est par-
semé d'étoiles sur azur.

En haut, un tympan à deux plans présente, dans
le premier, les quatre Evangélistes avec leurs attributs
symboliques. — Dans le second, on voit la sainte
Famille : Jésus, Marie, Joseph, dans la gloire, envi-
ronnés d'un cercle, symbole de l'éternité, assis sur
des trônes éclatants de blancheur, resplendissants de
pierreries et entourés d'esprits célestes, profondément inclinés devant eux et agitant des encensoirs
de vermeil, d'où s'élèvent des nuages de parfums.

« Celui qui s'abaisse sera élevé. » — « Parce que
j'ai été humble et petite, j'ai plu au Très-Haut. » —
« L'Agneau immolé est devenu le Dominateur de la
terre. » — « Il est digne de recevoir puissance,
divinité, sagesse, force, honneur, gloire et bénédiction, dans les siècles des siècles (1). » Voilà ce que

---

(1) Saint Luc, 14. 11. — Office de la sainte Vierge. — *Apocalyp*
9. 13.

rappelle et signifie l'exaltation de la sainte Famille : Jésus, Marie, Joseph.

Les peintures des chapelles latérales représentent : l'une, l'Annonciation de la Très-Sainte Vierge ; l'autre, la mort de saint Joseph. Le vénérable patriarche est soutenu par Jésus, et Marie est à ses pieds plongée dans la douleur.

Tout s'harmonise admirablement dans ces belles peintures, aussi instructives et sublimes, sous le rapport dogmatique et religieux, qu'expressives, délicates et finies, sous le rapport de l'art. C'est une synthèse du Christianisme, l'épopée de la divine charité. — L'artiste, M. Sublet, s'est élevé à une grande hauteur ; mais la Révérende Mère qui l'a appelé et employé, y était depuis longtemps, élevée par sa foi et son amour pour Notre-Seigneur.

Heureuse d'avoir préparé à son Bien-Aimé une demeure ainsi décorée, elle redoubla de foi, de confiance et d'amour. Comme Moïse, elle recourait sans cesse au tabernacle. « C'était toujours dans le tabernacle, dit l'auteur de l'*Imitation*, que Moïse allait chercher l'éclaircissement de ses difficultés et de ses doutes. La prière était son unique ressource contre la malice et les piéges des hommes. Il y recevait les divines réponses, et revenait instruit de beaucoup de choses sur le présent et l'avenir (1). » — Tel était le secret de Moïse pour conduire le peuple de Dieu. C'était aussi celui de Mère du Sacré-Cœur pour diriger sa Congrégation.

(1) *Imit.* liv. 3. 38.

LIVRE VI

SUITE DE L'ADMINISTRATION ET DES ŒUVRES

DE LA RÉVÉRENDE MÈRE

DU SACRÉ-CŒUR DE JÉSUS

LIVRE VI

SUITE DE L'ADMINISTRATION ET DES ŒUVRES DE LA RÉVÉRENDE MÈRE DU SACRÉ-CŒUR DE JÉSUS

CHAPITRE PREMIER

Le choléra en France. — Circulaire de la Révérende Mère au sujet du fléau. — Dévouement des Sœurs de Saint-Joseph. — Protection divine. — Epreuves et contradictions. — Souffrances secrètes de la Révérende Mère. Sa patience. Sa mansuétude. — Nouveaux accroissements de la Congrégation au milieu de l'épreuve. — La Révérende Mère obligée d'aller aux eaux. Amabilité. Edification. — Protection de saint Joseph. — Tournée de la Révérende Mère, dans l'ouest de la France. — Le *marquis de Vole-au-Sac*. — Les *petits oiseaux* d'Ussé. — Honneurs rendus partout à la Révérende Mère. — Délicatesse de ses procédés. — Sagesse de ses avis aux Sœurs. — Conseils pour les enfants. — Leur à-propos pour la Vendée. — Frayeur dans un hôtel à Nantes. — Croix d'honneur de la Supérieure d'Ussé, méritée par un héroïque sauvetage. — Humilité de la décorée. — La Révérende Mère l'en félicite. — Elle est heureuse et fière des vertus de ses filles. — *Magnificat*.

Pendant que la fervente Supérieure générale de Saint-Joseph faisait élever et décorer avec tant de

goût, la demeure de Celui qui a dit : « Venez à moi, vous qui souffrez, » le choléra sévissait en France. — Le 26 août 1854, elle écrivit à ses filles : « Dans
» notre dernière circulaire, nous avions eu le plaisir
» de vous annoncer que notre retraite générale
» s'ouvrirait le 15 septembre prochain, mais le
» choléra ravageant la France, sur différents points,
» Mgr l'archevêque, pour des raisons de prudence,
» juge à propos qu'elle n'ait pas lieu. Si le fléau
» frappait les communes que vous habitez, nous
» comptons, mes chères filles, sur votre dévouement
» pour le soulagement des malades. Que votre zèle soit
» aussi grand que les besoins des pauvres victimes.
» Ne craignez rien pour vous ; le Seigneur sera là
» pour vous soutenir ; ses anges veilleront sur vous,
» et toutes vos peines seront comptées par Celui
» qui récompense même un verre d'eau froide. »
Les filles entendirent la voix de leur Mère, et le dévouement des Sœurs de Saint-Joseph ne fit pas défaut.

Dans plusieurs communes, des ambulances, furent organisées pour recevoir les malades, et les Sœurs les desservirent. A Lorette, près de Rive-de-Gier, elles se sacrifièrent et bravèrent tout dans l'intérêt des cholériques. Dieu les protégea, ainsi que le leur avait promis leur sainte Mère. Car, vivant constamment le jour et la nuit au milieu des morts et des mourants, et leur rendant les services les plus propres à attirer l'épidémie, aucune d'elles ne fut atteinte par le fléau. — Au milieu de cette épreuve, Mère du Sacré-Cœur disait aux Sœurs qui l'entouraient : « Dans tous les temps, Dieu a fait sentir à

» son peuple le poids de sa colère, afin de ramener
» à lui ceux qui s'égarent. Vous gémissez, mes
» chères filles, au sujet du fléau qui ravage la
» France; tâchons d'en tirer parti pour nous-mêmes
» et regardons-le comme un avertissement personnel,
» que Dieu nous donne d'être sincèrement à Lui.
» Cherchons à apaiser sa colère par la prière, et
» surtout par une grande fidélité à notre sainte
» Règle et à tous nos devoirs. Prions aussi pour la
» conversion des pécheurs, afin que ces infortunés
» ne meurent pas sans un véritable repentir de
» leurs fautes, et puissent, en paraissant au tribunal
» du souverain juge, entendre une sentence favo-
» rable. »

Ici-bas, une douleur appelle une autre douleur, dit un auteur pieux, et les glaives souvent s'entre-croisent dans nos âmes. « La vie de l'homme sur la terre est une épreuve continuelle, s'écriait le saint homme Job, qui en avait fait une si rude expérience. Ce fidèle serviteur de Dieu avait parcouru toutes les gradations de l'épreuve; car, plus elle se rapproche de nous et nous touche de près, plus elle est pénible et cuisante. Le démon, ce grand artisan de l'épreuve, l'avait frappé successivement dans ses biens, dans sa famille et dans sa personne. — Dieu permet de temps en temps qu'il en soit de même pour ses Saints, à qui ce juste des anciens jours a été, dans tous les siècles, proposé pour modèle. « Tous les Saints, a écrit le pieux auteur de l'*Imitation*, ont passé par beaucoup d'épreuves et de souffrances, et c'est par cette voie qu'ils ont avancé. » Or, la voix des Saints a été celle de Mère du Sacré-Cœur. L'épreuve ne lui a pas manqué.

A celle du choléra, qui menaçait plusieurs de ses Etablissements, se joignit une croix plantée près d'elle, dans sa Maison même, au sein de sa famille spirituelle. Cette famille jusque-là si unie se vit un instant sérieusement menacée par le démon de la discorde et de l'esprit de parti. Ce fut à l'occasion du respectable M. Grange, qui, déjà âgé et fortement atteint de surdité, avait donné sa démission de Supérieur général de la Congrégation, et avait été remplacé par M. l'abbé Plantier, confesseur depuis quatorze ans à la Maison-Mère. Le choix d'un prêtre aussi distingué fut regardé comme une faveur du ciel par Mère du Sacré-Cœur, et par toute sa Maison, à l'exception de quelques sujets dont l'esprit prévenu redoutait un peu trop le nouveau Supérieur. — Accoutumées à M. Grange, et plus à l'aise avec lui, quelques Sœurs le conjurèrent avec larmes de ne pas les abandonner. Touché de cette démonstration, le bon vieillard se laissa gagner, revint sur sa démission et pria le Cardinal-Archevêque de le rendre à son poste de Supérieur général de la Congrégation de Saint-Joseph. Son Eminence, « comptant, comme elle disait, sur la vertu de M. Plantier, » consentit à ce revirement inattendu, lequel devait être à son insu une source d'intimes et sérieuses misères. La Communauté en fut profondément affligée et affectée, pendant qu'une petite minorité se réjouissait après avoir agi isolément et en dehors de la Supérieure générale. — Comme une étincelle peut allumer un incendie, « souvent, dit l'auteur de l'*Imitation*, un rien nous trouble, et la plus petite chose cause une grande épreuve (1). »

La bonne Mère générale eut donc la douleur de voir sa famille divisée, et c'en fut fait de son repos durant quelque temps, car toucher à l'union d'une Communauté, c'est toucher à son cœur, à sa vie. « Qu'est devenue, s'écriait-elle dans sa peine, l'union » dont nous étions si fières? » — Une foule de misères secrètes assaillirent son âme, et ses jours péniblement passés étaient suivis de tristes nuits. On la surprit bien des fois pleurant près du saint Tabernacle, et adressant à Notre-Seigneur la prière qu'il avait adressée Lui-même à son Père : « O mon Père, faites qu'ils soient un ! d'esprit et de cœur » (2).

Hors de là, la douce Mère portait sa croix en silence, et la cachait sous le voile de l'humilité, de la résignation et de la bonté. Jamais elle ne fit sentir sa peine à celles qui l'avaient causée, et l'envenimaient quelquefois par des actes inconsidérés. Elle rendait le bien pour le mal. Ayant reçu un jour une lettre plus qu'inconvenante, elle appela sa secrétaire, et après lui avoir donné le sommaire de la réponse à faire, elle ajouta : « Je veux 'que cette » lettre soit plus affectueuse que les autres; on » prend, dit saint François de Sales, plus de mou- » ches avec du miel qu'avec du vinaigre, et quand on » a gagné le cœur on a toute la personne. » — Une autre fois, à la réception d'une lettre anonyme très-mortifiante, elle se contenta de dire en souriant : « Il

---

(1) *Imit.*, 3, 20.
(2) *Ut sint unum.* (Saint Jean, 7, 11).

» y avait des philosophes qui payaient pour se faire
» dire des injures ; je suis plus favorisée qu'eux, j'en
» reçois pour rien ; » et elle redoubla de bonté pour
la coupable dont le nom lui fut révélé. C'était son
habitude d'accabler de prévenances, d'égards et
d'attentions les personnes qui lui étaient hostiles et la
faisaient le plus souffrir. Elle voulait, selon le conseil
du grand Apôtre, « triompher du mal par le bien. »

Son âme calme et sereine ne se laissait pas abattre
ni décourager par la souffrance et l'épreuve. Son
zèle, au contraire, n'en devenait que plus fort et plus
fécond. « Les Supérieurs sans croix, a dit Fénelon,
sont stériles pour enfanter des enfants de grâce. Une
peine bien supportée acquiert une autorité infinie, et
communique la grâce à tout ce qu'on fait. » — « Le
meilleur des Supérieurs, a dit un autre maître de la
vie spirituelle, est le plus crucifié. » Ces vérités
ascétiques s'accomplissaient dans Mère du Sacré-
Cœur.

De 1854 à 1857 elle fit une foule de fondations
nouvelles. — A Saint-Chamond, au collège des
Maristes, les Sœurs prirent la direction du matériel
de cette importante Maison. — A Chevagnes, dans le
département de l'Allier, près de Moulins, on leur
confia le soin des classes et celui des malades de la
commune. — A Tarare, M. Martin, industriel re-
nommé, voulut les avoir dans sa vaste fabrique, pour
la direction de quatre à cinq cents ouvrières en soie.
Elles y ont attiré la bénédiction du ciel, et grandement contribué à la prospérité de ce célèbre établissement. La Mère Alphonse, morte Supérieure générale, fut l'ange gardien de cette famille ouvrière. —

Dans le département de la Loire, les communes de Saint-Genest-Malifaux, de Saint-Julien-Molin-Molette, de Souternon, près de Saint-Germain-Laval, les appelèrent pour la direction de leurs écoles. — Bessège, dans le Gard, Hérépian, dans l'Hérault, leur adressèrent le même appel de confiance qu'elles ont amplement justifiée. — Le lycée de Bastia, en Corse, les voulut aussi, pour le soin corporel des enfants; et dans la même île, la commune de Fozzano leur confia ses écoles. — On compta encore les Etablissements d'Eveux, de Frontenas, d'Arthun, de la Tour-de-Salvagny, etc. — A Marlhes les Sœurs de Saint-Joseph furent chargées de l'hôpital.

Cette fécondité réjouissait grandement le cœur de la Mère générale, mais ses forces s'épuisaient. Les médecins exigeaient pour elle un repos absolu. D'un autre côté, le travail, la sollicitude, avaient aussi leurs exigences; et la généreuse Mère toujours dévorée du désir de se donner, de se dépenser pour les autres, écoutait son dévouement plutôt que les docteurs. Enfin, elle fut obligée de céder et d'obéir à leurs instances réitérées, appuyées par celles de ses filles, qui craignaient de la voir succomber à tant de peines et de travaux. — Elle fut envoyée aux eaux de Bourbon-Lancy. Là, elle rencontra le père de deux de ses Religieuses. Le bon vieillard ne manquait aucune occasion de la voir, pour lui parler de ses enfants et les recommander à celle qui leur servait de Mère. Au retour des eaux, il disait à sa femme : « La Supérieure des Sœurs de Saint-Joseph est une personne exceptionnelle. Je la considère comme une sainte et une grande sainte;

mais surtout une sainte aimable, qui rend la piété douce, attrayante et facile. Je la compare à sainte Chantal. Oh! comme elle est persuasive, comme elle sait apprendre à supporter les peines de la vie, et faire aimer le bon Dieu par la charité! Voyant que l'ennui s'était emparé de mon esprit, croirais-tu que cette bonne Mère ne dédaignait pas de faire la partie avec moi. Je voyais bien que le seul motif de charité la faisait agir ainsi. Par cette condescendance, elle m'a fait plus de bien que si elle m'avait fait de longs sermons. Avec une pareille Mère, je n'ai plus aucun souci au sujet de nos enfants. » — On pouvait dire de l'aimable Supérieure de Saint-Joseph, qu'elle avait ce *trait particulier si rare*, qu'on appelle *le charme*.

Mère du Sacré-Cœur s'était fait un règlement pour la saison des eaux. Après son traitement, qui avait lieu de grand matin, son temps était consacré à la prière et à la méditation. Ses communions étaient quotidiennes. Ses vrais délassements étaient auprès de Notre-Seigneur. Mais, quand arrivait le moment des récréations ordinaires, elle était d'une aimable gaieté, qui mettait tout le monde à l'aise et faisait singulièrement aimer son intimité.

L'année suivante, la bonne Mère fut envoyée aux eaux d'Evian avec son Assistante, Mère Marie-Louise. Elle conduisait avec elle une jeune Sœur, qui se rendait en Suisse, auprès de ses parents. Arrivée à Genève, la Sœur fit ses adieux à sa Supérieure et se disposa à prendre le chemin de fer, qui devait la conduire dans son pays. Mère du Sacré-Cœur de son côté se rendit au port d'où partent les bateaux d'Evian, quand tout à coup elle se souvient qu'elle a oublié de remettre à la jeune Sœur l'argent nécessaire pour son voyage. Aussitôt, elle la recommande à saint Joseph et fait immédiatement partir un exprès, pour réparer son oubli. L'exprès arriva au moment où la Sœur prenait son billet de départ, et lui dit : « Oh ! que votre Mère était en peine de vous ? » — « Rassurez-la, répondit la Sœur; dans mon embarras, j'ai eu recours à saint Joseph. Il m'a exaucée, car j'ai trouvé à l'instant même un Monsieur qui connaissait ma famille, et qui m'a remis la somme nécessaire. Dites bien à notre Mère de remercier pour moi saint Joseph. » — La Mère et la fille avaient eu une égale confiance en ce bon Père ; il n'est pas étonnant qu'il les ait exaucées.

A l'exemple de sainte Thérèse, Mère du Sacré-Cœur recommandait toutes ses affaires à ce grand Saint. Une Communauté voisine ayant voulu, sous différents prétextes, lui faire céder une partie du jardin de la Maison-Mère, en échange d'une terrasse qui ne convenait nullement à l'Etablissement de Saint-Joseph, elle refusa avec une douce fermeté. De là, une lutte d'autant plus pénible pour elle, que l'Autorité supérieure était d'avis qu'elle cédât. Elle recourut à son protecteur ordinaire, et tout se termina selon ses désirs. — On se souvient qu'elle avait établi saint Joseph Procureur ou Père temporel de la Congrégation : le bon Saint s'acquittait bien de ses fonctions et venait en aide à la Supérieure générale dans toutes ses difficultés.

Après avoir recouvré un peu de force et de santé, et après avoir présidé une retraite où on lui donna, dans la personne de Mère Saint-Pierre, une conseillère de plus, à cause de sa fatigue et du grand développement de la Congrégation, Mère du Sacré-Cœur entreprit la visite des Communautés de Saint-Joseph, qui résidaient dans l'ouest et le nord de la France.

La Colonie des Sœurs de Saint-Joseph dans la Touraine et dans la Vendée, dont le premier établissement fut à Saint-Aubin, remontait, comme celui de la Corse, à l'année 1824. Mme la comtesse de La Rochejacquelin, dont le zèle et la munificence avaient généreusement contribué à donner des filles de Saint-Joseph à la Savoie et à l'Amérique, travailla bien plus encore à les établir au milieu des populations qui l'entouraient de leur vénération. Dans ces contrées arrosées du sang des siens, et que leur foi et leur héroïsme ont rendues à jamais célèbres, elle fut la providence de la Congrégation de Saint-Joseph et une véritable Mère pour les Sœurs de la Touraine et de la Vendée. Aussi, il tardait à leur Supérieure générale de pouvoir, en les visitant, exprimer sa reconnaissance à leur incomparable bienfaitrice.

Elle partit donc accompagnée de Mère Félicie, Supérieure d'Ussé dans la Touraine, qui était venue à la Maison-Mère, de Mère du Cœur-de-Marie, Maîtresse au noviciat, et d'une jeune Sœur destinée à une Maison que l'on devait fonder dans l'Ouest. — La bonne Supérieure d'Ussé était heureuse d'emmener avec elle sa Révérende Mère. Vingt ans auparavant, une sainte Religieuse, son amie, lui avait dit : « La Révérende Mère Saint-Jean touche à sa fin ; mais Dieu nous prépare une excellente Supérieure générale. Je ne la verrai pas ; je mourrai avant sa nomination. Je demande au Seigneur qu'elle gouverne longtemps la Congrégation ; car elle sera animée de l'Esprit de Dieu et elle fera un grand bien parmi nous. » Elle ajouta : « Vous la connaîtrez vous-même, et vous verrez que ce que je vous ai dit est peu de chose en comparaison de la réalité. »

Ce voyage en compagnie de la Révérende Mère était, pour la Supérieure d'Ussé, comme l'accomplissement littéral des paroles prophétiques qu'elle avait entendues. Son âme ne se possédait donc pas de joie de pouvoir contempler de près celle dont son amie lui avait dit tant de bien. Le froid étant très-rigoureux, elle se hâta de prendre des billets de première classe pour mieux en préserver la Mère générale, qui relevait à peine de maladie. Dès que celle-ci s'en aperçut, elle réprimanda fortement Mère Félicie. « Les pauvres, dit-elle, ne se contentent-ils pas des » troisièmes ? Où est donc notre vœu de pauvreté ? » — « Bonne Mère, reprit la Supérieure d'Ussé, nous serons toujours assez pauvres pour prendre les troisièmes ; mais nous ne vous aurons pas toujours avec nous. En ce qui regarde ce voyage dans la Touraine, que je connais parfaitement, permettez-moi d'être à la fois votre guide et votre Supérieure. » — « Oui, » répliqua la Révérende Mère, mais pas Supérieure » prodigue ! » — Le voyage commença par les prières de l'itinéraire, et tous les exercices spirituels s'accomplirent comme en Communauté. Les voyageuses avaient l'avantage d'être seules dans leur compartiment. A l'heure de la méditation, la pieuse Mère profondément recueillie sous son voile baissé s'entretenait avec Notre-Seigneur. Alors les paysages et les beautés de la nature passaient inaperçus : Dieu seul lui suffisait et l'absorbait. Après, comme en Communauté aussi, venaient la récréation et une conversation pleine d'une aimable gaieté, où la contemplation du paysage avait son tour.

Arrivée à Ussé, Mère Félicie remit les clés de la Maison à sa Supérieure, en lui disant : « Vous êtes chez vous, commandez à votre aise; nous serons heureuses de vous obéir. » — Mme la comtesse de La Rochejacquelin fit le plus gracieux accueil à la Révérende Mère, voulut qu'elle visitât en détail son château d'Ussé et s'entretint longtemps avec elle des intérêts de toutes ses Communautés. Mme la comtesse était charmée de la sagesse, de l'intelligence et surtout de l'éminente piété de Mère du Sacré-Cœur : « J'ai trouvé en elle, disait la noble châtelaine, une autre sainte Chantal. » — L'église de la paroisse étant à une heure de distance, Mme de La Rochejacquelin recevait, pendant la semaine, les personnes du village et les Sœurs dans sa chapelle; mais, pour le dimanche et la messe paroissiale, elle mit sa voiture à la disposition de la Révérende Mère. Celle-ci, confuse de tant d'honneur, partit furtivement à pied de grand matin avec une Sœur. On l'atteignit néanmoins, et elle fut obligée de prendre place à côté de Mme la comtesse. Chemin faisant, on aperçut de loin un vieux château. « Serait-ce, par hasard, celui de M. le marquis de *Vole-au-Sac*, dit en souriant la Révérende-Mère. — « Le marquis de *Vole-au-Sac* ! reprit immédiatement la comtesse étonnée; je connais toute la noblesse de la Touraine, je vous assure que ce nom n'y figure pas. » La bonne Mère riait; et comme Mme de La Rochejacquelin s'étonnait de plus en plus : « Vous nous avez raconté, Madame, lui dit-elle, l'histoire de votre meunier, qui s'était enrichi d'abord en volant vos moutures, puis en pillant vos biens pendant la Révolution, et devait finir par s'arroger un titre de noblesse. Il me semblait, en supposant que ce castel fût la résidence du nouveau noble, qu'il aurait bien pu s'appeler *M. le marquis de Vole-au-Sac.* — Tout le monde rit. Depuis, en racontant l'histoire de son meunier, Mme la comtesse de La Rochejacquelin n'oubliait jamais de lui donner le titre, dont l'avait décoré la Supérieure générale des Sœurs de Saint-Joseph.

L'aimable Mère ayant remarqué un jour dans le jardin du couvent d'Ussé, quantité de raisins recouverts d'une toile, en demanda la raison. — « C'est, lui répondit-on, pour les protéger contre les oiseaux qui les dévorent. » Aussitôt elle enleva la toile en criant : « Venez, venez, petits oiseaux, manger les raisins des Sœurs. » — L'Ecriture a dit que « le Seigneur ouvre sa main et remplit tout être vivant de sa bénédiction. » La charité qui, sortie d'une source divine, coulait dans le cœur de la bonne Mère, descendait jusqu'à la région inférieure de la création. Sa contemporaine, Mme Barat, fondatrice du Sacré-Cœur, balayait la neige, afin que les moineaux trouvassent le pain qu'elle leur jetait. Ces grandes et saintes âmes ont quelque chose de la bonté de la Providence qui s'étend à tout.

A Ligré, près d'Ussé, la Supérieure générale devait faire une fondation. — « Où prendrez-vous une Supérieure ? lui demanda en toute simplicité une

Religieuse de la Communauté d'Ussé. » — « Ici, répondit Mère du Sacré-Cœur et ce sera vous. » Rien n'était plus éloigné de la pensée de l'humble Sœur, qui crut à une plaisanterie et fut tout interdite, quand incontinent elle reçut sa lettre d'obédience. Mère Félicie dut encourager sa fille et alla avec Mère du Sacré-Cœur présider à son installation. La bonté et la sagesse des deux Mères affermirent la Communauté naissante, qui commença avec la plus grande régularité. — En revenant de Ligré, la Mère générale s'arrêta à Huismes. Selon sa coutume, elle vit en particulier chaque Sœur de cette Communauté, et elle les laissa toutes dans la joie et dans une ferveur que sa visite avait renouvelée. — De retour à Ussé, elle s'occupa d'une provision de pruneaux qu'elle envoya à la Maison-Mère. Dans les rapports qu'elle eut à ce sujet avec les paysans, sa grande bonté gagna leurs cœurs, et elle les édifia tellement que ces bonnes gens ne pouvaient pas se lasser de répéter : « Tout en elle porte à aimer le bon Dieu. Que nos Sœurs sont heureuses d'avoir une telle Mère ! »

La Révérende Mère quitta la Touraine pour visiter ses Communautés de la Vendée ; et dans toute sa tournée, l'excellente Supérieure d'Ussé fut sa fidèle compagne de voyage. Ainsi, pouvait-elle vérifier de plus en plus la vérité de ce que lui avait prédit son ancienne et sainte amie : « Qu'elle connaîtrait celle qui devait remplacer Mère Saint-Jean, et verrait par elle-même que la réalité surpasserait de beaucoup le bien qu'elle en pouvait dire. »

En arrivant à la Roche-de-Brand, elles trouvèrent

les habitants réunis sur la place, le maire en tête, avec une torche à la main. Le magistrat s'approche de la Supérieure générale, lui remet la torche et la prie de vouloir elle-même allumer le feu de joie préparé en son honneur. « Ne vaudrait-il pas mieux, » dit-elle, réserver ce bois pour les pauvres ? » — « Personne n'en manque dans notre pays, lui répondit-on, et tout le monde se fait une fête de recevoir la Mère générale de nos bonnes Sœurs. » Elle se vit donc obligée de mettre le feu aux fagots entassés en son honneur, et bientôt la flamme s'élevant dans les airs, accompagnée de mille joyeuses détonations, annonça son arrivée à toute la contrée. Elle dut ensuite visiter les notables du pays, ce qu'elle fit avec tant de grâce et de bonté qu'ils en furent tous charmés. — Rendue à ses filles, « la Religieuse, leur » dit-elle, ne se trouve bien que dans sa Commu- » nauté et la Mère auprès de ses enfants. » Elle leur donna tous les soins d'une tendre Mère et remplit la Maison de joie, d'édification, d'encouragement et de ferveur.

A Curzay, la Mère générale trouva une Communauté dont elle dit : « La paix et l'humilité règnent « dans cette Maison ; » et, comme l'humilité ou le renoncement intérieur unit à Dieu, selon cette parole de l'*Imitation* : « Mon fils, quittez-vous et vous me trouverez, » les Religieuses de Curzay étaient véritablement éprises de l'amour de Notre-Seigneur. — Mère du Sacré-Cœur distingua surtout parmi elles une Sœur converse qu'on regardait comme une sainte. Son union avec Dieu était continuelle et son obéissance aveugle, absolue rappelait celle des anciens

Pères du désert. Elle suivait de point en point ce conseil de sainte Thérèse à ses Religieuses : « Soyez toujours prêtes à communier et à mourir. » — Comme elle était âgée, infirme, usée par le dévouement et le travail, elle fut sur sa demande rappelée à la Maison-Mère, où elle passa le reste de sa vie dans l'oraison, occupée à faire des chemins de croix et à prier pour la Congrégation. Quand la Mère générale avait quelques grâces à demander à Notre-Seigneur, elle envoyait sa sainte fille à la chapelle.

De Curzay, les visiteuses devaient se rendre à la Communauté de Maulévrier. On avait averti et prié la Supérieure de venir avec une voiture chercher la Révérende Mère. Celle-ci l'ayant su, et voulant épargner à sa fille les fatigues d'un voyage par une saison rigoureuse, devança son départ et arriva après bien des fatigues, au milieu de la nuit et toute transie de froid, au Couvent de Maulévrier. La veille, on avait enlevé la sonnette de la porte d'entrée, qui avait besoin de réparations, en sorte qu'on eut bien de la peine à se faire entendre. Le conducteur lui-même ayant pitié des voyageuses, laissa sa voiture pour s'occuper de les introduire. Enfin, à force de temps et de bruit, on finit par éveiller la Communauté. On bénit Dieu, car le froid était si intense que les membres se glaçaient. — Comme la Supérieure de Maulévrier était confuse et désolée de ce contre-temps, Mère du Sacré-Cœur l'embrassa, en lui exprimant combien elle était heureuse de l'avoir empêchée de venir à sa rencontre par un froid aussi rigoureux. Dès le lendemain, la bonne Mère fut toute à ses filles. Ses avis, ses conseils leur firent le plus grand bien. Indulgente sans faiblesse, intelligente, d'un coup d'œil sûr, elle voyait et savait dire à chacune ce qui lui convenait. « Cette enfant montera de bonne heure au Calvaire et en descendra bien tard ! » dit-elle, un jour, d'une postulante qu'on lui présentait. L'avenir réalisa cette prédiction de la manière la plus frappante. — Sans s'arrêter aux apparences, quelque spécieuses qu'elles pussent être, elle allait au fond des esprits et des choses. Sa pénétration devinait tout, et elle parlait ou répondait avec tant de justesse, qu'elle aurait fait plier les volontés les plus fortes et les oppositions les mieux concertées. — Aimant ses filles avec tendresse, elle gardait les traits de leur visage, retenait leur nom, malgré le temps, l'absence et l'éloignement, et chacune était connue et traitée comme si elle eût été fille unique. Elles étaient souvent étonnées de voir leur nom si bien gravé dans le cœur et le souvenir de leur Mère. « Après treize ans d'absence, disait une Sœur, elle m'a rappelé le jour précis de ma prise d'habit et de ma profession. »

Le spirituel, le temporel, tout était revu, examiné, encouragé. « Il ne faut pas craindre, disait-elle, ce que
» les anciennes Constitutions monastiques appellent
» *le saint travail des mains*. Le corps est un serviteur,
» mais par caractère, revêche, paresseux. Enseignons
» aux enfants l'amour du travail, de l'ordre et de
» l'économie. Tenons-les dans une grande simplicité ;
» ne les faisons pas sortir de leur condition, en
» leur donnant un costume qu'elles ne pourront plus porter chez elles. » Quoiqu'elle aimât les ouvrages de goût, elle donnait toujours la préférence à ce qui était essentiel ; elle voulait qu'on apprît aux élèves à

faire des chemises, à raccommoder les bas, à faire des reprises et à confectionner autant que possible, une partie de leurs vêtements. « Nous avons toujours remarqué dans notre Révérende Mère, disent toutes les Sœurs qui l'ont connue, un grand amour du travail manuel. Elle avait constamment quelque ouvrage à la main, même en traitant d'affaires avec les étrangers. » — Partout utiles, ces sages recommandations et ces exemples convenaient d'une manière spéciale aux patriarcales populations de la Vendée. Cette forte race, « *ce peuple de géants*, » comme l'appelait Napoléon Ier, et *de martyrs*, comme dit Rohrbacher, ne s'était pas fait avec la vanité, le luxe et les frivolités modernes.

La Supérieure générale visita aussi Saint-Aubin et la Gaubretière, où elle fut reçue au son des cloches. « Quelle fête célèbre-t-on ici, demanda-t-elle? » — Celle de votre arrivée lui fut-il répondu. » Tout ce bon peuple s'était porté à sa rencontre. — « Mais » ce n'est pas ainsi, s'écriait-elle, qu'on doit recevoir » une Religieuse de Saint-Joseph ! » — On lui répondait en l'entourant et en se pressant autour d'elle, comme autour d'une mère. — Si tel fut l'accueil du peuple, qu'on s'imagine celui de ses filles. Elles la gardèrent trois jours, sans pouvoir se lasser de la voir et de l'entendre. Sa fidélité à observer la sainte Règle, son exactitude à faire tout à l'heure voulue, son attitude à l'église, où il semblait qu'elle voyait Dieu, son attention à éviter tout ce qui peut flatter la nature, les édifièrent profondément. — « Tout à la grâce rien à la nature ; » c'était une des maximes favorites de la fervente Mère. Son ardent amour pour

Dieu était si pur, si élevé, qu'elle ne voulait ni les jouissances, ni les consolations, ni les récompenses de l'amour. « Rechercher les suavités divines, disait-
» elle, ce n'est pas un amour solide ; mais s'humilier,
» souffrir, mourir à soi-même, vouloir n'être connue
» que de Dieu seul, voilà véritablement l'amour. A
» la différence de l'abeille, il cueille son miel sur
» les épines. » — Les Religieuses de la Gaubretière reçurent avec une sainte avidité ses conseils de perfection si bien confirmés par ses exemples. Elle visita aussi leur Maison avec le plus grand soin, examina les bâtiments, les comptes, alla dans les classes, parla à leurs nombreuses élèves, qui lui firent une touchante fête, remercia le maire de sa bienveillance pour ses chères filles ; enfin, elle n'oublia rien de ce qui pouvait contribuer au bien spirituel et temporel de cette importante Communauté. Les bonnes Religieuses de la Gaubretière ne savaient comment lui témoigner leur reconnaissance, et gardèrent profondément gravés dans leur cœur les souvenirs de cette visite maternelle.

De la Gaubretière Mère du Sacré-Cœur se rendit à Nantes, pour prendre le chemin de fer, et revenir dans la Touraine. Comme il n'y avait pas de Maison de sa Congrégation, elle descendit avec ses compagnes de voyage dans un hôtel près de la gare, afin de pouvoir plus facilement partir le lendemain de grand matin. La nuit fut troublée par un incident, qui leur fit appréhender un horrible danger. Vers minuit, heure favorable au crime, une des deux Religieuses qui accompagnaient la Révérende Mère, entendit tout à coup comme les cris plaintifs, les gémissements d'une personne qui agonise sous les coups d'un assassin. Elle se lève et appelle sa compagne. Toutes les deux écoutent les cris, qui deviennent de plus en plus plaintifs et réitérés. Effrayées elles allument une bougie, ferment la porte à clé, et se tiennent à la fenêtre, prêtes à appeler du secours.

L'angoisse fut terrible toute la nuit. Le lendemain, l'hôtesse leur fit des excuses. « Nous avons oublié, dit-elle, de vous prévenir qu'un boulanger, dont le four est à côté de votre chambre, pousse en pétrissant son pain les cris plaintifs et perçants d'un homme que l'on tue. » Cette explication rendit le calme aux bonnes Sœurs ; mais leur nuit était perdue.
— « Pauvres enfants, leur dit la Révérende Mère, qui n'avait rien entendu, vous aviez bien tort de vous tourmenter ainsi ; vous n'aviez donc pas mis vos sentinelles pour vous garder ? » — « Vous en aviez-donc, vous, ma Révérende Mère ! » — Eh ! oui, j'avais mis nos anges gardiens et notre bon Père saint Joseph : aussi j'ai bien dormi. »

Revenues à Ussé, les voyageuses se reposèrent de leurs fatigues. On profita de ce temps de repos, et d'un moment d'absence de l'humble Mère Félicie, pour raconter à la Supérieure générale comment sa chère fille, qui était décorée, avait mérité la croix d'honneur. Une Religieuse d'Ussé fut heureuse de redire les exploits de son héroïque Mère. « A l'époque des grandes inondations de la Loire, la Touraine ne fut pas épargnée. L'Indre, qui coule près du Couvent d'Ussé, devint comme un océan. Une foule de maisons se trouvèrent au milieu des flots débordés, et à tout moment, notre bonne

Mère était appelée pour secourir les malheureux inondés. Un jour, elle apprend que plusieurs ménages habitant la même maison étaient non-seulement privés de pain, mais réfugiés sur le toit de l'édifice envahi par les eaux et menaçant ruine. Leurs cris de détresse et de désespoir retentissaient dans le lointain. Notre Mère, munie de quelques provisions, vole de leur côté, mais pour arriver vers ces malheureux, il fallait braver la fureur des flots, qui entraînaient tout au milieu des vagues écumantes. Voyant des hommes attroupés, « que faites-vous donc là? s'écrie-t-elle; allons au secours de ces pauvres gens! » — « Vouloir hasarder le passage, c'est se livrer à une mort certaine, lui fut-il répondu; ce serait le comble de l'imprudence. » — En ce moment, notre Mère aperçoit une petite barque, elle s'en approche et s'écrie encore : « Qui d'entre vous m'aidera à ramer? » Tout le monde est glacé de frayeur, et personne ne se présente. « Ma Sœur, dit alors notre généreuse Mère à la Religieuse qui l'accompagnait, ne craignons rien, Dieu sera avec nous; allons, il faut sauver ces malheureux ! » — En disant cela, toutes les deux s'élancent dans la frêle embarcation, et la Supérieure commençait à ramer lorsqu'un homme de cœur se présente et demande à prendre place à côté d'elle. La petite barque revient, le reçoit, puis se dirige vers les inondés à travers les flots en furie. La foule tremble sur le rivage; à tout moment on s'attend à voir la chétive nacelle s'engloutir dans le fleuve. Vingt fois elle disparaît au milieu des vagues frémissantes, et chaque fois le rivage retentissait de cris de douleur. Pendant ce temps-là, les trois navigateurs improvisés ramaient de toutes leurs forces pour atteindre la maison menacée. Arriveraient-ils à temps?... Cette pensée ne leur permettait pas de voir leur propre péril.

Plus d'une fois, pour suivre la ligne droite et arriver plus vite, ils se heurtèrent à de terribles obstacles. Alors, ils cherchaient et prenaient un détour. Enfin, après des efforts et des dangers inouïs, ils arrivèrent à la maison en détresse. Le spectacle était navrant, et les cris des malheureux auraient déchiré les cœurs les plus durs. Aussitôt que la barque fut proche, et que ses flancs rasèrent parallèlement le mur : « — Suspendez une corde, cria notre Mère, d'une voix qui dominait la tempête, attachez-la solidement, et laissez-vous glisser l'un après l'autre dans notre barque. » On obéit. En quelques minutes la nacelle fut tellement pleine, qu'on craignit de la voir chavirer. — « C'est assez, s'écria la libératrice : que les autres attendent, nous reviendrons dans un moment. » — On retourna au rivage. Le péril n'avait fait qu'augmenter. La barque surchargée vacillait au milieu des vagues. Le moindre choc, chaque balancement était une menace de mort. L'angoisse était au comble partout, et surtout dans la pauvre embarcation. Intrépide, notre Mère priait, ramait, relevait tous les courages et excitait à la confiance en Dieu. Le trajet parut bien long ; enfin, après des efforts surhumains, on atteignit le rivage. « Hâtez-vous de débarquer, s'écria celle qui dirigeait cet héroïque sauvetage ; vous le savez, d'autres malheureux nous attendent. » — « Eh ! quoi ! Vous repartez, lui cria-t-on de toute part. » — « Et bien vite, répondit-elle ; car ces pauvres gens sont dans une attente cruelle. » — On voulut la retenir ; toutes les remontrances furent inutiles et elle s'élança de nouveau au milieu des flots courroucés, avec le même courage et les mêmes dangers. Ce second sauvetage réussit comme le premier. Dieu bénit notre Mère, et tous ces malheureux lui durent la vie. Après les avoir sauvés, elle les soigna et les nourrit. Elle fut leur providence tant que dura le fléau. Voilà comment notre Mère a mérité la croix d'honneur. » — On voit combien la vaillante Mère Félicie était digne d'habiter les contrées de l'Ouest, la *terre des géants*, le pays des héros et *des martyrs* !

La courageuse Mère étant rentrée sur la fin de ce récit : « Vous arrivez bien à propos, lui dit en la
» pressant contre son cœur, la Supérieure générale.
» Avez-vous porté quelquefois votre croix d'hon-
» neur ? » — « Une seule fois, répondit-elle en riant ; dans un voyage, l'employé du chemin de fer me refusant la demi-place malgré mon obédience, j'étalai ma croix sur ma guimpe. Aussitôt, justice me fut rendue. Depuis elle ne m'a pas servi. » — « Parce
» que vous ne tenez pas aux récompenses de la terre,
» n'est-il pas vrai, ajouta Mère du Sacré-Cœur toute
» fière de sa fille. Vous avez raison, d'autres plus
» grandes vous sont réservées. Tout ici-bas n'est
» que néant ; nous n'aurons de gloire et de bonheur
» réels que là-haut. »

La Mère générale quitta la Vendée et la Touraine, le cœur plein de consolation, et bénissant Dieu du bien qu'il daignait opérer par ses filles. L'accueil si honorable, si bienveillant et si respectueux que lui avaient fait les populations de l'ouest, lui montrait combien les Sœurs de Saint-Joseph en étaient aimées et vénérées; et les vertus, la régularité qu'elle avait remarquées dans ses chères filles, lui expliquaient la considération dont elles jouissaient. Les sentiments qui remplissaient son âme de Mère étaient ceux du *Magnificat*.

CHAPITRE II

Tournée de la Révérende Mère dans le nord de la France. — Son séjour à Paris. Maison des Carmes. — Son détachement des grandeurs humaines. — Visite à Amiens. Elle est accueillie comme une sainte. — Saintes morts de Sœur Geneviève et de Sœur Louis-Henri. Leurs rares vertus. — Projet d'obtenir de Rome l'approbation des Constitutions. Importance de ce projet. — Nouveaux agrandissements de la Maison-Mère. Leur nécessité. Leur simplicité religieuse. — Fondations de Maisons particulières. — La Révérende Mère dirige elle-même ces fondations. Son habileté. Son tact parfait. — Sa force dans les souffrances. — Elle sauve une jeune fille. — Elle partage sa bourse avec une Supérieure en détresse. — Sa bienveillance à écouter les misères des autres — Sœur Saint-Louis. Sa confiance en Dieu. Sa sainte mort. — Adoption d'une famille pauvre par la Révérende Mère. — Sa religieuse et délicate réserve à propos de sa propre famille. — Sa rigoureuse pratique de la pauvreté religieuse en tout et partout. — Son observance des convenances envers le monde. Exemple de saint Basile-le-Grand. — Visite des Communautés du Midi. — Hospitalité de l'Evêque de Nîmes. — Respect des populations. — Perfection toujours croissante de la Révérende Mère du Sacré-Cœur.

En quittant les régions de l'ouest de la France, la Mère générale se dirigea vers le nord, et se rendit à Paris, où ses filles de la Maison des Carmes l'attendaient avec une sainte impatience.

Paris est la métropole de toutes les curiosités. Comme c'était la première fois que Mère du Sacré-Cœur visitait cette capitale, il paraissait naturel qu'elle désirât en connaître les beautés. Toutefois, ni les grandeurs mondaines, ni les merveilles de l'art n'attirèrent un esprit, que sa naissance et son éducation de famille auraient pu cependant disposer à les voir avec plaisir. Ses pensées habitaient une autre sphère. Aussi, aux offres empressées et bienveillantes qui lui furent faites à ce sujet, elle répondit : « Je suis plus ambitieuse, je me réserve » pour des choses plus chères à mon cœur. A Paris, » je me dois à mes filles. » — En conséquence, elle refusa toutes les invitations. — La Mère ici se révèle avec sa tendresse. Pour elle, rien ne valait sa famille spirituelle. Elle s'y dévoua donc tout entière, lui consacra complétement son temps, et ne négligea pas le plus petit détail de ce qui touchait au bien de sa Communauté. Heureuses de sa tendresse, qui les préférait à tout, ses filles profitèrent de sa visite pour se retremper et se renouveler dans l'esprit de leur sainte vocation. Leur ferveur égalait leur joie.

Avant de quitter Paris, la pieuse Mère, plus avide des choses saintes que des grandeurs de la terre, se rendit sans peine à l'invitation qu'on lui fit de visiter les principales églises. Elle s'arrêta de préférence à Notre-Dame-des-Victoires, et y pria longtemps pour la sainte Eglise et pour sa chère Congrégation. Le même jour, elle écrivit à son Assistante, Mère Marie-Louise : « Je suis à Paris. Là, comme à Lyon, » je rencontre des hommes, des édifices, des monu- » ments plus grandioses sans doute. Si j'avais l'hu-

» meur curieuse, j'aurais pu voir beaucoup d'autres
» choses, mais je leur ai préféré ma Communauté,
» et je ne trouve rien qui puisse lui être comparé.
» Au milieu de mes filles de Paris, je ne pouvais
» oublier celles de Lyon. C'est la même famille.
» Dans ma visite aux principales églises, je n'ai
» oublié aucune d'entre vous. Je vous ai recomman-
» dées, d'une manière spéciale, à Notre-Dame-des-
» Victoires. Paris est le rendez-vous de l'univers;
» son tumulte me fait de plus en plus aimer le
» silence et le calme de la vie de Communauté. Mais
» la volonté de Dieu est ma boussole. Si mes visites
» peuvent faire quelque bien à nos Religieuses et
» être agréables à Notre-Seigneur, je serai contente.
» Cependant, je ne vous le cache pas, je vois arri-
» ver avec plaisir le terme de mon voyage. Car, je
» puis dire comme l'Apôtre : je désire vous revoir,
» quand ce sera la volonté de Dieu. »

De Paris, la Supérieure générale dut se diriger vers Amiens, pour visiter la Communauté de Saint-Riquier, où les Sœurs de Saint-Joseph sont établies au Séminaire, avec la direction de l'infirmerie, de la cuisine, de la lingerie, en un mot, de tout le matériel de la Maison. A Amiens, elle demanda l'hospitalité à M. Basinet, chanoine de Reims, l'auteur des *Conférences spirituelles pour les Communautés religieuses*, ouvrage très-estimé. Ce pieux et savant ecclésiastique, qui connaissait de réputation la Supérieure générale des Sœurs de Saint-Joseph et avait pour elle une grande vénération, fut heureux de la recevoir chez lui. « Nous possédons une sainte, dit-il à sa domestique; ne négligez rien, elle attirera sur nous la bénédiction de Dieu. » — Un pareil accueil effraya l'humilité de Mère du Sacré-Cœur. Après avoir visité la célèbre cathédrale d'Amiens, elle se hâta de partir pour Saint-Riquier, où, selon sa coutume, elle se dévoua jour et nuit au bien de sa Communauté. Les Sœurs ne pouvaient assez remercier leur Mère d'être venue les voir de si loin. — « Ah! l'amour a des ailes, dit le pieux auteur de l'*Imitation*, il court, il vole ; il ne sent ni fatigue ni fardeau, et il ne faut pas lui parler de difficultés, il les surmonte sans peine. »

Partout où elle se montrait, la bonne Mère gagnait les cœurs. On l'aimait autant qu'on la vénérait. Le Supérieur du Séminaire subit, comme tout le monde, le prestige de cette vertu aimable. Il voulut lui procurer la jouissance d'une promenade à Boulogne-sur-Mer, et il fit tous les frais de la fête. — « Vous êtes trop près de l'Océan, lui dit-il, pour refuser à votre compagne de voyage la satisfaction de voir la mer. Le bon Supérieur connaissait les Saints, qui sont d'autant plus enclins à faire plaisir aux autres qu'ils sont sévères envers eux-mêmes. C'est pour cela qu'il demanda en faveur de *la compagne de voyage*, ce que la sainte Mère aurait refusé pour elle-même.

Après la visite de Saint-Riquier, la Mère générale quitta en toute hâte la Picardie pour revenir enfin à Lyon, laissant partout le souvenir de ses vertus, de ses sages conseils et de ses bons exemples. — Son cœur fut alors affligé de plusieurs deuils. En 1858, elle perdit Sœur Sainte-Geneviève, de qui elle écrivait : « Elle a édifié et parfumé de ses vertus la » Maison-Mère, durant de longues années. Nous gar-

» derons fidèlement le touchant souvenir de son
» admirable charité envers ses compagnes, de son
» union avec Notre-Seigneur, qui la rendait toujours
» égale à elle-même et semblable à Lui; de sa dévo-
» tion pour le très-saint Sacrement ; de son obéis-
» sance, qui ressemblait à celle d'un enfant; de sa
» parfaite régularité, qui l'amenait toujours la pre-
» mière aux exercices de la Communauté. Malgré
» ses infirmités, qui la tenaient courbée vers la terre,
» cette chère Sœur n'a jamais manqué d'assister à
» la prière du matin, jusqu'au jour où elle est restée
» sur son lit de mort. » — « C'est une sainte que
vous avez perdue, écrivait Mgr Plantier à la Supérieure générale. J'avais pour cette âme si simple, mais
si pleine de l'Esprit de Dieu, une sorte de vénération. »

La même année, la Congrégation pleura la mort
de Sœur Louis-Henri, Supérieure à la Tour-du-Pin,
département de l'Isère. « Le ciel s'est montré jaloux
» du trésor que nous possédions en sa personne,
» disait Mère du Sacré-Cœur. Elle vivait comme les
» anges, unie à Dieu, étrangère à la terre. Son cœur
» débordait de charité; et dans son étonnante mor-
» tification, elle n'était sévère que pour elle-même.
» Toutes ses filles spirituelles n'ont qu'une voix pour
» la bénir et redire ses vertus. » — Une d'elles écrivait, quelques jours après sa mort, à d'autres Religieuses : « Si vous aviez connu notre bonne Mère,
celle qu'on ne remplacera jamais ! celle qui, sous
un extérieur ordinaire, même froid, cachait l'âme
la plus grande, la plus élevée, la plus héroïque, le
cœur le plus affectueux, le plus brûlant, vous com-

prendriez la douleur des Sœurs de la Tour-du-Pin. C'était un trésor caché. Il fallait habiter quelque temps le Couvent de la Tour-du-Pin, pour savoir qu'elle en était Supérieure. Point de chambre particulière. Son lit était au dortoir, le plus près de la porte. Point de placard ni de commode à part; ses effets étaient sur le rayon commun. Pas de bureau fermé, tout le monde avait le droit de s'en servir et s'en servait. A la fin de la liste qui indiquait la distribution des emplois, on lisait : Sœur Louis-Henri fera telle chose et à telle heure, et c'était ordinairement les choses les plus communes ou les plus pénibles. — Outre la classe, qui l'occupait chaque jour quatre heures, elle travaillait à la cuisine, faisait le plus gros des lessives et du raccommodage... Elle supportait les épreuves, les ennuis, les contradictions, avec la résignation des plus grands Saints. — Indépendamment de ses exemples, notre fervente Mère nous adressait les instructions et les exhortations les plus touchantes, les plus persuasives et les plus salutaires. Ses conférences sur les devoirs de la Religieuse et de l'institutrice étaient admirables... Enfin, quel ange de vertu nous possédions ! Quelle odeur de sainteté on respirait près d'elle ! La Congrégation a fait une perte irréparable, a dit notre Révérende Mère, personne ne le sent et ne le comprend comme nous... »

Nous l'avons dit, les douleurs et les épreuves ne ralentissent pas le zèle et ne tarissent pas la fécondité spirituelle des Saints. Aussi, Mère du Sacré-Cœur s'occupait-elle alors sérieusement d'une chose qui était d'une importance capitale et souveraine pour sa Congrégation. C'était la révision des Règles et leur approbation par Notre Saint-Père le Pape. Depuis qu'elle était à la tête de l'Institut, c'était, avec la construction de la chapelle, la grande ambition de son âme, laquelle augmentait en proportion de l'expansion croissante de sa Congrégation. « L'approbation, dit un grave auteur, confère aux Constitutions religieuses, qui en sont honorées, une autorité plus forte, une sanction plus haute, un caractère plus sacré, et par là leur garantit l'inviolabilité, en les mettant à l'abri de toute main téméraire qui voudrait y toucher. De là également une garantie d'unité. Ces Règles ainsi protégées seront les mêmes partout, et partout où il lui sera permis de s'établir, l'Ordre n'aura pas à craindre qu'une autorité locale prévale contre sa loi. C'est ainsi que l'Eglise, en approuvant une Congrégation, la fait entrer en participation de ses propres attributs et prérogatives, qui sont d'être une société une, immuable, indépendante et universelle (1). »

Désireuse d'obtenir pour sa chère et importante Congrégation de si grands et si précieux avantages, Mère du Sacré-Cœur avait fait des démarches à Rome. Plusieurs questions avaient déjà été agitées et discutées; mais les Constitutions, pour être approuvées, avaient besoin de subir différentes modifications. Ce travail fut confié à un ecclésiastique capable, revu par les premiers Supérieurs, et approuvé par son Eminence le Cardinal de Bonald. — A ce sujet, la

---

(1) M. l'abbé Baunard, docteur en théologie, *Vie de Mme Barat* t. 1, liv. 6.

Supérieure générale écrivit à sa Congrégation, le 24 juillet 1858 : « Nos retraites sont ainsi fixées : la
» première, du 8 au 15 septembre ; la seconde, du
» 8 au 15 octobre. Cette dernière, à laquelle j'invite
» particulièrement toutes les Supérieures de la Con-
» grégation, aura cela de particulier et d'important,
» que notre très-vénéré Supérieur, Son Eminence
» le Cardinal de Bonald y promulguera la nouvelle
» édition de nos saintes Règles. » — Cette édition cependant n'atteignit pas le but désiré. « C'est un
» livre de piété qu'on nous a fait et non une Règle,
» disait la Révérende Mère. Il faudra un nouveau
» travail pour obtenir l'approbation de Notre Saint-
» Père le Pape. » Elle aurait voulu qu'on s'en occupât de suite, car l'importance et l'expansion de la Congrégation semblaient appeler ce grand honneur et ce puissant appui ; mais la chose ne fut pas possible. La bonne Mère ne devait pas voir la réalisation d'un vœu si cher à son cœur. — Une lettre-circulaire de la Révérende Mère Louis-Stanislas, en date du 27 juin 1877, porte ce qui suit : « On s'accorde très-généra-
» lement à désirer le retour au texte ancien de nos
» Constitutions. Son Eminence le Cardinal Caverot
» a l'intention de s'occuper de ces questions impor-
» tantes pour notre Congrégation, et il demande à
» ce sujet le concours de nos prières. »

A cette époque, la Supérieure générale se vit obligée d'agrandir encore la Maison-Mère ; car les constructions précédentes, dont l'ampleur et l'étendue avaient semblé exagérées au jugement de plusieurs, ne suffisaient plus. Cette heureuse nécessité faisait ressortir l'admirable prévoyance et la haute sagesse de ce que Mgr Plantier appelait *la hardiesse* de la Révérende Mère. Aussi, cette fois, n'y eut-il ni blâme ni plainte. Au contraire, anciennes et nouvelles, toutes les Sœurs s'accordaient à bénir Dieu de leur avoir donné une Mère dont la foi, comme celle d'Abraham, attirait les bénédictions du ciel sur la postérité spirituelle de Saint-Joseph. — La Maison-Mère s'étendait et se transformait ; mais, en se dilatant en proportion de l'augmentation de la famille, elle gardait son cachet de simplicité primitive. C'était le petit grain de sénevé devenant un grand arbre, sans changer de caractère et de nature. Ses branches, destinées à ombrager les oiseaux du ciel, avaient été enfermées en germe dans la graine et se développaient au moment voulu par Celui qui « donne l'accroissement à tout. » — Les nouvelles additions, faites à la Maison-Mère, lesquelles relièrent, d'un côté, le noviciat, et de l'autre, l'école normale aux anciens bâtiments, furent principalement consacrées à de vastes dortoirs et aux services généraux de la Communauté : la boulangerie, la cuisine, le lavoir, la pharmacie, etc. — On plaça l'infirmerie près de la chapelle, de manière que les malades se trouvaient près de Celui qui « soulage toute infirmité, » et pouvaient participer au service divin et aux différents exercices religieux de la Communauté. — Dans ces dernières constructions comme dans les premières, il y avait de l'ampleur, mais ni luxe ni superflu : c'était, ainsi que nous l'avons remarqué, le développement naturel et providentiel des branches hospitalières du petit grain de sénevé qui avait grandi.

La dilatation de la Maison-Mère ne faisait que correspondre à celle de la Congrégation. En 1859 et 1860, de nouvelles fondations furent faites à Dareizé, près de Tarare ; à Sourcieux, près de l'Arbresle ; à Eurre, dans le département de la Drôme ; au Bourg-Argental, dans l'Ardèche. — De 1861 à 1867, on vit s'élever les Etablissements des sourdes-muettes, à Lyon, les maisons d'école de Chalain-le-Comtal, près de Montbrison, de la Talaudière près de Saint-Etienne, de Saint-Genis-les-Ollières, de Marchampt, de Sully dans le département de Saône-et-Loire, de Bevenais et de Colombe dans l'Isère, d'Alata en Corse, de Saint-Just-d'Avray et de Saint-Priest-la-Roche. — A Saint-Jean-Bonnefond, on joignit un hôpital, desservi par les Sœurs de Saint-Joseph, à une école qui existait depuis 1820.

Mère du Sacré-Cœur présidait partout, selon son habitude, à ce développement providentiel. A chaque fondation, elle se rendait sur les lieux ou y envoyait une déléguée en son nom pour encourager, diriger, prévoir, se rendre compte de tout et prévenir les difficultés. « On gouverne de loin, disait l'empereur Napoléon Ier ; mais on administre de près. » Quelque temps avant sa mort, la bonne Mère écrivait : « J'ai » trouvé le moyen de connaître ma géographie, en » visitant toutes nos Communautés du nord, du midi » et du centre de la France. » — Comme le bon Pasteur, elle pouvait dire : « Je connais mes brebis et mes » brebis me connaissent. » — Partout elle édifiait et charmait non-seulement ses Religieuses, mais les personnes de toute condition qui avaient des rapports avec elle. On était enchanté de la connaître. On lui rendait les hommages les plus empressés. On

la reçut plusieurs fois au son des cloches. Des maires la complimentèrent au nom et en tête de la population accourue à sa rencontre. En deux circonstances, le clergé même alla jusqu'à se présenter en surplis et avec la croix. Les châteaux lui offraient à l'envi l'hospitalité, qu'elle dut accepter quelquefois dans l'intérêt de ses Etablissements. — Elle au contraire ne comptait pour rien le monde extérieur. Dans une de ces rencontres, ayant été introduite dans une chambre à coucher d'une grande magnificence, elle rejeta les couvertures de soie et se couvrit de ses propres vêtements : « Ma Sœur, dit-elle
» à la Religieuse qui l'accompagnait, levons-nous
» demain de grand matin pour sortir de cet appar-
» tement mondain. Combien nous sommes plus heu-
» reuses dans nos modestes cellules ! que de choses
» dont nous pouvons nous passer ! Dieu seul, Dieu
» tout seul, voilà ce qu'il nous faut. » — Elle était tout entière à la vie spirituelle.

« Je me souviendrai toujours, disait une de ses compagnes de voyage, des visites que j'ai faites avec notre Révérende Mère du Sacré-Cœur. C'était au mois d'août, par un soleil brûlant. Quoique les chaleurs fussent très-contraires à son tempérament sanguin, elle souffrait sans se plaindre et sans s'arrêter. Ses jambes étaient tellement enflées, que j'étais à me demander comment la pauvre Mère pouvait se soutenir. Une fois cependant, harassée elle se tourne
« vers moi : Ma Sœur, me dit-elle, j'ai une migraine
» si forte qu'il m'est impossible d'aller plus loin ;
» arrêtons-nous un peu ; » et elle s'assied en s'appuyant contre un arbre. Elle s'endort un moment,

puis, s'éveillant soudain : « Au ciel le repos! s'écria-
» t-elle : allons, continuons notre route. » Aussitôt,
elle se remet en marche, disant ses prières, son
chapelet et faisant ses méditations.

Dans une de ses tournées, à l'aube du jour, elle
aperçut une jeune fille couchée sur le gazon hu-
mide. « Quoi! à cette heure! comment cette enfant
» se trouve-t-elle là? Approchons. — Etes-vous
» malade? » lui demanda la bonne Mère. A ses
réponses, elle reconnaît une personne dévoyée.
« C'est une âme à sauver! » dit la Révérende Mère.
Elle l'emmena avec elle et parvint à la placer con-
venablement.

Un jour, une Supérieure lui fit part de la pénurie
extrême où elle se trouvait. L'excellente Mère
l'écoute avec sa mansuétude accoutumée ; puis,
tirant de sa bourse une somme qu'on venait de lui
donner : « partageons, ma Sœur, lui dit-elle ; moi
» aussi je suis dans la gêne; avec cette moitié, vous
» pourrez pourvoir aux plus pressants besoins de
» votre Maison; en attendant, Dieu nous viendra en
» aide à toutes les deux. » — La pauvre Supérieure
se retira le cœur ému et les yeux baignés de larmes.
Elle a affirmé depuis que Dieu lui était si bien venu
en aide, selon la parole de Mère du Sacré-Cœur,
qu'elle n'avait plus éprouvé de gêne. La charité de
sa Supérieure générale avait adouci et béni le présent et l'avenir.

La bonne Mère générale aimait à écouter les misères et les épreuves de ses filles. Mère Saint-Louis,
une des vénérables anciennes de la Congrégation,
lui racontait ainsi le dénûment où elle s'était

trouvée à la fondation de sa Maison, à Saint-Didier-sur-Rochefort, département de la Loire. « Nous n'avions absolument rien, dit-elle, nous étions trois, et nous n'avions qu'une cuillère et une fourchette, en sorte qu'il fallait durant les repas nous les faire passer successivement l'une à l'autre. Il nous manquait jusqu'à un balai pour approprier notre Maison. Je n'osais pas faire connaître notre détresse aux hommes; mais que j'ai éprouvé souvent la protection et la bonté de Dieu ? « Mon Dieu, lui dis-je, une fois, vous avez dit : demandez et vous recevrez : Je vous demande un balai. » — Un moment après, on frappe à ma porte et je vois une femme m'apportant deux balais de genêt. — Je suis pauvre, me dit-elle, et je ne puis vous faire des présents; mais que vous me feriez plaisir de vouloir bien accepter cela ? » — Merci, mon Dieu, m'écriai-je, émue jusqu'aux larmes, et j'embrassai affectueusement celle que sa bonté m'avait envoyée. — Dans une autre circonstance, continuait la Mère Saint-Louis, nous n'avions pas de soufflet. Une Sœur s'étant épuisée à souffler pour allumer le feu, dit avec un peu d'humeur : « Je perds mon temps à ne rien faire ! le bon Dieu devrait bien envoyer dans nos montagnes un marchand de soufflets... » — « Religieuse de peu de foi, lui repartis-je, douteriez-vous de la bonté et de la puissance de Dieu ? — Seigneur, ajoutai-je, convainquez-la. » — Le même soir, un colporteur vint offrir un soufflet à la Religieuse découragée. — « Cette fois, s'écria-t-elle, je reconnais l'efficacité de la prière ! »

Cette vénérable Mère Saint-Louis s'adressait, en

tout et partout, à Notre-Seigneur, comme un petit enfant à sa mère; et elle ne cessait de répéter : « Lorsque vous voulez quelque chose, adressez-vous avant tout à Notre-Seigneur. » — Sur la fin de sa vie, Dieu permit que cette fidèle servante fût affligée d'un cancer au sein. Elle souffrit longtemps sans rien dire, se contentant lorsque la douleur était trop vive d'y faire le signe de la croix avec de l'eau bénite, et de demander à Notre-Seigneur la patience. Vaincue à la fin par le mal, elle le déclara à la Révérende Mère, qui la fit soigner par un médecin. « Je suis au déclin de ma vie, dit la patiente au docteur, je n'attends plus que la mort, Dieu achève de me purifier en ce monde, que son saint nom soit à jamais béni! » — Quand la souffrance était intolérable, elle priait les Sœurs qui l'entouraient de lui chanter quelques cantiques sur le ciel. « O mon Jésus! s'écria-t-elle une fois, ce n'est que là-haut que l'harmonie est parfaite. Oh! que c'est beau! que c'est beau! » Et, cette âme pleine de foi et d'amour alla entendre les célestes concerts des anges, le 13 septembre 1857. Elle avait soixante-quatorze ans et demi.

Les soins et l'affection que la Mère générale avait pour ses filles s'étendaient, nous l'avons vu, jusqu'à leurs familles. Ayant appris qu'un parent d'une Religieuse, placé à l'école vétérinaire, avait été mis en prison pour une étourderie, la charitable Mère intercède, se fait caution pour le coupable et lui obtient la liberté. — Savait-elle quelqu'un dans la peine, l'ennui et l'embarras, elle accourait à son secours. Elle se chargea, dans une circonstance, de toute une famille tombée dans le malheur : elle procura une place au père, pourvut à l'éducation des filles et logea le reste des enfants et leur mère dans la maison de campagne. — Faisant marcher de pair l'obéissance et la charité, elle pria les premiers Supérieurs de lui permettre d'appliquer à cette famille malheureuse quelques rentes qu'elle avait sur des mines, et dont son frère lui payait les dividendes. A chaque échéance, elle allait humblement faire renouveler sa permission. Elle était à la fois petite enfant par l'obéissance et tendre mère par la charité.

A l'égard de sa propre famille, elle était d'une réserve extrême, notant sur un carnet les dépenses que pouvaient occasionner les visites qu'elle en recevait, les acquittant de ses revenus et demandant scrupuleusement l'autorisation aux Supérieurs de la Congrégation. « Toutes vos filles, lui dit un jour son Assistante, sont heureuses de recevoir votre sœur, et je suis convaincue qu'elles éprouveraient une grande peine, si elles savaient ce que vous faites. » — « Je suis Religieuse, répondit-elle, et je sais à » quoi m'obligent mes vœux. »

Ce qui la touchait et la regardait personnellement était empreint de la plus rigoureuse pauvreté. Elle portait sa chaussure et ses vêtements jusqu'à ce qu'ils fussent complétement usés. Elle n'avait jamais que deux robes, deux voiles et deux voilons pour changer en cas d'accident. Quant aux bas et aux camisoles, la Sœur chargée du vestiaire les lui remettait quand elle en avait besoin, parce qu'elle distribuait aux autres tout ce qui était préparé d'avance. — Les dernières années de sa vie, comme elle souffrait de vives douleurs aux genoux, on lui fit des genouillères. La Sœur lui en avait confié plusieurs paires, pensant qu'elle n'aurait pas l'occasion de donner ce vêtement inusité. Mais aussitôt que la bonne Mère eut remarqué la petite provision, elle appela une vénérable ancienne : « Tenez, lui dit-elle, » voilà qui vous sera utile pour vous mettre à genoux » et sera chaud pour l'hiver. » On fut donc obligé de ménager les genouillères comme les camisoles et les bas. « Cette fois, dit-elle, je pratique complétement » la pauvreté, je n'ai plus rien. »

Ne pouvant plus donner, elle désirait au moins avoir et porter ce qu'il y aurait de moindre. « Lors- » qu'il y aura de mauvaises chemises, ne craignez » pas de me les donner, recommandait-elle à la » Sœur chargée du linge ; donnez-moi aussi les bon- » nets de nuit et les mouchoirs de poche de cou- » leur, gardez les blancs pour les autres, cela ne » me fait rien. » — Et, cependant, on a su que ce qui lui avait le plus coûté dans la vie religieuse, c'était de porter le linge mis en commun. La grâce avait tout vaincu : le goût, la nature, l'habitude, l'éducation. Après ce triomphe, elle n'aurait plus voulu porter que des vêtements usés, rapiécés ou de rebut. Le dépouillement est la parure des Saints.

Dans un de ses voyages, les chemins étant pleins de boue, une Supérieure lui acheta des caoutchoucs vernis. « Cela est trop beau pour une Religieuse, » objecta l'humble Mère, et elle ne voulut pas s'en servir. — Une autre fois, elle rejeta un édredon qu'on avait mis sur son lit, parce qu'elle était malade. « Enlevez cela, dit-elle, une Religieuse n'a pas

» besoin de ces futilités. » — Elle fit de même, dans une autre occasion, pour une descente de lit. « A » quoi donc servirait d'avoir quitté le monde, s'écria- » t-elle, si on vit comme lui ? Voulez-vous que » j'introduise son esprit dans la Communauté ? » Souvenez-vous que la simplicité est l'esprit des » Sœurs de Saint-Joseph. Ah ! nos bonnes an- » ciennes n'avaient pas toutes ces recherches. Nous » sommes pauvres, nous devons agir en pauvres. » — Une jeune postulante ayant eu l'idée de cirer la chambre d'une des Maîtresses des novices qu'elle aimait beaucoup, la Supérieure générale s'en aperçut : « Comment, s'écria-t-elle, une chambre cirée » pour une Maîtresse du noviciat de Saint-Joseph ! » et prenant un vase plein d'eau, elle en inonde le plancher et fait disparaître l'œuvre naïve de la postulante. Celle-ci, survenant quelques instants après, vit le dégât ; et ayant su que la Révérende Mère en était l'auteur, elle comprit la leçon et promit de pratiquer la simplicité et la pauvreté qui conviennent à une fille de Saint-Joseph.

Celle qui exigeait ces qualités pour elle et pour ses Religieuses avait un discernement trop plein de sagesse pour vouloir les imposer à tout le monde. Il y a à distinguer entre les lieux, les temps et les personnes. Il faut en tenir compte même dans la dévotion, dit le sage auteur de l'*Imitation*, à plus forte raison dans les choses d'une moindre importance. C'est pourquoi la Révérende Mère qui ne voulait pas de chambre cirée pour elle et pour ses Religieuses, tolérait ce luxe pour les parloirs destinés à recevoir les gens du monde et les parents des élèves. Dieu permit qu'elle fût vivement blâmée de cette concession par quelques Religieuses. Elle reçut leur remontrance avec humilité et reconnaissance. Mais, ne voulant rien faire ni contre son vœu de pauvreté ni contre les convenances, elle pria son Eminence le Cardinal-Archevêque, dans une visite qu'il fit à la Maison-Mère, d'examiner le salon et les parloirs, disposée à retrancher ce qui serait de trop. « J'approuve tout, dit son Eminence, après avoir tout vu et examiné ; continuez comme vous avez fait jusqu'à présent ; on ne peut pas recevoir les personnes du monde comme des Religieuses. »

Ainsi, saint Basile-le-Grand, l'oracle de l'Eglise d'Orient, qui vivait de prières, de mortification et d'abstinence, au point, selon ses historiens, « de n'avoir que les *os et la peau*, » avait une table « chargée de mets, de gibiers, de cochons de lait, etc., » au rapport de son ami saint Grégoire, pour les gouverneurs, les généraux et tous les grands du monde qui venaient le visiter, le consulter ou l'implorer. Car sa sagesse, comme autrefois celle de Salomon, attirait tout l'Orient à lui. — La vénérable Supérieure générale de Saint-Joseph, à l'exemple des grands Saints, savait unir les convenances délicates à la vie austère.

Le monde, qui honorait la sagesse de saint Basile et lui rendait, en confiance et en religieux respect, les égards qu'il avait pour lui, savait aussi apprécier le mérite et les vertus de la Révérende Mère du Sacré-Cœur de Jésus. — Nous avons cité la parole d'un homme de la bonne société de la ville de Lyon, qui l'appelait *la première, la reine des Mères*. — Le notaire de la Congrégation, l'honorable M. Berlotty, se plaisait à la qualifier de *femme exceptionnelle*. — Le peuple, les autorités, la noblesse et le clergé de la Touraine et de la Vendée, par les honneurs qu'ils lui rendirent, transformèrent en un vrai triomphe sa tournée de Supérieure générale dans leur province. — L'île de Corse avait préludé, par son enthousiasme, à ces hommages de haute considération et de profond respect. — Dans le nord de la France, la vénérable Mère avait été accueillie comme une sainte, ainsi que l'appelait le docte et pieux M. Basinet.

Il en fut de même dans le Midi, que la Révérende Mère visita, en 1859, accompagnée de Mère Emilie. Arrivées à Nîmes, après avoir déposé leurs petits sacs de voyage dans un hôtel, les voyageuses se rendirent auprès de Mgr Plantier, qui leur dit : « Tout ce que j'ai est à votre disposition ; vous n'aurez pas d'autre hôtel que mon palais ; » et à l'instant le prélat envoya chercher leurs modestes bagages. « Il ne sera pas dit, ajouta Sa Grandeur, que celle qui m'a reçu et traité pendant si longtemps avec tant de bienveillance, aille loger ailleurs que chez moi. » — Le lendemain, il la présenta à ses vicaires généraux, en leur disant : « Voilà la Mère d'une grande et nombreuse famille que j'estime et que je vénère singulièrement, et qui n'a pas craint, bien que je ne fusse alors qu'un tout jeune abbé, de me choisir pour son directeur. »

Le grand Evêque fit de son hospitalité une vraie fête. De son côté, Mère du Sacré-Cœur fut heureuse de recevoir de nouveau les conseils de celui qui avait été son directeur et son appui pendant plus de quinze ans. Cette entrevue eut quelque chose de celles de sainte Olympiade et de saint Jean Chrysostome.

En sortant de Nîmes, la Révérende Mère se rendit à Bessége, et visita toutes ses autres Communautés du Midi : Bédarieux, Hérépian, Saint-Pons, Salléles, Montpéroux, Mèze... Partout elle reçut l'accueil le plus filial. Comme en Corse, comme dans la Touraine et la Vendée, la tournée de la vénérable Mère générale fut un triomphe continu, qu'avait dignement inauguré l'hospitalité de l'illustre Evêque de Nîmes. — A Bessége, le clergé et l'administration des mines entourèrent la Révérende Mère des plus grands égards et des témoignages de la plus haute considération. — A Bédarieux, les habitants, en l'apercevant, furent si frappés de l'air de distinction répandu sur toute sa personne, qu'ils s'écrièrent : « Oh! voilà une grande autorité qui arrive! » — A Cette, les bateliers l'accueillirent avec le plus profond respect, et comme le vent était très-fort, ils lui conseillèrent de ne pas prendre un bateau pour se rendre à Mèze : « Ce serait bien trop dommage, Madame, lui dirent-ils, d'exposer votre vie, vous qui paraissez si respectable et si bonne! » Ce concert d'hommages se renouvela partout. — Qu'on juge par là de la joie et de l'enthousiasme filial et religieux de ses filles et de l'accueil qu'elles firent à leur Mère bien-aimée!

La Colonie religieuse de Saint-Joseph, dans le midi de la France, par sa régularité, ses vertus, son dévouement et ses œuvres, apporta les plus douces consolations au cœur de sa Supérieure générale. Bénissant Dieu et saintement fière de ses filles, l'excellente Mère versa dans leurs cœurs des trésors de sagesse et de tendresse. Car, on pouvait lui appliquer ce que la Mère de Chaugy a écrit de sainte Chantal, « que l'âge faisait mieux éclater la sainte force de son esprit, de son cœur et de son amour. En sorte que, dans ses dernières années, elle paraissait d'une douceur si extraordinaire, si accomplie et si ravissante qu'il semblait que cette divine qualité de bonté et de douceur eût submergé la force éminente de son naturel et l'active ardeur de son zèle (1). » — La Révérende Mère revint à Lyon, en chantant des cantiques d'actions de grâces.

Ainsi, à mesure que ses jours déclinaient vers le soir, la sagesse et la vertu de la Révérende Mère du Sacré-Cœur semblaient briller d'un plus vif éclat, comme au coucher du soleil, les montagnes s'habillent de pourpre et d'or.

Le reflet des croix et des souffrances devait encore faire briller cet or, teindre cette pourpre d'un éclat plus doux, et leur donner la dernière perfection que couronnent ensuite les splendeurs du ciel.

(1) *Hist. de sainte Chantal*, t. ii, c. 33.

CHAPITRE III

Nouveaux deuils. Saintes morts de Mère Anastasie et de Sœur Saint-Gervais. Leurs vertus. — Nouvelles épreuves. Croix venant des Supérieurs, couronne des Saints. — Recours de la Révérende Mère à Dieu. — Dettes considérables contractées par des Maisons particulières, graves embarras. — Appel à la Congrégation. Les filles aident leur Mère. — Magnifique circulaire de la Révérende Mère à l'occasion du jour de l'an 1861. — Rencontre d'une possédée à la Louvesc. Aveux du démon. — Profit spirituel qu'en tire la Révérende Mère pour elle et ses filles. — Le parloir. Les amitiés particulières. — Son bonheur d'être avec ses filles, plus heureuses encore d'être avec leur Mère. — Son profond respect pour les Supérieurs. — Morts de son beau-frère et de son frère aîné. — Mort de M. Babad, aumônier de la Maison-Mère depuis vingt-cinq ans. — Belle circulaire inspirée par ces deuils. Ses touchants et graves enseignements. — Profonds et chrétiens aperçus sur les croix. — Admirable abandon de la Révérende Mère à la volonté de Dieu. — Sa belle prière, empruntée à Mme Elisabeth de France.

A mesure qu'elle avançait dans la vie, Mère du Sacré-Cœur voyait chaque année lui enlever quelques-unes de ses filles. On eût dit que ce long et incessant cortége de saintes mourantes se dirigeait vers la patrie, pour ouvrir et préparer la voie à celle qui s'était faite la Mère de leurs âmes. — Le 7 octobre 1860, la mort frappa à côté d'elle une de ses Conseil-

lères, la Mère Anastasie, à l'âge de cinquante ans seulement. En faisant part à la Congrégation de cette perte, la Révérende Mère s'exprimait ainsi, au sujet de sa chère collaboratrice : « Sa mort a été, pour nous
» et pour le noviciat, un coup d'autant plus douloureux,
» qu'il n'était point prévu. Souffrante depuis quelque
» temps, elle était allée prendre un peu de repos
» dans notre Communauté de Belleville. On espérait
» que le changement d'air joint au repos lui rendrait
» la santé, lorsqu'un accès de fièvre pernicieuse nous
» l'a ravie. Vous connaissez, mes chères filles, la vie
» édifiante de celle que nous pleurons. La droiture
» de son âme était telle qu'elle ne pouvait soup-
» çonner le mal, alors même qu'il paraissait évident.
» La charité était sa vertu de prédilection. Elle pou-
» vait dire avec l'Apôtre saint Paul : « Qui est faible
» sans que je m'affaiblisse avec lui ? C'est particu-
» lièrement sur les jeunes postulantes, confiées à
» ses soins, que s'exerçait son admirable charité.
» Les plus pauvres, les plus délaissées de leur fa-
» mille étaient ses privilégiées. Son cœur avait mille
» industries pour les consoler, les encourager et les
» réjouir. Tout ce qui souffrait était comme un aimant
» qui l'attirait... Vous comprenez, mes chères filles,
» combien cette perfection augmente nos regrets de
» l'avoir perdue. C'est un grand sacrifice que le Sei-
» gneur a demandé de moi, en m'enlevant cette
» chère compagne et collaboratrice dans la force de
» l'âge. Que de services elle pouvait nous rendre
» encore ! Ce sont les âmes d'élite que l'Epoux divin
» choisit. Adorons ses desseins et hâtons-nous de mé-
» riter le repos à notre tour. » — La chère défunte

fut remplacée au Conseil par la Mère Marie-Joséphine, directrice de l'Ecole normale.

Deux mois après, un nouveau deuil vint contrister le cœur de la Révérende Mère. « Sœur Saint-Gervais a
» quitté notre Maison-Mère pour le ciel, le 20 janvier
» 1861, écrivait-elle encore à ses filles. Elle nous a
» laissé dans toute sa vie un exemple accompli de
» l'amour de la sainte pauvreté. Sa charité excusait et
» couvrait toutes les faiblesses du prochain. Quoique
» débile et toujours souffrante, elle était d'une admi-
» rable régularité. Elle ne voulait ni exemption ni
» exception. Sa fidélité à l'accomplissement du devoir
» et de la sainte Règle n'a pu être interrompue que
» par la mort. L'esprit de recueillement et de prière
» tenait son âme constamment unie à Notre-Seigneur,
» et donnait à son visage comme un reflet de la paix
» du ciel. Sa dernière maladie n'a été qu'une suite
» non interrompue d'aspirations amoureuses vers le
» céleste Epoux. La nuit qui précéda sa bienheureuse
» mort, on l'entendit sans cesse répéter : mon Dieu,
» que je meure d'amour ! Ayant reçu le Corps ado-
» rable du Sauveur, le matin de cette nuit d'amour,
» elle expira doucement en faisant son action de
» grâces. — Efforçons-nous d'imiter ses vertus et
» puissions-nous bientôt mourir, comme elle, dans
» la paix du Seigneur ! »

Ces belles morts, tout en réjouissant la bonne Mère générale, faisaient de profondes blessures à son cœur. « Résignons-nous, remercions Dieu, disait-elle, de
» ces départs d'anges, qui nous laissent tant de re-
» grets ici-bas, et expions nos fautes par l'amertume
» et la croix. » — Ces douleurs, au reste, étaient loin

d'être seules, et les glaives s'entre-croisaient de nouveau, et plus fortement que jamais dans cette âme délicate, que Dieu façonnait à la manière des grands Saints. La couronne de l'adversité ne devait pas manquer à cette grande âme, cette couronne, qui, dit un auteur, donne le prix à toutes les autres, et sans laquelle il manque quelque chose à la plus belle vie, ce je ne sais quoi d'achevé, comme s'exprime Bossuet, que le malheur ajoute à la vertu. — Une des plus grandes souffrances des âmes généreuses est de rencontrer des adversaires dans les personnes qu'elles vénèrent (1). Nous l'avons dit, la croix venant des Supérieurs est pour les Saints, comme la consommation de leur perfection. La vénérable Mère Saint-Jean l'avait portée, cette croix, à la fin de sa belle et forte vie. Sa Fille la suivit dans cette voie douloureuse.

Mère du Sacré-Cœur avait une vénération profonde pour ses Supérieurs; envers eux, il n'y avait pas de Religieuse plus obéissante, plus petite et plus docile. D'autre part, elle remplissait ses fonctions de Supérieure avec le dévouement le plus absolu. Néanmoins, par une permission de Dieu, dont la haute sagesse échappe si souvent à nos faibles regards, la confiance de ses Supérieurs se retira d'elle, faisant place à l'indifférence et bientôt à la froideur. A la suite, arrivèrent des paroles mortifiantes et des humiliations pénibles, non tant en elles-mêmes, qu'à cause des personnes de qui elles venaient. La pauvre Mère s'examinait souvent sur ce qui pouvait être

---

(1) *Vie de Mme Barat.*

la cause d'un pareil changement. N'en trouvant pas dans son cœur, elle eut recours à la prière, et versa son âme dans le cœur de Celui qu'elle appelait son seul soutien. — Une douce lumière, éclairant son intérieur, lui fit comprendre qu'elle n'avait rien autre chose à faire que de se résigner et de souffrir; qu'il en serait ce qu'il plairait à Dieu des préventions des Supérieurs; que sa justification était l'affaire de Dieu; que la Sagesse divine lui fournissait, par cette sorte de disgrâce, un excellent moyen de se détacher de la considération, de l'estime, de l'approbation de toute créature, et qu'enfin il lui était bon de n'avoir plus pour elle et avec elle que Jésus-Christ crucifié. Elle laissa donc la croix grandir, en se livrant tout entière au saint abandon. « Seigneur, dit-elle, comme » le divin Maître, je remets tout entre vos mains. »

A côté de cette croix, il s'en éleva d'autres. Tout à coup la Supérieure générale apprend qu'une de ses Communautés ne peut faire face à de nombreuses dettes, et que les créanciers la menacent des dernières rigueurs. Aussitôt elle vole sur les lieux, et se rend compte de l'état des choses. La Supérieure locale était allée trop vite, tout avait été mené sur un train exagéré. Le pensionnat, pour complaire aux gens du monde, avait absorbé des sommes regrettables. En un mot, la conduite inconsidérée de l'administration locale avait creusé un abîme. — Pour surcroît de malheur, une seconde et une troisième Maison se trouvèrent dans le même cas, et les mauvaises nouvelles arrivant ainsi successivement, comme autrefois au saint homme Job, la pauvre Mère générale finit par se trouver en face d'un déficit de 300 000 fr.

Or, elle n'avait que quelques faibles épargnes, destinées aux dernières dépenses occasionnées par la chapelle de la Maison-Mère (1). — Ainsi, la croix arrivait d'en haut, d'en bas, de tout côté, comme dit l'auteur de l'*Imitation*.

Dans cette angoisse, la pieuse Mère, selon sa coutume recourut à Dieu ; puis, sur le conseil de son Eminence le Cardinal de Bonald, elle se résigna à adresser à sa Congrégation la lettre suivante : « Plu-
» sieurs d'entre vous, mes chères filles, ont pu sa-
» voir, par diverses voies, qu'une charge énorme
» vient d'aggraver la situation déjà si onéreuse de la
» Maison-Mère. Quelques-unes de nos Communautés,
» ayant contracté des dettes bien au-dessus de leurs
» ressources, n'ont pu faire face à leurs engage-
» ments. Pour l'honneur de la Congrégation et de
» la Religion, nous avons dû en prendre la respon-
» sabilité. Nous aurions désiré, filles bien-aimées,
» nous dispenser de faire un appel à votre généro-
» sité, quoique votre dévouement nous soit bien
» connu ; mais la charge est tellement pesante et au-
» dessus de nos forces, que nous ne pouvons nous
» passer de votre concours. Dans d'autres circon-
» stances, nous avons eu occasion de connaître assez
» vos dispositions pour être assurée d'avance que

---

(1) Les Maisons particulières s'étaient multipliées et plusieurs d'entre elles étaient devenues considérables. Le contrôle exercé par la Maison-Mère sur leur situation financière avait été insuffisant, et l'on comprit alors que dans une Congrégation aussi importante et aussi répandue, il était nécessaire que la Supérieure générale fût exactement informée des ressources et des dépenses de chaque Communauté.

« vous vous empresserez de nous venir en aide, selon
» la mesure de vos moyens. Nous sommes les
» membres du même corps; or, les membres souf-
» frent, compatissent, comme ils se réjouissent en-
» semble... » — Son Eminence le Cardinal de
Bonald avait ajouté à la lettre de la Révérende Mère
ces quelques mots : « Nous appelons l'attention de
» nos chères Sœurs de Saint-Joseph sur les besoins
» de la Maison-Mère, et nous espérons qu'elles allé-
» geront la responsabilité qu'a prise sur elle la Su-
» périeure générale. » — La bonne Mère put voir
dans cette circonstance combien ses filles lui étaient
dévouées. Dans toute la Congrégation, on se cotisa
et on s'imposa des privations pour répondre à son
appel. Touchée et pleine de reconnaissance, elle leur
écrivit de nouveau pour les remercier, les priant de
continuer et d'achever l'œuvre qu'elles avaient si
bien commencée.

Quelque temps après, à l'occasion du nouvel an, le
31 décembre 1861, ayant fait connaître à la Congrégation le nombre et le nom de celles de ses filles, que le
Seigneur avait appelées à lui, dans le cours de l'année
qui finissait, la Mère générale ajoutait : « Devant ces
» tombes chéries, qui enferment des trésors de vertus,
» de mérites, d'espérances, élevons nos cœurs vers
» le ciel, où affranchies des épreuves de la vie, nos
» bien-aimées défuntes jouiront bientôt, si déjà elles
» ne sont en possession des délices ineffables que
» Dieu a promises à ceux qui l'aiment. — Désormais,
» elles ne sauront plus ce que c'est que souffrir et
» mourir. La mort a été vaincue, et dans le ciel il
» n'y a plus de larmes; les gémissements de l'exil

» ne se font pas entendre dans la patrie. Dieu est
» avec ses Saints; ils ont soutenu en ce monde de
» grands combats, et maintenant ils se réjouissent;
» maintenant ils sont consolés et à l'abri de toute
» crainte; maintenant, ils se reposent et ils demeu-
» reront à jamais avec Notre-Seigneur dans le royaume
» de son Père. — C'est bien maintenant que nos vé-
» nérées Sœurs apprécient les avantages d'une vie
» toute consacrée à la gloire de Dieu, et passée dans
» l'immolation et les sacrifices. Là, le Seigneur leur
» donne la gloire pour les opprobres soufferts, la joie
» pour les larmes; pour la dernière place, un trône
» dans son royaume éternel. Là éclatent les fruits
» de l'obéissance; la pénitence se réjouit de ses tra-
» vaux, et l'humble soumission est glorieusement
» couronnée. — C'est maintenant qu'elles voient, au
» grand jour, la vanité de tout ce qui n'est pas Dieu,
» la futilité de tout ce qui passe avec le temps. Alors,
» comme dit le pieux auteur de l'*Imitation*, la chair
» mortifiée se réjouira plus que si elle avait été
» nourrie dans les délices. — Les vêtements simples
» resplendiront et les habits somptueux perdront tout
» leur éclat. La plus pauvre petite cellule sera jugée
» au-dessus des palais tout brillants d'or. Le mé-
» pris des richesses et la sainte pauvreté auront plus
» de poids dans la balance que tous les trésors de
» la terre. — Une pieuse prière donnera plus de
» consolation et de jouissance que les plus splendides
» festins. — On se réjouira plus du silence gardé que
» des longs entretiens. — Alors on préfèrera une vie
» de peine et de travail à tous les plaisirs du monde (1).

(1) *Imitat.*, liv. 1, 14. — Liv. 3, 47, 49.

» — En s'applaudissant, comme autrefois le Pro-
» phète, des épreuves qu'elles ont pu endurer, nos
» chères défuntes se demandent maintenant, dans
» l'effusion de la joie et de la reconnaissance, com-
» ment il peut se faire que, pour de si légers sacri-
» fices, pour la souffrance d'un moment, Dieu les
» fasse boire aux torrents de ses délices, et daigne
» les associer à sa gloire infinie et éternelle.

» Que leur félicité excite notre émulation, mes bien
» chères filles. Ce qu'elles sont aujourd'hui nous le
» serons bientôt. Leur mort nous avertit de la fuite
» du temps. Nous sommes déjà bien avancées sur
» cette route qui va du berceau à la tombe. Comme
» la vie s'écoule rapidement! Notre passé, quelque
» long qu'il puisse être, s'est évanoui comme un
» songe. Notre enfance, nos premières joies, nos
» premières douleurs, ne nous semblent que d'hier,
» et voilà que nous touchons à l'éternité. C'est ainsi
» que jour par jour nous atteignons le terme : Ah !
» qu'une journée passe vite ! — Regardons donc le ciel
» et l'éternité, et vivons pour l'autre vie. A chaque
» pas que nous faisons, pensons qu'il peut être le
» dernier. Pour passer saintement un jour de sa vie,
» disait un saint Religieux, il faut le regarder comme
» celui de sa mort.

» Que la nouvelle année vous soit douce, mes
» chères filles, et qu'elle s'écoule, pour vous, dans
» la pratique de toutes les vertus religieuses. Que
» votre âme, comme un fleuve grossi par les eaux
» du ciel, déborde d'amour pour Dieu, de mansué-
» tude et de sainte dilection les unes envers les au-
» tres. — Epouses de l'Agneau immolé pour nous,

SON ADMINISTRATION, SES ŒUVRES. 353

» que nos yeux et nos cœurs le considèrent sans
» cesse et convergent vers Lui, comme vers le centre
» divin, qui doit nous tenir dans l'unité. — Que
» notre Congrégation vous soit toujours plus chère.
» C'est dans son sein que Dieu nous a comblées de
» tant de grâces, et que nous sommes devenues les
» épouses de son divin Fils. C'est elle qui nous
» apprend à nous sanctifier. C'est elle qui nous garde
» et nous protége, comme une citadelle, contre les
» dangers du monde. C'est elle qui nous nourrit
» comme une mère de son lait spirituel. C'est elle
» qui nous enrichit de ses divins trésors. C'est elle
» qui fortifie et soutient notre faiblesse par la puis-
» sance de sa communion de prières... Il y a quel-
» quefois des enfants qui déchirent le sein de leur
» mère. Nous, soyons la joie, la consolation et l'or-
» gueil de la nôtre. Soyons son orgueil par notre
» humilité; sa richesse par notre pauvreté; sa beauté
» par notre pureté; sa force par notre union; sa
» consolation et sa joie, par notre ferveur... Appli-
» quons-nous cette recommandation du Saint-Esprit:
» Mon fils observe fidèlement la loi de ta mère, et
» enchaîne ton cœur à ses recommandations (1). »

La sage Mère ne profitait pas seulement du renouvellement des années, mais de tout ce qui lui arrivait,
dans le cours de la vie, pour s'exciter, elle et ses
filles, au grand travail de la sanctification et de la
perfection. Dans un pèlerinage qu'elle avait fait à la
Louvesc, au tombeau de saint François Régis, elle
apprit qu'on y avait mené une possédée. La Sœur

---

(1) *Ecclesiast.*, 7.

qui accompagnait la Révérende Mère voulut la voir et supplia sa Supérieure de l'accompagner, n'osant pas affronter seule le redoutable objet de sa curiosité. La bonne Mère céda aux instances réitérées de sa fille. Elles trouvèrent la malade dans une agitation terrible, au point que la Sœur effrayée tirait sa Supérieure par ses vêtements, en la conjurant de sortir. Mère du Sacré-Cœur résista, cette fois, et s'apercevant que la possédée faisait des révélations : « Dis-moi, lui dit-elle, ce qui te plaît le plus dans les Com- » munautés religieuses ? » A cette question, la malade se retourna avec tant de fureur vers la Supérieure générale, que sa compagne hors d'elle-même s'écria : « Sauvons-nous, ma Mère, sauvons-nous ! » Mère du Sacré-Cœur au contraire, calme et sereine, répéta sa question, ajoutant : « Je te le demande au nom de Dieu. — « Cela ne te regarde pas, répliqua » la possédée ; va-t-en avec la Religieuse qui meurt » de frayeur. » — « Mais moi je n'ai pas peur, re- » prit Mère du Sacré-Cœur ; au nom de Dieu ré- » ponds à ce que je te demande : qu'est-ce qui te » plaît le plus dans les Communautés religieuses ? » Après des imprécations, des jurements et des contorsions épouvantables, la possédée finit par répondre : « Eh bien ! ce qui me plaît le plus dans les Maisons religieuses, c'est la fréquentation des parloirs, — les amitiés particulières — et le manque de respect pour l'autorité. » — On put croire que le démon faisait cet aveu malgré lui, car la possédée souffrait horriblement en l'articulant.

La Mère générale sortit avec la résolution d'éviter et de faire éviter, avec plus de soin que jamais, ce qui plaisait à l'ennemi de la perfection et du salut. Elle n'allait jamais au parloir que par stricte nécessité. C'était sa mortification de chaque jour, vu que les devoirs de sa charge l'y obligeaient. Honnête, polie, aimable envers tout le monde, elle savait s'en tenir à ce qui était utile, raisonnable, et couper court, sans blesser les personnes, aux conversations inutiles. — Elle ignorait les amitiés particulières. Son cœur large, grand et tendre était, comme celui de l'Apôtre, tout à toutes. Chacune de ses filles se sentait aimée d'elle comme un enfant de sa mère. Rien d'aimable et de touchant, comme de la voir entourée de sa famille spirituelle. Tous les cœurs étaient à l'aise, ouverts et heureux. Chacune aimait et se sentait comme préférée. Leur Mère faisait leurs délices, et elles étaient la joie, la gloire et la couronne de cette Mère bien-aimée.

Aucune de ses filles ne l'égalait en respect, en vénération et en soumission envers les Supérieurs. Elle ne pouvait pas souffrir la moindre parole à leur désavantage. « Si l'action vous blesse ou vous » déplaît, disait-elle, regardez l'intention. » Et encore : « Défiez-vous de votre manière de voir ; nos » Supérieurs ont des grâces et des lumières, que » nous n'avons pas... » Nous l'avons vue souffrir, elle souffrira encore davantage de ce côté sensible et délicat ; mais jamais il ne lui échappa la moindre plainte, le plus petit murmure... Dans cette épreuve, la plus pénible de toutes, surtout pour les âmes saintes et généreuses, le Sacré Cœur de Jésus était à la fois son refuge, son confident, son appui et son modèle.

Au milieu des sages leçons et des saints exemples qu'elle donnait, Mère du Sacré-Cœur continuait de gravir la voie royale de la croix. De nouvelles plaies furent faites à son cœur déjà si souffrant. Elle aimait tendrement les siens : Dieu lui en demanda le sacrifice. Elle perdit son beau-frère, M. Vialletton, et son frère aîné, M. Jacques-Joseph Tézenas. — Le premier, longtemps juge de paix à Saint-Etienne, mourut subitement en revenant de sa campagne. Ce fut un coup de foudre pour son épouse, cette chère Adèle, dont le cœur ne faisait qu'un avec celui de Marie-Virginie, devenue Mère du Sacré-Cœur de Jésus. Mme Vialletton faillit mourir de douleur. — Le second, M. Tézenas, maire de la ville de Saint-Etienne, entouré du respect et honoré de la confiance de toute la cité, fit une longue maladie. « Il faut mourir en Tézenas, » lui disait sa sœur, la vénérable Supérieure de » Saint-Joseph. » — « C'est mon intention, » répondit-il, et il mourut en fidèle chrétien, digne de son père et de sa mère, dont nous avons vu l'admirable fin. La pieuse Mère le recommanda aux prières de toute sa Famille spirituelle.

Six mois après, le 5 décembre 1862, Dieu lui demanda un nouveau sacrifice, dans la personne de M. l'abbé Babad, prêtre missionnaire de la Communauté des Chartreux, et depuis vingt-cinq ans aumônier de la Maison-Mère de Saint-Joseph. « Vous sa» vez, écrivit-elle à ses filles, avec quel zèle, avec quel » dévouement paternel, M. Babad a exercé son saint » ministère au milieu de nous, durant un quart de » siècle. Vous connaissez sa sollicitude pour les in» térêts de notre Congrégation, et les services im-

» portants qu'il nous a rendus. L'énergie de son
» âme, qui le rendait supérieur à tous les événements
» d'ici-bas, sa vertu mâle et austère soutenaient ou
» relevaient tout ce qui était autour de lui. On pouvait
» s'adresser à lui avec confiance, sûr de trouver de
» la force et un bon conseil. Soyons reconnaissantes,
» et offrons à Dieu nos supplications pour la prompte
» glorification de cette chère âme, qui nous restera
» fidèle au delà de la tombe. Sa résignation a été
» sublime en face de la mort. Rien d'auguste comme
» le calme de ses derniers moments. Sa prière était
» incessante, et son cœur constamment uni à Dieu.
» A soixante et un ans, il avait accompli sa mission
» apostolique et le ciel s'est ouvert pour lui. »

Sous le poids de toutes ces douleurs, le 17 décembre, vers la fin de l'année, le cœur affligé de la Mère générale s'épancha de nouveau dans celui de ses filles : « Quand la tombe se ferme sur ceux qui furent
» nos amis, leur écrivit-elle, quand elle nous dérobe
» les objets de nos plus légitimes affections, notre
» âme attristée du vide qui se fait autour d'elle, jette
» les yeux vers Celui qui peut seul la dédommager de
» ses pertes, la consoler de son isolement, et sup-
» pléer à tout ce qu'elle n'a plus. — *Demeurez avec*
» *nous, Seigneur, car il se fait tard et le jour est sur*
» *son déclin*. Ah ! mes chères filles, que ce soit notre
» prière de chaque jour ! que tous les efforts de notre
» bonne volonté tendent à retenir le Seigneur près
» de nous. Sa présence nous rendra faciles les plus
» grands sacrifices ; elle changera en joie les amer-
» tumes les plus cuisantes. — Marchons avec Lui
» dans ce voyage de la vie ; Il nous apprendra au

» prix de quels dépouillements, de quelles tribula-
» tions on obtient la béatitude du ciel. — Vous le savez
» par votre expérience, cette vie est une vallée de
» larmes, et la terre que nous foulons est couverte
» de ronces et d'épines. Si nous avons le bonheur de
» retenir Dieu avec nous, il sera le témoin, le con-
» solateur et le rémunérateur de toutes nos épreuves.
» — Marchons avec Jésus-Christ ; c'est l'ami fidèle
» qui se tient près de nous, quand les autres nous
» abandonnent, et qui nous recevra à la fin de notre
» pèlerinage. Il sera le repos comme il est le trésor
» seul digne de nos cœurs.

» Je vous supplie donc, mes chères filles, dans
» l'amour immense que Dieu m'a donné pour vos
» âmes, je vous supplie de vous unir étroitement à
» Lui. Travaillons sérieusement à notre perfection.
» Ne différons pas, ne disons pas que nous attendons
» d'être délivrées de nos occupations, de nos em-
» barras, de nos sollicitudes présentes, parce que,
» après ces difficultés, il s'en présentera d'autres,
» et notre vie s'écoulerait dans une désolante stéri-
» lité. — *Demeurez avec nous, Seigneur, car il se fait*
» *tard et le jour baisse.* Oui, mes bien-aimées Sœurs,
» le jour baisse. Hâtons-nous de travailler pour le
» ciel, pendant qu'il nous reste un peu de lumière ;
» car viendra bientôt la nuit durant laquelle nul ne
» pourra plus rien faire. Le secret de travailler avec
» fruit, Jésus-Christ a daigné nous l'apprendre, en
» nous disant : *demeurez avec moi et moi en vous.*
» C'est le vœu de mon cœur, mes bien chères filles,
» que Notre-Seigneur Jésus-Christ habite toujours en

» vous par sa grâce, et que vous soyez toujours en
» Lui par l'amour.

» Au moment où une nouvelle année nous est
» offerte, comme un nouveau bienfait de Dieu,
» jetons un regard sur celle qui vient de s'écouler si
» rapidement. Voyons avec quelle fidélité nous avons
» rempli nos vœux et comment nous avons accompli
» les œuvres de chaque jour, qui doivent composer
» notre couronne. — Repassons dans notre mémoire
» tous les bienfaits que Dieu a versés sur nous depuis
» le commencement de notre vie, et surtout depuis
» notre entrée en religion. Que de grâces touchantes!
» que de faveurs précieuses nous avons reçues de sa
» bonté! Alors, ouvrant notre âme aux nobles senti-
» ments de la reconnaissance et de l'amour, nous ne
» voudrons être qu'à Lui seul, et nous Lui dirons :
» *Ah! demeurez avec nous, Seigneur, car il se fait
» tard et le jour baisse.* »

Ces accents rappellent ce qu'on dit du cygne, que ses dernières harmonies sont les plus mélodieuses. — On sent aussi que la belle âme de Mère du Sacré-Cœur s'approche de la Jérusalem céleste, et qu'elle est dans le creuset où achève de se purifier l'or destiné à orner ses parvis éternels. — En déclinant vers le soir, la vie devient sévère, disait le père Lacordaire. L'âge et les infirmités s'accumulent. Les pertes douloureuses se multiplient. L'isolement augmente. L'expérience révèle la misère des créatures dont les meilleures font quelquefois souffrir, et l'on expérimente la profonde mais amère vérité de cette parole de nos saints Livres : *Vanité des vanités, tout n'est que vanité!*

Comme selon le langage de l'Apôtre, le poids immense de gloire du ciel est le fruit des peines et des tribulations de la terre, Dieu, pour enrichir et compléter la couronne de ses Saints ou pour achever de les purifier, permet souvent que leurs derniers jours soient éprouvés. C'est le baiser du crucifix, qui s'applique, comme celui d'une tendre mère, aux enfants les plus chers. — Ce baiser de la croix se reçoit de mille manières : croix du corps, croix du cœur, croix de l'esprit, croix temporelles, croix spirituelles, croix des déceptions, croix des tentations, croix venant de notre propre fonds, croix venant des créatures, croix des égaux, croix des inférieurs, croix des supérieurs, etc. Cette dernière est une de celles qui font le plus souffrir, et, comme nous l'avons déjà remarqué, elle a été souvent appliquée aux plus grands Saints. Elle n'a pas été épargnée à Mère du Sacré-Cœur. Nous laisserons à Dieu le soin d'en apprécier la pesanteur.

Traitée comme les Saints, elle fit comme eux, et se livra de plus en plus au saint abandon, qu'elle exprimait et renouvelait, chaque matin, par cette prière de Mme Elisabeth, surnommée *l'ange de la Cour et de la France :* « Que m'arrivera-t-il au- » jourd'hui, mon Dieu, je n'en sais rien ; tout ce » que je sais, c'est qu'il ne m'arrivera rien que vous » n'ayez prévu, réglé et ordonné de toute éternité ! » cela me suffit, ô mon Dieu, cela me suffit ! »

LIVRE VII

LE SOIR DE LA VIE, OU LES DERNIÈRES ANNÉES

DE LA RÉVÉRENDE

MÈRE DU SACRÉ-CŒUR DE JÉSUS

LIVRE VII

LE SOIR DE LA VIE, OU LES DERNIÈRES ANNÉES DE LA RÉVÉRENDE MÈRE DU SACRÉ-CŒUR DE JÉSUS

CHAPITRE PREMIER

Eclat donné à la vertu par les années et les épreuves. — Redoublement de zèle chez la Révérende Mère. — Le saint Sacrement est sa force et sa vie. — Ses communions. Son amour pour les fêtes de Notre-Seigneur Jésus-Christ. — Sa dévotion au Sacré-Cœur, à la sainte Vierge et à saint Joseph. — Son amour pour l'Eglise et le Pape. — Sa dévotion envers les Saints. Reliques de sainte Placide. — Pieuse circulaire pour la fin de l'année 1863. — Sainte mort de Mère Euphrasie, Supérieure de Mi-Carême. Regrets de la Révérende Mère. — Elle se rend à Saint-Etienne et y laisse une de ses Conseillères, pour consoler la Communauté de Mi-Carême. — Epreuves et grave maladie de la Révérende Mère du Sacré-Cœur. — Consternation universelle de la Congrégation. — Vœu à Notre-Dame de la Salette. — Guérison. Allégresse des Sœurs. — Admirable générosité après l'épreuve. — Séjour de convalescence au Cluzel, près de Saint-Etienne. — Pèlerinage à la Salette. — Retour et séjour au Grand-Lemps. — Délicieuse circulaire sur la charité. — Son opportunité, après les efforts du démon pour diviser. — Autre belle circulaire sur la pauvreté religieuse. — L'indulgence de la Portioncule appliquée aux chapelles de la Congrégation. — Mort de Sœur Saint-Jérôme. Sa vertu. — Protection miraculeuse de saint Joseph. — Mort de Mère Saint-Xavier. Son éloge par la Révérende Mère. — Circulaire pour la fin de l'année 1866. — Elévation et aspirations de la Révérende Mère vers le ciel.

Il se faisait tard, ainsi que Mère du Sacré-Cœur

venait de le rappeler à ses filles, et le soleil de sa vie touchait à son déclin. Mais, comme cet astre bienfaisant, avant de quitter l'horizon lance souvent des feux, à la fois plus vifs et plus doux, de même la vertu de la sainte Mère brilla sur la fin du plus bel éclat. Le soir de sa vie fut celui d'un beau jour.

Comme vivre selon la Règle, c'est vivre selon Dieu, elle redoubla de fidélité à l'accomplir elle-même, en même temps que de vigilance, pour en obtenir des autres la stricte observance. Sa vigilance redoublée était accompagnée d'une douceur plus grande encore. Jamais on ne l'entendit reprendre avec vivacité un manquement ou une faute. Jamais elle n'avertissait les coupables dans un moment d'émotion. Elle supportait les faiblesses avec une admirable patience ; et son indulgence pour les gaucheries, les maladresses et l'incapacité, n'était surpassée que par sa promptitude à les réparer et à y suppléer. — Dans les afflictions, dans les défaillances ou les tentations, toutes ses filles en recevaient de douces consolations et de pieux avis qui, en élevant leurs âmes vers Dieu, fortifiaient leur courage abattu. « Oh ! s'écriait une d'entre elles, combien était maternelle sa sage direction ! Combien était délicieuse la paix qu'elle répandait autour d'elle ! » — Indulgente pour les autres, elle était austère pour elle-même. Se vaincre était sa devise et sa pratique de prédilection ; elle ne la perdit jamais de vue. Sa mortification s'étendait à tout ; mais elle savait la dissimuler et la cacher sous le voile de la simple modération, ou bien de précaution hygiénique.

Non contente d'éviter et de faire éviter les fautes et les imperfections, elle redoubla de dévotion, d'amour et de tendresse, surtout envers le Très-Saint Sacrement de nos autels. Elle était si recueillie devant le sacré Tabernacle, qu'elle y oubliait les besoins du corps et qu'on fut souvent obligé de l'en arracher pour dîner. Pendant plus de trente ans, elle eut le bonheur de communier chaque matin. La routine ne se glissa jamais dans cet acte divin, et sur la fin de sa vie, elle l'accomplissait avec la ferveur de la première fois. Cette action lui paraissait toujours nouvelle. — Tout ce qui servait au saint autel lui inspirait un profond respect. Elle tenait à ce que les ornements fussent convenables et bien tenus. « Rien n'est trop beau, disait-elle, rien » n'est trop riche lorsque cela doit servir pour un Dieu ! » On ne pouvait lui causer un plus vif plaisir, que de l'aider à embellir la chapelle. Elle veillait particulièrement à l'ordre de la sacristie, et souvent elle présidait elle-même au placement et à l'arrangement de chaque objet. — L'amour se prête et suffit à tout : le nombre des choses à faire ne l'encombre pas; la masse ne le charge pas, et les détails ne le noient pas.

La fête et l'octave du saint Sacrement étaient pour elle des jours de délices. Avec quel bonheur elle préparait et ornait le reposoir, où Jésus son Bien-Aimé devait bénir sa Communauté ! Durant ces jours de bénédictions, son cœur était brûlant d'amour; par moment, elle s'écriait : « Mon Dieu ! » Mon Dieu ! Vous, là ! Vous au milieu de nous ! » Vous avec nous et pour nous ! Et cela toujours

» sans interruption aucune ! C'est ici qu'il faudrait
» entonner un *quid retribuam*? une action de
» grâces sans fin ! Mais ce que nous ne pouvons
» pas de la voix, faisons-le du cœur; et que notre
» amour n'abandonne jamais cet Amant passionné
» dont le cœur s'est attaché d'une manière insépa-
» rable au nôtre. »

Par surcroît de richesses spirituelles, l'octave du Très-Saint Sacrement contenait la fête du Sacré Cœur de Jésus. C'était sa fête favorite entre toutes. Son cœur avait épousé celui de Jésus; et elle en avait pris le nom, comme l'épouse, avons-nous dit, prend celui de l'époux. De tout temps, dès son enfance, par une grâce spéciale, elle avait eu cette dévotion privilégiée. Jeune encore, elle demandait déjà tout au Cœur de Jésus. Plus tard, dans ses peines, dans ses ennuis, dans ses embarras, c'est auprès du Cœur de Jésus qu'elle allait se réfugier. L'amour du Cœur de Jésus illumina toute sa vie. Ce fut le centre, le mobile, le soutien de toute son existence. Toute sa force venait de cette source sacrée.

Un jour qu'elle sortait du parloir, où elle s'était entendu dire par un visiteur des choses aussi injustes que mortifiantes, sans y répondre autrement que par un doux sourire : « Donnez-moi votre secret, lui dit une Supérieure locale qui était là, comment faites-vous pour vous dominer ainsi et conserver votre calme? Je voudrais pouvoir me contenir comme vous : Quels moyens employez-vous donc pour cela? » — « Mon recours, répondit la pieuse Mère
» générale, est le Cœur de Jésus. Toutes les fois
» qu'il m'arrive quelque chose, comme ce que vous

» venez d'entendre au parloir, je me jette sur le
» Cœur de Jésus ; je le prie tout le temps qu'on
» m'injurie ; car si je répondais, souvent je ne
» serais pas maîtresse de moi ; je sens que tout se
» révolte en mon intérieur ; et tant que je ne suis
» pas calme et tranquille, ma prière au Cœur de
» Jésus ne cesse pas. N'a-t-il pas promis à la Bien-
» heureuse Marguerite-Marie, que toutes les per-
» sonnes qui auraient recours à Lui obtiendraient
» des grâces de choix ? Il y a des trésors infinis
» dans ce Cœur adorable. Disons-lui souvent : Vous
» le savez, ô mon divin Jésus, je ne veux que vous,
» je ne désire que vous, apprenez-moi à supporter,
» à votre exemple, les contradictions, les mépris et
» toutes les peines de cette vie. Avec Lui, les épines
» deviennent des fleurs qui composent la couronne
» du ciel. » — Tel était le secret de la patience et
de l'amabilité de la Servante de Dieu. Le Cœur de
Jésus était son *trésor, son tout*. Aussi le jour de la
solennité du Sacré-Cœur la ravissait, et apportait
quelque chose du bonheur du ciel à sa Communauté, qui y célébrait à la fois la fête de son Bien-
Aimé et de sa Mère chérie.

Tout ce qui touchait à Notre-Seigneur avait un
attrait particulier pour cette sainte Mère. Sa vie
s'identifiait pour ainsi dire, avec les mystères de
la sienne. — A Noël, son cœur se dilatait auprès du
berceau de l'Enfant Jésus ; et son âme entière se
plongeait dans ce mystère d'humilité, de charité,
d'amabilité et de bénignité, comme dit saint Paul.
— Au temps de la passion, son cœur se fondait
de douleur et d'amour, au souvenir des humiliations

et des souffrances de son Bien-Aimé. — Le jeudi saint, elle ne quittait pas la chapelle; tant que sa santé le permit, la nuit entière du jeudi au vendredi se passait en compagnie de Jésus. Les dernières années, elle prenait un peu de repos à minuit, et de grand matin, on la trouvait au pied du reposoir. — Le vendredi saint, elle se démettait de toute supériorité, en laissait les actes à son Assistante, vivait d'obéissance et prenait son repas à genoux au milieu du réfectoire. — Pâques la ressuscitait. Avec quelle allégresse, elle chantait l'*Alleluia* et le *Regina cœli, lœtare!*... Elle voulait que toute la Communauté fût dans la joie...

Cet ardent amour pour Notre-Seigneur, que ressentait Mère du Sacré-Cœur, l'unissait très-étroitement à la sainte Vierge et à saint Joseph. La Très-Sainte Vierge eut dès son bas âge, sa filiale affection. Elle avait pour elle une tendresse d'enfant. Ce fut sa Mère, sa Supérieure, sa Souveraine. Tous les jours, à l'exemple de son père et de sa mère, elle récitait le *Petit Office de l'Immaculée Conception*, avec le *Souvenez-vous* de saint Bernard. Quand les fêtes de cette divine Mère approchaient, elle s'y préparait d'une manière toute spéciale. Aux âmes faibles, troublées, tentées ou découragées, le grand remède qu'elle conseillait était la dévotion, le recours à la sainte Vierge ou à saint Joseph, qui partageait sa prédilection. Elle disait souvent comme sainte Thérèse, qu'elle avait obtenu de bien grandes grâces par l'entremise de saint Joseph ; et lorsqu'on venait lui recommander quelques pécheurs, elle

avait coutume de dire : « Voilà l'affaire de saint
» Joseph ! »

L'œuvre par excellence de Notre-Seigneur, en ce monde, c'est la sainte Eglise. Mère du Sacré-Cœur avait le dévouement le plus ardent pour cette autre Mère de nos âmes. Comme sainte Thérèse encore, elle louait sans cesse Dieu d'être la fille de la sainte Eglise. Elle en ressentait tous les besoins, et en éprouvait toutes les douleurs. Dans une circulaire à ses filles, elle leur disait : « De tous les points du
» monde catholique, un concert de prières s'élève
» vers le ciel pour notre Mère, la sainte Eglise.
» Continuez, mes chères filles, de vous associer à
» cet élan filial de la chrétienté. Conjurons Notre-
» Seigneur d'étendre sur Elle sa puissante protec-
» tion, afin qu'il apaise la fureur des vents dé-
» chainés, et fasse cesser l'horrible tempête qu'ils
» ont partout soulevée ; qu'il veille sur la barque de
» Pierre, qui vogue au milieu des plus redoutables
» écueils et des vagues furieusement amoncelées
» autour d'elle. Qu'il protége l'admirable et saint
» Pontife, qui dirige et défend l'Eglise avec un
» courage surhumain, et dont la miraculeuse vieil-
» lesse a une force et un éclat que le monde n'a
» jamais vus. » — La grande âme de Mère du Sacré-Cœur avait une vénération profonde envers le Pontife romain, Vicaire de Notre-Seigneur. Elle éprouvait au suprême degré ce sentiment catholique, que le Révérend Père Faber appelait la *dévotion au Pape*, et qui est aujourd'hui l'un des caractères de la vraie piété dans l'Eglise.

Les vrais enfants de l'Eglise, les Saints, étaient,

après Jésus et Marie, ses amis de prédilection. Nous avons vu que saint Joseph, patron et protecteur de sa Congrégation, était spécialement sa ressource et son appui dans tous ses besoins. — On se souvient avec quel bonheur elle reçut, en 1842, le corps d'une jeune martyre, sainte Placide, qui lui fut envoyé de Rome. Elle lui fit une fête magnifique; et à la suite d'une procession solennelle, le saint corps fut déposé, en grande pompe, dans la chapelle du couvent. — Attentive à célébrer les fêtes des Saints que la sainte Eglise nous offre périodiquement, et à lire leur vie, cette vie devenait la sienne et sa conversation, selon le conseil de l'Apôtre, était sans cesse avec les cieux.

Ces dévotions étaient ici-bas la consolation de Mère du Sacré-Cœur; c'était comme sa patrie, son ciel, en attendant celui après lequel son âme soupirait. « Nous ne sommes pas de ce monde, écri-
» vait-elle à ses filles, vers la fin de l'année 1863.
» Notre vie n'est qu'un voyage, dont le terme est le
» ciel. Ici-bas, tout passe, nous passerons comme
» le reste, et nous allons ailleurs. Vous le voyez,
» nos parents, nos amis nous quittent peu à peu.
» Vos compagnes s'en vont aussi. Combien, qui
» étaient pleines d'ardeur, ont succombé au milieu
» de la route! — Mais que votre cœur ne s'attriste
» point, mes bien chères filles, disons comme le Roi-
» Prophète : *Je me suis réjoui*, quand on m'a dit :
» *Nous irons dans la maison du Seigneur*. Pour le
» juste, la mort c'est le repos, c'est la vie. Il
» échange les maux de cette vie contre les joies
» éternelles. C'est un exilé qui rentre dans sa patrie;

» c'est un vainqueur, qui va recevoir la palme de
» l'immortalité et se reposer dans son triomphe.
» Le juste, dit le Saint-Esprit, germera dans sa
» tombe et fleurira pour l'éternité. » — Passons dans
» ce monde, comme les Saints y ont passé, mar-
» chant à grands pas dans les voies étroites de la per-
» fection. Travaillons courageusement à ensemencer
» le champ du Seigneur, qui est notre âme, afin
» d'avoir une riche moisson, au jour où chacune
» d'entre nous sera appelée à présenter sa gerbe.
» Si vous sentez la lassitude, s'il vous semble que
» vous ne pouvez plus supporter le poids du jour et
» de la chaleur, faites comme saint Augustin, élevez
» vos yeux vers le ciel, où Jésus nous attend avec
» tous ses élus, pour être lui-même notre récom-
» pense, pour se manifester à nous tel qu'il est dans
» sa gloire infinie, pour essuyer les larmes de nos
» yeux, et pour nous plonger dans des torrents de
» délices éternelles. Alors nous verrons s'accomplir
» cette parole du grand Apôtre : Il n'y a point de
» proportion entre les afflictions passagères de cette
» vie, et le poids immense de gloire qu'elles doivent
» nous procurer.

» Que nos sentiments s'épurent, mes très-chères
» filles, que nos pensées s'agrandissent, que nos as-
» pirations se détachent de la terre : nous allons au
» ciel ! — Les avantages d'ici-bas doivent être de
» nulle valeur à nos yeux. Qu'importe que notre
» tente de passage soit précieuse ou de vil prix ;
» qu'elle soit placée sur les hauteurs ou cachée dans
» l'ombre, si le coup de vent qui la renversera doit
» nous porter au ciel ? Soupirons avec le Prophète

» Royal après cette bienheureuse demeure, dont il
» entrevoyait les beautés : *Que vos tabernacles sont ai-*
» *mables, Dieu des vertus ! j'ai aimé la beauté de votre*
» *maison, et le lieu de votre gloire.* — Ne perdons
» pas ce souvenir au milieu des épreuves et des labeurs
» de cette vie. Disons encore, avec le même Pro-
» phète : *Si jamais je t'oublie, ô Jérusalem, que ma*
» *main droite me devienne inutile ;* — *que ma langue*
» *desséchée s'attache à mon palais, si tu n'occupes*
» *pas toujours la première place dans mon cœur...* »

Cette circulaire, si pleine encore de la dernière harmonie du cygne, et qui, en rappelant la brièveté de la vie, la caducité des choses d'ici-bas célébrait et chantait les espérances de la mort et de la tombe chrétiennes, ne tarda pas à être suivie d'un nouveau trépas, qui en confirmait et justifiait les accents.

Le 6 mars 1864, Dieu enlevait, après plus de quarante ans de profession, à la direction de la Communauté de Mi-Carême, et à la tendre affection de Mère du Sacré-Cœur, Mère Euphrasie, qui avait été son Assistante lorsqu'elle était elle-même Supérieure à Saint-Etienne. Son désir était de l'emmener à la Maison-Mère, mais elle y renonça pour le bien de sa chère Communauté de Mi-Carême, dont Mère Euphrasie fut, durant vingt-sept ans, le modèle et l'ornement en même temps que la Supérieure. — En pleurant sur cette tombe, qui lui enlevait à la fois une fille chérie et une amie, la Supérieure générale écrivit à sa Congrégation :
« L'Esprit-Saint nous apprend que le cœur du Juste
» est comme un festin continuel, parce que la paix
» est en lui. Cette paix délicieuse était le trésor

» spécial de notre vénérée défunte, et elle se répan-
» dait sur toutes les personnes de sa Maison. Pleine
» de tendresse pour ses filles, d'un calme et d'une
» piété célestes, sa vue seule suffisait pour rappeler
» la pensée de Dieu, qui habitait son âme prédes-
» tinée. N'accordant qu'une attention secondaire aux
» intérêts matériels de sa Communauté, elle consa-
» crait tous ses soins au maintien de l'observance ré-
» gulière, et à la direction spirituelle de ses filles
» bien-aimées. Son autorité humble, douce et ferme
» entraînait tous les cœurs par la persuasion, la
» bonté et l'amour. Supérieure pleine de sagesse,
» elle s'est montrée, avant tout, Mère et modèle.
» Sur son lit de mort elle était calme et tran-
» quille, au milieu de la désolation générale, qui
» éclatait autour d'elle. La paix des élus brillait d'une
» manière saisissante sur ses traits. Elle était déjà
» au ciel par l'ardeur de ses désirs, quand elle a
» rendu à Dieu sa grande et belle âme, faite à la
» ressemblance des Saints. » — La mémoire de Mère
Euphrasie est restée en vénération dans la Communauté de Mi-Carême.

Mère du Sacré-Cœur s'était rendue à Saint-Etienne
pour les funérailles de cette chère et vénérée défunte.
Elle encouragea et consola ses anciennes filles dans
cette grande épreuve ; et pour ne pas les laisser
complètement orphelines, elle voulut qu'une de ses
Conseillères, sur laquelle elle comptait d'une manière
particulière, restât avec elles. Il y a là quelque chose
du grand Apôtre, qui laissait ou envoyait un de ses
plus chers disciples pour assister et consoler ceux
qu'il aimait, et au milieu desquels il ne pouvait pas

résider lui-même. « Je vous ai envoyé, disait-il aux Corinthiens, Timothée, qui est mon fils très-cher et très-fidèle (1). »

Dieu, dont les voies sont si différentes de celles des hommes et les vues si au-dessus des nôtres, permit que cet acte d'exquise et apostolique charité fut suivi d'une longue série d'épreuves et de souffrances, aussi vives et déchirantes qu'elles étaient inattendues. Elles atteignirent la Révérende Mère à l'endroit sensible, au cœur, c'est-à-dire, dans ce qu'elle avait de plus précieux et de plus cher. La paix et l'union de ses filles bien-aimées furent de nouveau gravement menacées, et elle devait elle-même être séparée des âmes qui lui étaient les plus chères, les plus utiles et les plus dévouées.

Dans cette épreuve, la patience de Mère du Sacré-Cœur fut admirable. Elle s'éleva comme celle de Job au-dessus des flots de la tribulation, et finit par en triompher en couronnant la perfection de la sainte Mère. « L'épreuve, dit l'Apôtre saint Jacques, produit la patience, et la patience produit une œuvre parfaite (2). » — Aussi jamais notre sainte ne fut plus belle.

Grande entre ses plus grandes contemporaines, Mère du Sacré-Cœur traversa cette épreuve sans proférer la moindre plainte. Elle ne se permit même pas une de ces réflexions, simplement mélancoliques, qui échappent si facilement et sans aucun fiel sur l'infirmité humaine, en général, et sur ces misères

---

(1) Ire aux Corinth., IV, 17.
(2) Epît. saint Jacques, I, 4.

de notre nature, que l'on rencontre partout, même chez les *Saints* (1). — Mais, si son âme transformée par la foi était invincible son corps et ses forces physiques ne l'étaient pas. La crise n'était pas finie que la bonne Mère avait été atteinte d'un coup de sang si violent et si dangereux, qu'en un clin d'œil elle fut aux portes du tombeau. La suffocation et la prostration des forces furent complètes. — « Je n'oublierai jamais, disait plus tard une digne Religieuse, la consternation, aussi grande que profonde, que causa cette nouvelle. Impossible de décrire la douleur de toutes les Sœurs. Les cœurs étaient brisés. Toute la Maison tomba à genoux et se mit en prières. Ce n'était que sanglots; le spectacle était déchirant. » Des messes furent dites de toutes parts, et on envoya des neuvaines à tous les sanctuaires dédiés à Marie. Les nombreuses Communautés de la ville de Lyon s'unirent aux filles de la vénérable malade pour obtenir sa guérison. Il ne semblait pas possible que le Cœur de Jésus pût résister à tant de supplications et de larmes. — Cependant, une consultation de médecins

---

(1) A la fondation de la Congrégation des Sœurs de Saint-Joseph de Bordeaux, la Mère Saint-Joseph, que Dieu destinait à cette œuvre, ne put s'empêcher de répondre au premier appel qui lui fut adressé : « Hélas! au souvenir amer de l'inconstance et de l'injustice des hommes, *même des Saints*, je me surprends à désirer vivement de ne recommencer nulle part. » — Mme Barat, fondatrice du Sacré-Cœur, parlant des dissidences entre serviteurs de Dieu, disait : « Jamais je ne l'aurais cru; mais les Saints, jusqu'à ce qu'ils aient passé *per ignem*, c'est-à-dire, ou par le feu de l'amour de Dieu, ou par celui du purgatoire, ont bien de la peine à s'accorder entre eux. » — *Vie de la Mère Saint-Joseph*, p. 213. — *Vie de Mme Barat*, t. II, p. 227.

avait eu lieu, et leur inquiétude était visible. En conséquence, les derniers sacrements furent administrés à la vénérable Mère. — Dans cette extrémité, l'Assistante, Mère Marie-Louise, qui ne quittait pas le lit de la chère malade, se jeta à genoux et s'écria : « Promettez avec moi, ma Révérende Mère, de vous vouer à Notre-Dame de la Salette, et si vous guérissez, nous irons ensemble témoigner notre reconnaissance à la sainte Vierge. » La bonne Supérieure générale sourit à son Assistante en signe d'approbation.

Dieu exauça tant de vœux et de prières, et le 29 juillet 1864, la vénérable malade devenue convalescente put écrire à toutes ses Communautés pour leur annoncer la nomination de l'honorable M. Desgeorges comme Supérieur général de la Congrégation, et pour les remercier des prières qu'elles avaient adressées au ciel afin d'obtenir sa guérison. — A l'exemple des Saints, elle n'eut que des excuses, des égards et des bontés pour celles de ses filles qui avaient pu contribuer à l'épreuve qu'elle avait endurée. « Les » pauvres enfants, disait-elle, se trouvaient dans un » milieu bien difficile ; elles ne savaient pas ce qu'elles » devaient faire. » — Une d'elles étant tombée dangereusement malade, Mère du Sacré-Cœur laissa tout pour la soigner et passer de longues heures auprès de son lit de douleur. — A une autre qui arrivait de voyage, elle prodigua les attentions les plus délicates, et lui fit porter sa meilleure camisole. Elle entra dans tant de petits détails et de si tendres soins, que la Sœur officière, chargée de la seconder dans ses égards maternels, ne put s'empêcher de lui faire quelques représentations : « Vous êtes trop bonne, trop droite, ma Révérende Mère, » lui disait-elle. — « Ne connaissez-vous donc pas l'Evangile, répliqua » la bonne Mère ; allez et faites bien tout ce que je » vous dis. » — Il n'y avait point de fiel dans ce beau cœur.

Par l'ordre des médecins et pour hâter sa convalescence, la Supérieure générale fut obligée de se rendre à la campagne. Elle passa ces quelques jours de repos nécessaire au Cluzel, près de Saint-Etienne. C'est la maison de campagne de la Communauté de Mi-Carême. La Mère Emilie, qui avait vivement ressenti et partagé les épreuves et les douleurs de sa Mère bien-aimée, fut heureuse de la recevoir et de la soigner. Les soins de cette fille chérie et de sa pieuse Communauté furent aussi efficaces que doux et empressés. Les forces de la chère convalescente grandirent au Cluzel, et elle fut bientôt à même de faire le voyage de la Salette.

Ce pèlerinage s'accomplit en compagnie de Mère Marie-Louise, de Mère Emilie et de son Assistante. Après les péripéties et les fatigues d'un voyage long, pénible et accidenté, la pieuse Mère fut heureuse d'arriver au terme du pèlerinage. « Qu'on se trouve » bien à la Salette, disait-elle plus tard. Là, on est » près du Refuge des pécheurs, vers la Consolatrice » des affligés ! On sent le besoin d'aimer Dieu et de » le faire aimer. Avec quel plaisir, je parcourais tous » les lieux que la sainte Vierge avait sanctifiés ! » j'aurais voulu y rester plus longtemps. Je redou- » blais d'ardeur pour recommander tous les besoins » de la Congrégation, de mes Religieuses et de tous

» les membres de ma famille. Ce fut à regret que je
» quittai ces lieux bénis, me proposant d'y revenir,
» si ma santé et mes occupations n'y mettaient pas
» obstacle. »

Au retour, la pieuse caravane s'arrêta au Grand-Lemps, dans la Communauté des Sœurs de Saint-Joseph. Cette Maison, qui après avoir été le berceau de la vocation religieuse de Mère Emilie, l'avait eue pour Supérieure, était restée bien chère à son cœur. La Supérieure actuelle, Mère Marie-Augustine, partageait tous ses sentiments de profonde vénération, de filiale et délicate affection envers la Révérende Mère du Sacré-Cœur. Sous sa sage direction la Communauté était unie, régulière et fervente. Tout concourait donc à y attirer le cœur des deux Mères. Aussi ce fut pour elles un lieu de doux repos. De leur côté, heureuses et fières de leur double et précieux trésor, les Religieuses du Grand-Lemps auraient voulu pouvoir le conserver toujours. — Comme c'était vers la fin de l'année scolaire, Mère Marie-Augustine pria la Révérende Mère de vouloir bien assister à la distribution des prix. Partageant le bonheur et les sentiments de la Supérieure, l'archiprêtre, le vénérable M. Ballet, convoqua tous les prêtres du canton et voulut que la Révérende Mère présidât la fête : ce qu'elle fit avec sa simplicité et sa distinction accoutumées. Laïques et ecclésiastiques, tous furent enchantés et se retirèrent pénétrés d'un religieux respect. — La Supérieure du Grand-Lemps et ses filles ne pouvaient se séparer de leur Mère bien-aimée. Mais celle-ci avait hâte de retourner aux Chartreux, pour y reprendre sa vie de dévouement et de labeur trop longtemps interrompue. Dignes les unes des autres, la Mère et les filles se quittèrent avec un égal et touchant regret.

Rentrée à la Maison-Mère, la Supérieure générale s'appliqua, avec plus d'ardeur que jamais, à la sanctification de la nombreuse famille que la divine Providence lui avait confiée. A mesure que l'âge, les travaux, les épreuves et les maladies altéraient ses forces physiques, celles de son cœur semblaient rajeunir et grandir. Sa tendresse toujours croissante pour ses filles, son désir ardent de les voir saintement unies et ne faisant qu'un cœur et qu'une âme, se révèlent dans une lettre-circulaire qu'elle leur adressa le 21 décembre 1864, et qui commence par ces ineffables et douces paroles de Notre-Seigneur : « *Mes petits enfants, je vous fais un commande-* » *ment nouveau, c'est de vous aimer les uns les autres,* » *comme je vous ai aimés* (1). » — « Pressé par son » amour pour nous, le Fils de Dieu a daigné des- » cendre sur la terre et la sanctifier par sa présence. » On l'a vu, plein de grâce, de mansuétude et de » vérité, habiter parmi les hommes et partager leurs » demeures terrestres. Partout où il porte ses pas, il » passe en faisant le bien et verse à flots les dons de » son amour. A sa parole, les esprits mauvais s'en- » fuient dans leurs abîmes; toutes les douleurs sont » apaisées; les aveugles voient, les sourds entendent, » la mort restitue ses victimes. Une doctrine céleste » découle sans effort de sa bouche divine. Il prêche » l'amour de Dieu et du prochain, le pardon des

---

(1) Saint Jean, xiii, 34.

» offenses, l'union fraternelle. Il est si bon, si doux,
» qu'il n'aurait pas achevé d'éteindre la mèche encore
» fumante et le roseau à demi-brisé. »

» Quand la fin de sa vie arriva, après avoir lavé
» les pieds à ses Apôtres et après les avoir nourris
» de son Corps sacré, Jésus-Christ leur déclara avec
» une tendresse infinie ses suprêmes volontés : *Je*
» *vous donne*, à cette heure dernière, *mon comman-*
» *dement de vous aimer les uns les autres, comme*
» *je vous ai aimés.* » — Ah! mes chères filles,
» quelle douceur se répandrait sur notre vie! quelle
» sécurité protégerait notre mort! si nous accom-
» plissions, comme il le désire, cet aimable précepte
» de notre divin Sauveur!

» Notre premier amour appartient à Dieu; c'est
» le seul bien que Jésus-Christ soit venu chercher,
» à travers tant d'humiliations et de sacrifices; mais
» il veut aussi que nous aimions nos semblables sans
» exception, d'un amour surnaturel, comme il nous
» a tous aimés en vue de l'amour qu'il porte à Dieu
» son Père. Ces deux amours sont inséparables;
» l'un est la mesure de l'autre. Dieu ne saurait ac-
» cepter l'amour d'un cœur fermé pour ses frères;
» et l'amour de nos semblables, s'il n'a Dieu pour
» principe et pour fin, n'est pas une vertu chré-
» tienne.

» Le grand Apôtre nous présente les qualités de
» cette reine des vertus : « La *charité*, dit-il, *est*
» *patiente, elle est douce, elle supporte tout, elle*
» *oublie ses propres intérêts, elle n'est point en-*
» *vieuse...* » Ceux-là seulement, mes chères filles,
» qui aiment Notre-Seigneur Jésus-Christ peuvent

» aimer ainsi le prochain. Soyez de ces âmes grandes
» et nobles qui, s'oubliant elles-mêmes, savent tout
» souffrir avec douceur, tout excuser, tout par-
» donner. Fuyez l'ombre même de l'envie, et que
» toute pensée de rivalité s'efface parmi vous. Imitez
» les bienheureux : ils sont unis entre eux par une
» charité si étroite, que chacun se réjouit autant du
» bonheur des autres que de sa propre félicité.
» Commencez dès aujourd'hui sur la terre ce que
» vous êtes appelées à faire éternellement dans le
» ciel. Nous composons tous une même famille;
» Dieu est notre Père, nous lui adressons chaque
» jour une même prière, et nous aurons part au
» même héritage. — Marchons donc ensemble vers la
» céleste patrie, et prêtons-nous généreusement dans
» le parcours de la route un mutuel secours. « Le
» *frère aidé de son frère est comme une ville*
» *forte*, nous dit l'Esprit-Saint. » — Que vos exem-
» ples, mes bien chères filles, soutiennent vos
» Sœurs; que vos paroles les édifient et que leurs
» âmes soient fortifiées par votre affection. Ainsi
» vous vérifierez ces paroles du psalmiste : « *Qu'il*
» *est doux à des frères de vivre dans l'union!* »
» C'est à l'union que Dieu accorde sa bénédiction
» et la vie éternelle.

» La tendresse de votre charité se souviendra
» aussi des âmes bien-aimées que le Seigneur a re-
» tirées de ce monde avant nous. Jésus-Christ vous
» comptera l'humble prière et jusqu'à un soupir
» chrétien que vous voudrez bien leur donner. Il
» vous est doux d'espérer de les revoir toutes
» pleines de la vraie vie, car la séparation de la

» mort n'est pas éternelle. La terre garde nos restes
» comme un grain fécond qui doit renaître. Le tom-
» beau n'est que le sillon d'où l'épi s'élancera vers
» le ciel. Réunies alors dans la nouvelle Jérusalem,
» les liens de la charité qui nous auront unies sur
» la terre recevront l'accroissement de la perfection,
» et notre félicité s'augmentera encore de celle de
» tous les élus. Alors, mes très-chères filles, Jésus-
» Christ ne vous dira plus : « *Si vous m'aimez,*
» *gardez mes commandements;* » mais, parce que
» vous lui aurez donné cette preuve de votre amour,
» il accomplira ses magnifiques promesses : « *Celui*
» *qui m'aime sera aimé de mon Père; je l'aimerai*
» *aussi et je me montrerai à lui* (1). »

» C'est le vœu que je forme pour vous, mes filles
» bien-aimées, c'est mon désir le plus ardent que
» vous soyez toujours unies par une sainte affection,
» et que Notre-Seigneur Jésus-Christ trouve son
» repos dans vos âmes et daigne se manifester à
» vous. »

On comprend combien ces douces et saintes paroles de l'excellente Mère devaient pénétrer suavement l'âme de ses filles. Le démon avait voulu séparer et diviser. Elle disait : Il faut nous unir et
nous aimer. C'était le remède au mal, un baume
versé sur toutes les plaies. — C'était aussi l'imitation
de plus en plus fidèle de ce Cœur sacré dont elle
portait le nom et qui a aimé les siens jusqu'à la fin.
— Nous avons vu comme la vie de la pieuse Mère
s'identifiait, le long de l'année chrétienne, avec les

---

(1) Saint Jean, xiv, 21.

mystères de la vie de Jésus-Christ. Le coucher de ce Soleil de justice avait eu des splendeurs, dont les teintes douces ne pouvaient manquer de se refléter sur les dernières années de celle qui avait toujours marché à sa lumière. Comme Jésus donc elle aima jusqu'à la fin. Comme Lui aussi, à mesure qu'elle approchait du terme de sa carrière, elle recommandait plus instamment la charité, l'union fraternelle. Ainsi, d'un bout à l'autre, la vie de Jésus fut sa vie, et elle pouvait dire avec l'Apôtre : « *Ce n'est pas moi qui vis, mais c'est Jésus qui vit en moi* (1). »

Il est dit des Saints, que plus ils se rapprochent du ciel, plus grand est leur détachement de tout ce qui est sur la terre. Le déclin de la vie de la Servante de Dieu offrit également ce caractère de prédestination. Elle pratiquait et recommandait plus que jamais le détachement chrétien et religieux. Aussi, sa circulaire sur le saint amour, par une liaison naturelle et logique, fut suivie d'une autre sur la pauvreté. Le 8 juillet 1865, elle la recommandait ainsi à ses filles, après leur avoir rappelé le souvenir des Sœurs mortes dans le courant de l'année : « A la
» vue de ces nouvelles tombes, je me sens pressée,
» mes très-honorées filles, de vous entretenir un
» instant sur la pauvreté volontaire, que Dieu nous
» a fait la grâce d'embrasser pour l'amour de Lui,
» afin qu'appréciant de plus en plus notre sainte
» vocation, nous redoublions de zèle dans la pratique
» d'une si précieuse vertu, à laquelle nous nous
» sommes liées par un vœu spécial.

---

(1) Saint Paul, épît. aux Gal., II, 20.

» Vous le savez, mes très-chères filles, Notre-
» Seigneur Jésus-Christ venu du ciel pour nous en
» montrer le chemin, a pris la pauvreté pour son
» partage ici-bas. A sa naissance, n'ayant pas trouvé
» de place dans les demeures des hommes, une
» étable déserte lui servit de palais, et sa divine
» Mère, aussi pauvre qu'elle était noble et sainte,
» ne put lui offrir qu'une crèche pour berceau.
» Bientôt, voyageur sur la terre et méconnu des
» siens, on vit ce divin Sauveur qui n'avait pas où
» reposer sa tête, travailler de ses royales mains
» afin de gagner son pain de chaque jour. Il a connu
» par lui-même tous les degrés de la misère et il a
» pu dire avec vérité : « Je suis pauvre et dans les
» travaux dès ma jeunesse (1). »

» A son exemple, les Saints ont beaucoup estimé
» cette divine vertu. Epris d'amour pour elle, un
» grand nombre d'entre eux se sont fait une joie de
» renoncer à tout ce qu'ils avaient sur la terre pour
» posséder Dieu seul, et s'acquérir un patrimoine
» dans l'éternité. Ni les hautes positions, ni les
» séduisantes faveurs de la fortune n'ont pu les re-
» tenir; et après avoir tout sacrifié, ils prenaient
» possession d'une pauvre cellule, comme s'ils fus-
» sent entrés dans les parvis du ciel. — Ils ne crai-
» gnaient pas de manquer du nécessaire en cette
» vie, car ils savaient avec quelle tendresse Dieu
» prend soin de ses pauvres; qu'il se tient à leur
» droite pour les défendre, comme dit le psal-
» miste, et que ses yeux sont toujours ouverts sur

(1) Ps. LXXXVII, 16.

» eux pour veiller à leurs besoins. Je donnerai du
» pain aux pauvres de mon Fils, dit le Seigneur.

» Non-seulement Dieu prend soin de ses pauvres
» volontaires, mais encore il les défend contre leurs
» ennemis, il les protége dans toutes leurs voies,
» ainsi que l'enseigne le Roi-Prophète : « Dieu sau-
» vera les âmes des pauvres ; leur nom sera hono-
» rable devant lui. » Il va plus loin, car il veut être
» leur trésor; il se donne à eux pour leur tenir lieu
» de propriété : « Je suis leur héritage, nous dit-
» il par Ezéchiel (1). » — « Heureux, s'écrie David,
» le peuple dont le Seigneur est le Dieu ! Rien ne
» lui manquera. »

» Il en sera ainsi pour nous toutes, mes très-
» honorées filles, si nous mettons notre bonheur
» dans la pauvreté de Jésus-Christ, et si nous com-
» prenons bien que la véritable richesse d'une Reli-
» gieuse se trouve dans l'humilité et le dénûment de
» la crèche et de la croix. — Rappelons-nous sans
» cesse, pour soutenir nos défaillances, qu'en pre-
» nant la pauvreté pour son partage, Notre-Seigneur
» a voulu en subir les rigueurs. Il a vécu dans la
» privation; il a souffert les délaissements et les
» rebuts des hommes. N'est-il pas convenable que
» ses épouses sachent, sans se plaindre jamais,
» manquer de quelque chose? Les plaisirs du
» monde, les jouissances et les richesses devraient
» nous être à charge, puisque Jésus-Christ les a
» dédaignés et que tout ce que nous ne partageons
» pas avec Lui doit nous être suspect. — L'Eglise a

(1) Ezéchiel, XLIV, 28.

» toujours placé la pauvreté évangélique au-dessus
» du plus noble usage des biens de la terre.

» Courage donc, mes très-chères filles ; regardez
» le ciel qui sera votre récompense. Détachons-nous
» généreusement des biens qui laissent le cœur si
» vide; traversons ce monde sans y fixer nos espé-
» rances; car ce n'est point ici que doivent s'accom-
» plir nos destinées. Chaque heure qui s'écoule em-
» porte une partie de notre vie ; ainsi, cette vie est
» une mort partielle de chaque jour, et la mort défi-
» nitive sera la vraie vie; ce ne sera pas la fin, mais
» le commencement. Arrivées à ce moment, les
» choses nous apparaîtront sous leur vrai point de
» vue; nous estimerons comme un précieux trésor,
» les sacrifices que nous aurons offerts à Dieu ; tout
» notre regret sera de n'en avoir pas fait davantage.

» O mes bien-aimées filles, puissiez-vous toutes
» comprendre que le bonheur n'appartient pas à
» cette vie périssable, et que vous ne trouverez la
» paix du cœur que dans le parfait détachement de
» tout ce que la mort doit bientôt nous ravir ! —
» Puissiez-vous goûter dans toute leur plénitude les
» joies divines que Notre-Seigneur Jésus-Christ vous
» réserve en échange de vos privations de chaque
» jour; ces joies incomparables qui sont le prélude de
» la béatitude promise à la pauvreté évangélique :
« *Bienheureux les pauvres de volonté, car le royaume
des cieux est à eux.* » — « Celui qui, pour l'amour
de moi, aura quitté son père et sa mère ou ses
biens, en recevra le centuple et possédera la vie
éternelle (1). »

(1) Saint Math., iv, 13, — v, 3.

Non contente de donner ses saints exemples et ses sages exhortations, la pieuse Mère générale était avide de procurer à sa Congrégation tous les avantages spirituels qui pouvaient contribuer à la sanctification de ses membres. Aussi, fut-elle heureuse de lui annoncer une insigne faveur qu'elle avait obtenue de Rome. « Vous apprendrez avec bonheur,
» lui écrivit-elle, que Sa Sainteté le Souverain Pon-
» tife Pie IX, par un bref en date du 10 février 1865,
» a daigné accorder l'indulgence, dite de la Portion-
» cule, à toutes les Religieuses de notre Congréga-
» tion résidant en France et possédant une chapelle
» ou un oratoire, lors même que la sainte Réserve
» n'y serait pas. Cette précieuse indulgence nous est
» concédée pour sept ans. — Elle se gagne le pre-
» mier jour d'août, à partir des premières vêpres du
» lendemain, et le 2 août tout le jour, finissant au
» coucher du soleil. Ce jour-là, on permet d'exposer
» le saint Sacrement. — Je ne doute pas, mes
» chères filles, de votre empressement à profiter
» d'une si grande grâce, qui n'est que pour nous et
» pour les personnes qui habitent nos Communautés
» respectives. » — Au précepte, la Servante de Dieu joignait toujours l'exemple. On la voyait profiter de tous les moments qu'elle avait en ces heures bénies, pour visiter Notre-Seigneur et gagner les indulgences. « Nous devons, disait-elle, penser aux âmes
» du purgatoire; travaillons aujourd'hui à en déli-
» vrer quelques-unes. »

La mort augmentait chaque année le nombre de ces âmes si chères au cœur de leur sainte Mère. Le 7 janvier 1866, elle eut la douleur de perdre Sœur Saint-

Jérôme, âgée de soixante-neuf ans. Le jour de cette bienheureuse mort, Mère Aglaé, Maîtresse des novices, leur raconta une circonstance de la vie de la défunte, qui fait ressortir d'une manière admirable la paternelle protection de saint Joseph à l'égard de ses filles.

— Sœur Saint-Jérôme avait puisé, au sein d'une famille patriarcale, cette foi profonde et active, qui fut l'âme de toute sa vie. Jeune encore, elle quitta le foyer paternel pour se consacrer à Dieu. Ses parents, ne pouvant eux-mêmes l'accompagner à Lyon, l'avaient spécialement recommandée au conducteur de la voiture, qui leur avait promis de veiller sur elle pendant le voyage. Mais arrivé à Lyon, soit oubli, soit qu'il regardât sa mission comme terminée, le conducteur ne se mit plus en peine de sa jeune protégée, qui le chercha en vain, pour le prier de lui indiquer où était la Communauté des Sœurs de Saint-Joseph.

— Au milieu de son embarras, un homme se présente avec toutes les apparences de la bienveillance. « Sans doute, lui dit-il, vous désirez quelque adresse. » — « Oui, répliqua-t-elle, je voudrais savoir où demeurent les Sœurs de Saint-Joseph. » — « C'est bien loin et trop tard, lui fut-il répondu ; il est plus prudent pour vous de coucher dans un hôtel voisin, que je vais vous montrer ; vous y serez bien sous tous les rapports ; puis demain à l'heure que vous voudrez, on vous conduira chez les Sœurs de Saint-Joseph. »

— La pauvre enfant, qui n'avait jamais quitté son village et qui n'avait pas l'ombre de défiance, suivit son nouveau guide. — Introduite et laissée dans une chambre où se trouvaient deux lits, elle a hâte de se coucher, après s'être recommandée à saint Joseph. Elle était accablée de fatigue. — Quelque temps après on entre dans sa chambre; c'était son prétendu protecteur qui s'empare du lit voisin du sien. La frayeur la saisit et elle recourt à saint Joseph, le conjurant de la délivrer du danger qu'elle redoutait. Elle avait, en effet, besoin de la protection de ce grand Saint. — Après quelques moments d'angoisse et d'attente, la jeune fille crut s'apercevoir que l'étranger s'était endormi. Elle se lève en toute hâte, sans bruit et court à la porte. Son dangereux voisin y fut aussitôt qu'elle et l'empêcha de sortir. « Ne vous dérangez pas, lui dit-elle, laissez-moi libre, j'ai ce qu'il me faut; je n'ai besoin de personne. » L'inconnu ne l'écouta pas, et la força de se remettre au lit. Lui de son côté regagna le sien, mais après avoir pris la précaution de fermer la porte de la chambre et d'en mettre la clé dans ses poches.

Alors, l'effroi de la jeune fille fut à son comble. Les dernières paroles de sa mère revinrent à son esprit : « Je te laisse à saint Joseph, lui avait-elle dit, je te confie à lui; il t'accompagnera, il te gardera et te conduira dans sa Maison. » Dans sa foi et sa confiance, l'enfant rappelle à saint Joseph les promesses de sa mère. « Vous ne pouvez pas me délaisser, lui répétait-elle, en fondant en larmes; de grâce, venez à mon secours. J'ai tout quitté pour vous, mon pays, ma famille, mon père, ma mère... Oh ! après de tels sacrifices, ne m'abandonnez pas dans l'affreux péril où je suis. » — Tout à coup elle croit s'apercevoir de nouveau que l'étranger dormait. Elle se lève en prononçant le nom de saint

Joseph, et se dirige instinctivement vers la porte, sans réfléchir qu'elle était fermée et la clé enlevée. Soudain la porte s'ouvre d'elle-même, et la jeune fille aperçoit près du seuil un vénérable vieillard, aux cheveux blancs retombant sur ses épaules. Il était revêtu d'un long manteau, et tenait une lampe à la main. « Imprudente, lui dit-il, que faites-vous là ? Hâtez-vous, prenez vos effets et suivez-moi. » — Elle obéit avec la rapidité de l'éclair. Arrivé au fond du corridor, le vieillard s'arrêtant ajouta : « Descendez ces escaliers, entrez dans la salle qui est en bas, vous y trouverez encore la maîtresse de l'hôtel ; dites-lui de vous donner une autre chambre, et demain de grand matin, priez-la de vous faire accompagner jusqu'à la Maison de Saint-Joseph. »

Pendant que le bon vieillard parlait encore, l'homme ennemi accourait, et cherchant sa proie en tâtonnant contre les murs, il criait : « Où êtes-vous ? » Chose étonnante, la lumière du vieillard, quoique brillante, ne paraissait nullement l'éclairer. — « Hâtez-
» vous, répéta à la jeune fille son vénérable sauveur,
» et ne craignez rien. » Elle entra dans la salle qu'il lui avait indiquée et trouva la maîtresse d'hôtel, à qui la pauvre enfant exposa sa situation. « J'étais étonnée, lui répondit-elle, de vous voir en pareille compagnie, car ce jeune homme est loin d'avoir une bonne réputation ; mais ne vous connaissant pas vous-même, vous n'avez fait qu'exciter ma pitié. » Elle l'introduisit dans une chambre voisine. « Là, ajouta-elle, vous ne craindrez rien, vous serez près de moi, et demain, je vous conduirai moi-même chez les Religieuses de Saint-Joseph. »

Le lendemain avant de sortir, la jeune fille demanda à voir, pour le remercier, le vieillard qui l'avait protégée et sauvée. Quel ne fut pas son étonnement, lorsqu'on lui affirma qu'il n'y avait, dans la maison, que l'homme avec qui elle y était entrée la veille, et qu'aucun vieillard n'y avait mis les pieds. Elle eut beau donner son signalement, qui lui était resté profondément gravé, il était complétement inconnu à l'hôtel où l'on n'avait jamais vu un semblable personnage. — La jeune postulante ne douta plus que ce ne fût une visible protection du grand Saint, à qui sa mère l'avait confiée et donnée. — Mère Aglaé, qui avait gardé le secret pendant la vie de Sœur Saint-Jérôme pour ménager sa modestie, crut devoir le publier à sa mort, afin d'engager ses chères novices à avoir une confiance filiale en saint Joseph.

Quelques mois après ce deuil, le 7 mai 1866, Dieu enleva encore à l'affection de la Révérende Mère, Sœur Saint-Xavier. « Il faudrait écrire un livre, disait
» Mère du Sacré-Cœur, pour dire les vertus et les
» éminentes qualités de cette parfaite Religieuse, qui
» fut, dix-sept ans, Maîtresse des novices, puis visi-
» teuse, et enfin Supérieure de la Communauté de
» Saint-Véran. Habile à manier les esprits et à gagner
» les cœurs des élèves et des Sœurs qu'elle a diri-
» gées, elle n'a cessé de donner aux unes et aux
» autres les plus admirables exemples de vertu (1) ».

(1) Huit ans avant sa mort, Mère Saint-Xavier avait affilié son couvent au Monastère de Notre-Dame de Bon-Secours, Réforme de la Trappe de la primitive Observance de l'ordre de Cîteaux, au diocèse de Valence. De là, une communion de prières pour les vivants,

Après ces nouvelles et douloureuses pertes, la Supérieure générale écrivait à ses Communautés, le 20 décembre 1866 : « Si le départ de ces bien-aimées
» compagnes attriste nos cœurs, mes très-honorées
» filles, notre douleur est adoucie par des espé-
» rances qui, nous l'attendons de la bonté de Dieu,
» ne seront pas trompées. Ce n'est pas mourir que de
» partir après des jours si pleins de mérites, c'est
» aller à la gloire. A présent qu'elles jouissent de la
» récompense de leur générosité et de leurs sacrifices,
» si nous pouvions entendre leurs voix, avec quels
» accents persuasifs ne nous exhorteraient-elles pas à
» la pratique des vertus solides ? Que nous diraient-
» elles des choses de ce monde, et de ces mille riens
» dont le démon se sert souvent pour arrêter ou ra-
» lentir une Religieuse, dans sa marche vers la per-
» fection et vers la patrie ? — Apprenons, mes
» très-chères filles, la sagesse à leur école; faisons
» violence à la nature et sacrifions-la par la ferveur
» de l'esprit. Qu'importe un peu de travail et de fa-
» tigue sur la terre ? Tout ce qui finit est bien court.
» Nous ne faisons que passer... prêtons l'oreille, et
» nous entendrons le bruit des pas de l'Époux qui
» arrive vers nous... puisse-t-il nous trouver veillant

---

entre les deux Communautés, et de suffrages pour les morts. — Quand on annonça au vénérable Supérieur de la Trappe la mort de la Mère Saint-Xavier, en le priant de lui appliquer les suffrages de sa sainte Communauté, il répondit spontanément que la sainte Mère était entrée au ciel le jour de l'Ascension, trois jours après son trépas. — Révélation particulière ou simple conviction du Révérend Père Supérieur de la Trappe, cette parole fut une douce consolation pour la Communauté de Saint-Véran.

» et priant, avec des lampes bien allumées, pour
» nous introduire avec lui au festin des noces éter-
» nelles !

» Tels sont, mes bien-aimées filles, les vœux ar-
» dents que je dépose, pour vous, près du berceau
» de notre divin Maître. Qu'il daigne vous bénir,
» bénir vos œuvres, votre dévouement, afin que la
» nouvelle année soit pour vous toutes une année
» féconde et riche pour le ciel ! »

On voit que tous ces deuils relevaient de plus en plus vers l'éternité le regard de la sainte Mère. Quoiqu'elle fût encore dans cette chair mortelle, on pouvait dire que sa demeure commençait à être au ciel, et sa société avec les anges et avec ses chères défuntes. La partie de sa Congrégation qui était entrée dans l'Église triomphante semblait l'attirer à elle. La terre disparaissait à ses yeux et lui semblait chaque jour plus petite; c'était l'effet de son ascension vers le ciel. « Plus je regarde le ciel, disait saint Ignace, plus la terre me paraît petite et méprisable. » — Cette belle ascension de l'amour, l'âge, les infirmités, la nuit, les orages, les épreuves quelconques, n'ont pas le pouvoir de la suspendre ou de la ralentir. « L'amour aspire à s'élever, dit l'auteur de l'*Imitation*, et ne se laisse arrêter par rien de terrestre (1) ».

(1) *Imitat.*, liv. III, v.

CHAPITRE II

Utilité pour la terre des âmes célestes, unies à Dieu. — Avis de plus en plus saints de la Révérende Mère du Sacré-Cœur aux novices et aux postulantes. — Appui salutaire qu'elle donne à la vocation de deux jeunes filles. — Elle relève le courage abattu d'une âme fortement tentée. — Confiance absolue qu'on avait en elle dans les épreuves et dans les dangers quelconques. — Son sang-froid. Sage leçon qu'elle donne à propos d'une panique. — Revues des comptes de la Maison-Mère. Sa facilité pour le calcul. — La piété utile à tout. — Portrait de la Révérende Mère du Sacré-Cœur. — Ses vertus et ses qualités. — Sa foi. — Sa confiance en Dieu — Son humilité. — Son amour pour la pauvreté. — Sa pureté. — Son esprit de mortification. — Sa bonté. — Son amabilité et sa gaieté. — Sa ressemblance avec sainte Chantal. — Sa vie jusqu'à la mort fut une ascension continue vers le ciel.

L'âme que l'amour élève vers Dieu, et qu'illuminent les clartés du ciel dont elle s'approche à chaque instant, projette un vif éclat sur la terre. Elle est, au firmament des âmes, comme un astre qui donne une douce lumière. — C'est encore une nuée élevée et gracieuse, qui, d'un côté, reçoit les rayons du soleil, et de l'autre, verse une bienfaisante rosée sur la terre. « Les âmes saintes, dit un grave et pieux auteur, sont comme les canaux vivants et volontaires par où l'amour divin et les grâces se précipitent vers nous; les nuées aimantes d'où nous pleuvent les rosées célestes (1). » — Telle était la vénérable Mère du Sacré-Cœur. Sa vieillesse, qui eut le doux éclat du soir d'un beau jour, reflétait avec les amabilités de son cœur, les ardeurs de sa foi et de sa charité. L'amour divin illuminait son âme, et tout autour d'elle était éclairé de son rayonnement. Malgré d'immenses occupations et le poids des ans, son esprit et son cœur suffisaient et pourvoyaient à tout; car jamais tête mieux organisée ne fut unie à un cœur plus généreux.

Le noviciat, dont l'importance l'avait toujours vivement préoccupée, eut une grande part de ses dernières sollicitudes. Comme au temps de sa jeunesse et de sa vigueur, elle se plaisait au milieu des postulantes. Ses entretiens spirituels, simples, pleins de grâce et de finesse, charmaient, captivaient et entraînaient vers Dieu tous les cœurs. « Une âme qui
» s'est donnée à Jésus, leur disait-elle, et qui veut
» devenir son épouse, ne marche pas, elle s'élance,
» elle vole. La croix ne lui pèse plus ; ce n'est plus
» la croix, c'est le bâton du voyageur, c'est l'aile de
» l'oiseau, c'est la roue du char. Elle aide à marcher,
» elle élève au ciel, elle emporte dans la carrière. —
» Il y en a peut-être parmi vous, qui, ayant quitté
» le monde sans le connaître, croient avoir fait beau-
» coup pour Dieu. Qu'elles ne soient pas si fières de
» leur sacrifice. Si vous saviez ce que c'est que l'es-
» clavage du monde, vous ne regretteriez rien, et
» vous seriez heureuses d'avoir quitté ce pays des

(1) *De la vie chrét. et religieuse*, t. III, p. 378.

» esclaves, des asservis, des courbés vers la terre.
» Loin des ténèbres et de la boue, vous êtes près du
» soleil et de l'azur du ciel... Ayez donc des âmes
» reconnaissantes et généreuses. — Les défauts ne
» m'épouvantent pas, ajoutait-elle, pourvu que l'on
» ait de l'énergie et de la bonne volonté. Un cœur
» franchement résolu à se renoncer, à se sacrifier,
» pour ne chercher que Dieu seul, voilà ce qu'il faut
» par-dessus tout à des postulantes. » — Comme nous
l'avons déjà vu, à l'exemple de saint François de
Sales, qui recommandait *de passer au beau milieu
et non par le bout des vertus*, elle ne plaçait ni trop
haut ni trop bas l'idéal de la perfection chrétienne ;
elle ne la voulait « ni sèche, ni froide, ni sombre,
ni farouche, mais aimable et bonne, avec un langage
doux, franc, sincère, rond et fidèle. »

A chaque prise d'habit, précédée d'une retraite,
elle multipliait ses avis, ses conseils, ses recommandations, pour prémunir ses chères enfants contre les
dangers qu'elles pourraient rencontrer dans le cours
de leur vie. Que d'âmes dont elle a affermi la vocation
et assuré le bonheur ! — Un jour, une jeune personne
lui arrive, revêtue de sa robe et de sa parure de fiancée.
« Ma Mère, lui dit-elle, en grâce recevez-moi au
nombre de vos filles. Je me suis sauvée de la maison
paternelle ; on veut à tout prix me marier ; j'ai lutté
pendant longtemps ; j'allais être vaincue ; car toute la
famille est dans ce moment réunie avec celui qu'on
veut me faire épouser. On allait se rendre à la mairie,
quand j'ai quitté furtivement l'assemblée pour venir
vous trouver. Je sens que Dieu me veut tout entière.
Je ne puis consentir aux sollicitations dont on m'ob-

sède ; mon cœur, ma conscience y répugnent. La voix de Dieu est plus forte que celle du sang et de la nature. En grâce, ma Mère, recevez-moi. » — « Ecrivez immédiatement à vos parents, lui pres-
» crivit la sage Révérende Mère ; dans quelle inquié-
» tude mortelle vous avez dû les avoir laissés ! Il
» faut d'abord les en délivrer ; nous verrons plus
» tard ce qu'il y aura à faire et ce que le bon Dieu
» nous inspirera. Ecrivez donc à votre famille et
» prions. » — Mère du Sacré-Cœur conduisit ensuite cette affaire avec tant de sagesse, et elle plaida si bien la cause de Dieu et de l'enfant, que les parents finirent par lui dire : « Il est impossible de vous résister ; nous voyons bien que notre fille sera plus heureuse auprès de vous qu'avec celui que nous lui destinions. Gardez-la donc et qu'elle fasse une sainte Religieuse puisque Dieu le veut. »

Une autre jeune personne vint lui confier qu'elle avait fait part à ses parents de son désir de se faire Religieuse, mais que son père s'y opposait obstinément, et était inaccessible à toute espèce d'observation. « Recommandez la chose au bon Dieu, lui
» répondit la Révérende Mère ; je m'unirai à votre
» prière ; ensuite je verrai votre père. » — Tout fut ménagé et dirigé avec une si délicate prudence, que le pauvre père, gagné et touché, céda de la manière la plus édifiante. « Ma fille, dit-il, est à Dieu avant d'être à moi ; qu'elle aille donc à lui, je ne puis que la bénir. »

Une postulante effrayée de sa faiblesse et vivement pénétrée de la sainteté et de la sublimité de la vie religieuse, éprouvait une tentation de découragement, que rien n'avait pu dissiper. Elle arriva à un tel point que la jeune personne songeait à rentrer dans sa famille, malgré les dangers qu'elle y redoutait. Mère du Sacré-Cœur l'ayant rencontrée et connu sa peine, l'emmena dans sa chambre. — Nous avons vu que le Sacré Cœur de Jésus était son refuge et sa ressource. Elle y plongea le cœur infirme et souffrant de son enfant, et là elle lui fit puiser un trésor de confiance et de tranquillité patiente, comme elle y puisait elle-même des trésors de compassion, d'indulgence et de bonté à l'usage du prochain. Les paroles que le Cœur de Jésus lui inspira furent si sages, si maternelles, si persuasives, que la postulante fondit en larmes de reconnaissance et d'amour, et retrouva une paix, un courage, un bonheur, qu'elle croyait à jamais perdus.

La confiance en la bonté de la Mère du Sacré-Cœur était si grande, qu'on y recourait et le jour et la nuit. Un soir, aux environs de minuit, on frappa tout à coup à la porte de sa chambre. La Sœur, qui faisait l'office de portière et qui était couchée tout près, se lève, accourt, et voit une Religieuse qui voulait parler à sa Mère. « Eh! quoi, à cette heure! objecta la portière; vous n'y pensez pas! Notre Mère dort; vous savez combien elle a besoin de repos. » — Toute à sa peine, la Religieuse ne réplique rien à l'observation de la Sœur, et s'introduit brusquement près du lit de la Révérende Mère. La voyant plongée dans un sommeil tranquille, elle prend et presse doucement sa main. La Révérende Mère s'éveille en sursaut, et sentant sa main serrée, s'écrie : « Qui est
» là! » — « Ne craignez rien, ma Mère, s'empressa

de répondre la Religieuse : c'est moi, votre enfant, qui ai besoin de vous parler ; je n'ai pas pu fermer l'œil de toute la nuit. » Aussitôt elle lui fit part de sa peine et de ses ennuis. La douce Mère l'écouta avec bonté, lui rendit le calme et la paix, et lui dit : « Allez maintenant vous reposer tranquillement ; je » prierai le Cœur de Jésus, pour que vous ne soyez » plus tourmentée. »

Une autre fois, encore au milieu de la nuit, le tonnerre grondant d'une manière terrible, au point que la colline des Chartreux semblait ébranlée jusqu'en ses fondements, deux Religieuses, Sœur Saint-François et Sœur Saint-Claude, presque mortes de frayeur, coururent se réfugier, comme des enfants, auprès du lit de leur Mère. Elles s'y tinrent blotties jusqu'à la fin de la tempête. Comme le lendemain on riait et on s'amusait de leur aventure : « Riez tant que vous voudrez, répondaient les deux Sœurs ; pour nous, nous étions bien ! nous n'avions plus de crainte près de notre Mère ; les Saints sont de bons paratonnerres. » — Très-souvent, dans ces moments de frayeur, la bonne Mère n'attendait pas qu'on vînt auprès d'elle. Elle allait elle-même rejoindre et rassurer ses enfants. — « Vous n'avez donc pas peur, lui dit-on, un jour que le ciel paraissait tout en feu ? » — « Peur ! et de quoi? répondit-elle ; nous avons à faire » à un si bon Père ! il sait bien où nous sommes ; » s'il veut nous appeler à lui par le tonnerre, que » sa sainte volonté se fasse, pourvu que nous mou- » rions en l'aimant. »

Dans une de ces commotions terribles de la nature, au milieu de violents éclats de tonnerre, la Commu-

nauté entière s'était réfugiée au pied des autels, quand soudain l'étincelle électrique mit le feu au gaz de la chapelle. La terreur fut à son comble, et tout le monde se précipita vers les portes. Dans cette mêlée confuse, la prudente Mère générale garde son sang-froid, fait fermer le compteur, calme et rassure, autant qu'elle peut ses filles, et se rend auprès de sa sœur, Mme Vialletton, qui était venue la visiter, et qui dans cette panique n'avait pas quitté le pied des autels. « Pourquoi fuir, disait cette pieuse dame, nous sommes près du bon Dieu ; où peut-on être mieux et plus en sûreté ? » — « Oui, chère Adèle,
» lui dit Mère du Sacré-Cœur, en se plaçant à ses
» côtés, tu as trouvé le bon endroit ; c'est ici, c'est
» près de Jésus qu'il faut se réfugier ; » et ces deux cœurs qui se comprenaient si bien et depuis si longtemps, s'unirent pour prier Notre-Seigneur de sauver la Maison de Saint-Joseph. Leurs supplications furent exaucées et on en fut quitte pour un grand danger. — Cette épreuve fit, une fois de plus, ressortir avec l'imperturbable sang-froid de la Révérende Mère, sa grande confiance en l'efficacité de la prière, et son abandon filial et complet entre les mains de Notre-Seigneur, à qui elle recourait dans toutes ses nécessités.

Dans une autre circonstance, la Communauté était réunie à la chapelle pour la prière du soir. Une Sœur morte y était exposée, en attendant sa sépulture qui devait avoir lieu le lendemain. Tout à coup un cri aigu se fait entendre. La frayeur s'empare de l'assistance, et surtout des jeunes postulantes, qui prennent la fuite. — Toujours calme et maîtresse d'elle-même, la Supérieure générale en un clin d'œil se rendit compte de tout. « Faut-il, dit-elle en riant, » qu'une petite bête vous cause une aussi grande » frayeur? » C'était, en effet, un jeune chat qui, ayant pénétré dans la chapelle, s'était glissé furtivement jusque sur la chaire, et de là, s'était jeté sur une postulante, dont on comprend l'effroi et le cri perçant qu'il lui fit pousser. Après qu'on se fut remis de la panique, la sage Mère ajouta : « Il » ne faut pas croire si facilement aux revenants; » notre bonne Sœur défunte se trouve trop bien » auprès de Dieu pour songer à revenir vers nous. » De pareils retours sans doute ne sont pas impos- » sibles; mais ils sont bien rares, et notre confiance » en l'infinie sagesse de Dieu devrait nous prémunir » contre d'imaginaires terreurs. »

Ce calme, cette sagesse, cet examen des choses, la Révérende Mère du Sacré-Cœur les portait partout. Dans son administration, rien n'était négligé ou abandonné au hasard. L'ordre y était parfait. Elle pensait à tout, et se rendait compte des moindres détails par elle-même. Chaque mois, elle prenait ce qu'elle appelait « un jour de repos; » et disait gracieusement à son Assistante, Mère Marie-Louise : « Aujourd'hui, je vous installe Supérieure générale. » — Ce jour de repos consistait à se fermer dans une chambre, avec une de ses secrétaires, pour vérifier tous les comptes de la Maison. L'arithmétique lui était familière et les calculs étaient pour elle comme un jeu. — Lorsqu'au commencement de sa vie religieuse, elle faisait la classe à Saint-Etienne, elle inspirait à ses élèves un goût particulier pour cette science, par la facilité et la clarté avec lesquelles elle l'enseignait. Elle abordait résolûment les problèmes les plus ardus, et n'abandonnait pas une difficulté sans l'avoir vaincue. — C'est grâce à son étonnante facilité, qu'elle pouvait se faire du calcul et des pénibles revues de compte, une récréation, « un repos. »

Cette rare aptitude la rendait très-propre au maniement et au règlement des affaires. Aussi son notaire, M. Berlotty, aimait singulièrement les traiter avec elle. « C'est, disait-il, une femme, une Religieuse exceptionnelle. Ce n'est pas moi qui lui donne des conseils. Elle a une tête fortement organisée pour l'administration et le maniement des affaires. Avec elle, tout est bientôt éclairci et réglé. Si je n'avais à faire qu'à la Révérende Mère Tézenas, mon travail de notaire serait bien simplifié. »

Les Saints, parce qu'ils sont entièrement à Dieu, en reçoivent cette mesure de dons que l'Evangéliste saint Luc représente « pleine, pressée, entassée, au point qu'elle se répand par-dessus les bords sur tout ce qui les environne. » — « La piété est utile à tout, dit l'Apôtre saint Paul, et elle a des promesses pour les biens de la vie présente et pour ceux de la vie future. » — « Celui qui soutient ceux qui chancellent, qui relève ceux qui tombent, qui s'occupe du plus petit passereau, habille si richement le lis des champs, donne la nourriture à toute créature au temps marqué et rassasie tout ce qui respire, Celui-là communique aux âmes unies à Lui, sa bienveillance, sa bonté, son amour et un dévouement qui

SON PORTRAIT, SES VERTUS.

s'applique et s'étend à tout (1). — Aussi, à mesure qu'elle s'élevait vers le ciel et s'approchait de Dieu, Mère du Sacré-Cœur semblait devenir plus dévouée, plus utile aux personnes, aux choses d'ici-bas et aux intérêts divers de sa Congrégation.

A cette époque avancée de la vie de la vénérable Mère, sa famille voulut se procurer son portrait qu'elle désirait depuis longtemps. Mais pour l'obtenir, il fallut, comme à l'égard de Mère Saint-Jean, user de stratagème. Son humilité s'était constamment refusée aux pressantes sollicitations qu'on lui avait souvent adressées à ce sujet. Son neveu, M. Louis Vialletton, fut obligé de déployer tout un système d'aimables ruses et de spécieux prétextes, au bout duquel il parvint, non sans peine, à mettre sa respectable tante en face d'un photographe, dont l'appareil était tout prêt. Dès qu'elle s'en aperçut : « Pour « le coup, s'écria-t-elle, je suis prise au filet ! » — La première épreuve donna une physionomie contrariée, qui ne rendait pas la figure sereine de la vénérable Mère. — « Ma tante, lui dit son neveu, pardonnez-moi ce petit trait d'espièglerie ; si je n'avais pas agi ainsi, nous n'aurions pas pu conserver vos traits chéris. Aujourd'hui, vous allez combler de joie toute la famille. » Elle se résigna.

L'enveloppe mortelle de la Révérende Mère du Sacré-Cœur de Jésus n'avait pas ce que le monde appelle la beauté, un grand air, ni aucun de ces avantages extérieurs qui frappent tout d'abord les regards

---

(1) Saint Luc, vi, 38. — Saint Paul, 1ʳᵉ Épître à Timoth. iv, 8 — Psaume 144.

et attirent soudain l'admiration. Petite de taille, d'un embonpoint assez marqué, d'une figure sans traits bien réguliers, simple dans toute sa personne et sans aucune prétention, elle aurait pu, malgré un beau teint et son nez fin et bien fait, passer dans la foule de ses Sœurs sans être remarquée. — Cependant, il n'en était pas ainsi. On devinait la Supérieure dans le groupe où elle se trouvait; sans la connaître, on la désignait naturellement. L'autorité semblait être son lot, et son exercice revêtait chez elle la simplicité, le naturel, la candeur qu'a l'obéissance dans un enfant. Son air, son port étaient pleins de dignité. Ses yeux d'un brun foncé respiraient une ravissante bonté. Son regard était vif, pénétrant, incisif. Sa bouche aimable et gracieuse avait un sourire d'un charme irrésistible, parfois nuancé d'une teinte de fine mais douce ironie. Son front large dénotait l'intelligence. L'ensemble de sa physionomie, franche, ouverte et d'une urbanité exquise, possédait une indéfinissable puissance d'attraction. Quand on se trouvait en sa présence, on s'inspirait instinctivement du respect qu'on lui devait, et il aurait été difficile de lui en manquer, tant il était commandé par tout ce qui ressortait de sa personne. — Un don qu'elle possédait au suprême degré, quoique très-difficile, c'était de renvoyer satisfaits tous ceux qui l'approchaient. Ses paroles et ses manières étaient toujours à la mesure des personnes avec lesquelles elle se trouvait. Pleine de distinction sans l'ombre de fierté, elle était le type de l'amabilité, de la convenance et de la dignité.

La sainteté recouvrait tout cet ensemble d'un

charme divin, qui rejaillissait du dedans sur le dehors. Car la vraie beauté de la Révérende Mère du Sacré-Cœur, comme celle de la fille du Roi dont parle le Prophète David, était intérieure. Dès son enfance, l'amour de Dieu avait embrasé et illuminé son âme. Or l'amour divin est un foyer d'où rayonnent toutes les vertus. D'abord, il suppose la foi. « Le juste vit de la foi, dit l'Apôtre saint Paul (1). — « C'était aussi, écrivait une Sœur, la nourriture substantielle de notre vénérée Révérende Mère du Sacré-Cœur. Elle l'avait sucée avec le lait maternel. Tout en elle révélait à quel haut degré elle avait reçu ce don sacré. Mais sa foi resplendissait surtout dans ses rapports avec Dieu. Son attitude à la chapelle attestait combien la pensée de Dieu présent dans le tabernacle était profondément gravée dans son esprit et dans son cœur. Aimable, souriante, elle proférait facilement un petit mot maternel jusqu'à la porte du sanctuaire. Mais en abordant le seuil sacré, tout son être entrait et s'anéantissait dans un si profond recueillement, qu'il saisissait et impressionnait vivement celles qui l'entouraient et la suivaient. »

» Elle pouvait dire aussi avec le psalmiste qu'elle aimait la Maison du Seigneur, et qu'elle faisait ses délices de la décorer. Elle l'a bien montré, en élevant à la gloire de son divin Époux une magnifique chapelle, ou plutôt une vraie basilique, comme l'appelait son Eminence le Cardinal de Bonald. Nous l'avons vue n'épargnant rien, ne trouvant rien de

(1) Hébr. x, 38.

difficile, rien de pénible, de coûteux, pour préparer cette demeure près de nous au Bien-Aimé de nos cœurs. Au moment où l'on en jetait les fondations, elle nous voyait avec bonheur consacrer nos récréations à déblayer le terrain; elle se mêlait parmi nous, nous encourageait du regard, et souvent partageait notre pieux labeur. »

» Cette foi vive et profonde faisait que notre Mère respectait infiniment la parole de Dieu, et qu'elle tenait à ce qu'on la recueillît avec le plus grand soin. Elle se plaisait à nous la faire répéter dans les récréations, et elle savait à merveille exciter notre émulation pour la mettre en pratique. — Avec quelle sollicitude elle veillait sur les lectures, voulant qu'elles fussent toujours puisées aux sources les plus pures. Son attention se portait avec une égale vigilance sur les sujets d'oraison; et lorsque la lectrice rencontrait ces vérités solides, ces sentences empreintes d'une foi vive, dont la lumière pénètre l'âme, elle les faisait répéter, afin d'attirer l'attention des Sœurs sur des paroles qui sont esprit et vie. — C'était cette même vertu de foi, qui lui inspirait ses saintes exhortations, soit au Chapitre, soit à la conférence religieuse. Rien de moins étudié, mais rien de plus rempli de l'esprit de Dieu. Sa parole tour à tour éclairait, brûlait, et calmait toutes les tempêtes de l'âme. Qu'elle était touchante lorsque quelques actes indignes de notre belle vocation, arrachés à la faiblesse humaine, étaient venus contrister son cœur de Religieuse, de consacrée à Dieu ! »

« Sa foi l'attachait fortement à la sainte Église. Comme elle nous pressait d'en épouser les sacrés intérêts! Comme elle nous faisait chérir les emplois qui nous mettaient à même de contribuer au bien et à la gloire de l'Eglise! Elle se dévoua avec un zèle infatigable à la création de l'école normale et du pensionnat, dans le but unique de nous fournir l'occasion de travailler plus efficacement à faire connaître, respecter et aimer cette Eglise, l'Epouse du Sauveur Jésus, la Gardienne de la foi, la Mère de nos âmes, dont saint Joseph est le protecteur et le patron. — Cet esprit de foi qui était l'âme de sa vie, cet amour de l'Eglise, notre bien-aimée Révérende Mère s'efforçait surtout d'en pénétrer, d'en embraser son cher noviciat, afin d'en faire comme un cénacle, d'où ils se répandraient ensuite partout. » Par là, les filles de Saint-Joseph s'associaient à la divine mission de leur Très-Saint Père, de faire prospérer l'Eglise. — « Ce même esprit de foi tenait habituellement notre Révérende Mère en la présence de Dieu. Comme Moïse, elle voyait l'Invisible; et son âme, sans cesse exposée aux rayons du Soleil de justice, y puisait un éclat et un parfum qui s'échappaient d'elle, pour nous éclairer et nous embaumer. »

La vertu de confiance, compagne fidèle de la foi, lui était étroitement unie dans le cœur de la Révérende Mère du Sacré-Cœur. On ne la vit jamais s'abandonner au découragement, dans les circonstances pénibles où elle se trouva plus d'une fois. Soutenue par sa confiance en Dieu, elle conservait son calme et même sa gaieté au milieu des orages qui grondaient autour d'elle. Elle disait avec le Prophète Jérémie : « Le Seigneur est avec moi comme un puissant

» guerrier, je ne crains rien (1). » — Aussi les mille difficultés, qui se rencontrent dans le gouvernement d'une Congrégation nombreuse, n'altéraient point la douce paix dont elle jouissait intérieurement. En proie souvent à de vives préoccupations d'esprit, elle n'éprouvait et ne laissait paraître ni trouble, ni inquiétude. La supériorité est un pesant fardeau, mais elle le porta avec courage jusqu'à la fin. Comptant sur la protection de saint Joseph, qu'elle avait établi le protecteur, le gardien de sa nombreuse famille, elle la gouvernait avec une angélique tranquillité. Dans les plus grands embarras, au milieu des soucis de tout genre, on ne l'entendit jamais se désoler, ni se plaindre. — Remettant à Dieu, selon le conseil du pieux auteur de l'*Imitation*, le soin de sa réputation, elle supporta les calomnies les plus pénibles, les reproches les plus injustes, sans laisser échapper un mot qui témoignât la moindre aigreur, le plus léger ressentiment. C'était dans le Cœur de Jésus qu'elle allait déposer toutes ses peines, tous ses chagrins, toutes ses douleurs. — De là, cette paix dans le péril, cette joie et cette sérénité dans les embarras et les besoins les plus extrêmes, cette douce et intarissable gaieté, même au milieu des contradictions et des angoisses les plus poignantes, cette constance enfin et cette force inébranlable, qui la rendaient maîtresse de toutes les difficultés. En elle, se sont accomplies ces paroles du Prophète royal : « J'ai espéré en vous, Seigneur, et je n'ai pas été

---

(1) Jérémie. xx, 11.

confondu, » et cette autre du grand Apôtre des nations : « Je puis tout en Celui qui me fortifie (1). »

Ce qui, avec la foi et la confiance en Dieu, attirait la protection du ciel sur la Révérende Mère du Sacré-Cœur et sur ses entreprises, était sa profonde humilité, qui est d'ailleurs le fondement et la sauvegarde des autres vertus. « Dieu, dit l'auteur de l'*Imitation,* protége l'humble et le délivre ; il aime l'humble et le console ; il s'incline vers l'humble et lui prodigue ses grâces ; et après l'abaissement, il l'élève dans la gloire (2). » — Mère du Sacré-Cœur connaissait à fond ce moyen de plaire au Seigneur. « Savez-vous,
» écrivait-elle à une de ses filles, qu'un état d'humi-
» liation est plus agréable à Dieu que tout ce que nous
» pouvons faire de grand, de sublime et d'éclatant.
» Il sait, avec de bien petites choses, en faire de
» grandes. Laissons donc faire ce bon Père ; il connaît
» mieux que nous la position qui nous est nécessaire. »

Quoique douée de qualités distinguées et élevée en bonneur, « notre Révérende Mère, dit une sainte Religieuse, n'ouvrit jamais son cœur au poison de l'orgueil. Sans prétention et sans aucune exigence, elle semblait se regarder comme la dernière de toutes. Jamais on ne l'entendit prononcer un mot à sa louange. Elle gardait le silence le plus absolu sur tout ce qui pouvait lui attirer les éloges et l'estime du monde. Lorsqu'on s'étonnait des grands travaux qu'elle avait entrepris pour le bien de la Congrégation, des améliorations qu'elle apportait de toutes parts, et de ce que

---

(1) Ps. 30. 2. — Epît. aux Philip. ɪv, 13.
(2) *Imit.*, 2, 2.

son intelligence avait accompli et accomplissait chaque jour, elle répondait modestement : « Mais, je ne fais » rien, moi ; c'est le bon Dieu qui fait et arrange » tout. » — Si on parlait de l'honorabilité de sa famille, elle avait soin de détourner adroitement la conversation par quelques mots aimables et spirituels, sans jamais se glorifier et se prévaloir de l'estime générale attachée au nom qu'elle portait. »

« Je n'oublierai jamais, écrit une autre Religieuse, cette accusation nette et ferme de ses moindres fautes, que l'humilité de notre Révérende Mère lui dictait chaque vendredi. Pendant dix-sept ans, je n'ai jamais pu l'entendre sans sentir mon âme émue ; et combien de fois, lorsque je l'ai pu, je suis allée me jeter à ses pieds, les lui baiser, et la remercier du bien que me faisaient de tels actes d'humilité. Ils tuaient mon orgueil. »

Ainsi, son humilité et sa simplicité lui attachaient les cœurs et les attiraient à Dieu. Un jour, en traversant le parloir, elle fut aperçue d'une jeune personne, qui désirait entrer en religion, mais pas dans la Congrégation de Saint-Joseph. L'air bon, l'extérieur humble, simple et modeste de la Supérieure générale de Saint-Joseph la frappèrent tellement, qu'elle se dit aussitôt : « Je n'aurai pas d'autre Mère. » En effet, quelques mois après, elle était heureuse d'être sa fille.

L'amour et la pratique de la sainte pauvreté achevaient et complétaient, dans la Révérende Mère du Sacré-Cœur, l'œuvre de l'humilité. Fidèle imitatrice du bon Maître, qui n'avait pas où reposer sa tête, elle ne tenait nullement aux choses de la terre.

Si elle les désirait, c'était pour l'ornement du sanctuaire, la décoration des saints autels, le soulagement des pauvres ou les besoins de ses filles. Pour elle, s'oubliant complétement, elle trouvait toujours qu'elle avait trop. Il fallait s'occuper de ce qui lui était nécessaire et le lui procurer, autrement elle s'en passait joyeusement. Une des Mères du Conseil était chargée du soin de son vestiaire. — Mère du Sacré-Cœur était comme une statue que l'on revêt et que l'on dépouille à son gré, a dit une Religieuse qui a vécu longtemps dans son intimité. Toujours propre et digne en tout, elle méprisait souverainement ce qui aurait senti la moindre affectation dans son vêtement. Elle nous disait que le cœur des Religieuses était bien trop à l'étroit, quand il se plaçait dans les plis d'une robe ou d'un voile. Quelle pitié pour des épouses de Jésus, de tenir à de pareilles vétilles ! — Tout ce qui l'entourait, tout ce qui était à son usage, portait le cachet de la pauvreté religieuse. Elle eût voulu, comme nous l'avons vu, ne porter que des vêtements usés et rapiécés. Elle demandait humblement, presque comme une aumône, les fournitures de bureau ou de ménage dont elle avait besoin. Elle conservait avec soin les papiers, dont un côté ou un bout était resté blanc, pour les utiliser dans les écritures préliminaires et de premier jet. Elle ménageait avec une sainte parcimonie le bien de la Communauté, l'eau, le bois, l'huile, le linge, les outils. Jamais oisive, elle tricotait, raccommodait, tirait l'aiguille, tout en entretenant agréablement la conversation.

Elle insistait souvent sur les avantages de la sainte

pauvreté. Elle nous répétait fréquemment, dit encore la même Religieuse : « Ne soyons pas des Religieuses pauvres à demi : moins nous aurons de la terre et plus nous aurons du ciel; moins de la créature et plus de Dieu en nous. Elle priait les prédicateurs, pendant les retraites, de faire bien comprendre à ses filles toute l'étendue du vœu de pauvreté, et les degrés par lesquels l'âme s'élève à la perfection par le saint dépouillement. Elle prit plusieurs fois des mesures énergiques pour ramener quelques Maisons à une pratique plus parfaite de cette vertu, faisant retentir fortement cet oracle divin : « Bienheureux les pauvres d'esprit, parce que le Royaume des cieux est à eux ! »

« Bienheureux les cœurs purs ! » était un autre de ses oracles favoris. Elle estimait au-dessus de tous les trésors son titre d'épouse de Jésus. Elle se plaisait, en toute occasion, à faire apprécier cette éminente dignité et à recommander l'amour des sacrifices et des épreuves, par lesquels le divin Époux épure notre amour et exerce notre fidélité. « Tant de jeunes femmes, disait-elle, cachent et supportent en silence tout ce qu'elles endurent dans leur ménage pour le bien de la paix. Et nous, épouses d'un Dieu crucifié par amour pour nous, nous ne voudrions rien souffrir pour être tout à lui ! Comment concilier ces choses ? »

— « Notre Révérende Mère, raconte une de ses filles, était très-exacte à marcher dans les rues, le voile entièrement baissé. Cela lui valut une fois cette apostrophe de la part d'un homme du monde, qui, s'approchant d'elle, lui dit d'un air piteux : *Pauvre créature, tout le monde respire le grand air et con-*

temple la lumière, et toi tu te caches!... » — Le pauvre mondain évidemment ne comprenait rien à la vie cachée en Jésus-Christ, et n'avait aucune idée des rayons du Soleil de justice, qui illuminaient l'intérieur de l'ancienne châtelaine du Montcel, devenue l'épouse du Fils de Dieu. L'air qu'il partageait avec les brutes, la lumière qui éclairait l'œil des bêtes fauves, aussi bien que le sien, étaient tout pour lui. — Si, au lieu de la Révérende Mère du Sacré-Cœur, il eût rencontré le grand Paul, l'illuminé du troisième ciel, le vainqueur des ténèbres de l'idolâtrie, le docteur du monde, et que l'Apôtre lui eût répété sa divine maxime : « Je suis crucifié et mort pour le monde, comme le monde est mort et crucifié pour moi (1), » le pauvre mondain, sans doute, l'aurait regardé d'un air encore plus piteux. Mais l'Apôtre, dans cette pitié, aurait vu la réalisation de son autre parole : « L'homme animal ne comprend rien aux choses de Dieu (2). » — Par compassion pour le monde, et afin de moins heurter et de mieux guérir son infirmité intellectuelle et morale, la Révérende Mère du Sacré-Cœur, rentrée à la Maison-Mère, conseilla à ses filles de ne baisser leur voile qu'à demi, mais de garder en compensation une plus étroite modestie des yeux.

« Rien à la nature, disait-elle avec sainte Chantal, » mais tout à la grâce ; » c'est pourquoi elle voulait que cette concession fut compensée par un redoublement de mortification. Les sens, le goût, les aises n'entraient pour rien dans sa manière de vivre. La volonté

---

(1) Gal., vi, 14.
(2) I. Corinth., ii, 14.

de Dieu, la Règle, l'esprit de sa sainte vocation dirigeaient toute sa conduite. Elle se pliait et se soumettait avec joie à tous les assujettissements de la vie commune. Si parfois on voulait lui faire prendre quelque adoucissement, si dans les voyages, on désirait qu'elle se fatiguât moins, elle répondait : « Il
» faut bien souffrir quelque chose, afin que le bon
» Dieu bénisse la mission que nous allons remplir.
» Lorsque Notre-Seigneur voyageait, il n'était pas
» si bien que nous. » Si le froid, la chaleur, la lassitude, les privations se faisaient sentir, elle ne se plaignait jamais Dans un de ses voyages, ne trouvant pas de lit pour se reposer de ses fatigues, elle s'en réjouit et dit en riant : « C'est une bonne fortune qui nous arrive. »

Austère pour elle-même, elle était singulièrement bonne pour les autres, aimable et gaie dans ses rapports avec eux. Elle aimait les enfants et les attirait à elle. Pour toutes les personnes qui l'entouraient, elle avait une cordialité douce, ingénieuse et attentive à faire plaisir. Elle saisissait avec empressement l'occasion de leur causer une agréable surprise. — Nous avons vu les soins d'une délicatesse et d'une tendresse maternelles qu'elle prodiguait à toutes ses filles. Plus elle avançait en âge, plus elle devenait affectueuse, compatissante et pleine de mansuétude. Dans les occasions où elle avait à se montrer sévère, elle trouvait encore dans son cœur des paroles douces et encourageantes. Ce cœur maternel savait plutôt aimer que punir. Le pardon était obtenu avant qu'on l'eût sollicité, et on ne s'éloignait d'elle qu'avec le désir d'y revenir bientôt.

L'âge ne diminua en rien son amabilité. A vingt ans, il n'y avait point de joie au Montcel, quand elle n'y était pas. Cinquante ans après, elle était encore l'âme des récréations, partout où elle se trouvait avec ses filles. La Mère de Chaugy, parlant de sainte Chantal, disait : « Pour se bien récréer, il fallait que notre bienheureuse Mère y fût, et quand elle n'assistait pas aux récréations, il y manquait la meilleure part de la joie et de la suavité. Elle portait l'une et l'autre sur son visage. » Sous ce rapport, la Révérende Mère du Sacré-Cœur ressemblait trait pour trait à sainte Chantal.

Elle avait encore, avec cette illustre Sainte, une autre ressemblance bien remarquable et bien glorieuse. Il y a des Saints, dit l'historien de sainte Chantal, qui, comme saint Augustin et saint Jérôme, ne se donnent à la vertu que tard, après avoir dissipé leur jeunesse dans les vanités et les passions. Il y en a d'autres, comme sainte Thérèse, qui se consacrent à Dieu de bonne heure, mais qui s'arrêtent ensuite, s'attiédissent un instant, et n'en reprennent que plus vivement leur élan vers le ciel. Quelques-uns enfin, consacrés à Dieu dès leur berceau, disposent de bonne heure, dans leur cœur, ces mystérieuses ascensions dont il est parlé dans la sainte Écriture. — Sainte Chantal et à son exemple Mère du Sacré-Cœur étaient de ces âmes-là. D'une pieuse enfance passée à une jeunesse plus pieuse encore, et de celle-ci à un âge mûr admirable, elles arrivèrent l'une et l'autre à cette vieillesse que le Saint-Esprit appelle « une couronne de dignité et de justice (1). » — Chaque époque, chaque année de cette belle vie fut un progrès. Sans cesse exposée aux rayons du Soleil de justice, son âme participa toujours à sa lumière et à sa chaleur. On ne vit pas en elle les ardeurs désordonnées de la jeunesse, ni à la fin ce qu'on appelle la glace des ans. Sa vie fut une ascension non interrompue vers le ciel ; et quand la mort arriva, la vaillante ouvrière de Jésus semait encore, travaillait encore et avançait toujours. — « La carrière du juste, a dit l'Esprit-Saint, est comme une lampe brillante, dont la clarté ne cesse de croître jusqu'au grand jour (2). »

---

(1) *Vie de sainte Chantal.*, t. II, c. 33. — *Prov.*, 16, 31.
(2) *Prov.*, 4, 18.

CHAPITRE III

Dernière maladie. — Patience, bonté, charité et gaieté de la Révérende Mère au milieu des souffrances. — Son attention à diminuer la peine de celles qui la servaient. — Sa régularité jusqu'à la fin. — Visite de sa sœur et de sa nièce, Mlle Louise Vialletton. — Aimable retour sur le passé. — Achat d'une chape noire. — La maladie s'aggrave. — Visite de son neveu. M. Louis Vialletton. Union de la malade aux prières de la Communauté. — Espoir du médecin. — La Révérende Mère désire recevoir les derniers sacrements. — Fête de saint Joseph. Espoir de la Communauté. — Visite de l'aumônier et du Supérieur général. — Prières de la Communauté. Recours à tous les sanctuaires de Marie. — Amabilité de la sainte malade jusqu'au dernier soupir. — Elle insiste pour recevoir les derniers sacrements — Ses admirables sentiments. — Dernier jour : fête de saint Joseph, commencée le matin par la communion à jeun et finie par le viatique. — Congestion cérébrale. — Redoublement de prières dans la Communauté. Plusieurs Sœurs offrent leur vie pour conserver celle de leur Mère. — Dernières et touchantes paroles du Supérieur général à la mourante. — Arrivée de Mère Emilie et de Sœur Saint-François, sœur de Mère du Sacré-Cœur. — Bienheureuse mort de la Révérende Mère. — Son premier et son dernier jour sont privilégiés. — Grand deuil, *planctum magnum*, dans ses deux familles naturelle et spirituelle. — Son cœur placé dans la chapelle. Remarque du médecin. — Son religieux respect pour la sainte défunte. — Justesse de l'observation du docteur sur ses souffrances. — Obsèques. Sanglots. — Emotion et admiration des gens du monde. — La tombe des Saints. — Le cimetière catholique.

L'insistance que la noble famille Tézenas avait mise pour obtenir la photographie de la Révérende

Mère du Sacré-Cœur semblait renfermer un pressentiment, que l'événement devait trop tôt justifier. Après les épreuves qu'elle avait traversées, la respectable Supérieure générale n'avait jamais recouvré sa forte santé d'autrefois ; et depuis quelque temps elle s'affaiblissait considérablement. Une irritation et un feu intérieurs la minaient et la consumaient. Le repos et les remèdes n'avaient plus d'action, pour refaire et renouveler ses forces physiques. Elle ne pouvait plus parler ni agir sans effort. A cet épuisement se joignirent la perte du sommeil et de l'appétit ; puis, des suffocations et de violentes crises d'estomac. — Cependant son indomptable courage surmontait et bravait tout. Elle suivait exactement les exercices de la Communauté, et remplissait tous les devoirs de sa charge. Quelques jours avant sa mort, elle adressa encore à la Communauté réunie en Chapitre une de ses touchantes instructions qui embrasaient si bien les âmes du feu de l'amour divin. La direction spirituelle et matérielle de sa Congrégation l'occupa jusqu'à la fin ; et ce ne fut que la veille de sa mort, qu'elle cessa de veiller par elle-même aux diverses parties de l'Administration.

Le courage, la patience, la résignation et la soumission parfaite à la volonté de Dieu, en dominant les souffrances, n'empêchent pas de les sentir. Simple en tout, Mère du Sacré-Cœur ne dissimulait pas ses maux. Elle acceptait les remèdes, elle remerciait avec effusion de cœur des soins qu'on lui prodiguait, et devenait chaque jour plus douce, plus calme et plus souriante. — L'épreuve instruit, dit l'auteur de l'*Imitation*. La sainte Mère profitait de l'enseignement de la souf-

france. Ayant fait part au médecin de son insomnie continuelle, elle en reçut le conseil d'essayer de manger quelque chose pendant la nuit, ne fût-ce qu'une croûte de pain, quand même elle ne sentirait aucun besoin. Elle obéit et fut un peu soulagée; cette petite réfection la faisait reposer. « Dieu, di-
» sait-elle à ce propos, a voulu me faire voir com-
» bien j'avais tort dans le jugement que je portais
» contre une de mes Religieuses, qui me demandait
» fréquemment la permission de manger la nuit. Cela
» me paraissait alors un excès de délicatesse ; et
» me voilà condamnée à faire ce que je désapprou-
» vais dans cette pauvre Sœur. Dieu me punit et
» m'instruit ; remerciez-le avec moi, ajoutait-elle à
» son Assistante. »

Aussi redoublait-elle d'égards et de bonté envers toutes ses filles. Son cœur souffrait de l'embarras que leur donnait sa maladie. Elle n'oubliait rien pour le diminuer et les soulager. Elle se servait elle-même en tout. « En la voyant, disait une de ses filles qui savait bien l'apprécier, on n'aurait pas pu deviner que c'était une Supérieure générale. Quelle leçon ! et pourquoi ne le dirais-je pas ? Quelle confusion pour nous ! »
— Obligée de se lever la nuit, par suite des souffrances et des suffocations qu'elle éprouvait, elle le faisait doucement et sans bruit, pour ne pas éveiller la Sœur qui lui servait de garde et qui couchait dans l'antichambre. — Au fort de ses crises d'estomac, il n'y avait que des linges chauds qui pussent la soulager. Elle les préparait elle-même et faisait ce qu'elle appelait *son petit ménage*. Comme elle marchait nu-pieds pour éviter le bruit, il lui arriva un soir

d'être blessée par une esquille de bois, qui lui perça le pied. Gênée par ses douleurs et par sa grosseur, elle faisait de vains efforts pour l'arracher, quand sa garde l'entendit, et se hâta de venir la soulager, en se plaignant de ce qu'elle ne l'avait pas appelée. « J'étais si heureuse de vous entendre dor- » mir ! » lui répondit en souriant la bonne Mère. — Une autre fois, pendant le jour, une Sœur l'ayant surprise en proie à d'excessives souffrances, accompagnées de vomissements, s'écria : « Eh ! quoi, ma Révérende Mère, vous êtes seule, livrée à de pareilles douleurs ? » — « Impossible de m'aider, je » n'ai qu'une cuvette, » répondit en plaisantant la pauvre patiente. — Allant un jour prendre un bain prescrit par le médecin, elle rencontra une Sœur qui arrivait de voyage et qui était excessivement lasse : « Pauvre Sœur, lui dit-elle, vous auriez » grand besoin d'un bain pour vous remettre de vos » fatigues, venez avec moi, » et elle la mit dans le sien, après l'avoir pourvue de tout ce qui était nécessaire. — La Sœur qui l'avait préparé la rencontra un instant après, et lui dit : « Ma Révérende Mère, je vous cherche, votre bain est tout prêt. » — « Ah ! » oui, bien prêt ! reprit-elle, allez voir, il y a un » énorme poisson... » Puis, elle s'esquiva en riant. L'aimable Mère conserva son attrayante gaieté jusqu'à ses derniers jours. On eût dit que sa force d'âme se jouait de la souffrance et de la maladie.

Dans les intervalles où elles étaient moins vives, Mère du Sacré-Cœur s'efforçait d'assister même aux récréations. Le délassement et la joie de sa famille spirituelle étaient comme une douce rosée sur son cœur de Mère. Sa présence en faisait une fête, et animait tout. Comme sur la fin elle n'avait plus la force de parler, elle laissait les conversations et les intéressants récits où elle excellait, pour les jeux qui n'exigeaient ni paroles ni efforts. — Toutefois, le délassement et le bonheur de se trouver au milieu de ses filles n'étaient pas le principal motif qui l'attirait aux récréations, elle y voyait, comme sainte Thérèse, un exercice de la vie de Communauté. Aussi, quand on cherchait à l'en détourner à cause de son état maladif : « Le bon Dieu, répondait-elle, veut » que je sois à la récréation, c'est un point de Règle; » cela suffit. »

Les exercices religieux ne pouvaient manquer de la trouver encore plus exacte et plus fidèle. Un jour, étant à confesse avec sa Communauté, elle fit attendre un Evêque qui voulait lui parler. Après elle lui fit ses excuses avec tant d'humilité et de délicatesse, que le prélat se retira également enchanté de la régularité et de l'exquise aménité de la Révérende Mère. — « Si je n'agissais pas ainsi, disait-elle quel- » quefois, que d'exercices de Règle j'omettrais ! car » je suis sans cesse demandée, tantôt pour une » chose, tantôt pour une autre. »

Sur ces entrefaites, Mère du Sacré-Cœur reçut la visite de sa sœur, Mme Vialletton, sa chère Adèle d'autrefois, et de Mlle Louise Vialletton, sa nièce, bien-aimée aussi, digne à la fois de sa respectable mère et de sa sainte tante. Les deux sœurs et la nièce se revirent avec bonheur, sans se douter que c'était pour la dernière fois. Elles jetèrent ensemble leurs regards sur le beau et pur lointain de leurs premières années.

Elles parlèrent de leur père, de leur mère, de toute leur noble et sainte famille ; de leurs jeux d'enfance, de leurs courses pieuses et matinales à travers les sentiers, qui conduisaient à l'église paroissiale de Saint-Jean-Bonnefond. Elles se redirent leurs premières prières, leurs premiers et naïfs cantiques, même leurs innocentes chansonnettes... bénissant Dieu des nombreuses grâces et faveurs dont il avait embelli l'aube de leur existence. — Ce retour vers leurs jeunes années, qui, dans la pensée et l'intention des deux sœurs et amies, était une action de grâces, une hymne de reconnaissance envers la divine Providence, fut en réalité pour la Mère du Sacré-Cœur, comme son adieu à la vie. — Sans le prévoir, Mme Vialletton sembla le sanctionner, par le don d'un ornement funèbre qu'elle fit à la chapelle de la Maison-Mère, à la fin de son amicale visite. Car ayant demandé à une Conseillère de la Supérieure générale, Mère Aglaé, ce qui pourrait faire plaisir à sa sœur : « Nous manquons d'une chape noire, avait répondu la Conseillère ; je suis convaincue que notre Mère, qui tient tant à l'ornementation de la chapelle, en accepterait une avec reconnaissance. » Mme Vialletton s'empressa d'acheter l'ornement, lequel, peu de temps après, devait servir pour la première fois aux obsèques de sa bien-aimée sœur.

Le mois de mars de l'année 1867 approchait, et l'état de la malade, au lieu de s'améliorer, empirait chaque jour. « C'est dans ce mois, disait-elle à une
» de ses Religieuses, que plusieurs membres de ma
» famille nous ont quittés ; » et elle énumérait ses deuils appartenant à cette date. « Espérons, inter-

rompit la Sœur, que cette époque ne vous sera plus funeste. » — « Dieu est le maître, que son adorable » et sainte volonté soit faite! » Telle fut la réponse de la pieuse Mère.

Depuis quelques jours, la malade ne se levait pas avec la Communauté; mais avec deux Religieuses qui étaient près de son lit, elle en suivait les divers exercices, et faisait toutes les prières sans vouloir rien omettre. Si quelquefois on l'engageait à les interrompre et à prendre un peu de repos : « Laissez-» moi tout dire avec vous, répondait-elle, il y a une » grâce particulière attachée à la prière commune. » — Elle fit elle-même son lit jusqu'à deux jours avant sa mort. Quand elle cessa, elle dit à son infirmière : « Aujourd'hui, je vous laisse tout faire. » — « Ah! s'écria celle-ci en soupirant, il faut que notre Mère soit bien malade pour me permettre de lui rendre ce service ! » — Ne pouvant plus descendre à la salle des bains, on les lui faisait prendre près de sa chambre. C'était le seul remède qui apportât quelque adoucissement à l'irritation et à l'échauffement qui la consumaient. Mais, le samedi 16 mars, sa faiblesse fut si grande qu'on eut bien de la peine à la sortir du bain et à la remettre au lit.

Elle en prit encore un, après lequel la charitable Mère dit aux infirmières : « Je vous donne trop d'em-» barras et de peine, il faut renoncer à ce soulage-» ment. » Ce fut en effet le dernier. — Le dimanche 17 mars, elle entendit aussi pour la dernière fois la sainte messe à la tribune.

Son neveu, M. Louis Vialletton, étant venu la voir, elle lui fit le plus affectueux accueil, demanda des nouvelles de toute sa famille, et se réjouit beaucoup d'un petit héritage que venait de faire une de ses nièces, qui se trouvait dans un état de gêne. Son bon cœur s'était toujours grandement réjoui du bonheur d'autrui. — Son neveu lui ayant dit que, dans son costume de malade, il lui trouvait une frappante ressemblance avec sa grand'mère. Elle sourit gracieusement : « On m'a toujours dit, répondit-elle, » que je ressemblais à ma mère. » Et une aimable fierté, une douce joie d'enfant firent un instant épanouir sa vénérable physionomie.

De son lit de douleur, qui était à la veille d'être son lit de mort, la fervente Mère continuait de s'unir aux exercices et à toutes les prières de sa Communauté. « C'est l'heure de faire telles prières, di- » sait-elle à celles qui l'entouraient, l'heure de la » méditation, de la lecture... » Au moment de la conférence : « Allez-y, ajoutait-elle, je puis rester » seule. » — Rien n'était omis et négligé : elle observa la vie religieuse jusqu'à son dernier jour. La veille de sa mort, le 18 mars, elle voulait encore assister à la sainte messe. Son Assistante, Mère Marie-Louise, vint le lui défendre. « Eh bien ! dit-elle, faisons la » paresseuse : l'obéissance vaut mieux que les sa- » crifices. »

Ce courage, cette sainte énergie contribuaient à encourager le digne médecin de la Communauté, dont le cœur retint jusqu'à la dernière extrémité l'espoir de sauver la vénérable Supérieure générale. « Votre Mère, disait-il à l'Assistante, a été plus malade qu'elle n'est actuellement ; j'espère que nous la conserverons encore. » Le bon docteur le désirait aussi vivement que la Communauté, dont il partageait tous les sentiments. — Heureuse de cet espoir, Mère Marie-Louise répétait à sa chère malade : « Vous verrez qu'avec des soins nous vous remettrons bientôt. » — « Que la sainte volonté de Dieu soit faite ! » C'était l'invariable refrain de la fidèle servante de Dieu.

La sainte malade avait, à ce qu'il paraît, d'autres lumières que l'excellent docteur. « Je m'en vais, disait-elle d'un ton calme et assuré à sa nièce, Religieuse, Sœur du Cœur de Marie, fille de Mme Vialletton, je m'en vais. » — « J'espère que non, ma tante, » répliqua cette dernière. — « Pauvre enfant, » je suis âgée. » — « Vous n'êtes pas si âgée que votre sœur, ma mère, et grâces à Dieu, nous ne pensons pas la perdre encore. » — « Votre mère, oui, reprit la malade, vous la conserverez ; mais moi je m'en vais. » — Tout s'est vérifié. La respectable Mme Vialletton vit encore, portant gracieusement, à la grande joie de sa famille, des pauvres et de l'Eglise, une glorieuse couronne de quatre-vingt-six ans, ornée d'admirables vertus. Quelle belle gerbe d'or à présenter au Maître de la moisson !

Quant à la sainte malade, sa parole : *je m'en vais !* s'est aussi réalisée à la lettre, malgré les prévisions et tous les efforts de son docteur, qui, la veille même de ce *départ* prophétisé, espérait encore, heureux de pouvoir faire prendre à sa vénérée cliente un potage et des consommés. — Le lendemain, 19 mars, fête de saint Joseph, elle communia de très-grand matin, à jeun, après avoir passé la nuit dans une préparation et une oraison continuelles. La Communauté comptait que le grand Saint, son patron, lui obtiendrait la complète guérison d'une Mère si chère et si utile à sa famille. Une neuvaine avait été faite, et de ferventes prières lui avaient été adressées pour obtenir cette faveur. — Mère du Sacré-Cœur, au contraire, demanda à être administrée. « Non, ma Mère, lui dit l'infirmière, si vous vous sentez actuellement plus souffrante, nous l'attribuons à la fatigue que vous ont causée la cérémonie de ce matin et la longue préparation qui l'a précédée ; mais, après avoir pris le potage que je vous apporte, vous reposerez un peu, et vous verrez que vous irez mieux. » La malade descendit encore de son lit et prit le potage sur son fauteuil ; après quoi, elle renouvela son désir de recevoir les derniers sacrements, et dit à la Sœur : « Je compte sur vous, veillez bien sur mon état. » Elle baissait sensiblement et brûlait de recevoir encore le Bien-Aimé de son cœur.

La Sœur se rendit à l'aumônerie, où elle trouva l'Aumônier, M. Epinat, le Supérieur général, M. Desgeorges, et l'Assistante, Mère Marie-Louise. Elle leur communiqua le désir réitéré de la malade d'être administrée. « Ne venez pas jeter l'alarme dans la Maison, lui répondit Mère Marie-Louise ; vous avez entendu le médecin, il n'annonce aucun danger. » — L'Aumônier et le Supérieur voulurent voir la malade. Mère Marie-Louise les ayant précédés et annoncés : « Restez avec moi, lui dit Mère du Sacré-Cœur, je
» ne puis plus parler, vous m'aiderez à recevoir ces
» Messieurs. » — « Eh bien ! ma Révérende Mère, dit M. Desgeorges en entrant, c'est donc au lit que vous célébrez la fête de saint Joseph ! c'est dommage,

la chapelle était splendide ce matin, et les chants harmonieux. Saint Joseph a dû être content! Ah! comme il est bien fêté par ses filles! Il ne manquait que vous. » — « Dieu ne l'a pas voulu, sans doute, » interrompit la Révérende Mère, puisqu'il me re- » tient ici. » — « Toutes les communions ont été faites pour vous, reprit M. Desgeorges, et les plus ferventes prières se continueront à la même intention. Espérons que saint Joseph hâtera votre guérison. » — « Tout ce que le bon Dieu voudra et rien que cela, » ajouta la pieuse Mère. — Jusqu'à la fin, elle n'eut pas l'ombre de volonté propre, mais toujours celle de Dieu.

Après cet entretien, la chère malade fut recommandée à toutes les Communautés; on donna un grand nombre de messes; on écrivit à tous les sanctuaires dédiés à Marie; on la voua de nouveau à Notre-Dame de la Salette; et la chapelle de la Maison-Mère ne se désemplissait pas de Religieuses, qui pleuraient au pied des autels, en priant pour leur Mère bien-aimée.

Cependant le médecin conservait toujours son espoir. La malade se leva encore une fois et prit un potage. Après qu'on l'eut remise sur son lit où elle resta assise, Mère Marie-Louise lui demanda comment elle se trouvait. A cette question, faisant un gracieux sourire à sa chère Assistante, l'aimable malade lui répéta gaiement la réponse qu'avait faite à la même demande, sur son lit de mort, une brave paysanne de leur connaissance, en imitant jusqu'au langage et à l'accent de son village. On ne put s'empêcher de rire. La douce et innocente joie sortait encore de ce lit de souffrance qui, dans quelques heures, allait être un cercueil. C'est que, pour les Saints, dit saint Grégoire de Nazianze, la mort c'est la vie, et le cercueil un berceau d'où sourit l'enfant de Dieu. — « La Femme forte, a dit l'Esprit-Saint lui-même, rira en son dernier jour : *ridebit in die novissimo.* »

C'était dix heures du matin. Après cette petite scène d'exquise charité et amabilité, la sainte malade demanda encore à recevoir les derniers sacrements. On accéda cette fois à ses instances, et elle les reçut, vers l'heure de midi, avec cette foi vive et cette piété qui l'avaient toujours animée. — Ainsi, en ce jour, qui était le dernier de sa vie mortelle et en même temps la fête de son très-saint Père saint Joseph, elle eut le bonheur de recevoir deux fois son Bien-Aimé. A trois heures, on lui appliqua les indulgences destinées aux mourants. Elle était prête à monter au ciel. Une congestion cérébrale s'était inopinément déclarée, et tous les efforts du médecin furent impuissants à la conjurer.

Cette nouvelle fut un coup de foudre pour la Communauté, et la solennité de saint Joseph, qui devait être un jour de joie, prit aussitôt l'aspect d'un jour de deuil. Les pleurs et les sanglots retentissaient dans toute la Maison. On ne vit jamais une plus grande et plus touchante affliction. « C'était, dit une Religieuse, une douleur au-dessus de toutes les douleurs. » — Que de promesses, que de vœux furent faits pour obtenir la guérison d'une Mère si chère ! Bien des Religieuses offrirent à Dieu le sacrifice de leur vie pour la conservation de la vie si précieuse qui s'éteignait. Il semblait à tous que saint Joseph devait faire un miracle en faveur de la Congrégation qui porte son nom. Le grand Saint, au contraire, appelait sa fille bien-aimée et voulait la récompenser du bien qu'elle avait fait à sa famille spirituelle.

En ce moment, le Supérieur général, M. Desgeorges, entrant dans la chambre de la malade et s'approchant de son lit, lui dit : « Ma Révérende Mère, vous veillerez toujours sur la Congrégation qui vous fut si chère, nous vous en conjurons. » — « Si je puis » quelque chose auprès de Dieu, répondit-elle, je » ne l'oublierai jamais. » — « Pardonnez-moi, ma Révérende Mère, si j'ai pu vous faire souffrir en quelque circonstance. » — « C'est moi, reprit-elle » avec émotion, qui ai besoin de pardon. » Tout le monde fondait en larmes en entendant ce colloque d'humilité.

Mandée par une dépêche télégraphique, la respectable Mère Emilie, sa fille bien-aimée, Supérieure de sa chère Maison de Mi-Carême, à Saint-Etienne, arriva dans la soirée avec Sœur Saint-François, propre sœur de la Révérende Mère. En les voyant, la malade ne put que serrer affectueusement leurs mains réunies dans la sienne, sans proférer aucune parole. L'épanchement au cerveau était presque complet. — Mère Marie-Louise était éperdue de douleur. Tout le monde aurait voulu encore quelque parole de cette Mère bien-aimée. Mais elle ne pouvait plus que souffrir.

Vers les huit heures, M. Desgeorges, sortant de la chambre de la malade, trouva la Communauté réunie et à genoux dans le corridor. « Dieu, mes filles, leur dit-il, exige de vous un énorme sacrifice ;

votre vénérée Mère est bien mal ; vous serez bientôt orphelines. » A ces paroles, ce fut une immense explosion de cris de douleur les plus déchirants.

A neuf heures, on crut que la malade était à son dernier moment. L'Aumônier, M. Epinat, récita les prières de la recommandation de l'âme. — La fille si dévouée de saint Joseph acheva cependant la fête de son très-saint Père sur la terre. Mais quand elle fut finie, un peu après minuit, la sainte agonisante prit son vol vers les cieux, pendant que M. l'Aumônier prononçait les saints noms de Jésus, Marie, Joseph. Sa mort fut si douce, qu'on ne s'aperçut pas du moment où elle quitta la terre pour le ciel. Son visage garda un reflet de la béatitude où elle venait d'entrer. Elle était âgée de soixante-onze ans trois mois et douze jours.

Le premier jour de sa vie avait été la Fête de l'Immaculée-Conception de la Très-Sainte Vierge ; le dernier fut la fête même de saint Joseph, son Père et le patron de la bonne mort. Impossible de commencer et de finir la vie en des jours plus bénis et plus privilégiés. Aucun Saint n'a été mieux partagé. L'aube et le soir de cette vie présentent comme un cachet de prédestination. Heureuse la famille qui en a été la source ! heureuse la Congrégation où elle s'est si saintement écoulée et terminée !

Il serait impossible d'exprimer la désolation que cette mort causa dans la Maison de Saint-Joseph. Tout le monde fondait en larmes, les domestiques comme les Sœurs. Un d'entre eux, ayant été envoyé à M. Louis Vialletton pour lui annoncer la mort de sa tante, ne put s'exprimer, en l'abordant, que par ses pleurs et ses sanglots. — La famille naturelle unit sa douleur à celle de la famille spirituelle ; et des deux côtés, il y eut ce que le Saint-Esprit appelle *planctum magnum*, un grand deuil. — Mme Vialletton, dont l'âme sainte et généreuse était accoutumée aux sacrifices, ne put s'empêcher de s'écrier : « Mon Dieu, vous me l'avez donc enlevée, cette sœur bien-aimée ! j'adore votre volonté ; mais que ce calice est amer ! »

Le corps de la Révérende Mère du Sacré-Cœur fut gardé deux jours et trois nuits, constamment entouré de ses filles qui ne pouvaient s'en séparer. Dans l'impossibilité de le retenir tout entier, elles voulurent au moins avoir son cœur, qui fut extrait avec un saint respect et religieusement déposé derrière une plaque de marbre, dans un mur de la chapelle qu'elle avait fait construire. En le voyant, le médecin poussa cette exclamation : « Oh ! que ce cœur a souffert ! » Puis, tombant à genoux près de la sainte défunte, l'excellent docteur pria quelque temps, baisa une de ses mains comme une précieuse relique et se retira, mêlant sa douleur, sa vénération et ses larmes à celles de la Communauté.

« La vie chrétienne, a dit Bossuet, consiste toute en deux grandes pratiques : souffrir et compatir. » Or, cette double perfection, identifiée en une double souffrance, Mère du Sacré-Cœur l'avait possédée au suprême degré. — Si donc l'œil de la science peut suivre, dans un cœur, les traces de la souffrance, il devait les trouver profondément gravées dans celui de l'héroïque chrétienne ; d'autant plus que, douée d'une puissance exceptionnelle sur elle-même, elle n'avait jamais permis à son âme de laisser échapper, par la plus petite plainte, la moindre goutte du fiel de la vie. — Mère du Sacré-Cœur portait la croix, comme son divin Maître, de qui le Prophète avait dit : « Il a été conduit à la mort comme une brebis, et Il n'a pas ouvert la bouche pour se plaindre. Il a gardé le silence, comme l'agneau est muet devant celui qui le tond (1). »

Les funérailles de la Révérende Mère du Sacré-Cœur de Jésus eurent lieu, le 22 mars 1867, à neuf heures du matin. Les Religieuses de sa Congrégation étaient accourues de toute la France pour y assister. Le monde lui-même, en ce qu'il avait de plus honorable, voulut y prendre part. Le concours était immense. Pour mettre de l'ordre dans le défilé, on fit le tour de la grande place d'armes. Au moment de la levée du corps, à la chapelle de la Communauté, il y eut une nouvelle explosion de sanglots, qui couvrit complétement les chants funèbres. — « Nous n'aurions jamais cru, disaient des séculiers, qu'on s'aimât tant en religion ! » — « Ces larmes et ces sanglots parlent bien éloquemment en faveur de la défunte. Il est rare d'être aimé ainsi sur la terre : » telles étaient les réflexions de plusieurs autres. — Quel beau spectacle au milieu de nos haines et de nos divisions sociales ! — Tout le monde était ému, touché et édifié. Ce fut un spectacle unique, et la vénérable défunte semblait plus que jamais attirer tous les cœurs. Son cercueil était comme une chaire d'où elle faisait aimer la vertu et la religion. « Elle parlait encore après sa mort, » aurait dit l'Apôtre saint Paul (2).

---

(1) Isaïe, LIII, 7.
(2) Épît. aux Héb., XI, 4.

La terre qui, selon la comparaison de saint Irénée, « est le sein qui prépare à une nouvelle vie, » reçut et garde ses restes précieux « comme un grain fécond : semaille divine, confiée aux entrailles du sol et qui germera un jour en riche moisson. » — Aux yeux de la foi et dans le langage de l'Eglise, la mort est une naissance, *dies natalis*, la tombe un berceau et le cimetière un dortoir, *dormitio*, où dort la famille du Père céleste en attendant le réveil éternel.

CHAPITRE IV

Témoignages en faveur de Mère du Sacré-Cœur après sa mort. — Circulaire de l'Assistante, Mère Marie-Louise. — Circulaire du Supérieur général de la Congrégation. — Trois lettres de Monseigneur Plantier, évêque de Nîmes. — Compétence du grand prélat pour parler de la Révérende Mère du Sacré-Cœur. — Hommages rendus à la sainteté de la défunte. — Différentes guérisons. Conversions obtenues. — Son corps trouvé intact neuf ans après sa mort. — Notre résurrection future inaugurée par celle de Jésus-Christ.

Voici la circulaire par laquelle l'Assistante générale, Mère Marie-Louise, annonça à la Congrégation la perte irréparable qu'elle venait de faire : « Mes bien chères filles, Dieu m'impose aujourd'hui le plus douloureux des devoirs, celui de vous annoncer le coup terrible qui vient de frapper notre Congrégation. Depuis quelque temps, la santé de notre Révérende Mère semblait décliner, mais nous aimions toutes à nous persuader que c'était une indisposition passagère ; et le courage avec lequel cette infatigable Mère continuait de se livrer à ses travaux accoutumés semblait rendre nos espérances légitimes. Mais dans ces derniers jours, nous commençâmes à concevoir quelques craintes. Elles n'étaient que trop fondées. En la solennité de notre glorieux patron, la pieuse malade, qui ne s'abusait pas sur la gravité de son état, nous exprima le désir de recevoir les derniers Sacrements. » — Après avoir raconté, comme nous l'avons fait, la sainte mort de sa vénérable Supérieure et amie, Mère Marie-Louise ajoutait : « Nous voilà donc privées de cette Mère incomparable, mais son souvenir nous demeure comme un encouragement et une leçon que nous n'oublierons jamais. Toute sa vie a été un modèle de vertu parfaite. Bonne, aimable, exacte, régulière et d'une égalité d'âme qu'il était impossible de ne pas admirer, elle a su se concilier tous les cœurs, en tenant cependant d'une main toujours ferme le gouvernail que Dieu lui avait confié. C'est elle qui, grâce à ses générosités et à la sagesse de son administration, a su donner à notre Congrégation les prodigieux accroissements par lesquels Notre-Seigneur a voulu récompenser son zèle. C'est à elle que nous devons la vaste Maison qui abrite la famille entière, aux jours de nos retraites générales, et cette belle chapelle dans laquelle vous aimez tant à prier. » — La respectable Assistante insiste ensuite sur le devoir sacré de la reconnaissance, et termine ainsi : « Laissez-moi, mes chères filles, tempérer votre douleur et adoucir la mienne, en vous faisant remarquer que c'est le jour même où nous fêtions toutes ensemble notre glorieux patron, saint Joseph, que le Seigneur a appelé à lui sa fidèle servante, notre Mère bien-aimée. Ne devons-nous pas voir, dans cette heureuse coïncidence, le touchant témoignage des miséricordes que saint Joseph a obtenues pour elle? Si nous avons perdu notre Mère sur la terre, ne pouvons-nous pas, avec une douce certitude, nous abandonner à l'espérance que déjà du haut du ciel elle veille sur nous. Elle nous conservera dans cet esprit de foi, de piété, de charité, de régularité qu'elle nous a si souvent et si instamment recommandé. Elle nous obtiendra aussi, pour continuer son œuvre, une Mère digne d'elle et de vous. Nous le demanderons toutes ensemble avec elle au Cœur adorable de Jésus, qu'elle a tant aimé, et dont elle a porté avec un si profond respect le glorieux Nom... »

Le digne Supérieur général de la Congrégation, M. Desgeorges, voulut aussi exprimer à sa famille spirituelle la vive part qu'il prenait à son malheur : « Mes bien chères filles, leur écrivit-il, le coup terrible par lequel Dieu vient de vous éprouver, en appelant à Lui votre Mère, vous avait plongées dans une douleur si profonde, que nous avons dû la respecter et nous envelopper, pour quelques jours du moins, dans le silence. Nos paroles auraient été impuissantes à vous arracher à votre amère tristesse. La consolation devait descendre de plus haut. Toutes vous aurez été la chercher au pied de la croix, et là, vous aurez entendu la divine Sagesse vous dire, par la bouche de son Apôtre : « *Gardez-vous de vous attrister comme ceux qui n'ont point d'espérance* (1). — Oui, vos larmes étaient légitimes, et loin de les blâmer, nous avons été heureux de voir cette explosion de regrets unanimes aussi honorables pour la Mère dont

---

(1) Epît. aux Thessal., IV, 13.

vous pleurez la perte, que pour les filles qui ont su apprécier et ses vertus et ses services. »

« Mais aujourd'hui le moment est venu de relever vos cœurs abattus et de les tourner du côté du ciel. Une tristesse trop prolongée ne servirait qu'à énerver vos courages, et deviendrait une insulte pour Dieu. Celui qui *d'un monceau de pierres peut susciter des enfants d'Abraham*, croyez-vous qu'il lui sera bien difficile de trouver, dans la famille bénie de saint Joseph, une Mère qui, en se pénétrant de l'esprit de celle que vous avez perdue, se montre digne d'elle et de vous ? — Que dis-je ! est-elle donc perdue celle que vos yeux ne rencontrent plus sur la terre, et pourriez-vous croire qu'abîmée dans la charité infinie, elle vous a déjà oubliées ? Non, non, mes chères filles, les amis de Dieu, lorsqu'ils nous quittent, ne nous abandonnent pas. Ils vont au ciel nous aimer encore davantage et plaider notre cause. Souvent leur départ est le signal de quelque grâce insigne, que Dieu tenait en réserve, et qu'il accorde à l'ardeur de leurs prières ; car il aime à glorifier ses Saints et à honorer ses amis. Votre Mère vous aime et elle est plus puissante que jamais. »

« Il me reste donc à vous recommander de joindre vos prières aux siennes, pour que votre glorieux patron m'obtienne de notre commun Maître l'esprit de sagesse qui ne peut venir que de Lui, et sans lequel je serais, pour vous toutes, un guide aveugle ; tandis que mon devoir, comme mon ardent désir, est de vous conduire par les voies les plus sûres à cette suprême félicité, où vous attendent la Mère que vous pleurez et toutes celles de vos compagnes. qui ont été fidèles à leur sainte vocation. »

L'illustre Evêque de Nîmes, Mgr Plantier, qui avait été dix-sept ans aumônier de la Maison-Mère de Saint-Joseph, et qui était resté l'ami de la Congrégation et l'admirateur de la Révérende Mère du Sacré-Cœur de Jésus, ayant été informé de sa mort, par l'Assistante générale, Mère Marie-Louise, écrivit à cette dernière la lettre suivante :

Nîmes, 22 mars 1867.

« J'ai reçu, ma bonne Mère, les deux lettres, l'une manuscrite et l'autre imprimée, par lesquelles vous m'annoncez la mort de votre Supérieure générale. Que de regrets auront dû suivre cette vénérable Mère au tombeau, mais aussi quel respect, quelle reconnaissance doivent s'attacher à sa mémoire. La Mère Saint-Jean avait créé la Congrégation de Saint-Joseph une première fois, la Mère Tézenas a trouvé le secret de la créer à son tour, et la seconde création me paraît avoir été aussi difficile que la première. Pendant près de trente ans, la Mère du Sacré-Cœur a gouverné votre grande famille, et qu'a-t-elle fait ? Elle a quadruplé le personnel du noviciat, ramené d'ailleurs à une discipline plus ferme et à une direction plus intelligente ; elle a multiplié, dans des proportions immenses, le nombre des Sœurs et celui des maisons particulières. Par elle, les Communautés secondaires soumises à des visites plus fréquentes et plus approfondies, se sont rattachées plus fortement soit au véritable esprit religieux, soit au centre de la Congrégation. Par elle, les Sœurs de Saint-Joseph ont pris un degré de culture et d'éducation plus en rapport qu'autrefois avec les exigences du temps, sans perdre ces habitudes de modestie et de simplicité qui faisaient le caractère distinctif et la gloire principale des premières générations de l'Institut. — Afin que ce bien qu'elle avait essayé d'opérer dans les âmes pût s'asseoir sur un fondement solide et déterminé, elle fit, avec l'approbation de son Eminence, remanier les Constitutions primitives qui, composées à l'origine pour des Maisons isolées, ne convenaient plus à l'ordre de Saint-Joseph transformé en Congrégation.

» Sous le rapport matériel, son administration n'a pas accompli moins de prodiges qu'au point de vue moral. Grâce à elle, Vernaison est devenu une admirable retraite pour les Religieuses que l'âge ou les infirmités obligent à sortir du ministère actif. Elle a rajeuni les vieilles constructions de la Maison-Mère, et fait élever le bâtiment principal. On lui doit cette chapelle qui avait été la seule ambition de sa vie et qu'on peut appeler le plus ravissant bijou de l'architecture religieuse à Lyon. Ne doit-on pas aussi à sa piété pour Notre-Seigneur dans l'Eucharistie, ces beaux vases sacrés et ces riches ornements qui font l'orgueil de votre sacristie et l'opulente parure de vos autels ?... N'a-t-elle pas, enfin, trouvé le secret d'ajouter à tout cela l'acquisition d'une maison de campagne où les postulantes peuvent aller, à certains jours, prendre un peu de ce repos et de cette douce liberté dont les santés et les consciences elles-mêmes ont besoin pendant leur austère initiation à la vie religieuse. — Sa sainte hardiesse, son calme et patient courage, sa confiance inébranlable en Dieu ont accompli toutes ces choses ; elle y a mis sa fortune personnelle, et pour le reste elle a eu le don de se créer des ressources dans une situation arrangée par les Constitutions mêmes pour ne lui en donner aucune.

» Dieu pour l'exécution de ces grandes œuvres l'avait douée d'un sens éminemment pratique. Elle voyait d'un coup d'œil à la fois facile, juste et prompt ce qu'il y avait à faire. Avec le but elle voyait aussi les moyens de l'atteindre et quand elle s'en était rendu compte, elle marchait à ses fins avec un esprit d'ordre, de constance et de suite dont on trouve peu d'exemples. Que de fois je l'ai vue sourire des censures ! Que de fois je l'ai vue se résigner avec une sérénité merveilleuse aux plus cruels des isolements !... Que de fois, méconnue par ses Supérieurs, elle a su garder en elle-même le mystère de sa tristesse et l'a voilée sous le langage de l'humilité la plus aimable et du plus filial respect. — Dans une foule d'occasions, elle a dû boire le calice jusqu'à la lie, et elle en a savouré le fiel avec autant de grâce que d'autres en auraient mis à s'abreuver d'une liqueur enivrante. En elle, les grandes vertus étaient aussi simples que les vertus ordinaires ; elle avait en tout je ne sais quoi d'égal et d'aisé qui donnait un charme infini à tous ses contacts, et révélait une union permanente avec le Cœur de Jésus pour lequel elle avait une si tendre dévotion. Puisse ce bon Maître l'avoir déjà reçue dans sa gloire, c'est le bienfait que j'ai demandé ce matin pour elle au très-saint Sacrifice.

» Agréez, ma Mère, l'assurance de tout mon dévouement.

» † Henri,
» *Evêque de Nîmes.* »

Quelques jours après, le même saint Prélat, écrivant à Mlle Fanny Tézenas, nièce de la Révérende Mère du Sacré-Cœur, rappelle et confirme la lettre précédente en ces termes : « Ma très-chère fille, à peine instruit de la mort de votre tante, j'écrivis à la Mère Marie-Louise, qui me l'avait annoncée, une réponse où, d'une part, je retraçais les grands actes de la vie et du gouvernement de celle que Dieu venait de rappeler à Lui, et d'autre part je réfutais par avance les blâmes par lesquels j'entrevoyais qu'on tenterait d'abaisser le mérite de son administration. Tout est dit dans ces quelques pages; et si la Communauté les a connues, comme j'ai quelques raisons de le croire, elle y aura pu lire une protestation vigoureuse, quoique indirecte, contre les insinuations et les critiques de l'injustice et de l'ingratitude. Je vous engage à vous les procurer. Du reste, je ne me bornerai pas à cela. Chaque fois que les circonstances m'y inviteront, je serai ferme et fidèle à louer et à justifier cette Supérieure, qui sut être si grande avec simplicité, et faire de si nobles choses sans faste et sans bruit. » . . . .
. . . . »

La respectable Supérieure de la Communauté de

Mi-Carême, à Saint-Etienne, Mère Emilie, qui avait partagé toutes les peines de la Révérende Mère du Sacré-Cœur et avait été jusqu'à la fin sa fille chérie et son amie fidèle, reçut aussi du grand Evêque de Nîmes une lettre de consolation, dont le contenu est comme le complément de celles qui précèdent :

« Votre douleur, ma chère fille, lui disait l'éminent Prélat, a bien le droit d'être profonde. Témoin si longtemps et de si près des vertus de cette bonne Mère, que Dieu vient de rappeler à Lui ; objet privilégié de sa bienveillance et de sa tendresse ; confidente de ses épreuves et de ses tristesses, comme de ses consolations et de ses joies ; battue des mêmes orages qu'elle, séparée d'elle, enfin, précisément à cause de l'amitié qu'elle vous portait et de la piété filiale dont vous l'entouriez vous-même, il est tout naturel que vous versiez sur sa mort plus de regrets et de larmes que personne. Mais, d'un autre côté, quel grand souvenir dans votre cœur et votre vénération!... Pendant ses vingt-huit ans de supériorat, que de grandes choses elle a faites! quelle administration pourra jamais être plus féconde en prodiges! Et ce qui est plus admirable, c'est qu'elle a vu accomplir ces œuvres merveilleuses sans autre guide que la lumière de son bon sens, sans autre appui que la force de son caractère, sans autres ressources qu'une confiance absolue aux bontés de la Providence. Ceux qui, par leur autorité, devaient être ses flambeaux et ses soutiens, l'ont tour à tour abandonnée, inquiétée ; et dans cet isolement douloureux, pour qu'elle ait gardé cette fermeté d'âme qui ne s'est jamais démentie en elle, pour qu'elle ait conservé dans la Congrégation cette unité d'esprit, que tant de causes travaillaient à dissoudre, il a fallu, de sa part, comme un long miracle d'héroïsme et de sagesse. »

« J'aime à penser qu'elle sera sortie, comme l'or épuré par le feu, de cette fournaise où Dieu l'a tenue si longtemps, et qu'après tant de tribulations et de labeurs, la mort l'aura fait entrer directement dans le repos et la gloire des Epouses fidèles de l'Agneau. Mais pourtant je me suis donné hier la consolation de célébrer pour elle le très-saint Sacrifice, et son souvenir ne cessera pas de sitôt de m'accompagner à l'autel. »

« Et vous, ma chère fille, en priant pour la vénérable Mère qui n'est plus, priez aussi pour la Congrégation qui reste; priez pour que celle qui devra succéder à celle que vous pleurez si justement en fasse revivre l'esprit, en respecte la mémoire, en soutienne les œuvres et en perpétue les bienfaits!... Je m'occuperai moi-même devant Dieu de ce grave intérêt. »

Ces témoignages répétés de l'éminent Prélat révèlent, d'une manière discrète, la grandeur des souffrances qui furent infligées au cœur de la vénérable Supérieure générale. — C'est un témoin irrécusable, ayant vu et entendu de près les misères dont il parle, et en ayant suivi, de son regard d'aigle, les causes et les effets. Pour toucher à ces plaies, nul œil plus sûr ne pouvait diriger une main à la fois plus délicate, plus ferme et plus habile.

La vénération qu'on avait pour la Révérende Mère du Sacré-Cœur de Jésus était si profonde et si universelle, que, durant les jours où sa dépouille mortelle resta exposée dans la chapelle, on ne cessa de lui faire toucher des objets de piété. Tout ce qui lui avait appartenu fut enlevé comme des reliques. De tous côtés, on demandait quelque objet qui lui eût servi, pour le conserver religieusement. — Bientôt même arrivèrent des témoignages de guérisons, opérées par les reliques et le crédit de la Servante de Dieu.

Une élève de l'école normale ayant une tumeur au genou, le médecin jugea une opération nécessaire. L'élève la redoutant demanda, après le départ du médecin, qu'on lui donnât un peu du papier qui avait enveloppé le cœur de la Révérende Mère du Sacré-Cœur. L'ayant obtenu, elle l'appliqua sur la partie malade, en adressant cette prière à son ancienne Supérieure : « Vous qui étiez si bonne, guérissez-moi, vous le pouvez. » — Après cela, la malade s'endort tranquillement ; et à son réveil ne sentant plus aucun mal, elle se lève et va trouver Mère Aglaé, qui lui avait donné la relique. « Ma Mère, s'écrie-t-elle en l'abordant : « Je vous avais bien dit que notre Révérende Mère était un habile médecin. Je suis guérie. » — Le lendemain, on raconte le fait au docteur, qui le constate et répond : « Cela ne m'étonne pas ; j'ai toujours considéré votre Supérieure générale comme une sainte ; je ne suis pas surpris qu'elle fasse des miracles. »

Une postulante de Saint-Joseph, depuis longtemps maladive, avait fini par perdre entièrement la voix. Il fut résolu, après mûr examen, qu'on la rendrait à sa famille. La pauvre enfant, ayant appris cette détermination, supplia sa Maîtresse des novices de la laisser aller prier sur la tombe de la Révérende Mère du Sacré-Cœur. « Allez, lui dit la Maîtresse; mais, pour qu'on puisse vous garder, il faut absolument que vous obteniez une voix forte et distincte. » — Aussitôt, la postulante se rend au saint tombeau, accompagnée de plusieurs de ses compagnes et d'une Religieuse. Elle y reste longtemps prosternée et priant avec ferveur. Tout à coup elle récite à haute et intelligible voix un *Pater* et un *Ave*, au grand étonnement de ses compagnes, qui ne l'avaient pas entendue depuis longtemps. « Notre Révérende Mère me veut pour une de ses filles, dit-elle à son retour, à la Maîtresse des novices; je suis guérie. » Elle l'était, en effet, complétement et continua son noviciat.

Une Religieuse, chargée de la surveillance des enfants, se trouvait un peu éloignée de la Communauté et n'entendait pas la cloche du réveil; de là, un manque d'exactitude dont on la reprenait souvent. Dans son embarras, elle eut la pensée de recourir à Mère du Sacré-Cœur et commença une neuvaine. « Vous qui teniez tant à l'exactitude et à la régularité, lui dit-elle naïvement, ne pourriez-vous pas m'obtenir la grâce de me réveiller à l'heure voulue par la sainte Règle? » Le lendemain matin, au premier tintement de la cloche, elle entend une voix qui lui dit à l'oreille : « On sonne! » — « Ma Révérende Mère, si c'est vous, reprit la Religieuse, faites-moi entendre tous les jours de ma neuvaine. » — Chaque matin, elle fut réveillée. « Notre Révérende Mère m'exauce, disait-elle avec joie à sa Supérieure. » Depuis lors, elle ne cessa jamais d'entendre le réveil.

La Révérende Mère du Sacré-Cœur avait confié une jeune Religieuse à une Supérieure. Du vivant de la Mère générale, sa protégée quoique légère donnait cependant de la satisfaction ; mais après sa mort, elle changea tellement de conduite, qu'elle voulut quitter le saint habit et rentrer dans le monde. Rien n'ayant pu la faire changer de résolution, elle allait partir, quand la Supérieure désolée se jette à genoux devant un portrait de Mère du Sacré-Cœur. « C'est vous qui m'avez confié cette enfant, lui dit-elle, je vous la confie à mon tour ; en grâce, changez-la. » — Elle était encore prosternée et en pleurs auprès du saint portrait, lorsque la jeune Sœur arrive, tombe à ses pieds, lui demande pardon et la conjure d'oublier le passé. La suite prouva que sa conversion était bien sincère. La Mère du Sacré-Cœur avait sauvé sa protégée.

La même Supérieure se trouva peu de temps après dans un état complet de pénurie. Elle était à la veille d'une échéance de trois mille francs, qu'elle devait, sans avoir un sou. Dans sa détresse, elle s'adresse à Mère du Sacré-Cœur, en lui disant : « je sais que vous avez été dans la même position que moi ; saint Joseph vous a aidée ; intercédez-le pour moi, je mets ma confiance en vous. » — Le soir même, un séculier se présente à la Supérieure en détresse, et lui dit : Je désirerais vous confier une petite somme jusqu'à l'année prochaine ; vous pourrez, pendant ce temps-là, vous en servir si vous en avez besoin ; c'est un dépôt de confiance, vous n'aurez pas d'intérêts à me payer. » — Ce dépôt si providentiel était juste de trois mille francs. Qu'on juge de la joie et de la reconnaissance de la Supérieure envers sa sainte Mère !

Une personne écrivit un jour à une Religieuse de Saint-Joseph : « Tout le monde dit que la Mère du Sacré-Cœur est une sainte, et que certainement elle doit être au ciel. S'il en est ainsi, il faut qu'elle m'obtienne que tel personnage, qu'elle désignait, se confesse et fasse ses Pâques. Pour cela, je vous prie de commencer une neuvaine sur la tombe de votre Révérende Mère, avec quelques-unes de vos pieuses postulantes; et je demande qu'à la fin de la neuvaine la confession soit faite. » — « Il faut avouer, lui répondit la Religieuse, que votre demande est un peu extraordinaire, pour ne pas dire indiscrète. Notre Supérieure peut être une grande sainte, sans que le bon Dieu vous exauce aussi promptement. » — Quelques jours après cette Religieuse rencontrant le personnage dont on demandait la conversion, lui parla de la joie qu'aurait la Révérende Mère du Sacré-Cœur s'il faisait ses Pâques. « Oh! oh! comme vous y allez, » lui fut-il répondu, et la conversation dut changer de sujet. Le lendemain, le personnage revint : « J'ai été préoccupé toute la nuit, dit-il, des réflexions que vous m'avez faites. » — « Je le crois bien, répondit la Sœur, la chose est assez importante, et Mère du Sacré-Cœur vous la demande. » — « Mais à qui m'adresser, reprit le pécheur vaincu par la sainte Mère, je ne connais personne... » On comprend que ce dernier obstacle fut facile à lever. — La Religieuse put donc écrire à la personne qui avait demandé cette preuve de la sainteté de Mère du Sacré-Cœur : « La grâce que vous désiriez est accordée ; remerciez

Notre-Seigneur et notre Révérende Mère du Sacré-Cœur : la neuvaine est finie et le devoir pascal accompli. » — S'il n'y a pas dans ces faits du miracle, il y a du moins quelque chose d'extraordinaire. Si ces Religieuses se sont trompées en croyant que leur ancienne Mère avait été pour quelque chose dans ces faveurs, au jugement de bien des gens, elles se seraient trompées en personnes raisonnables. — Un homme du monde, le même qui avait appelé Mère du Sacré-Cœur la *Reine des Mères*, avait dit encore : « Je ne serais pas étonné qu'un jour elle fît des miracles. » — Nous avons vu la même persuasion dans l'honorable docteur de la Communauté.

Neuf ans après la mort de la Révérende Mère du Sacré-Cœur, le 26 mars 1876, la Congrégation de Saint-Joseph perdait sa quatrième Supérieure générale, Mère Alphonse de Liguori. — On voulut enterrer la nouvelle défunte près de l'ancienne; et comme on était convaincu que le cercueil de cette dernière était détérioré, on en avait préparé un nouveau pour recevoir ses ossements. Personne ne doutait de la dissolution complète du corps de Mère du Sacré-Cœur. Dès la veille de son enterrement, il était excessivement enflé, au point qu'on avait dû décroiser ses mains et les laisser pendantes de chaque côté du corps. Les neveux de la défunte, tout le long du parcours du convoi, avaient été témoins d'un écoulement de sang, et les porteurs eux-mêmes s'en étaient plaints. On s'attendait donc à une entière dissolution. — Quel ne fut pas l'étonnement de tous de trouver au contraire le corps intact. Les traits étaient parfaitement reconnaissables; seulement la peau était

cuivrée. Les vêtements étaient également conservés, moins l'extrémité du tablier, qui paraissait un peu déchirée. — Le fossoyeur pensa qu'en donnant un léger coup au corps il tomberait en poussière, comme il avait l'habitude de le voir journellement. Il frappa plusieurs fois sur la poitrine de la défunte; la guimpe se déchira, mais le corps résista et demeura intact. Il prit une des mains, l'étendit et l'éleva avec le bras, qui se trouva flexible et suivit tous les mouvements qu'on lui donnait, comme celui d'une personne endormie. Etonné, le fossoyeur se permit de lever la vénérable défunte en la prenant par les épaules. Il était convaincu que le corps se détacherait; mais quelle ne fut pas sa surprise, quand il vit qu'il résistait et demeurait parfaitement entier !
— « Voilà bien des années, dit-il, que je suis ici, et je puis certifier que je trouve la chose d'autant plus extraordinaire, que vous me dites que le cœur a été enlevé. Si la morte avait été mise dans un caveau, son corps aurait pu plus facilement se conserver; mais en terre à cette place, où j'ai vu bien d'autres corps tomber en putréfaction, j'y trouve quelque chose de particulier. » — Quatre témoins et trois Religieuses étaient sur les lieux, au moment de ces expériences.

« Dieu garde les restes de ses Saints jusqu'au jour de la Résurrection où ils germeront et fleuriront, dit le Prophète Isaïe, comme les plantes et les fleurs au printemps. » — « A la fin des siècles, dit saint Augustin, le genre humain se lèvera comme une immense moisson; l'essai en a été fait dans le principal grain, qui est Jésus-Christ. » — C'est pourquoi saint Paul appelle le Sauveur ressuscité « les prémices, le premier-né d'entre les morts. Car, Celui qui a ressuscité Jésus-Christ vivifiera aussi un jour nos corps mortels. » Jésus-Christ, c'est l'avant-garde, l'armée, c'est-à-dire, le genre humain viendra après, chacun en son rang, *unusquisque in ordine suo* (1) ».

(1) Isaïe, 66. — Saint August., serm. 361. — Saint Paul, Epît. aux Rom., 8.

CHAPITRE V

Les grandes œuvres de Mère du Sacré-Cœur, complétées par Mère Marie-Louise. — Admirable union de ces deux Mères. — Grande bonté et continuelles souffrances de Mère Marie-Louise. — Elle est appelée *Mère de la Miséricorde*. — Les Mères Aglaé, Saint-Pierre, Emilienne. — La Révérende Mère Alphonse-de-Liguori. — Elle demande qu'on écrive et publie la vie de Mère du Sacré-Cœur. — Unité d'esprit, de cœur, de vues entre les quatre premières Supérieures générales de l'Institut de Saint-Joseph. — Beauté de cette unité. — Conclusion.

Après la mort de la Révérende Mère du Sacré-Cœur de Jésus, afin d'en conserver autant que possible le souvenir et l'image chérie, la pieuse Congrégation de Saint-Joseph éleva à sa place la vénérable Mère Marie-Louise, son Assistante, sa fidèle Coopératrice, qui partagea ses épreuves, fut battue des mêmes orages, et s'était constamment montrée l'amie de la tribulation et de la tristesse, encore plus que de la prospérité et de la joie. — Les cœurs généreux, sincères, délicats s'unissent et se soudent entre eux, surtout par leurs côtés saignants. — La vérité est, pour nous servir d'une image biblique, que l'âme de Mère Marie-Louise, collée à celle de Mère du Sacré-

Cœur, comme l'*âme de Jonathas à celle de David*, lui avait fidèlement offert, dans l'épreuve, ce trésor d'intime et persévérante amitié dont l'auteur de l'*Imitation* exalte l'ineffable prix, en même temps qu'il en déplore la triste rareté.

En conséquence, l'élection de Mère Marie-Louise, qui eut lieu à l'unanimité le 17 mai 1867, fut non-seulement un acte de sagesse justifié par les rares vertus et qualités de l'Elue, mais encore un acte de reconnaissance, de piété filiale et de sainte dilection de la part de la Congrégation. La famille de Saint-Joseph, dans sa nouvelle Mère, voulait voir revivre l'ancienne qu'elle pleurait.

Il y avait aussi lieu d'y remarquer et d'y admirer la continuation de l'intervention de la divine Providence, en faveur et à l'appui des œuvres de Mère du Sacré-Cœur de Jésus. L'ensemble des œuvres de cette Mère offrait quelque chose d'étonnant, de colossal, ce qui a fait dire à Mgr Plantier, comme nous venons de le voir : « Pendant ses vingt-huit ans de supériorat, que de grandes choses elle a faites ! Quelle administration pourra jamais être plus féconde en prodiges ! Mère du Sacré-Cœur a trouvé le secret de créer la Congrégation à son tour. »

En effet, à ne considérer simplement que le côté matériel, que de choses accomplies ! elle avait dû combler un déficit de près de 300,000 fr., imprudemment creusé par diverses Maisons particulières. — Grâce à elle, Vernaison était devenu une admirable retraite pour les Religieuses que l'âge ou les infirmités obligent à sortir du ministère actif. Afin d'atteindre ce but, d'importantes constructions et l'acquisition d'une propriété voisine considérable avaient été nécessaires.

Elle eut à rajeunir les anciens bâtiments de la Maison-Mère, et elle y joignit, à différentes reprises, d'immenses constructions nouvelles qui, en la transformant entièrement, répondaient à l'accroissement et aux besoins de l'Institut. — Comme à Vernaison, elle fit l'acquisition d'un vaste clos limitrophe, afin d'agrandir les jardins et de donner au nombreux personnel de l'Etablissement l'espace, l'air et une part au soleil, si nécessaires aux santés, au milieu surtout de ce que saint Jérôme appelle le *cachot fumeux des villes*.

Elle ajouta à tout cela une importante maison de campagne située sur les beaux plateaux de la Croix-Rousse, où les novices, les postulantes et les pensionnaires peuvent prendre, sans gêne et en paix, le repos et les récréations indispensables à leur âge, et jouir de la liberté dont l'esprit, le cœur, le corps et même les consciences, dit Mgr Plantier, ont souvent besoin.

Toutes ces œuvres furent couronnées par la construction d'une chapelle ou plutôt d'une magnifique basilique, véritable monument d'architecture, portée sur de puissantes colonnades qui en assurent la solidité, et ornée de peintures qui en font un ravissant bijou de l'art. C'est un beau temple élevé sur de vastes catacombes. — Des vases sacrés et des ornements d'une grande richesse complétèrent la sainte et opulente parure de la Maison du Seigneur.

L'achèvement et le perfectionnement de ces œuvres colossales, dont le prix dut s'élever à des chiffres énormes, seraient tout à fait inexplicables, vu les ressources ordinaires de l'Etablissement, sans l'intervention de la divine Providence, en qui la Révérende Mère du Sacré-Cœur avait une confiance absolue et sans bornes. — Cette confiance fut justifiée à tel point, que, l'année même de sa mort, la vénérable Mère pouvait dire : « Si le bon Dieu me donnait » encore une année de vie, avec son aide comme il » a daigné me l'accorder jusqu'à ce jour, je pour- » rais tout liquider; mais que sa sainte volonté se » fasse! »

Cette divine volonté fut que l'infatigable Mère allât, enfin, se reposer dans le sein du Père céleste et y recevoir la récompense due à tant de travaux, pendant que la divine Providence, sa fidèle Coopératrice, se chargerait de la liquidation qu'elles avaient commencée et déjà tant avancée ensemble.

Or, le moyen et l'instrument, dont la Providence se servit pour continuer cette liquidation, furent le remplacement de Mère du Sacré-Cœur par son amie intime, l'âme de son âme, une autre elle-même, la respectable Mère Marie-Louise. — Aussi, l'administration de cette sainte et digne Mère sembla se résumer tout entière dans la continuation, l'achèvement de l'œuvre de son amie, dont la sienne fut comme le complément. Voilà pourquoi, à sa mort, Mgr Plantier écrivait à sa digne Assistante générale, Mère Chantal : « Dieu a rappelé à Lui les deux grandes Restauratrices de votre belle Congrégation, Mère du Sacré-Cœur et Mère Marie-Louise. Je fais des vœux ardents pour que Dieu confie leur succession à une Supérieure capable et digne de perpétuer et de couronner le bien qu'elles ont accompli. »

L'administration de la Mère Marie-Louise fut comme les eaux de la fontaine de Siloë, qui venaient du mont Sion, alimentaient la piscine où fut guéri l'aveugle-né de l'Evangile, et s'écoulaient, dit le Prophète, paisiblement et sans bruit, *vadunt cùm silentio*, portant partout avec elles la fraîcheur et la fécondité. — La mission de l'humble et douce Mère fut d'achever, d'encourager et de consoler, ce qui était d'un admirable à-propos au milieu de la désolation générale causée par la mort de la Révérende Mère du Sacré-Cœur.

Elle consolait d'autant mieux qu'une grande partie de sa vie fut une continuelle souffrance. Depuis le jour où Mère du Sacré-Cœur fit appel à son dévouement comme Assistante jusqu'au jour de sa mort, c'est-à-dire, pendant trente-sept ans, dit Mgr Plantier, elle ne cessa d'être sur le calvaire. Elle engendra les âmes dans la douleur et dans l'angoisse ; elle ne gouverna qu'avec la croix et par la croix. Sur cet arbre sacré, elle cueillit pour elle et pour ses enfants des fruits de vie, et elle en fit descendre sur sa famille spirituelle les plus douces consolations et les plus fortifiantes bénédictions. — On l'appelait *la Mère de la Miséricorde* (1).

---

(1) Ce nom touchant, Mère Marie-Louise le devait à sa grande bonté et au don qu'elle avait de savoir relever, par la patience et l'humilité, les âmes abattues et découragées à la vue de leurs peines, de leurs misères ou de leurs fautes. — « L'humilité, dit saint Grégoire-le-Grand, est la racine de toutes les vertus : *Radix omnium virtutum humilitas.* » Or, les misères de toute espèce, qui

Sa mission de consolation, de patience et d'achèvement accomplie, la vénérable Mère Marie-Louise alla rejoindre sa sainte amie au ciel, le 8 avril 1875. — Elle y avait été précédée par trois de ses Conseillères, les Mères Aglaé, Saint-Pierre et Emilienne, dont la perte l'avait vivement affectée. Vases d'honneur et d'élection, âmes d'élite, Religieuses parfaites, ces trois Mères étaient d'autant plus dignes de briller dans le ciel, que sur la terre elles avaient rempli la Congrégation, la Maison-Mère et surtout le Noviciat qu'elles dirigèrent toutes les trois, de l'éclat des plus pures vertus et des plus vives clartés de la science sacrée.

La pieuse Congrégation de Saint-Joseph, qui enrichissait ainsi le ciel, en reçut, le 31 août 1875, dans l'élection de sa quatrième Supérieure générale, Mère Alphonse-de-Liguori, une faveur bien précieuse, « une grâce insigne, » dit aux Religieuses leur digne Supérieur, M. Richoud, grand-vicaire et successive-

---

sont le fruit de la fragilité humaine, peuvent devenir une source féconde, intarissable, d'humilité et par conséquent de vertu. — « Comme le fumier féconde la terre, disait Notre-Seigneur à sainte Gertrude, ainsi la connaissance et le sentiment de ta misère feront germer la vertu dans ton cœur. » — Un poëte a dit :

> Et des sels du fumier se forment en secret
> Le parfum de la rose et le teint de l'œillet.

Cette analogie, empruntée à la nature, fait ressortir la vérité de la consolante parole de Notre-Seigneur à sainte Gertrude. — Le don qu'avait Mère Marie-Louise de relever ainsi et d'encourager les âmes abattues était d'autant plus précieux que les misères augmentent à mesure que l'énergie des caractères et la virilité des cœurs diminuent chaque jour.

ment honoré de la confiance de deux illustres Princes de l'Eglise. « C'était, ajoutait-il, un riche trésor caché, une Mère accomplie, » dont le cœur était orné des plus rares vertus, et l'esprit rempli des idées les plus généreuses et les plus fécondes.

Or, une des idées favorites de Mère Alphonse-de-Liguori fut le désir de voir écrire et publier la vie de la vénérable Mère du Sacré-Cœur de Jésus, pour qui elle professait l'estime la plus profonde et l'affection la plus filiale. Cette vie était pour elle comme un miroir, où elle voulait contempler le modèle qu'elle se proposait d'imiter et de faire revivre. Elle pressait l'exécution de ce filial projet, quand la mort la ravit, d'une manière aussi regrettable que prématurée, à la famille spirituelle qui était si heureuse de l'avoir pour Mère. — Depuis qu'elle est retournée à Dieu, certains indices frappants, que la divine Providence a permis, ont semblé révéler la persistance du désir de cette sainte Mère. — Puisse ce livre réaliser la pensée de sa grande âme (1)!

Il résulte des faits que les quatre premières Supérieures générales de la pieuse Congrégation de Saint-Joseph de Lyon, offrent le beau spectacle d'une incomparable unité en tout : unité de cœur, unité d'esprit, unité de vues et d'opérations. — La pre-

---

(1) Des notes recueillies par la piété filiale de plusieurs Religieuses sur les Révérendes Mères Marie-Louise, Alphonse-de-Liguori, et sur les Mères Aglaé, Saint-Pierre, Emilienne, pourraient fournir matière à une notice aussi édifiante qu'honorable pour la Congrégation de Saint-Joseph.

mière création de Mère Saint-Jean a été complétée par la seconde création de Mère du Sacré-Cœur de Jésus. — A son tour, l'œuvre de Mère Marie-Louise fut le complément de celle de son amie. — Le désir prononcé de Mère Alphonse-de-Liguori était de faire connaître, imiter et revivre ces vénérables et saintes Mères. — Les quatre premières Supérieures générales semblent donc ne faire *qu'un*.

Cette union, source de force et de grandeur autant que d'édification, explique la beauté spirituelle et les accroissements de la famille de Saint-Joseph de Lyon. — Que de bien elle opère, soit par elle-même, soit par les nombreuses et belles Colonies ou Congrégations qui sont sorties de son sein !

Cette admirable union est l'imitation du plus élevé et du plus fécond de nos saints Mystères, où trois ne font qu'un : *hi tres unum sunt*.

Elle est la réalisation du vœu le plus ardent du Cœur de Notre-Seigneur et Sauveur : « O mon Père, faites qu'ils soient un, comme nous : *Sint unum sicut et nos* (1).

Elle est la reproduction de la vie de Nazareth, nom qui signifie à la fois *sainte, abritée, fleurie*. Or, ces douces images, qui expriment la beauté du calme, de la paix et de l'union, se sont réalisées dans la première Maison de Saint-Joseph, parce que, à l'exemple de l'Auguste Trinité, les trois Cœurs de Nazareth ne faisaient aussi *qu'un*. — Le cœur de Marie n'était que le reflet de Celui de Jésus, *Cor*

---

(1) S¹ Jean, évang., 17, 22. — 1ʳᵉ Epît., 5, 8.

Christi Cor Mariæ, et celui de saint Joseph la copie fidèle des Cœurs de Jésus et de Marie.

Cette union est donc la gloire incomparable de la Congrégation de Saint-Joseph.

Pour la continuer, elle n'a qu'à mettre en pratique cette recommandation de l'Apôtre : « Souvenez-vous de ceux qui furent à votre tête, qui vous ont parlé de la part de Dieu, et considérant leur conduite et la fin de leur vie, imitez leur foi et leur union. » — Et encore : « Nous vous conjurons de savoir reconnaître ceux qui ont travaillé parmi vous, qui vous ont gouvernés et exhortés dans le Seigneur, et de les avoir en particulière affection et très-grande charité, à cause de leur Œuvre sainte, » que vous êtes appelés à continuer (1).

---

(1) Epît. aux Hébr., 13, 7. — 1ʳᵉ aux Thes., 5, 12, 13.

ERRATA

— Page 246, ligne dixième, lisez sa riche intelligence, au lieu de son admirable, etc.

— Page 374, deuxième note, lisez 2, au lieu de 5.

— Page 375, ligne dixième, lisez aussi générale, au lieu de aussi grande, etc.

TABLE DES MATIÈRES

Déclaration de l'auteur	V
Dédicace	VII
Approbations	IX
Introduction	XVII

LIVRE PREMIER

LES ORIGINES DE LA CONGRÉGATION DES SŒURS DE SAINT-JOSEPH.

CHAPITRE PREMIER

Double origine de la Congrégation des Sœurs de Saint-Joseph. — Mgr de Maupas, évêque du Puy. — Sa haute naissance. — Sa liaison avec saint Vincent de Paul et ses rares vertus. — Première origine de l'Institut de Saint-Joseph. — Sa mission. — Il remplace la Visitation. — Opinions diverses sur la clôture religieuse. — Sentiments de saint Vincent de Paul et de saint François de Sales sur la clôture. — Admirable convenance du nom et du patronage de saint Joseph pour la nouvelle Congrégation. — Le R. P. Médaille. — Ses travaux apostoliques. — Ses avis aux premières Sœurs de Saint-Joseph. — Approbation de la Congrégation de Saint-Joseph par MM^{ers} de Maupas et de Béthune. — Accroissements de la Congrégation. — Son établissement à Vienne et à Lyon. — Esprit des premières Constitutions. — Leur approbation par les Archevêques de Vienne et de Lyon. — Premier costume des Sœurs de Saint-Joseph. — Utilité de leur Congrégation....... 1—24

CHAPITRE II

Les Maisons de l'Institut de Saint-Joseph indépendantes les unes des autres. — Commencements de Mère Saint-Jean. — Son éducation par sa tante. — Elle lui succède. — Ses rares qualités. — Estime profonde qu'en a Mgr de Gallard, évêque du Puy. — Son courage admirable au commencement de la Révolution. — Dispersion forcée des Sœurs. — Emprisonnement de Mère Saint-Jean. — Sa conduite héroïque dans les fers. — Sa délivrance. — Sainte tristesse qu'elle en éprouve. — Belle lettre de Mgr de Gallard, exilé en Suisse, aux Sœurs de Saint-Joseph. — Le saint Evêque et les Sœurs font revivre les temps apostoliques....... 25—43

CHAPITRE III

Mère Saint-Jean retirée dans sa famille. — Ses saintes œuvres. — Elle est appelée à Saint-Etienne pour être Supérieure. — Douleur de ses parents. — Communauté de la rue de la Bourse. — Sa ferveur. — Joie des âmes crucifiées. — Première prise d'habit, et renaissance de la Congrégation de Saint-Joseph. — Communauté de la rue Mi-Carême. — Nouvelle organisation de la Congrégation de Saint-Joseph. — Mère Saint-Jean est appelée à Lyon. — Commencement de la Maison-Mère aux Chartreux. — Vertus des premières Sœurs de la Maison-Mère. — Mère Saint-Jean, Supérieure générale. — Sagesse de son administration. — Sa sainteté. — Progrès du nouvel Institut de Saint-Joseph. — Nombreuses et admirables Colonies qu'il forme. — Colonies aujourd'hui indépendantes : de Belley, de Bordeaux, de Chambéry, d'Amérique. — Mme la comtesse de La Rochejacquelin, bienfaitrice des Sœurs de Saint-Joseph. — Maison de Saint-Joseph d'Annecy. — Admirable disposition de la Providence, qui donne aux Sœurs de Saint-Joseph le berceau même de la Visitation. — Nombreuses fondations de Maisons particulières en France. — Mère Saint-Jean cherche une aide et la trouve dans Sœur du Sacré-Cœur de Jésus. — L'Institut de Saint-Joseph béni, comme Job, après ses malheurs.. 44—69

LIVRE II

LES COMMENCEMENTS DE LA RÉVÉRENDE MÈRE
DU SACRÉ-CŒUR DE JÉSUS

CHAPITRE PREMIER

Antiquité, noblesse et piété de la famille Tézenas du Montcel. — Vertus du père et de la mère de Mère du Sacré-Cœur de Jésus. — Leur foi, leur courage et leur charité pendant la Révolution de 1789. — Le Montcel, asile des prêtres pendant la Terreur. — Ancienneté de cette Terre, son passé et son présent. — Visites domiciliaires des révolutionnaires. — Danger que court M. Tézenas. — Charité héroïque d'un prêtre. — Egarement d'un autre. — Le Montcel lui est interdit. — Naissance de Marguerite-Marie-Virginie Tézenas du Montcel le jour de l'Immaculée Conception. — Son aimable et pieuse enfance. — Accident qui faillit lui coûter la vie. — Elle est l'orgueil et l'amour de sa famille. — Elle assiste, à sept ans, avec sa grand'mère, à une cérémonie religieuse réservée à quelques âmes d'élite, d'une foi et d'une discrétion éprouvées. — Souvenir qu'elle garde de cette faveur.. 73—91

CHAPITRE II

Formation de Virginie Tézenas par sa grand'mère. — Sa préparation à la première communion. — Première communion et confirmation. — Germe de la vie religieuse. — Virginie rivalise de vertus avec sa sœur Adèle. — Assistance matinale à la messe. — Soin délicat de ne pas réveiller leurs parents. — Mme Tézenas forme ses enfants à la charité. — Virginie et les Enfants de Marie à Saint-Etienne. — Solide éducation des enfants du Montcel. — Danger couru dans un souterrain. — Estime et pratique du travail manuel au Montcel. — Activité et amabilité de Virginie. — Visites à Issoire. — Adèle et Virginie fuient le monde. — Fête de saint Benoît et de sainte Anne au Montcel. — Dévotion de M. et de Mme Tézenas envers la sainte Vierge. — Beauté du foyer chrétien. — Vocation religieuse de Virginie. — Son entrée au couvent de Mi-Carême, à Saint-Etienne. 92—110

CHAPITRE III

Joie de la Communauté de Mi-Carême. — Ferveur, générosité et humilité de Virginie au noviciat. — Son nom de Sœur du Sacré-Cœur de Jésus et sa prise d'habit. — Incident enfantin à la cérémonie. — Sœur du Sacré-Cœur de Jésus Maîtresse au pensionnat de Mi-Carême. — Son zèle, sa vigilance, son dévouement pour l'avancement et la sanctification de ses élèves. — Affection des élèves pour leur Maîtresse. — Préparation des premières communions. — Recueillement de Sœur du Sacré-Cœur au milieu de ses occupations. — Elle est envoyée à la Maison-Mère pour y préparer sa profession. — Epreuves. — Sa vertu dans l'épreuve. — Ses premiers rapports avec Mère Saint-Jean. — Estime réciproque. — Tentations du démon, pour la détourner de la vie religieuse. — Sa profession religieuse. — Sa sœur Victorine Tézenas vient la rejoindre à Mi-Carême. — Diversité et beauté des dons de Dieu dans les deux sœurs.................. .... 111—126

LIVRE III

LA VIE RELIGIEUSE DE LA RÉVÉRENDE MÈRE DU SACRÉ-CŒUR DE JÉSUS, DEPUIS SA PROFESSION JUSQU'A SON ÉLÉVATION AU RANG D'ASSISTANTE GÉNÉRALE.

CHAPITRE PREMIER.

Sœur du Sacré-Cœur, Maîtresse des novices à Mi-Carême. — Importance des noviciats. — Son admirable manière de diriger les novices. — Soin donné aux récréations. — Sa large et sage manière d'enseigner la Religion. — Esprit de sacrifice et de renoncement — Etat édifiant du noviciat. — Epreuves que subit la Communauté de Mi-Carême. — Sœur du Sacré-Cœur en est nommée Supérieure. — Peine qu'elle éprouve à accepter cette charge. — Ses cheveux blanchissent. — Son édifiante résignation. — Son recours à saint Joseph et au Sacré Cœur de Jésus.................. 129—142

CHAPITRE II

Détresse de la Maison de Mi-Carême. — Générosité et courage de la Communauté. — Son affection pour sa Supérieure. — Deux traits de Providence. — Sainte activité de Mère du Sacré-Cœur. — Son amour de la régularité. — Ses soins maternels pour ses filles. — Ses délicates attentions pour les malades. — Son zèle pour leur salut et pour faire prier après leur mort. — Son affection pour les Sœurs converses. — Sa bonté conquiert tous les cœurs. — Second pensionnat à Mi-Carême. — Les congés au Montcel. — Exemples de renoncement donnés par Mère du Sacré-Cœur. — Son empire sur les cœurs. — Son amour pour les pauvres. — Sa tranquillité d'âme. — Sa confiance en la prière. — Nouveaux développements donnés au noviciat de Mi-Carême. — Redoublement d'activité de la part de Mère du Sacré-Cœur. — Etudes, perfection religieuse, mort à soi-même. — Sagesse à éviter les extrêmes. — Estime du silence. — Le Saint Office. — Les bas emplois. — Zèle pour le salut des âmes.................................. 143—167

LIVRE IV

MÈRE DU SACRÉ-CŒUR DE JÉSUS, D'ABORD ASSISTANTE, ENSUITE SUPÉRIEURE GÉNÉRALE DE LA CONGRÉGATION DE SAINT-JOSEPH.

CHAPITRE PREMIER

Etat florissant de la Maison de Mi-Carême. — Mère du Sacré-Cœur appelée à Lyon et nommée Assistante générale. — Sa position délicate. — Sa prudence. — Accueil maternel de Mère Saint-Jean. — Admirable conduite des deux Mères. — Leur chrétienne grandeur au milieu de petites misères qui les entourent. — Retour momentané de Mère du Sacré-Cœur à Saint-Etienne. — Elle revient à Lyon. — Saintes austérités des deux Mères. — Soins donnés par Mère du Sacré-Cœur à la formation des novices. — Sages recommandations. — Conférences. — Exactitude parfaite de Mère du Sacré-Cœur à tous les exercices. — Démission de Mère Saint-Jean. — Spectacle édifiant qu'offre cette vénérable Mère. — Election unanime de Mère du Sacré-Cœur. — Touchante fête de famille spirituelle à la Maison-Mère. — Sainte lutte d'humilité et de charité entre les deux Mères. — Mère du Sacré-Cœur remet les clés de la Maison-Mère à saint Joseph. — Son recours à la prière. — Repos en Dieu, secret de la force des Saints. — Mère du Sacré-Cœur a ce secret......... 171—189

CHAPITRE II

Mère Marie-Louise Assistante de la Révérende Mère du Sacré-Cœur. — Sainte union des deux Mères. — Formation du Conseil. — Rare sagesse administrative de Mère du Sacré-Cœur. — Mort édifiante de son vieux père. — Elle y assiste et visite les Communautés de Saint-Etienne et des environs. — Son exquise dextérité dans ces visites. — Son amour de l'exactitude. — Les récréations. — Promenade au mont Cindre. — Visite à Dardilly. — Deux *Américains*. — Soins maternels des santés. — Attentions délicates à propos des voyages des Sœurs. — Charité pour les parents malheureux des Sœurs. — Admirable vie cachée de Mère Saint-Jean. — Culte filial de Mère du Sacré-Cœur pour Mère Saint-Jean. — Humilité de plus en plus touchante des deux Mères. — Chute de Mère Saint-Jean. — Sa patience édifiante pendant une dure opération. — Les Sœurs veulent Mère du Sacré-Cœur près d'elles dans leurs souffrances. — Son cœur, ses yeux, sa main de mère.................................... 190—209

CHAPITRE III

Visites des Maisons particulières. — Tact, délicatesse, amabilité, succès de la Révérende Mère du Sacré-Cœur dans l'accomplissement de ce devoir de sa charge. — Sagesse de ses recommandations. — Ses soins pour le corps et pour l'âme de ses Filles. — Egards réciproques qu'elle leur recommandait d'avoir entre elles. — Avis relatifs aux vocations. — Courage dans les fatigues. — Bonté touchante pour une enfant. — Recommandations au sujet du catéchisme. Son importance. — Sœur Louis-Joseph. Son zèle pour l'Œuvre des catéchismes. Ses vertus, sa sainte mort. — Deux circulaires de Mère du Sacré-Cœur. — Travaux d'agrandissement à la Maison-Mère. — Sainte confiance de Mère du Sacré-Cœur en la Providence. — Sa bonté pour les ouvriers. — Accident parmi les ouvriers. — Œuvre de Vernaison. — Concours de la Providence. — Utilité et sainte convenance de l'œuvre de Vernaison... 210—229

LIVRE V

ADMINISTRATION ET ŒUVRES DE LA RÉVÉRENDE MÈRE
DU SACRÉ-CŒUR DE JÉSUS

CHAPITRE PREMIER

Derniers moments de Mère Saint-Jean. Sa sainte mort. Son précieux souvenir. Son portrait. — Filiale affection de Mère du Sacré-Cœur pour Mère Saint-Jean. — Vertus de Sœur Sainte-Thérèse, sœur de Mère Saint-Jean. — Vertus, qualités et mort de Mère Théodose. — Regrets, estime et prières de Mère du Sacré-Cœur pour ces chères défuntes. — Voyage en Corse. — Origine, vertus, succès de la pieuse Colonie de Saint-Joseph, en Corse. — Les Mères Saint-Régis et Saint-Callixte. — Sainte joie que causa la visite de la Révérende Mère à la Colonie. — Zèle infatigable de la Révérende Mère, en Corse. — Edification et joie apportées au cœur de la Révérende Mère par les vertus de ses filles. — Retour à Lyon. — Allégresse de la Maison-Mère,.......... 233—257

CHAPITRE II

Retraite générale à la Maison-Mère. — Election des Conseillères générales. — Recommandations relatives aux distributions de prix. — Admirables conseils de la Revérende Mère aux Religieuses et aux Supérieures locales. — Ses retraites particulières. — Efficacité et utilité des retraites. — Visites de Mme Tézenas à la Maison-Mère de Saint-Joseph. — Scène d'une beauté antique et patriarcale. — Fondation de Maisons particulières. — L'Ecole normale de Lyon confiée aux Sœurs de Saint-Joseph. — Sollicitude, pieuse reconnaissance, soins et sagesse de la Révérende Mère au milieu de ces divers Etablissements. — Révolution de 1848. — Visites et menaces des voraces à la Maison-Mère. — Courage et prudence de la Révérende Mère. — Ravage et incendie des Maisons religieuses à Saint-Etienne. — La maison Tézenas, refuge de plusieurs. — Circulaires de la Révérende Mère à la Congrégation. Leur à-propos et leur sagesse. — Avis relatifs au brevet de capacité. — Calme rétabli. Retraite générale. Réélection unanime de la Révérende Mère et de ses Conseillères. — Fête du Sacré Cœur. — Nouvelles alarmes. Emeutes à la Croix-Rousse. Guerre civile. Blessés. —

Charité des Sœurs de Saint-Joseph. — Maladie de la Révérende Mère. — Elle veut l'infirmerie commune. — Ses neveux au pensionnat des Chartreux. — Elle arrête un petit maraudeur en lui rappelant la présence de Dieu. — Sainte efficacité de la divine présence.. 258-280

CHAPITRE III

Sainte fécondité des Ordres religieux. — Nouvelles fondations de Maisons de Saint-Joseph. — Acquisition d'un clos attenant à la Maison-Mère et de la campagne du Grand Séminaire. — Appréhensions des Sœurs à ce sujet et sainte confiance de la Révérende Mère. — Pertes douloureuses : mort de ses deux secrétaires. — Sainte mort de Mme Tézenas sa mère. — Deuil universel à Saint-Etienne. — Construction de la chapelle de la Maison-Mère. — Description des peintures. — Cette chapelle est pour la Révérende Mère, comme le Tabernacle pour Moïse............. 281—295

LIVRE VI

SUITE DE L'ADMINISTRATION ET DES ŒUVRES DE LA RÉVÉRENDE MÈRE DU SACRÉ-CŒUR

CHAPITRE PREMIER

Le choléra en France. — Circulaire de la Révérende Mère au sujet du fléau. — Dévouement des Sœurs de Saint-Joseph. — Protection divine. — Epreuves et contradictions. — Souffrances secrètes de la Révérende Mère. Sa patience. Sa mansuétude. — Nouveaux accroissements de la Congrégation au milieu de l'épreuve. — La Révérende Mère obligée d'aller aux eaux. Amabilité. Edification. — Protection de saint Joseph. — Tournée de la Révérende Mère, dans l'ouest de la France. — Le *marquis de Vole-au-Sac*. — Les *petits oiseaux* d'Ussé. — Honneurs rendus partout à la Révérende Mère. — Délicatesse de ses procédés. — Sagesse de ses avis aux Sœurs. — Conseils pour les enfants. — Leur à-propos pour la Vendée. — Frayeur dans un hôtel à Nantes. — Croix d'honneur de la Supérieure d'Ussé, méritée par un héroïque sauvetage. — Humilité de la décorée. — La Révérende

Mère l'en félicite. — Elle est heureuse et fière des vertus de ses filles. — *Magnificat*........................ 299—322

CHAPITRE II

Tournée de la Révérende Mère dans le nord de la France. — Son séjour à Paris. Maison des Carmes. — Son détachement des grandeurs humaines. — Visite à Amiens. Elle est accueillie comme une sainte. — Saintes morts de Sœur Geneviève et de Sœur Louis-Henri. Leurs rares vertus. — Projet d'obtenir de Rome l'approbation des Constitutions. Importance de ce projet. — Nouveaux agrandissements de la Maison-Mère. Leur nécessité. Leur simplicité religieuse. — Fondations de Maisons particulières. — La Révérende Mère dirige elle-même ces fondations. Son habileté. Son tact parfait. — Sa force dans les souffrances. — Elle sauve une jeune fille. — Elle partage sa bourse avec une Supérieure en détresse. — Sa bienveillance à écouter les misères des autres — Sœur Saint-Louis. Sa confiance en Dieu. Sa sainte mort. — Adoption d'une famille pauvre par la Révérende Mère. — Sa religieuse et délicate réserve à propos de sa propre famille. — Sa rigoureuse pratique de la pauvreté religieuse en tout et partout. — Son observance des convenances envers le monde. Exemple de saint Basile-le-Grand. — Visite des Communautés du Midi. — Hospitalité de l'Evêque de Nîmes. — Respect des populations. — Perfection toujours croissante de la Révérende Mère du Sacré-Cœur.................. .... 323—343

CHAPITRE III

Nouveaux deuils. Saintes morts de Mère Anastasie et de Sœur Saint-Gervais. Leurs vertus. — Nouvelles épreuves. Croix venant des Supérieurs, couronne des Saints. — Recours de la Révérende Mère à Dieu. — Dettes considérables contractées par des Maisons particulières, graves embarras. — Appel à la Congrégation. Les filles aident leur Mère. — Magnifique circulaire de la Révérende Mère à l'occasion du jour de l'an 1861. — Rencontre d'une possédée à la Louvesc. Aveux du démon. — Profit spirituel qu'en tire la Révérende Mère pour elle et ses filles. — Le parloir. Les amitiés particulières. — Son bonheur d'être avec ses filles, plus heureuses encore d'être avec leur Mère. — Son profond respect pour les Supérieurs. — Morts de son beau-frère et de son frère aîné. — Mort de M. Babad, aumônier de la Maison-Mère depuis vingt-cinq ans. — Belle circulaire inspirée par ces deuils. Ses touchants et graves enseignements. — Profonds et chrétiens aperçus sur les croix. — Admirable abandon de la Révérende Mère à la volonté de Dieu. — Sa belle prière, empruntée à Mme Elisabeth de France........................ 344—360

LIVRE VII

LE SOIR DE LA VIE, OU LES DERNIÈRES ANNÉES DE LA RÉVÉRENDE MÈRE DU SACRÉ-CŒUR DE JÉSUS

CHAPITRE PREMIER

Eclat donné à la vertu par les années et les épreuves. — Redoublement de zèle chez la Révérende Mère. — Le saint Sacrement est sa force et sa vie. — Ses communions. Son amour pour les fêtes de Notre-Seigneur Jésus-Christ. — Sa dévotion au Sacré-Cœur, à la sainte Vierge et à saint Joseph. — Son amour pour l'Eglise et le Pape. — Sa dévotion envers les Saints. Reliques de sainte Placide. — Pieuse circulaire pour la fin de l'année 1863. — Sainte mort de Mère Euphrasie, Supérieure de Mi-Carême. Regrets de la Révérende Mère. — Elle se rend à Saint-Etienne et y laisse une de ses Conseillères, pour consoler la Communauté de Mi-Carême. — Epreuves et grave maladie de la Révérende Mère du Sacré-Cœur. — Consternation universelle de la Congrégation. — Vœu à Notre-Dame de la Salette. — Guérison. Allégresse des Sœurs. — Admirable générosité après l'épreuve. — Séjour de convalescence au Cluzel, près de Saint-Etienne. — Pèlerinage à la Salette. — Retour et séjour au Grand-Lemps. — Délicieuse circulaire sur la charité. — Son opportunité, après les efforts du démon pour diviser. — Autre belle circulaire sur la pauvreté religieuse. — L'indulgence de la Portioncule appliquée aux chapelles de la Congrégation. — Mort de Sœur Saint-Jérôme. Sa vertu. — Protection miraculeuse de saint Joseph. — Mort de Mère Saint-Xavier. Son éloge par la Révérende Mère. — Circulaire pour la fin de l'année 1866. — Elévation et aspirations de la Révérende Mère vers le ciel... 363—393

CHAPITRE II

Utilité pour la terre des âmes célestes, unies à Dieu. — Avis de plus en plus saints de la Révérende Mère du Sacré-Cœur aux novices et aux postulantes. — Appui salutaire qu'elle donne à la vocation de deux jeunes filles. — Elle relève le courage abattu d'une âme fortement tentée. — Confiance absolue qu'on avait en elle dans les épreuves et dans les dangers quelconques. — Son sang-froid. Sage leçon qu'elle donne à propos d'une panique. — Revues des comptes de la Maison-Mère. Sa facilité pour le calcul. — La piété utile à tout. — Portrait de la Révérende Mère du Sacré-Cœur. — Ses vertus et ses qualités. — Sa foi. — Sa confiance en Dieu. — Son humilité. — Son amour pour la pauvreté. — Sa pureté. — Son esprit de mortification. — Sa bonté. — Son amabilité et sa gaieté. — Sa ressemblance avec sainte Chantal. — Sa vie jusqu'à la mort fut une ascension continue vers le ciel... 394—416

CHAPITRE III

Dernière maladie. — Patience, bonté, charité et gaieté de la Révérende Mère au milieu des souffrances. — Son attention à diminuer la peine de celles qui la servaient. — Sa régularité jusqu'à la fin. — Visite de sa sœur et de sa nièce, Mlle Louise Vialletton. — Aimable retour sur le passé. — Achat d'une chape noire. — La maladie s'aggrave. — Visite de son neveu. M. Louis Vialletton. Union de la malade aux prières de la Communauté. — Espoir du médecin. — La Révérende Mère désire recevoir les derniers sacrements. — Fête de saint Joseph. Espoir de la Communauté. — Visite de l'aumônier et du Supérieur général. — Prières de la Communauté. Recours à tous les sanctuaires de Marie. — Amabilité de la sainte malade jusqu'au dernier soupir. — Elle insiste pour recevoir les derniers sacrements — Ses admirables sentiments. — Dernier jour : fête de saint Joseph, commencée le matin par la communion à jeun et finie par le viatique. — Congestion cérébrale. — Redoublement de prières dans la Communauté. Plusieurs Sœurs offrent leur vie pour conserver celle de leur Mère. — Dernières et touchantes paroles du Supérieur général à la mourante. — Arrivée de Mère Emilie et de Sœur Saint-François, sœur de Mère du Sacré-Cœur. — Bienheureuse mort de la Révérende Mère. — Son premier et son dernier jour sont privilégiés. — Grand deuil, *planctum magnum*, dans ses deux familles naturelle et spirituelle. — Son cœur placé dans la chapelle. Remarque du médecin. — Son religieux respect pour la sainte défunte. — Justesse de l'observation du docteur sur ses souffrances. — Obsèques. Sanglots. — Emotion et admiration des gens du monde. — La tombe des Saints. — Le cimetière catholique.. 417—433

CHAPITRE IV

Témoignages en faveur de Mère du Sacré-Cœur après sa mort. — Circulaire de l'Assistante, Mère Marie-Louise. — Circulaire du Supérieur général de la Congrégation. — Trois lettres de Monseigneur Plantier, évêque de Nîmes. — Compétence du grand prélat pour parler de la Révérende Mère du Sacré-Cœur. — Hommages rendus à la sainteté de la défunte. — Différentes guérisons. Conversions obtenues. — Son corps trouvé intact neuf ans après sa mort. — Notre résurrection future inaugurée par celle de Jésus-Christ....................................... 434—450

CHAPITRE V

Les grandes œuvres de Mère du Sacré-Cœur, complétées par Mère Marie-Louise. — Admirable union de ces deux Mères. — Grande bonté et continuelles souffrances de Mère Marie-Louise. — Elle est appelée *Mère de la Miséricorde*. — Les Mères Aglaé, Saint-Pierre, Emilienne. — La Révérende Mère Alphonse-de-Liguori. — Elle demande qu'on écrive et publie la vie de Mère du Sacré-Cœur. — Unité d'esprit, de cœur, de vues entre les quatre premières Supérieures générales de l'Institut de Saint-Joseph. — Beauté de cette unité. — Conclusion................. 451—459

FIN DE LA TABLE.

AUX MÊMES LIBRAIRIES :

Cours d'Histoire ecclésiastique, par M. l'abbé RIVAUX, ancien directeur du Grand Séminaire de Grenoble. 6ᵉ édition, continuée jusqu'à nos jours. 3 vol. in-8° broch. Prix.............. 15 fr., net 10 fr.

Sainte Marie-Magdeleine et les autres amis du Sauveur, apôtres de Provence, histoire ascétique, par le R. P. Benoît VALUY. 1 volume in-8°. Prix.. 5 fr.

La Religieuse en retraite, par le R. P. Benoît VALUY. 1 vol. in-18. Prix.. 2 fr.

Le bienheureux P. Pierre Lefèvre, premier compagnon de saint Ignace de Loyola. *Précis historique*, par le P. PRAT, de la Compagnie de Jésus. 1 beau vol. in-12. Prix........................ 2 fr. 65

Explication historique, dogmatique, morale, liturgique et canonique du Catéchisme, avec la réponse aux objections tirées des sciences contre la religion, par l'abbé GUILLOIS, curé du Mans, ouvrage honoré d'un Bref du Souverain Pontife. 4 beaux volumes in-12. Prix... 9 fr. 50, net 6 fr.

Voix de Notre-Dame de Lourdes ou mois de Marie, mère de la miséricorde et de la sainte espérance. 1 vol. in-18. Prix..... 1 fr. 50

Méditations sur les Mystères de la foi, par le R. P. Louis DUPONT. Nouvelle édition revue avec soin sur l'édition princeps. 4 vol. in-12 sur papier satiné. Prix.................................... 10 fr.

Méditations sur la Passion de Notre-Seigneur Jésus-Christ suivies d'autres exercices et pieuses pratiques, par le P. IGNACE, prêtre Passionniste. Traduit de l'italien. 1 vol. in-12. Prix........ 2 fr. 50

Pratique de la Perfection chrétienne et religieuse, par le R. P. Alphonse RODRIGUEZ, ouvrage traduit de l'espagnol, par l'abbé Régnier des Marais. Nouvelle édition revue avec soin, par une société d'Ecclésiastiques. 3 beaux vol. in-12. Prix.................... 6 fr.

Nouvelles Etudes pieuses sur saint Joseph, par l'abbé PERRIER, 1 vol. in-18. Prix.................................... 1 fr. 50

Le divin Ami des hommes ou le cœur de Jésus étudié dans l'Evangile, par l'abbé PERRIER. 1 vol. in-18. Prix.............. 1 fr. 50

Vie de saint Anthelme, évêque de Belley, par l'abbé TIOLLIER, curé-archiprêtre des Echelles (Savoie). In-8° broch. Prix...... 2 fr.
Le même ouvrage, avec portrait. Prix....................... 2 fr. 50

Notice sur les Tours de Chignin (Savoie), par le Même. In-8° broch. Prix.. 2 fr.
Le même ouvrage, avec photographie...................... 2 fr. 50

Le Cancer social et son Remède; le Travailleur chrétien, la Femme forte et la Vierge. 1 vol. in-8° broch. Prix............ 1 fr.

Le saint Rosaire expliqué par Bossuet, par l'abbé JACQUEMET, curé de Saint-Ismier. 1 vol. in-12 broch. Prix............. 2 fr. 50
Le même, édition in-18 broch. Prix........................ 1 fr. 50

Voyage de Grenoble à la Salette, par E. de TOYTOT. In-8°, illust. de soixante-cinq grav., par E. DARDELET. Prix.............. 4 fr.

L'Ecclésiastique tertiaire ou Règlement de vie pour les prêtres et autres membres du clergé séculier qui sont agrégés au Tiers-Ordre de saint François d'Assise, par un ancien supérieur de Grand Séminaire. 2ᵉ édit., in-18 br. Prix............................ 1 fr.

GRENOBLE, IMPR. DARDELET.

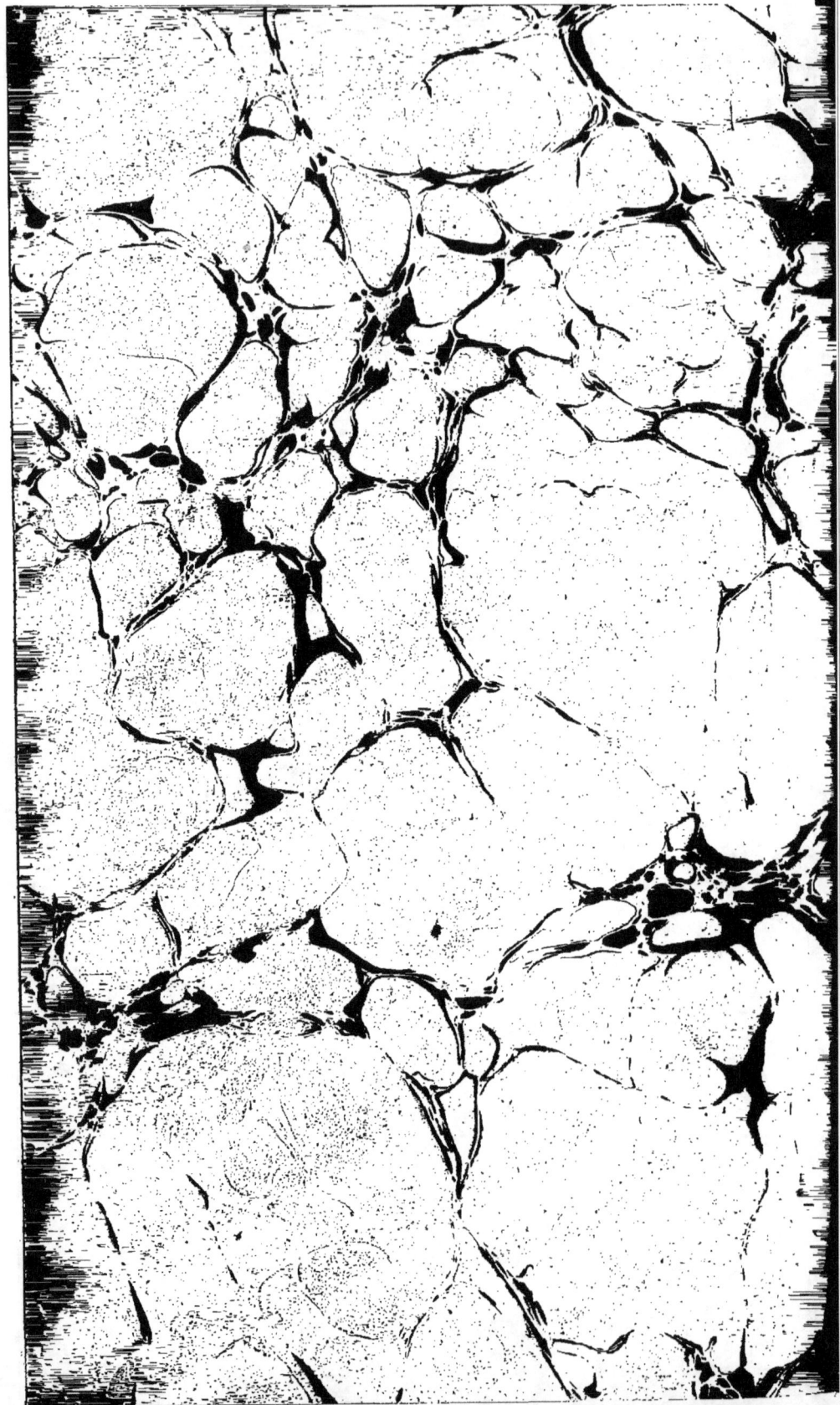

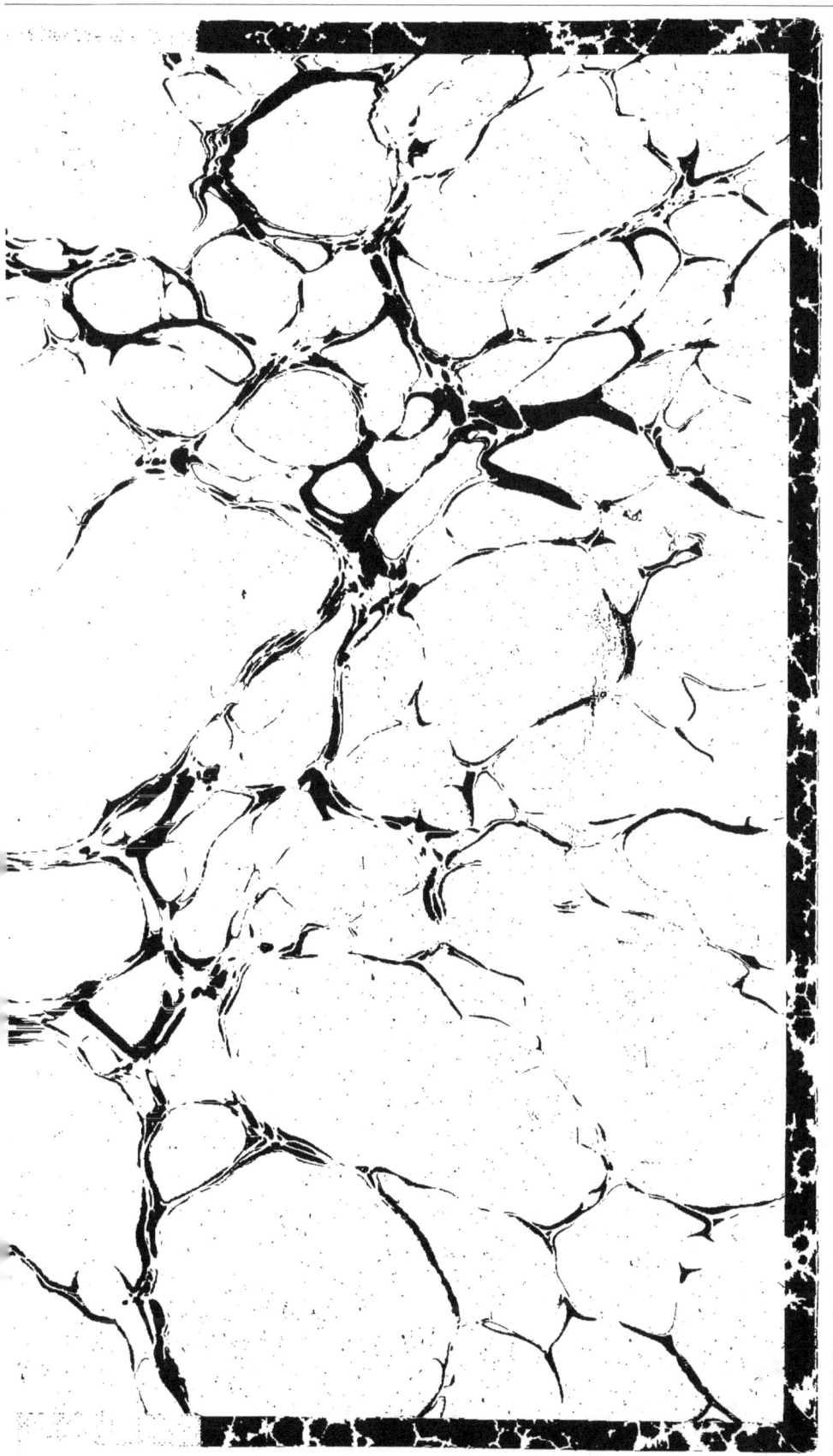

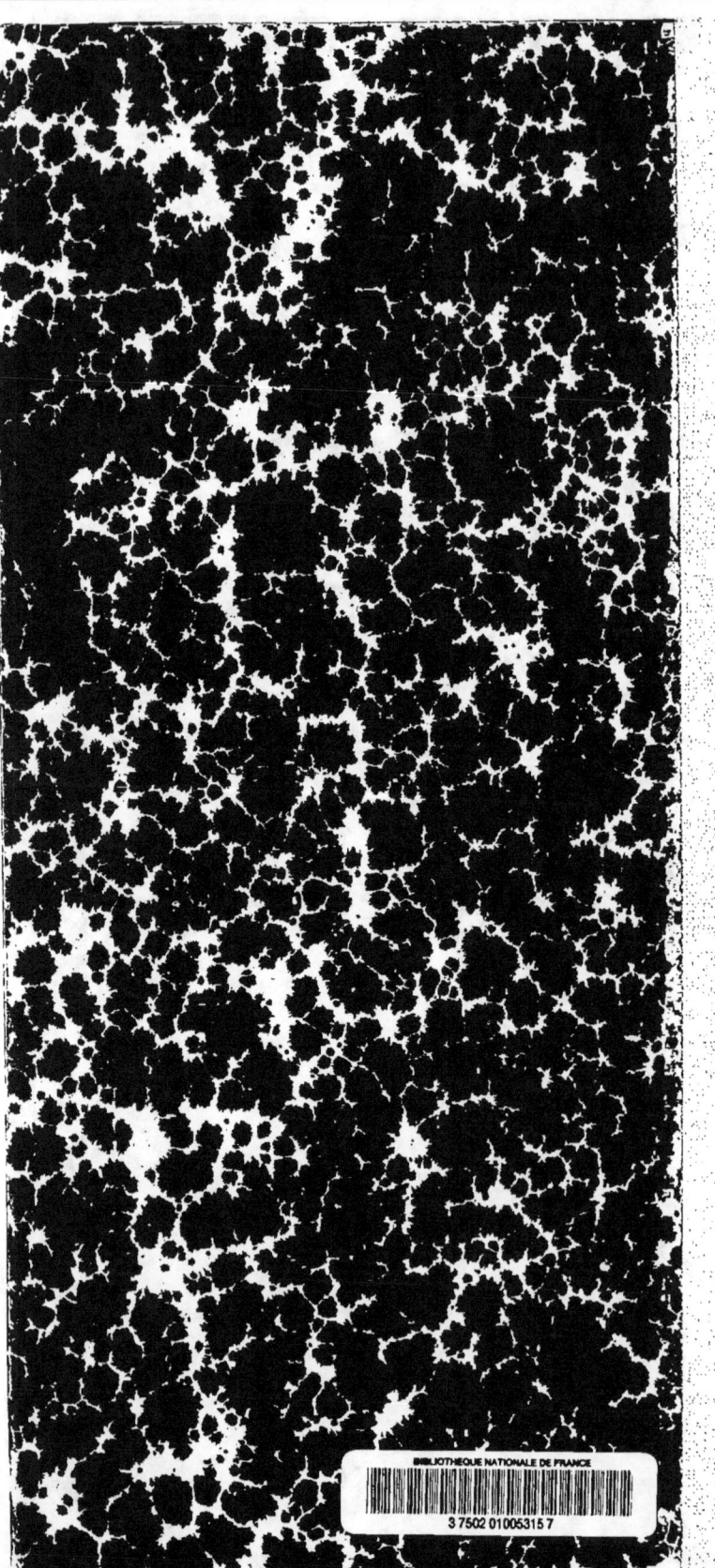

www.ingramcontent.com/pod-product-compliance
Lightning Source LLC
Chambersburg PA
CBHW051131230426
43670CB00007B/758